日本灌漑水利慣行の史的研究

總論篇

喜多村俊夫著

岩波書店

序

本研究の端初は昭和十二年一月、近江湖東平地の灌漑・旱害問題に關心を抱いて史料の採訪を試みたことに起つてゐるから、それから既に十年餘の歲月を閲した事になる。勿論手初めた頃には未だ全面的に此の問題に沒頭したのではなく、心魅かれる儘に種々の他の問題にも手を伸したのであつたが、他の問題の多くが比較的早く自己の能力及び問題自體の性格に根ざす一種の限界とも云ふべきものに到達してしまつた中に在つて、何時とはなく灌漑水利慣行の問題のみは强く私の腦中を支配し、昭和十五、六年頃以降は全くこれに全精力を注いで、史料の蒐集、問題範圍の展開に努めて來たのが實狀である。

殘存史料の制約から、日本農業を動かす基礎條件としての、灌漑・水利慣行の根本性格の究明と言ふ事よりも、主に村對村の水利紛爭、裁許狀の物語る事實の理解と云つた事に目を奪はれ易く、洵に見らるゝ通りの貧しい成果ではあるが、本書の內容に見らるゝ如き綜合的展開は、三十數箇處の實地踏査と、史料蒐集を了へて後に、漸くにして辿りつき得た一應の歸結なのである。

當初ゆくりなくも手掛け初めた此の問題が、自分の能力に超えた重大性を持つことを覺り初めた時の、喜悅と不安との交錯は、今尙忘れ難い印象を私の腦裡に殘してゐる。唯踏査・採訪に對する足の强さと、當時漸く騷然さを示しつゝあつた世の中のあわたゞしい動きの中に在り乍ら、比較的永い間、學徒本來の研究態度を持續するを得た京都大學人文科學研究所の雰圍氣の中に浸り得て、約十年間の年月をこの問題に集中し得たことゝが相俟つて今見らるゝ如き形のものを齎した譯である。全國に亙る關係史料・問題の厖大さは、到底私如き一個人の微力を以てしては如何に長年月を藉するも及び難い所であり、本書が單に本問題の一端を、又關係史料の一片を發掘し利用しかけたのに止つてゐる事は、私自身の最もよく知る所である。唯ひそかに著者の自負する所は、從來その問題の重要性にも關らず、殆んど未開拓の儘に放置せられてゐた此の新しい分野に、初めて探究の鍬を入れ得たと云ふ點に過ぎないのである。

庶幾くは諸賢の忌憚なき批判と教示を與へられんことを。

本書の内容に記す所は、著者の學問傾向を其の儘に反映して、地理學的傾向あり、經濟史的方法の見らるゝあり、農業經濟的考察の片鱗ありで、是等諸科學の間隙を縫ひつゝ、全く自己の體臭の醜惡さを至る所露呈しつゝある事を切に虞れるものである。是亦斯る方法なり、問題の解明なりに就き、好意ある大方の批判を切に念願してゐる。

十幾年前、著者が水利慣行の研究を採りあげたのに際して、之の徹底的究明を極力慫慂せられた恩師黑正巖博士は、稿の成つて間もなく、昨年九月、本書の刊行を見ずして世を去られ、既に本書は先生の墓前に捧げるの他なきに至つた事は洵に千載の痛恨事である。謹みて御靈前に淸鑑を乞ひたく思ふ。

本書は總論篇・各論篇の二部より成り、豫想外に多數の頁數を費す事となつた結果、今回は先づ總論篇のみを印刷に附し、各論篇は近く機を得て改めて世に問ふ筈である。學術書、殊に比較的長編、且特殊問題を取扱つた本書の如きは容易に出版の機を得ず、成稿後二年餘を著者の筐底に埋れざるを得なかつたのであるが、今回關係各位の御盡力により、昭和廿四年度文部省科學研究費による出版助成金を得、岩波書店の好意ある引受によつて漸く世に出るを得たものである。昭和十九、二十の兩年度に跨る日本學術振興會の本研究に對する援助補助と共に、厚く感謝の意を表したい。又稿成つてより今日迄の二年餘の間、陰に陽に出版に就いて援助を賜つた京都大學人文科學研究所淸水盛光教授、同農學部教授渡邊庸一郎先生、東京大學東畑精一・山田盛太郎兩教授、農林省綜合農業研究所大橋育英所員等の俠助も銘記するところである。

一九五〇年五月下旬

著者しるす

目次

第一章　緒　論

第一節　研究の立場と其の方法

東亞水田農業に於ける水或は人工灌漑の有する意義の重要性に就いては、既に内外の諸學者の等しく認識する所であり、水による制約と其の統制・克服の過程を以て、農村經濟社會構造の基礎的條件の一となすの見解は今や公式化さへもせられつゝある有様である。然し西歐を初とする諸外國の研究者の手になる論述は、其の大局的觀點に於て、身自ら其の中に呼吸しつゝある吾々の到底想到し得ざる着眼の非凡さを有すると雖も、其の內部構造の精密なる分析に至つては、種々の制約から未だ及び得ざる點も尠からず、構想の雄大に比して其の基礎付けが著しく貧弱である事は亦避け難い缺陥であり、常に先覺者の迹を反覆祖述するに急に、先人の定型化せる類型の框內に止り、內容的な發展を遂げ得なかつたことも亦著しい事實である。

日本の水田農業は其の歷史性と共に集約的小規模經營を特色とし、又其の地理的位置に於ても水田農業地域の北限に近く位置するだけに、氣溫及び降雨量との關係に於ても特に周到なる用水管理の必要があり、毛細管的用水路網の發達の現象と共に、其の引灌に於ける細部の規定に至つても、東亞の他地域のそれとは又異つた特異性を有してゐるであらう。東亞水田農業地域一般の中に於ける日本灌漑水利慣行の有つ特質の究明は、其れ自體で既に一個の重要問題となり得るであらうが、これは精細なる比較研究の後に於て初めて到達し得る結論であり、東亞各地域の水利組織の研究すら未だ著しいものを見ない現狀に在つては、これは實に言ふべくして容易に行ひ難い遙かなる道標であるに過ぎないであらう。

著者は年來の課題たる日本農業の史的究明の第一着手として、敍上の空白を幾分でも充すべく、廣く全國的視野に於て現地に卽して水利慣行に關する特色ある史料を蒐集し、これの綜合整理を行ふ事によつて史的な又地域的な特質の交錯せる水利慣行の本質を闡明せん事を期するものである。課題の餘りにも重い事に比して、著者十年の精進も、集め得たる史料に於ては固より九牛の一毛に過ぎず、立論の點に於ては更に群盲象を撫でるの譏を免れ得ないであらうが、第二の前進に當つての一應の基盤として、貧しい乍らもその成果を以下に於て展開せんとするものである。

本研究の主題たる灌漑水利慣行は、古來日本農業の主體を爲し來つた水田農業を規定するものであり、水田農業に於ける自然的條件としての水は、施設を通して水田に注がれることによつて用水と化し、自然的・技術的な性格のものから對社會的なものへと其の意義を加へる。此の自然物たる水を化して用水となす過程を支配するものこそ卽ち灌漑水利慣行なのである。

慣行と呼稱する以上、それは既に史的性格を具有するものである事を意味してゐるが、日本農業の歷史が水の克服の過程として理解せられる限り、その過程に於て、政治的に社會的に將又經濟的に、水の合理的利用の目的の爲に、經驗的に累積せられた支配的秩序とも見るべき成果が、實に此の水利慣行の内容其物であるとなし得る。斯の如く慣行が歴史的過程に於て生じたものである以上、其の研究に當つては慣行の現狀の分析綜合のみに止らず、其の發達生成の經過を追跡する事によつて、より適確に慣行其物の内容を把握し得ると共に、日本農業を支へ、或は發展・停滯せしめた處の農村社會構造の側面の理解にも役立ち、自然物たる水の研究から發して日本農業を動かす社會的・經濟的要素としての水の意義の闡明にも資し得るであらう。これが困難を自覺しつゝも敢へて筆者をして史的研究に向はしめた理由である。

前述の如く用水が水田農業の基礎的自然條件であると言ふ意味に於ては、用水の分配は單なる技術的な問題として解決し得られるであらう。然し縱ひ吾國の農學或は農業の技術が世界的水準に達してゐるとしても、過去及び現在に於ける用水の利用・分配の點に就いては決して之とは同じ水準に於て論じ難いものが多々存して居り、古來成功的に處理せられ來つてゐるとは斷言し得ないであらう。水の技術的利用の前には、之を可能ならしめる如き社會的な又經濟的な條件の具備せられる事が肝要であり、玆に是等諸條件の一應の妥協の成果であり、現實に用水を運營せしめるものとしての水利慣行の複雜性と、用水問題解決の困難性とが橫はつてゐる。

斯の如き灌漑水利慣行の有つ意義の重要性の認識せらるゝに伴ひ、研究の必要も夙に痛感せられ來つた處であつたが、其の研究法に於て、資料蒐集に當つて容易に其の功を收め難い種々の難點があり、問題の重要性は誰しも認めながらも捗々しい成果を擧げ得なかつたのであつた。卽ち所謂慣行としての、現實に行はれつゝある分水法或は用水組合の組織等に就いては比較的容易に資料も得られ、一應の綜合的理解も果し得るであらうが、更に一步掘下げ、現狀に見られる慣行の内容としての秩序の成立過程を究め、因由をたづねんとすれば玆に必然的に史的研究の必要が生じ、史料蒐集の困難が重大な制約となつて現はれざるを得ない。

史料蒐集上の難點とは何か。元來水利慣行の調査は學問的立場からよりも、實際的行政的な必要から關係官廳の手によつて行はれ來つたものが多かつた。例へば大正六年農商務省農務局の刊行に懸る「農業水利慣行調査」の如きは其の一で、全國的に凡百の特徵ある水利慣行を蒐集網羅して記載し、頗る有能な仕事ではあつたが、各府縣によつて報告の內容に精疎があり、且其の內容の分類に當つては、(1) 用水の供給を仰ぐ爲め慣習上金錢其他の對價を支拂ふ實例、(2) 用水の分配に關する慣習にして適當なりと認むる實例、(3) 用水の分配に關する慣習にして不適當なりと認むる實例、(4) 開墾或は地目變換に當り水利權を有する者の反對あるが爲用水の供給を受くる能はざる實例、(5) 旱害の場合に於て特別の慣習に依り用水の分配を爲す實例、(6) 用水に關する訴訟の實例、(7) 其他用水に關する特別の慣習、と極めて機械的な七項目に配列してあり、これを基礎としてより精細な研究を行はんとするに當つては今一歩の感を抱かしめられる。水利慣行の研究に際しての問題の所在する地域を指示するには充分であるとしても、研究資料としての觀點からは、現行の慣行其物の具體的な內容の敍述を更に一步深めることゝ共に、之に歷史的解明を加へる事の必要が痛感せられるのである。又昭和九年に同じ農林省農務局の刊行した「農業水利慣行に關する調査　第一輯」は、同省技師鶴崎多一氏が各地を丹念に踏査して蒐集せられた資料に基いたもので、前述大正六年刊行のものとは全く趣を異にする研究的なものであり、其の內容は用水權に關する調査として六例・溜池用水權に關する二例、河川に於ける分水慣行に關する調査の四例、耕地整理組合に於ける配水管理に關する調査の一例、と全國的に異色のある、又代表的なもの十三例を選定して詳細な調査が遂げられてゐる。尤も本調査は歴史的・經濟的なものではなく、水利法的立場の濃厚なものであることは、鵜崎氏の據つて立たれてゐる學問の性格に由來するものである。

又各府縣に於ても、香川縣耕地課の調査編纂に懸る「農業水利慣行ニ關スル調査　溜池編（第一輯）」の如き史料が刊行せられて居て、用水不足地域として溜池を廻る水利慣行に種々複雜なものが多く、水利統制上幾多の難問題の發生すべき可能性の多い地域である事情から、特に斯る調査資料を刊行して、現行の慣習と共に史的資料の若干を集載し、著者の如き研究に貴重な史料を提供してくれる。卽ち其の內容は、綾歌郡西分村の大桑池・綾歌郡法勳寺村の大窪池・仲多度郡垂水村の上池・仲多度郡神野村の滿濃池・三豐郡比地二村の滿水池等に就き、溜池開鑿の由來と配水慣行に重點を置いて集錄してゐるのである。

其他水利組合の編纂する組合史・溜池史等に在つても、用水秩序を後世に傳へんが爲、井堰の改修、溜池の修築等を機に編纂せられたものは尠くはなく、就中愛知縣の「宮田用水史」の如き浩翰な史料もあり、其の編纂目的から來る性質上玉石混淆の歎は免れ難く、必要史料を無意識に脫落してゐることも間々あるが、編纂者に人を得た場合には是亦逸すべからざる價値をもつ。例へば本研究の中にも屢々引用する「狹山池改修誌」「澤所沿革史」「八ヶ鄕組合史」(1)「夜間瀨川八ヶ鄕組合誌」「用水資料」(2)等が是である。

直接水利慣行其物に關するものではないが、江戶幕府の用水對策に關する法令を集錄する高柳・石井兩敎授の編纂する岩波版の「御觸書集成」又或は「德川禁令考」の如き、瀧川政次郞博士の監修に懸る「牧民金鑑」等は、水利慣行を規制する江戶期爲政者側の立場を傳へるものとして重要である。又江戶期の經濟學者の諸述作、或は「地方書」

の類も其の意義に於て上述のものに劣らない價値を有してゐる。

然し生きた水利慣行を現實の姿に於て捉へ、而も其の淵源に遡つての史的研究を行ふには、農村に殘存する史料に就いての限なき踏査蒐集こそ必須の條件である。とは言へ斯る史料の蒐集には他の經濟史料の調査以上に困難が横はつてゐた。即ち用水史料は後述する如く多くは水論文書として保存せられて居り、事件後數百年を經た今日尙鄭重に保存せられてゐる所以のものは、實に農村・農民の現實的利害と密接な繫りを有するからであり、舊慣が何物にも增して強い決定力を持つ現行水利法の性格から、過去の用水爭論に際しての顚末を記す水論文書こそは村々の用水上の權利を保證する唯一の證據物たるが故である。中世・近世・近代を通じて、度々法廷に於て相爭ひつゝ確保し來つた村々の用水權を裏付け、相手方を壓倒し得た唯一のものが此の過去の水論裁許文書であつたからである。

斯る性質をもつ用水史料であるから、自然關係村に於ては之を神聖視し、門外不出他見を許さずとなすものが多く、殊に過去に於て屢〻水論對手となり、又將來なるべき可能性のある村に、其の內容の漏洩する事を極度に警戒する結果として、假令直接的利害の圈外に立つ研究者の場合と雖も、文書の披見は容易に許され得べくもないことであつた。事實多年に亙り兩村或は兩井組が、同一の用水問題を中心として繰返し相爭ひ來つた場合には、雙方共に幾度か證據書類として有力と信ずるものを爭論の度每に提出し主張する結果、何時しか此方の有つ文書の內容が相手方にも知悉せらるゝに至り、果ては相手方も此方と同形式の僞文書を作成して對抗し、江戶期の公事擔當者に斯る場合の眞僞の判斷を缺いた爲、(3) 勝つべくして不慮の敗に陷り、敗れない迄も事理不分明として曖昧な決定の儘に放任せられる結果となる場合も尠からず存したのであつた。水利史料の保存に於ける祕密性の問題は、單なる農村の封鎖性にのみ由來するものではなく、又斯る現實的な利害の點にも其の重大な理由が存したのである。

之を著者の乏しい經驗の中に徵しても、近江犬上川一ノ井郷の關係史料は井元村として多年井郷を支配し來つた東甲良村金屋の某家に在り、江戸中期以降に於ける金屋村の特權的な用水壟斷の數々の事實を示す史料の包含せられてゐる爲に、又井組内村落相互間の水論の史料を藏して之の公開は井組の平和に支障を來す虞のある爲に、昭和十二年の初冬探訪を行つた折には、其の極く一部分の披見の他は絕對に許されない處であつた。然るに其後二・三年にして犬上川上流に水源としての大ダムの築造が行はれる事となつて一ノ井郷は最早旱魃に際しても流末に至る迄何等の不安を要せざる狀態となり、配水法も舊來のそれとは變更せられ、井郷内村落間の相互關係にも著しい變化を見、金屋村の特殊的地位も過去の語り草と化し去る狀態に導かれたのであつた。斯くして昭和十八年再度の採訪を行つた時には、最早現實的な利害關係と抵觸する所がなくなつてゐた爲に、何等の支障なく充分な調査を行ふことを得た如きは其の一例である。又同じ近江國阪田郡姉川の出雲井堰の水を受ける大原村の中、江戸期以來他領四ヶ村と總稱せられ、彥根領に屬してゐなかつた爲に、常に彥根領側村々の壓迫を被り、之にすべて團結對抗せざるを得ない地位に置かれた下夫馬・上夫馬（朝日）・池下・本庄（天満）の村々は、其の引水權を主張する根據としての水利史料の保存に特別に意を用ひ、今に其の大部分を傳へてゐるのであるが、四ヶ村の地位に鑑みて其の保管には特別入念なものがあつた。

即ち文書を收める小型の桐の長持は二重・三重の嚴重な包裝を施し、其の蓋の裏には例年四ヶ村惣代が參詣して祈禱を受け來つた遠州秋葉神社の火災除けの神符を祀り、最後の懸け繩の封印には四ヶ村惣代の印を押して、四ヶ村惣代立會の下でなければ決して開け得ないものとなし、尙假令封を切り得るとしても、内外四個の鍵は四ヶ村夫々の分ち保管する所で、例年八月、年一回の虫干しに四人の惣代の一堂の下に相會する時でなければ開き得ない仕組になつてゐた如きは、祕密の保存に拂つてゐた關心の程を察せしむるに足るものがある。因に右の文書を納めた長持は、火災に備へて容易に一人で背負ひ出し得る如き様式になつてゐることも附記するに足るであらう。

水論文書が他見を憚る所以は一にそれが現實の利害と相繫るからであり、水利慣行の封建的性格の故に、今猶生きてゐる事によるものである。然し新水源の充實、分水組織の改革等に伴つて、用水組合組織の内容にも今や一大轉換の時期が訪れんとしつゝあり、之に伴つて水利史料のもつ祕密性も漸く解放せられんとする傾向が顯著である。上述犬上川一ノ井郷の場合は其の一例であり、著者の從事する史料蒐集の難易も、十年前と今日とでは餘程の差異があることは事實である。

著者の研究資料は斯く全國的に水利慣行の特色あるものを有する地域に就いて、親しく調査蒐集を試みた結果を主とし、前述した刊本の形で利用し得るものを從とする。農村に殘存する史料を專ら重視する結果は、其の史料の遡り得る年代に一の限界があり、古いものでも中世末以降に其の中心があるのは農村史料としての性質上止むを得ない結果でもある。然し既述の如く、農村の間に水利史料の或物が保存せられてゐるのは現實と密接な關係があり、或は極端な場合には中世末が卽ち現實其儘の形態をなし、現在の基礎となつてゐるからで、更に換言すれば、水利に就いては現代が此の時以來既に初つてゐたことを意味し、この點が實に水利慣行の重大な一性格を形成してゐると爲し得るであらう。

扨農村に殘存する水利關係の史料を其の内容によつて分類すれば大略左の如くである。

1　用水組織（組合）の發生・發展と其の用水支配權に關するもの

2　組合の管理機構及び機能に關するもの

3　用水の分配に關するもの

4　開拓と用水問題との關聯に關するもの

5　水利と農業形態の地域的特殊性を示すもの

6　用水權の特殊事例に關するもの

7　用水費用の負擔に關するもの

猶右の七項目の中１２３に關するものが最も多いが、それは是等１２３が水論の原因となる事の比較的多かつたことによるものであらう。殊に後述によつて明かにせられる如く、用水の管理機構及び分配の問題は、水利問題・水利慣行の基礎をなすものとして數百年來の傳統の結晶であり、此處にこそ封建的と言はれる日本農業の一特質があり、之によつて農業及び農村が維持せられ來つたのである。以下上述の如く著者の直接調査によつて獲た史料に、刊本としての史料及び水利問題に關する先學の成果を參照し、歸納的立場に於て水利の面から見た日本農業の史的並に地域的特質を究明するのが著者に與へられた課題である。

（１）備中高梁川八ヶ鄕組合發行

（２）千葉縣山武郡東金町押堀　志賀吾鄕氏編並に發行

（３）中村直勝博士著「莊園の研究」七六二―七六三頁

第二節　本邦灌漑水利問題研究に於ける既往の成果と其の概要

吾國の灌漑水利問題に關聯して發表せられた既往の業績は、之を大別して農業氣象的なもの、地理的なもの、史的なもの、經濟的なもの、水利法的なものゝ五種類に大別し得るであらう。以下右の順序に従つて、夫々の領域に於ける代表的な業績に就いて、簡單に要旨を述べつゝ其の意義を検討する。

農業氣象學の立場から旱害を論じ、旱害の實狀の精細な分析から、水利問題・水利慣行の考究に寄與するものとしては大後美保博士の著「旱害の研究」(1)がある。其の敍述項目は、氣象學上より見た灌漑、旱害の分類、植物の旱害生理、植物の耐旱性、旱害試驗、旱害と灌漑、旱害と降雨、旱害と立地條件との關係、旱害に伴ふ病蟲害、旱魃の後作用、旱害對策、旱魃史の多くに互つてゐるが、本研究に對して特に關係の深いのは、「旱害と灌漑」以下の諸項である。

即ち「旱害と灌漑」の項に於ては水源別に旱害の程度を比較し、河川灌漑の地域は地形上からも旱害に對して最も安全な地域であり、貯水池灌漑地域は瀬戸内海沿岸に次いでは愛知・千葉・秋田の諸縣であるが、貯水池は一般に淺いものが多い爲に、或る程度以上の旱魃に逢へば貯水を蕩盡して被害を受ける。池の水深を大にするには堤防の嵩上げを行ふか、池床を掘り下げるかの二種があるが、前者は其の建設に多大の費用を要し、後者は揚水器を利用する必要を生ずる。大後博士は日本の現在の貯水池の水深の淺い理由を、揚水機の發達しなかつた頃の名殘と解してゐる。

地下水灌漑は地下水の性質上水源の涸れることが遲く、旱損を免れるには有效な方法であるが、特に水溫が低いから其の使用に際しては適當に水の溫度をあげてから灌漑する工夫が必要である。古くから行はれた地下水の利用法には、河床の伏流水を取る目的の「瀨掘」を初め、「野井戸」「堀」、奈良盆地に見られる「隱井戸」等の方法があり、之に代る近代的な管井・打込井等の鑿井は頗る有效なものである。天水田は自然的に最も被害を受け易い地位に在るが、耐旱性品種の栽培や驟雨によつて平地部よりも被害の尠い事もある。

旱魃時に於ける灌漑水の調整法としては、配水法の考慮、犧牲田の設定、節水等があるが、技術的に興味のあるのは、犧牲田と節水の兩者であつて、前者に於ては何れを犧牲田とするか、又何時犧牲田を採用するかゞ問題であり、後者に於ては天候の長期豫想が重要な役割を演じ、稻の生育期間を通じて諸種の節水法が考へられ得るのである。

旱害と降雨量との關係では、栽培期間中の降雨量と旱害被害率との關係に於て、或る一定の限度以上に降水量が減ずれば被害率の急に增加する點の降水量たる「限界降水量」に地域的な差異のある事が示されてゐる。限界降水量は香川・愛媛の三五〇粍以下を最低とし、岩手・茨城・埼玉・岡山の四〇〇粍以下、大阪・大分の五〇〇粍以下、福岡の五五〇粍以下、長崎の六五〇粍以下と相當の開きがあり、一般的に北部よりも南部に限界降水量が大である。香川・愛媛の特例は、是等の地方が平時降水量の最も少い地域であり、各種の旱害對策が普及してゐる結果であると說明してゐるのは水利問題の地域的特質を理解する上に興味がある。

旱害と立地條件との關係の考察では、地形・土質・地水分布との關係が述べられてゐる。

地形上丘陵地帶は平地に比して被害甚大であるが、之は灌漑の便否と地下水位の高低差による。傾斜地の階段狀水田では傾斜の急である程被害は大で、又下部よりも上部に大きい。

土質は保水力を左右する事によつて旱害の狀況に著しい影響を與へる。當然に保水力の大なる土壤程旱害の程度は輕い譯であつて、粘土含量の多い埴土の田地に被害小さく、砂土に大である。又有機質の含有量が多ければ土壤の保水力を高める爲に被害は小さい。下部に堆肥を鋤込んだ田地に被害の少いのは專ら此の理由による。

地水の分布と旱害との關係では、僅少の土壤含水量が旱害の程度に著しい相違を生ぜしめる。地水の分布は地勢と土壤の保水力によつて支配される。貯水池や用水路に沿つた部分に被害が尠く、一枚の田で云へば用水の取入口及び周邊部に輕く、用水取入口を遠ざかり中央部になる程重いのが一般である。

以上が水利慣行の研究に關係が深いと考へられる大後博士の旱害研究の要旨であるが、分水法の上で、机上の考察では一見不合理としか思はれない内容の慣行が、現實的には何の故障もなく、永年に亙つて關係地域に遵奉されてゐる事の裏には、斯る旱害の複雜な影響が作用してゐるのであらうし、又或は用水爭論の原因の分析に當つても、斯る自然條件としての微細な點の影響が意想外に強力な作用を及してゐる事情をも推測し得るのであつて、水利問題の研究に當つては地域の特殊性と關聯した研究の特に必要な事を痛感せしめられるものがある。

氣象學的研究と、次に述べる地理學的な研究との中間的なものとして、炭谷惠則氏の「香川縣の旱害・旱魃研究―昭和九年の大旱害を中心として―」[2]がある。此の研究の内容は、旱魃被害の分布、其の年の氣象條件、水論發生の事情、溜池の涸渇、及び雨乞の實施狀況等をすべて量的・統計的に取扱ひ、以て旱害・旱魃の一般的傾向を導き出さんとするものであり、從つて假令歴史的な材料を取扱つてゐる場合に在つても、それは史的な意義を追究する目的には使はれず、統計的資料となつてゐるのである。此の研究の要旨は先づ昭和九年の旱魃狀況を數字的に示し、次いで明治二十二年度以後の豐凶年を收穫高の數字から決定して、九回の豐年と六回の凶年のあつた事情を明かにし、又歴史的に見た香川縣の旱害・旱魃の狀況を知る爲に、大寶元年以後の記錄に現はれる旱害を表示してゐるが、江戸期以前のものに就いては餘り信用し難いとの感を抱かせられる。

旱魃年度の週期性に就いては、二年目乃至三年目毎、及び五年・十年が再起回數が極大となつてゐると言ふ。而して降水狀態と稻作の豐凶との關係は、豐作年は後期多雨型・全期平均型・後期寡雨型の三つの中であり、凶作年は旱魃型と後期超多雨型との何れかである。昭和九年度に於ける旱害地域の地理的分布は西半部に特に大であり、集中した群をなして現はれてゐる事實が指摘せられてゐる。

旱魃と水論に關しては、昭和九年に於ける全縣下の水論が、發生の期日とその地域とを中心にして表示せられ、就中主要な紛爭事件に就いては其の內容が要約的に敍べられ、仲多度・三豐の二郡が旱害の度に比例して事件數も最も多く、綾歌郡が之に次ぐ事情が述べられ、著名な十數個の大溜池の水も如何なる時期に涸渇したかゞ示されてゐる。

雨乞に就いても其の對象によつて神社・寺院・遺跡或は山等に大別し得、又其の方法によつて金刀比羅宮の御神火拜受、箸藏寺の御水拜受、瀬戸內海上の大槌・小槌兩島間の海峽たる槌の戸の御酒、日參、雨乞念佛踊と獅子舞、神佛祈願等、鄕土色豐かな雨乞行事と、それを實施した村落及びその日時を圖示して、地域によつて旱害の著しく顯はれる時期に差のあつた事を說き、倘其他煙火打上げ、焚火、實彈發射等の雨乞の方法にも觸れてゐる。最後には結論的に稻作の豐凶と氣象要素との相關に就いて論じられて居り、氣溫・日照時數・地面溫度・降水量等との關係が總括的に扱はれてゐる。本研究は香川縣と云ふ一特殊地域に就いて、旱害に關する總ゆる資料を蒐集した頗る丹念な研究であり、其の意味では確かに地理的ではあるが、其の性格は既に初にも述べた如く、氣象學的な統計的整理に重點を置き、旱害現象の敍述を從としたものである事は否み難いであらう。

用水問題の地域的特殊性の敍述に重點を置く地理學的な研究には、先づ竹內常行氏の溜池の分布論(3)があり、一特殊地域の水利と農業とを論述したものには故山極二郎氏の「大阪府下の灌漑農業」(4)、位野木壽一氏の「丸龜平野に於ける灌漑の地理的研究」(5)、岩田孝三氏の「越後低濕地に於ける灌漑水利問題の研究」(6)等があるが、前三者は何れも溜池を中心問題とし、岩田氏は灌漑と排水との相剋の釀し出す特殊な形相を敍してゐる。勿論吾國に於ては、溜池が最も高密度に分布する地域は用水の最も不足する地域であり、叉集約農業地域であつて、灌漑農業としては最も問題に富んでゐる事が、地理的研究の對象として、從來溜池密集地域が採りあげられることの多かつた重要な原因であらうし、地理的研究に於ける問題の取扱に對する一つの傾向を示すものでもあらう。

竹內氏の研究は地形圖と實地踏査を基礎とする溜池分布論であつて、全國的に溜池の分布圖を形成して、その密度差によつて階級別區分をなし、主要な分布地域に關しての地形との關係を主とする說明的敍述を行ひ、最後に氣候の乾燥との關係に觸れたものである。題名の如く分布を明かにする事が此の研究の主要目標であり、從つて分布に影響を及すべき條件の分析は從屬的な立場に置かれてゐるのであるが、地域別的な記載の中に、溜池其物の說明と關聯して、灌漑事情の相當詳細な敍述があり、溜池灌漑に關する地域的特質の概略を把握するに役立つ點が尠くない。例へば東北地方に於ける、地形を巧に利用しながら貯水面積に比して堤塘が低く、灌漑區域が狹い非能率的な溜池の比較的多い事情、尾張平野東部丘陵地域に於いて入鹿池を初とする溜池分布の大なる理由、紀ノ川北岸地域の水田開發と池の分布の關係を、地形上之と極めて類似してゐながら水田度が低く、溜池も多くない四國の吉野川流域と比較した說明、大和盆地の平地に築堤した矩形の非能率的な池と隱し井戶の分布との關係、大阪平野南部の水田比率の高い事と、背後の丘陵地の谷を利用した開墾年代の古い溜池の多い事情との關係、並に溜池としては集水區域が狹く幼稚な形式のものゝ比較的多い事實の指摘、加古川下流東部臺地に於ては地形上小地域に分立してゐて集水區域を持たない事に因る小溜池の密集する現象、讃岐平野が讃岐山脈以北の獨立した狹い水系に屬する事の爲に、より一層溜池の築造を必要とした特徵的な環境の描出等が之である。

猶溜池の分布と氣候乾燥との關係を論じて、雨量の少い處が直に溜池の多い處ではなく、雨量の少い處で、而も他に溜池を必要とする條件があり、且地形的にも之を許す地域にして初めて溜池密度の大なる地域が現はれるとなしてゐる點は、我內地の如く各地の氣候上の偏差の比較的に少い地域を對象とした場合にも一元的に氣候條件の支配を過當に考へ易い人々には頂門の一針たり得るであらう。溜池の分布地域の特質として最後に次の諸事項が要約的に示されてゐる。

1 河川の集水地域が水田面積に比して狹く、用水の不足地域であること、低い丘陵地、狹い水系の盆地、地溝、洪積臺地等が之に屬する。

2 氣候の乾燥の影響は地形的條件に打勝つて現はれる程には有力ではない。然し乾燥地域に密集した分布地域の在る事は事實である。

3　自然條件が溜池を必要とする地域内では當然に水田度の高い地域に於て密度が大である。
4　溜池は土地利用の上からは不經濟であつても、適地があれば築造が容易である爲に、假に大河を近くに有してゐても、其の利用の困難な場合には單純に溜池灌漑に依存してゐる處が少くなく、又逆に農業土木の進歩が今迄存してゐた溜池を不要ならしめる場合が尠くない。又各用水組合の協調によつて合理的な用水利用を行ひ、非灌漑期の河水の貯溜や高堰堤の築造によつて溜池の廢止・併合を行ひ得る餘地が多分にある。

溜池の分布が自然地理的な要素のみによつて決定せられず、一應自然條件の許容する框内では、寧ろ他の人文的關係の影響の有力さを暗示してゐるのは注目すべきであり、此の研究によつて水田度に現はれた現實の水利農業を齎した史的變遷の過程、或は不合理・非能率な溜池の分布と其の利用とに導かれざるを得なかつた所以の解明等、未だ多くの問題の殘されてゐる事が明かにされ、本書に於て是等の問題の究明に立向はんとする著者の論述に對して、其の外延を固めたものとして、竹内氏の論稿の意義を認めたいのである。

山極氏の研究は昭和の初年に出た比較的古いものではあるが、全國屈指の灌漑農業地域たる大阪府下を研究對象とし、地理的な見地に關する限り頗る網羅的で、よく其の特質を把握したものと見られる。卽ち先づ池水・井戸水・河水の三つの用水源に分つた灌漑圖を作成して、府下の灌漑狀況を大觀し、溜池灌漑が河水・井水に增して重要な意義を有する事を示してゐる。次いで溜池・井戸水・河水の利用に就いて夫々個別的な記載があり、溜池としては山麓の堰止池と平地の方形の淺い池の二種のあること、井戸水の使用は畑地の場合に多く、堺近郊をその典型として人工灌漑の極めて困難なる事情の說明がある。山極氏のこの論稿の要點は集水區域と被灌漑地域の面積の廣狹關係による用水量の多寡の考察にも存しようが、より重點は最後の同地域に灌漑農業を卓越せしめるに至つた原因の地理的考察に在らう。卽ち大阪府下は年降雨量が平均一三〇〇—一四〇〇粍の間に在り、而も水田面積は全面積の四二・八%にも達し、集水區域が狹い爲に縦ひ溜池を設けても普通の方法では充分な灌漑の不可能である事情を述べ、又集約農業が灌漑をより必要とした所以を説いては溜池の分布地域に於て反當收穫量のより大なる事實を擧げ、枚方附近の小溜池の分布と其の利用狀況を引例敍述してゐる。其他畑作灌漑の殊に卓越する事實、人口密度との關係等にも言及し、最後に印度・埃及・朝鮮等の灌漑農業とも簡單ながら比較考察を試みてゐるのである。

位野木氏の研究は前述山極氏のものに比して一層小地域である方二・三里の丸龜平野を對象として居り、それだけに地域的敍述は微細を極めてゐる。然し微細に互つてゐる反面には綜合的な考究の餘地は殘されて居り、各水源の複合的利用の組合はせを指標とする地域區分が決論をなしてゐるのが特色である。先づ灌漑水源の分類及び分布を述べて、溜池及び出水(湧水)、井戸及び堀、河川の三種とし、夫々其の水源としての意義を述べ、河川は皆荒れ河で夏季には灌漑用水源としての機能を殆んど有せず、井戸(比較的深度大にして開口の小さいもの)及び堀(性質は井戸に近いが形態上井戸と逆の關係に在るもの)も補助水源としての意義に止り、溜池が最も主要なる用水源である事を說く。溜池には丸龜平野の大部分に對して支配力を持つ滿濃池の如く、山間堰止池と言ひ得る形式のものと、他の多くがそれである方形の平地築堤池との二種類のあること、特に後者は平野の北半に多く分布する事情が敍述せられてゐる。此の研究論文の後半部をなす灌漑樣式による地域區分は、前述の如く丸龜平野水田の七四%、九百六十五町步が一個の滿濃池の灌漑區域である爲に、滿濃池水を中心とし、之を補ふに如何なる樣式の灌漑手段が利用せられてゐるかの相對的關係に基準が置かれ、滿濃の水を挿秧のみに利用し得る地域と、全生育期間を通じて引水し得る地域との差異、北半部に多い小溜池の有する意義、平野南部と北部との相違點等が詳密に分析せられてゐる。蓋し一地域の灌漑事情の分布論的記載的敍述としては最も精確詳細のものたるを失はないであらうし、著書の研究に對して與へる示唆の點では前掲竹内氏の研究の場合と略〻等しく、本書の後編をなす各論篇に、その個別的研究を收錄してゐる滿濃池懸り水利慣行の史的究明に對しても有力な現狀理解への基盤となつてゐるのである。

岩田氏は上述の諸研究の對象地域が寡雨で溜池灌漑を主とする瀨戸内海沿岸であつたのに對して、低濕多水、加ふるに西日本の二毛作若しくは多角經營地域に對して單一米作地帶たる越後低地を取扱つてゐて、頗る對照的な特色を描き出してゐる。

卽ち岩田氏によれば、越後低地では徹底的に水田化が行はれてゐるが、之には冬季の積雪と言ふ事實が強く影響して居り、米單作の結果は其の收穫を左右する用・排水の合理化に地方民の關心を集中せしめ、用水論を一層激烈化せしめてゐる事實は否定し難いとされる。本研究の對象地域は西川・信濃川・中ノ口川に圍繞せられた洲島で、中央部に鎧潟を有してゐるが、洲頂と洲端との高度差が三十五尺内外である爲に湛水期には惡水過剩に苦しみ、潟は貯水池となつて沿岸の湛水を更に加へると共に、其の下流地域では逆潮の浸入を見る事さへもある。この洪水に備へて洲島の内部では各處に圍土手があるが、其の高さを廻つて上流・下流の間に煩はしい問題が生ずる。

洲島内でも上流部は用惡水の調和に苦しみ、下流部は專ら惡水排除にのみ關心を有して兩者の立場には一致が見出し難く、其の爲に上・下の二部に分れて異つた水利組合を組織してゐる。上流部では本來用水を得る事を目的に、周圍の大川に引水施設たる樋管が無數に設けられてゐる。西川沿岸の如きでは百餘の樋管が濫設せられ、下流樋管は用水缺乏を來す事があるから、各樋管の工事は其の基礎の高度を取入口の水位よりも出來るだけ低位に設置して多量の水を獲得せんものと努めてゐる。

河川から必要用水量を獲んが爲に水路を閉鎖する堰の施設は甚だ多く、用水の必要な場合には之を塞いで水面を高騰せしめて田面に引水し、不必要な場合には開放して排出流下せしめるが、此の堰の存在こそは、上手・下手の利害相反して爭鬪せしめる最大の原因である。堰の構造の規模に就いては、上・下の村落が其の高さを協定し、水面に標尺を打つて一定限度以上の水量を下流に落すことを協約してゐる場合等もあるが、其の協定の內容は頗る區々であり、又上手村落に勢力のある場合、下手村落に勢力のある場合と夫々條件の異るに從つて、堰の地位は愈〻複雜である。又堰組の爭が封建的な管轄の相違によつて激化せられた事は否み難い。

下流部に堰が設けられて自由に排水し得ない場合には、上手附近は湛水地を生じて全然耕作が不能となり、或は沼田となる。斯る地域の水田は普通の耕作法によつては收穫を得難いから「掘上げ田」の特有な形態が處々に生ずる。卽ち田面の所々を掘り下げて其の泥土を近接する濕田に盛りあげ、多少の高度を加へる事によつて其の部分にのみ稻を植付ける方法である。甚だしい處では全田面の五分の一が「掘上げ田」になつてゐることもある。用・排水路及び堰を廻る幾多の爭論は、何れも江戶時代以來の類似の問題の繰返しであり、用・排水路の分離によつてのみ解決し得るものが大部分である。

史學的立場に於ける水利研究は、西岡虎之助・中村吉治・寶月圭吾諸氏の相次ぐ力作によつて近々著しい充實を見た部門であり、著者も最も多く是等の諸論稿の影響を被つてゐる。唯是等先學の立場は純史學畑出身者のそれである爲か、時代的には多く中世末迄を以て下限とせられ、現在から遡り、現狀を規定するものである限りに於て過去に及んで其の起源をたづね、その現狀に至る史的發展の經過を捉へんとする著者の立場との間には根本的な開きがある。然し後述する處によつて漸次明かにせられる如く、一地域の特殊な水利慣行に關して、其の淵源を中世初期に迄遡り、一貫して變遷の過程を辿り得る如きものは、史料保存上の制約から殆んど需め得ないのが實狀であるが、是等の諸研究によつて、用水分配の方法や、用水爭論を惹起する諸契機等に關しては、中世も近世も又現代にも大差のない共通した性格のある事が示され、水田農業が支配的であり、その灌漑技術も略〻同じ樣式で踏襲せられ來つた爲に、之に伴つて發生し確立し果ては固定化さへもした水利慣行の內容には、寧ろ當然の事とは云ひながら、驚くべき類似的一致が見出され、長年月間に於ける水利慣行の停滯的固定の現象を認め得て、縱ひ史料による迹付けはなし得なくとも、現存の水利慣行が近世否中世來の傳統の儘に、不文律として繼承せられ來つたものゝ甚だ多い事を察せしめるのである。

西岡虎之助氏の「池溝時代より堤防時代への展開」(7)は、時代を上古・中古前期に分ち、池溝を以て積極的水利事業、堤防を以て消極的水利事業と見る立場に於て、上古・上代の王朝盛時の灌漑水利事業の發展の迹を明かにしたものとして、斯の方面では劃期的なものであつた。水田の發達は水を得るに便宜ある平地が先づ撰定せられるが、最初に水田適地として利用せられるのは大河川流域の平野でなく、小規模の引水施設を以て水田を開き得る如き山間掌大の平地、及び山地と平地との接觸地帶であり、それから漸次平地に進出して河川沿岸の地に至るとの自然發生的な前提を認め、斯る水田開發の過程は溝・池の築造をして堤防に先行せしむるとなし、是を歴代王朝の事績に徵して論證せんとするのが此の研究の要領である。

卽ち先づ最初に記紀の記述から上代の早い時代に溝や樋の存在した事を推し、崇神・垂仁・應神・仁德・履中・推古の各朝に造られたとなす池を指摘し、歸化人の參加によつて大陸の技術の移し用ひられた事を推定してゐる。而して是等の池の開設者が朝廷である事は、當時の水利政策の具體的表現であると共に、畿內に限定せられた池の分布は當時の政令の及んだ範圍を示し、帝都附近であつたゞけに水田開拓に關する重要性も大であり、其の關心が池溝の開發となつて現はれたとなす。

大化改新後の水利事業は畿內に局限されずして全國的普遍性を帶び、又堤防の築造を添加せしめ、地方官としての國司・郡司に其の部內の水利事業を經營せしむるに至つた。發遣せんとする國司・國造に、池・溝を百姓に均給して造るべきを命じ、水利の公平なる配給を企圖してゐる。用水の引灌に賤者の田を先にして後貴者の田に及ぶべしとする如く、此の間に於ける水利の獨占を排せんとする社會政策的意義も亦無視すべからざるものがある。又水源を保護せんが爲に山林の濫伐を禁じ、池・溝築造の經費を支辨する爲には廣義の正稅中の雜稻を充て、勞力は百姓の雜徭を以てすることゝなつてゐた。延喜式にも國の大小に隨ひ、一萬束乃至四萬束の池溝料額の揭げられてゐる如くである。斯くして地方官の働きによつて修築せられた池は甚だ多く、地方民の頑冥を敎諭して築造の運びに至つたことも尠からず、弘仁年間に僧空海をして讚岐滿濃池の修築の別當たらしめた等、宗敎的雰圍氣を利用することすら行はれたのである。

叙上の光明的な面の反面には、地方官の怠慢・腐敗に基く暗黒面も亦存し、新舊國司の責任回避に基く修理の遷延による池の大破損、財政難に由來する不行屆、更に甚だしきに及んでは讃岐守某の如く、自らの慰めの爲に池魚を捕へんとて満濃池堤に穴を穿たしめ、遂に大破の因をなせる如き積極的な破壞さへも行はれたのであつた。

消極的水利事業としての堤防の築造も、難波の堀江の如く池溝の開發に伴つて比較的早く現はれるものもあるが、水利事業發展の必然性から云へば、堤防は池溝に遲れて出現すべきものである。上述難波の堀江に續き同じ仁德帝の時の河內の茨田堤もあり、大寶令にも國郡司をして堤のある處を檢行せしむることが見られ、天平寶字四年の遠江國荒玉河堤の決潰の修築、續いて河內の長瀨堤、河內國內各處の堤の修補が行はれてゐる。

一旦築造せられた堤防を破損せしむる重大な一理由は、堤防の築造によつて河川の沿岸が新しく水田開發の可能地となり、農民が爭つて河川附近の開墾に從ふ爲に、思慮乏しくして堤防其物に迄手を着けて破損を招來することであり、一旦堤防の頹廢した後には必然的に洪水の害を被る。洪水の防禦を廻つて木曾川を挾む濃・尾兩國の對立、鬼怒川を間にする常・總二國の紛爭等が其の實例である。

以上が西岡氏の研究の要旨であるが、最近に刊行を見た考古學者末永雅雄博士の著書は(8)、古代以降の溜池築造に關する文獻的考察に、畿內を中心とする池其物の實物踏査による研究を附加し、經濟史的と言ふよりは考古學的な觀察を隨處に示した文化史的なものであり、上述西岡氏の論述の內容を別の面から見たものとして興味がある。

中村・寶月兩氏の論著は共に中世の灌漑問題を當面の課題として取扱つてゐる。中世の研究は史料の關係から、兩氏共に事例の敍述に於て屢〻同じものをあげてゐる場合もあるが、先づ中村氏のものから考察する。

中世に於ける用水分配の問題を詳細に論じたものとしては「中世社會の研究」(9)に集録された「水の分配」及び「池水分配」の二雄篇がある。「水の分配」は大和の興福寺領內、奈良の南郊を東西に流れる能登・岩井兩河の番水法を主として「大乘院寺社雜事記」の史料に據りつゝ述べたもので、神殿・佛聖三橋・畑森新・越田尻・四十八丁・京南の六庄が其の灌漑區域であり、其の番水制は興福寺が統制者として支配權を握り、分水法も鎌倉時代には一通り完成してゐたものであつた。

興福寺の寺務による水の統制は、先づ引灌を必要とする際には各庄から申文を提出し、寺が之に對して許可を與へることに現はれて居り、寺によつて分配の行はれる期間の水は之を「吉水」と呼び、期間外の水は「不吉水」と呼んだ。吉水期間は大體春から秋迄の要水時であるが其の期間は年々の狀況に應じて寺がそれを定めることゝなつて居り、其の指示を吉水の札を立てると稱する。吉水中と雖も雨が降つて增水を見れば其の間の引灌は自由である。

吉水期間の水は一庄を單位とし、寺の許可によつて初めて引水し得るのであり、庄每に四乃至七晝夜を以て引灌日數としてゐた。この日數は必ずしも各庄の水田面積に一致したものでなかつた點に用水の複雜な性格が窺はれる。尙庄と庄との間に引灌の引繼がれる間に一日の餘裕が置かれてあり、之を「間水」と呼び、六庄以外の三ヶ所の水田に分つことゝなつてゐた。

六庄間の引水順序は第一巡目の時と二巡目のそれとは同じものが連續して繰返されるのではなく、必ず一庄の引灌の終つた日に改めて申文を出し、寺で又改めて順序を定めるのであつた。かくして間水の一日の間に數庄から二回目の願が出されるから、此の順位の決定は寺の引水統制の上からも頗る重要な意義を有してゐる。勿論各庄は引水權に強弱の差があり、申文提出の前後順によるもの、抽籤によるもの、優先的な權利を有するもの等の別があり、此の各庄固有の引水權と、申文差出の時期とを照應して寺が順位をきめて各庄夫々に規定の日數だけ引灌せしめる事となつてゐたのである。斯る引水順位の決定法は、後述によつて明かにせられる所謂番水法の一般形式が、各村・各庄間には何時も不動の引水順位があり、之が幾度でも繰返し行はれるのとは著しく異つて居り、莊園領主たる興福寺による許可制度に現はれた統制力が一段と強かつた事を示すものであり、從つて寺の統制に違犯する庄には處罰の加へられた事は當然である。然し此の分配規定も應仁・文明頃から寺の支配力の弱化＝庄園内に於ける武力の成長＝によつて漸次弛緩し、崩壞に瀕すると共に、軈て新な武家勢力によつて再び統制せらるゝを必要とするに至るのである。

「池水分配」では大和國法隆寺や西大寺の池が對象となつてゐる。池は人工のものであるから河の流水以上に領有者の管理が明白であつた。法隆寺では池の管理者として奉行又は池守があり、西大寺では寺本奉行、寺僧奉行の監督の下に郷民から選ばれた井守が池の管理に當つてゐた。池の築造は領主たる寺の行つた處であり、勞力は領内百姓の賦役、費用としては毎年の段米徵集によつて賄はれてゐた。池の維持修理の爲の費用も井料としての段米を徵して之に當てられてゐた。

水の分配方法は西大寺領の池では時間分水が行はれ、興福寺領の池でも時間で水量を計り引灌せしむる方法が行はれ、共に番水法であつたことは同樣である。又藥師寺領の池の如く、「水戸分口」の幅を定めての分水法も天正年間には行はれてゐる。

更に中村教授には近世初期の用水問題を取扱つたものとして、近世初期勸農の一節としての「用水開發」(10) 及び農村振興政策の一章としての「用水事業の發展」(11)の二つの研究がある。共に初世初期の各大名領内に於ける多數の用水事業、用水管理の諸事例に基いて述べたものであつて、中世末から近世初期にかけて特に用水論の激しかつた事情に注意し、それに關聯して分配の方法の特に眞劍に考慮されねばならなかつた理由を述べ、阿波藩天正十七年の「下羅井定書」に見る番水法、會津蒲生氏の慶長九年耶麻郡内平林・下柴兩村の水論の裁決、天正二年近江國淺井郡の野村・三田村の爭論に際しての秀吉の引水順位の規定、伊奈半十の武藏葛飾郡二ノ江村の引水統制等が引例せられ、水を公平に分つて農民の生活を安定せしむる事と共に、其の上に立つ領主權を强化せしむると云ふ、水の分配に於ける二重の意味が指摘せられてゐる。

既に在る水を合理的に分配する事の他の面では、用水設備の充實を通じて水量其物を豐富にする事業が治水であり、用水路の開發である。戰國諸侯中の名君としての甲斐國武田信玄の信玄堤、或は同國穗坂諸村の新田開發事業、北條・德川兩氏の時代を通じての利根川の治水と用水路の開鑿、豐後大友義親の用水路開鑿と新田開發事業等、中世的な領有關係や戰亂の時代では成し得なかつた長期的且大規模な事業の急激な發展時代の現出があつたとしてゐる。是等用水工事の費用は關係村々から人夫役を出さしめて行はれた事が多かつた樣である。使役せられる百姓は其の間の食糧を與へられる事もあつた。井堰の維持・修覆に當つても略〻同樣の方法が執られ、用水路の開かれた後の維持は便益を被るべき村の「役」となつてゐたことも天正十年駿河の井手正次の手形には見えてゐる。

猶中村教授には上述の諸研究の成果を取纒めて、中世以來の農業水利問題の樣相を概觀し、重要問題の展開を試みた「封建時代の農業水利問題」(12)と題する注目すべき論稿がある。農業水利問題のもつ社會性・政治性に重點を置きつつ、原始時代から江戸期に至る迄の用水事業の政治的背景との聯關、社會的發展との繫りを見、次に封建領主の統制下に行はれた用水分配の樣相、費用負擔の實狀、村落内部に於ける用水分配、水利問題が日本封建制に對して及した影響等を論述してゐるが、同教授の中世經濟史に於ける卓越した見解と相俟つて極めて含蓄の深いものであり、其の觀點なり見透しなりは、次に述べんとする寶月圭吾氏の著作に現はれたものと共に、恐らくは水利史研究に於ける最高の水準を示してゐるであらう。

寶月助教授も中村教授と並んで早くから中世灌漑問題に關する研究を發表して居たが、之を綜合した「中世灌漑史の研究」(13)の著書となつて一層纒つた形で參照し得ることゝなつた。本書は同氏が既に發表した數篇の論稿の要旨を再編して首尾一貫、中世灌漑問題の樣相を展示すると共に、從來の諸家の研究成果をも咀嚼し盡した綜合的なものである點に特色があると考へられる。

卽ち第一章たる「中世以前の灌漑」を敍しては前述西岡氏の研究を中心に筆を進め、上古以來の中央集權的國家權力の庇護によつて、池溝の開發及び治水事業の發達した經過を述べて中世的灌漑發生の基盤を明かにし、第二章に中世的灌漑の發生を問題としてゐる。中世的灌漑は國家管理の頽廢、口分田の獲得策としての新田の開發、これを成就し得る實力を持つ領主による灌漑の私經營化と云ふ一聯の事象の結果として生じ、灌漑の私有となつて特色付けられる。

寶月氏の指す中世とは莊園制の普遍化した平安中期頃から其の崩壞した室町末期頃迄を云ふのであるが、此の「中世的灌漑の特質」(第三章)は約言すれば莊園制的性格を濃厚に帶びてゐたと言ふ事であり、領主の私的經營による支配であり發展であつたと云ひ得る。其の經營の內容は水源としての森林の保護もあり、池沼は勿論のこと小範圍ながら河川用水の支配にも及んだのであつた。殊に池沼の場合は河川に比して領有關係が單純であり得た理由から、池沼構築の事例は甚だ多く、池敷たる池床が賣買・讓與・寄進・貸借の對象ともなり、私的經營の上に重要な條件となつてゐた。莊園領主が領內の爲に池を築造した事例は大和法隆寺の池の事例もあるが、引水權が明瞭に認識せられると共に引水權は分裂し、果ては土地から遊離して賣買・讓與の對象とさへなる程に私權化したのである。

莊園制下の灌漑施設は、個々の莊園を對象とする小規模なものが多かつたが、それでも用水が引水地を結合せしむる性質があつた事は否定し難い。然し單に領主的な利害によつてのみ用水が左右せられてゐる間は、共同利用の必要が感じられてゐても引水地間の聯繫は比較的困難であつたが、莊園制の崩壞期に入り、領主の統制力の弛緩すると共に、此の結合關係は次第に强さを加へる。

莊園制と言ふ制約は、一見中世の灌漑をして前代よりも退步せしめたのではないかとの印象をさへ與へるが、事實は莊園制下のそれなりに著しい發展を遂げてゐるのであり、大規模な水利事業は數少いが、用水の能率的な利用の面に其の發展の方向が向けられてゐたのである。

水田農業は灌漑技術の制約から零細經營化を强制する。斯くして現はれた灌漑の形態は毛細管的灌漑であり、田圃の間を縫ふ整然たる用水路網による用水の能率的な利用であつた。大規模な灌漑工事の不振は用水量の急激な增量を困難ならしめる反面、適切な分配を當面の切實な問題たらしめる。分水施設の著しく發達してゐた事例としては山城國桂川沿岸地方の小範圍の地域に於ける十六個處の井堰の存在を指摘し得る。尙灌漑器具としては平安初期に中國から輸入された水車、跳つるべ・投つるべの使用があつた。

第四章「莊園領主の灌漑支配」は灌漑管理の方法、用水の使用料、施設の修理の三項に分つて述べられる。管理の方法としては大和國西大寺領新池に於ける寺本奉行・寺僧奉行の存在と其の下に在つて郷民中から撰抜せられた「井守」の存在を説き、彼等の資質が所謂「器用之仁」に在つた事をあげてゐる。又莊園に於ける請負制の出現に伴ひ、用水管理に於ても請負制が見られるに至つた。而して管理請負の報酬としては一定の給分が與へられ、興福寺領大和國能登・岩井兩河の分水に際しての「間水」の他、「給田」「給米」があり、井料の徴集權をもつ井司職が賣買の對象となつてゐることもある。

領主の經營に懸る施設によつて獲られた用水であるが爲に、領下の農民は其の使用料としての「井料」を徴される。これは普遍的な現象であつたと解され、其の納入を怠つた爲に取入口を閉塞された石淸水八幡宮領山城國羽東志郷の例もある。「井料」は米・錢で、地主の負擔、作人の負擔、又雙方折半負擔の場合もあり、中世末には一庄一名が全體として支出する事もあつた。

灌漑施設の修理は農民に負擔せしめる場合が尠くなかつたけれども、その代償としての食料米が給され、これが又井料米の名で呼ばれてゐた。特に井料米に當てる米を生産する特定の田を定めて井料田と號した場合もある。井料の額は河川沿ひで氾濫の害を被り易い莊園では屢〻巨額に達し、春日社領攝津榎坂郷では井料は年貢總額の五分の一に達し、東寺領山城國上野在では其の額は名主達の負擔能力を超え、領主たる東寺自身から補助を與へて修繕に當らしむる必要があつた。同じ東寺領の山城國上・下久世庄では既に領主から年々一定量の井料の下付が行はれたが、屢〻

の氾濫及び旱魃に際しては、臨時の新井料の下付が農民から懇願せられ、寺側の之を輕減せんとの努力にも拘らず、莊園側は常に强請的な態度にさへ出てゐるのである。

第五章「灌漑用水の分配」及び第六章「用水爭論」は、分量的にも本書の約半ばを占めて、中心的課題をなしてゐる。先づ分配の條件としては、遠く他庄の領内を通過して用水路を引く場合に、用水路敷の借地料に相當する財物、卽ち井料の授受が取揚げられてゐる。これは全國的にも頗る事例に富み、引水權の薄弱な土地が他から分水を受けるに際しての重要な條件となつてゐたのである。又用水施設の工事に參加する事も引水權の一資格であり、新田への用水分與は本田への灌漑に支障を來さぬ限りに於てゞあり、それは領主としては年貢率の低い新田に貴重な水を與へ得なかつた事によるものであり、殊に本田には古來の引水慣習が固定してゐた事に於て尙更であつた。斯くして新田の增加を希望する筈の莊園領主が此の樣な態度に出でなければならなかつた事は中世に於ける新田の增加に對する一大掣肘であつた。

用水分配法としては之を時間的分水と施設的分水とに分ち、前者の例としては興福寺領大和國の能登・岩井川用水(前揭中村敎授の論稿に於て引用してあつたものと同じ地域)、大川用水、穴師川用水、西門川用水、山城國賀茂社領六鄕の番水等を詳細に述べ、番水法の規準となる時間決定の標準を考察してゐる。施設的分配では河川に於ける堰の構造に着目して、其の漏水の問題を採りあげ、次いで用水路の幅の大小による分水、深さによる分水を論じ、引水權の强弱が是等の分水施設の上に直接に反映した事情に論及してゐる。

莊園の孤立排他性に基く灌漑の權利關係の複雜性、用水本來の性質としての浮動性、米の生産にのみ依存する封鎖的經濟の特性等によつて、中世の用水爭論は頻繁に繰返され、激烈な形を採る事が多かつた。山城國薪園・大住兩庄、高野山領紀伊國名手庄と粉河寺領同國丹生屋村、山城國上久世・下久世兩庄等の用水論の內容等を逐一紹介して其の相を寫し出し、爭論の原因としては新規の施設による用水の奪取が最も多く、舊施設の新形式への改造も略〻同樣の結果を齎したとし、裁決の方法としては愼重が期され、雙方の對決と共に證據物を提出せしめ、更に實地檢證も行はれたが、雙方を納得せしめる事は容易でなく、再燃三轉して長期に亙る事も稀ではなかつた。

用水爭論に暴力行爲の伴ふ事も亦大なる特徵であるが、莊園內部へ武士勢力が伸張し、用水問題にも容喙するに至つた事がその重大な原因とせられてゐる。用水爭論費用の負擔者は領主である事が多かつた。明應五年の東寺の算用帳によれば、幕府の奉行への禮物、祈禱料、實地檢證に際しての用脚、地圖製作の費用、幕府への贈獻等で訴訟費用の膨脹は避け難く、莊園領主の財政的窮乏に拍車をかける結果ともなつた。

第七章「中世的灌漑の崩壞」第八章「近世的灌漑への展開」は共に中世灌漑終末期の樣相の敍述である。中世的灌漑の崩壞現象の一は武士、就中地頭による用水の奪取であり、二は莊園乃至は村落相互間の自治的結合による自主的な灌漑の支配經營である。鎌倉時代には用水爭論に對する領主の態度が甚だ消極的であつたのに對して、室町期では逆に莊園側が主動的立場に在り、吉野時代から室町初期にかけてが此の轉換期であつたと考へられる。領主の誅求、戰亂の災禍よりの共同防禦の爲に、信仰的紐帶の爲に、將又經濟的共同利害の爲に强化せられた斯る自治組織は、用水が不足勝ちで、莊園制の發達が夙に著しく、錯綜した形を採つてゐた近畿地方の如き處では殊に著しく、其の代表者として在地の莊官・土豪たる名主層が中心をなしてゐた事は興味深い。

「近世的灌漑への展開」に於ては戰國諸侯の對用水策と、用水事業の近世初期に於ける飛躍的な發展が論ぜられ、之を爲さしめた條件に關する考察が遂げられてゐる。灌漑施設の充實に對する努力の反面、用水の統制にも亦種々の努力が拂はれ、中世以來の分配の方式を踏襲しつゝ、之を間接的に支配する形の執られたのが一般的であつた。農民の自治的管理に委ね、或は中世以來の傳統をもつ鄕士の管理に委ねる等の方法が之であるが、後者と雖も中世的な强權の迹を留めるものではなく、一般の庄屋的な立場のそれであり、本質的には近世に於ける農民による自治的支配の一形態に過ぎないものであつた。

經濟學或は農業經濟學的見地に立つた研究としては、勿論單獨に灌漑水利問題のみを取扱つたものではないが、小池基之氏の著「水田」中の「水田耕作に於ける灌漑」[14]、並に近藤康男博士の農業災害論中の第三章「旱害について」[15]の論述が主要なものである。兩者共に降雨量との關係に基く自然的觀點に比較的重點を置きつゝ、技術としての灌漑と其の慣行、旱害の態樣と防除策等に論及してゐるのであるが先づ小池氏のものから紹介を進める。

水稻栽培の地域的性格は氣溫による限定性を第一とし、次に其の限界内に於ては降水と灌漑可能性に依存する。吾國の降水型は夏季降雨型の太平洋岸と、冬季降雨型の日本海斜面とに別れるが、斯る單なる降水型のみが水田分布の卓越性を決定するものではなく、自然的な水は灌漑設備を通して初めて農業生産の一要素となる。降水期及び降水量と用水期・用水量との不一致は、他の手段による用水の補給を含めて灌漑の技術を特に重要ならしめ、此處に灌漑の發達狀況と水田分布との間に地域的な特色が生ずる。洪積臺地上には畑地が卓越し、水田は河谷に限られて河川に主として水源を仰ぐ關東地方、沖積扇狀地の地形を利用する放射狀用水路網の發達に伴ふ水田化率の甚だ高い富山縣・

石川縣等の裏日本地域等が對照的に現はれる所以である。

灌漑は水田面積增加の前提條件となり、收穫量の增加を齎すと共に、畑地の田地への轉換、灌漑・排水不良地の土地改良を通して反當收量の增加の原因となる。然し水はそれ自體のもつ自然的性質から水田農業に對して次の如き影響を與へる。

一は耕圃の區劃を細分化する傾向を有する事であり、傾斜ある土地では更に幾つかに細分化されねばならず水田一枚のもつ規模はかくして技術的に制約せられる。

又灌漑施設の整備による反當收量の增加は、單にそれは勞働の生產性の增大を意味するものでない事は重要であり、却つて農家の生活必要經營面積の限界點を引き下げる要因をなし、更に經營の細分化に基く反當收量の一層の追求は又當然に勞働の集約化に伴はれるものである。是等の結果から、灌漑農業に於ては耕地の細分化、小規模經營化を導き出す方向をもつと云ひ得るのである。

水は他方に於て協同化の要因をもつ。水自體の公共性に加ふるに、設備は多く公共的なものであり、更に分配の問題に於ては尙更である。然し此の協同化は何等細分化の作用を排除するものではなく、細分化に基く協同であり、協同的な作業組織は常に個別經營の維持を前提とするとなし、其の重要な擧證として分水慣行を採りあげる。

分水法としては「定流し」と「番水法」の二つの形態が型として認められ、番水にも部落を主體として行ふ場合と耕地所有者を主體とする場合との二つがあり、其の事例として岡山縣高梁川八ヶ鄕用水、佐渡長江川用水、京都府乙訓郡向日町上植野の番水が夫々の番水の典型的な様式を示すものとして要領よく紹介せられてゐる。而して分水慣行を述べるに當つての結論として、『分水關係が如何なる形態をとるかは用水路水量の多寡、地勢等の自然的條件と共に、社會的歷史的な複雜な條件によつて左右されるものであらう。然し用水路水量は、自然的な變化と共に、開田其他の事情によつて相對的に變化するものと考ふべきである。そして、是等の分水慣行が如何なる系列に置かるべきかは別に考究さるべき問題である』(16)として解答を留保してゐるのであり、小池氏の敢へて留保した部分にこそ本書の著者當面の課題の重要部面が存する譯である。

最後の項では灌漑設備に對しての考察が扱はれてゐる。即ち開田事業に伴つて見られる水利構造物は土堤堰四四%、排水暗渠三二%、揚排水機場一三%等であることを明かにし、水田の改良と水田面積の增加を目的として行はれた改良事業の內容を示し、又用水源としての河川・溜池・泉等に就いての全國的な比率と其の分布上の地域的偏差を說き、而して是等の水源の中、常に用水不足を告げるものは河川の下流地域か、溜池・泉に多く、揚水機の設置を必要とするに至つた所以を明かにしてゐる。

灌漑設備の充實は、土地の生產力を昂める上に必須の條件であるが、日本水田農業の小經營的な性格から其の實現は決して容易ではなく、次の二つの相矛盾する契機を內包する。即ち一は灌漑水利施設は稻作單作の方向を强制する結果となるが、大經營の場合は兎もあれ、小經營は必ずしも稻作單作を有利とせず、複雜な經營を特色とする。玆に小農經營と水利施設の充實との矛盾があり、二は小經營に基く共同化の上に成立し來つた分水慣行が、斯る慣行の變更を齎す如き水利施設を妨げることこれである。

斯くして水利施設の充實によつて或程度防ぎ得る旱害に對しても人爲を盡さず、人力の如何とも爲し得ざる自然現象となし、雨乞に之を轉嫁せしめて放任し來つたと結ぶのである。

上述に見る如く小池氏の所論は灌漑技術の特質とそれが經營に及す影響に就いての見解に重點があるが、近藤博士の論述は旱害の實狀の分析から發して旱害對策、特に水利慣行・水利權が水利計畫による生產力發達の阻害となつてゐる點の指摘に頗る鋭いものがある。近藤博士の論述は昭和十四年の旱害狀況の地域的な考察から出發する。同年の內地全域に亙る郡別灌漑狀況圖、縣別被害率と降水量との關係圖表等を示して『旱害の程度は、降水量の大小といふ自然現象以外に灌漑の樣式と云ふ人工に多く懸つてゐる』(17)事實を示し、旱害の特徵は突發的ではなく、早くから徵候を示し、徐々に害を生ずる事であり、此處に一定の對策を施す餘地のあることを明かにし、對策としての深井戶の效果を岡山其他の地方の實例を以て示してゐる。

次いで耕地整理事業による生產力增加の問題が採りあげられる。卽ち此の事業の目的は水の公共性による組合への强制的加入によつて、封建時代の番水の如き小規模な統制を脫却して、より擴大された規模に於て農業を統制する事であり、水利を調へることによつて田の改良と田面積の增加とを齎すことに在るのであるが、玆にも亦技術と經濟との矛盾が生れる。卽ち既に小池氏も論じた如く稻作單作の强制が生れ、社會的生產力の增加には役立つけれども小農民的な多角的農業の立場からは、此の生產力增加の方式が素直に受け容れ難いことは其の最大なものであり、從來の土地制度の下に於ては、地主にとつては有利な投資であつたとしても、小作人が此の事業によつて被る利益の額は常に必ずしもそれ程大なるものではなく、又一般の農民經濟から見て貨幣支出を多くし農業生產をより商業的にする契機となつてゐた等の事情が第二の矛盾であつたと說かれる。

灌漑排水の恒久的施設の爲にも、旱魃・水害に對する應急的施設に對しても、水利慣行が屢〻其の實現の障碍となつてゐる。水利慣行は遠く封建時代の秩序として確立せられたものが固定化して今日に及んだものであり、吾國農業生產樣式の零細性の爲に根本的解決を行ふ事なく、姑息的な彌縫を以て今日に至つたものである。尤も封建時代に於ては水利は封建領主の休戚と繫り、從つて領主の嚴重な統制下に在つて其の生產力を維持し、今日尙生命を存してゐる例も少くはないのであるが、斯る水利統制の一典型である番水も、今日から見て必ずしも合理的であるとは爲し難い點が多く、一旦成立した慣行は之が固定化すると事情の變化に應じ難い缺點を暴露するに至る。

用水權は一般に土地所有に附隨する權利であり、私的用水權は私的土地所有の一の發現形式であつた。用水費の負擔に於ても金錢的支出は地主が、勞力的支出は作人が負擔するのが通例であつたが、旱魃に際して揚水機の設置、地下水利用等に臨時に多くの費用を要する場合に臨んでは、地主は其の負擔に對して積極的ではあり得なかつたのであつた。玆にも雨乞が行はれる餘地が存したのである。

前述の水利慣行の生產力阻碍的作用に加ふるに、發電・工業用水等の需要以外に農業內部に於ても水の需要は近年著しく增加する傾向に在る。畑作の水田作への轉換、灌漑方法の機械化の結果としての農業經營規模の擴大を通じての用水需要量の增加等が其の主要な原因であり、究極に於て用水の絕對量の不足を來し、水利統制・水源開發の再檢討を必要とするに至る。

更に經濟的な面として二毛作の水利慣行に基く障碍があり、冬期湛水を行ふ水田の多いのは植付期の用水に不安があるからであり、畢竟水利慣行の致す所である。

近藤博士は上述の行論を昭和十四年に公布せられた「臨時農業水利調整令」と關聯せしめつゝ左の如く述べ且つ結んでゐる。曰く『我田引水の爭ひの調整し難いのは我國農業生産の零細性といふ點に基本的理由がある。用水を得るか否かは農業生産を左右し、農民の生命それ自身の再生産に關するが故に、遠く封建時代より傳へられ、部落根性を形成し、農民に我執强き性格を附與してゐる所のものなのである。（中略）零細農耕を前提とする限り、缺乏せる用水を最も有效に利用する途如何、と云ふ合理性を自主的活動の範圍に於て求むることは不可能である。之を可能とするには外部からの强制によらざるを得ない』として農業水利調整令の公布せられた理由を裏付けてゐるのである。

小池助教授、近藤博士共に水利問題に關する經濟的見地に立つ諸研究の成果を夫々の立場に於て巧に綜合編綴してゐるが、殊に後者に於ては、水利問題の特輯號として出た「帝國農會報」昭和十五年十月號に現はれた諸論文の内容を其の體系化の中に自ら包容してゐて、水利問題の經濟的研究の鳥瞰と共に、其の研究に於ける現在の水準を知る上にも頗る適切である。尙上述の「帝國農會報」誌上に掲載せられた農業水利と經濟に關する論稿には、在來の水利慣行が水田裏作の普及を阻害する所以を詳說した岩片磯雄氏の「水利問題と水田裏作物」を初として數篇の論文[18]がある。

最後の水利法的なものに就いては、著者は從來最も寡聞であり、又本書に於いても此の方面に觸れる事が比較的少く、重要なものに就いても見遁してゐる場合が多いことを虞れるが、手近に參看し得たものとしては、史的立場を取つた唯一のものとも見做し得る、西崎正氏の「德川時代に於ける農業水利の權利關係」[19]がある。其の内容の一斑は本書第二章第三節の敍述にも參照してゐるが、德川幕府の裁許留を基礎史料とし、農村を主體として農業經營上、灌漑及び排水に關して相互に如何なる權利關係に在つたかを詳論するものであり、其の敍述の順序は、第一章に水論訴訟の裁許手續を述べ、第二章に灌漑を、第三章に防水を扱つてゐる。

第一章では先づ序説に於て、水論訴訟は其の紛議の原因によつて、權利妨害除去並に豫防請求の訴と、新行爲承認請求の訴とに分ち得るとなし、又訴訟の提起には事件の發生から十二ヶ月間の出訴期間の定があつた事を述べ、次いで裁許の手續其物の敍述に入る。一旦提起せられた訴訟は一應熟談和解に努むべきを諭して下付するが、之は水論の如きは裁判よりも當事者の和解に俟つをより適當と信じられたからである。卽ち水利訴訟程紛糾し、複雜にして妥當な判決を下すことの困難であつたものは尠く、又理否を判定し得ず、政策的な見地からも、適當な水利關係の判示を行ふ必要があつたに關らず、之に對して裁判官自らが充分な成果を期し難かつた爲に回避せんとしたことによるものであり、殊に河川に於ける水流狀態の變化は、折角の苦心の末の判決をして無效ならしめ、延いては判決の威信にも關することであつた事情も與つて力あつたものとせられる。

一應の和解調停の不成功に終つた時は、愈〻雙方の當事者を召喚して事件の審理に着手する。當事者の主張を聽取し、過去に遡つて證據調を行ひ、「地改」と呼ぶ實地檢證をも行ひ、其の上で判決が下される順序となる。而して此の判決に當つて、裁判官が水利の利害は地方農村の間で、共同且均等に分擔せらるべきものとの根本精神に則つてゐた事は重要である。封建政權存立の基礎たる農村の維持の爲には、水利關係の調和こそその重大條件であつたからである。

第二章の灌漑では、用水源を河川水（自然流水）と地沼水とに分つて述べてゐる。自然流水の灌漑水としての引用に當つては、總ての農村は均等な機會を許與されて居たが、或る程度の制限はあり、上流のみの獨占使用は固より許されなかつた。然し用水の利用の開始に關しては、幕府は直接の監督者となる事を避けて、地方農村間の秩序ある自治に委ね、自らは第二次的な監督を行ふに止つてゐた。

扨自然の流水を灌漑に利用するには施設が必要であり、堰の築造、井路の開鑿が就中重要なもので、是等の施設の設定には幾つかの權利・義務の關係がある。堰に就いては下流他村の舊來の用水權を侵害せず、又上流他村に對しては、川缺溢水等を生ぜしめる虞のある樣式の堰を設け得なかつた。但し舊慣によつて容認され得べき堰が、河川事情の變化によつて上・下流に被害を與へる結果となつて訴訟となつた場合には、舊來の堰を全廢せず、改造や設定日數の制限等によつて調和策を講じたのである。

井路の開鑿に於ては、それが水を利用せんとする村の地域内のみを通じて開鑿せられる場合には問題を生じないが、他村の地内を經由して自村に到達する場合には、井路を開鑿した村は、他村に對して掘敷地となつた潰地の爲に、相當の使用料たる井料米（又は地代米永・水代・水代米永）を支拂ふ義務を負ふのが一般である。時には替地を提供する事もある。而して或る村が、其の村内を他村の井溝を通すべく交渉を受けた場合には、其の場所や井料米の額に就いては異議を唱へ得たとしても、井路の設定に關する限りは、特に重大な支障を生じない限り之を承認する義務があつたと考へられる。

用水組合村の內部關係としては、分水に就いては組合村相互間の協定によつて分水量の決せらるべきは當然であるが、後年に至り之に對して疑義を生じた場合には、田反別の多少を規準として分水する法が適用せられ、畑の田地への地目換、從來懸け越しの田に新に新溝を作つて引水するが如きは禁止せられてゐた。組合村の內、從來の分水量以上の量を新に要求する村のある時には、出訴となる事もあるが、下流の用水不足は徳川時代に於ても或程度迄止むを得ざる事と考へられ、下流の被害が特別に甚大である時以外には、下流農村に滿足を與へる處置を採る事は稀であつた。

組合村の用水費の負擔も夫々の慣例に從ふべきものであつたと思はれるが、此の點に就いても疑義を生じ、訴訟の起された時には、惣高割が通例として用ひられた樣である。田高割とせず惣高割とした處に、受益の限度以外に、村村の負擔力を考慮に入れてゐる事が察せられる。

用水施設を設定した村と、當初設定に當つては關與する事尠なかつたにも拘らず、後に繼續的に用水の供給を受ける村とが生じた場合に前者は之を水元村、後者は之を假りに受益村と名付ければ水元村と受益村との關係は、受益村が設定した村の許諾を得て引水を行ふ場合と、他村の排水を續いて受けてゐるうちに、設定した村との間に特別の關係があるのではなく、自然的に、之を用水として利用するに至つた場合との二つがある。

水元村の許諾を經て引水するに至つた場合には、一度成立した此の關係は、雙方の間に用水組合が成立したのと同樣の結果を生じたものとして、特殊の理由の存しない限りは受益村の引水を停止し得なかつた。又水元村に何等の交涉を行ふ事なく、自然的に排水を受けて用水とするに至つた場合に於ても、水元村が多年の排水路を變更して下流の受益村を困窮せしむることは、幕府の極力嫌惡する處であつたと考へられる。受益村は水元村に對して、種々の給付・負擔を爲すべき義務があつた。報酬を出し、又用水路の普請に對して勞力を供給する事が是である。

池沼水の利用に於ては、池沼の底地を私有する村は地元村と稱し、其の村が池沼の水を灌漑の用に供するのが自然であるけれども、地元村は池水の利用に何等の關係なく、他村の用水源となつてゐる事もある。斯る場合には地元村と雖も氾濫の防止、或は新田開發等の目的を以て、其の池沼水を排除し得ず、其の池沼の機能の維持の爲の浚渫等をも容認せざるを得なかつた。然し地元村が新に必要を感じてその池沼水の引用を企てた場合には、受益村は之を阻止し得ない場合があつた。

尙此の論稿には排水に關する一章があるが、本書の研究範圍とは多少離れてゐるので、此處では省略に從ふ事とする。

安田正鷹氏の著作「水利權」(20)は其の第一章を「用水權論」に當て、百數十頁に亙つて用水權の法的內容と其の現在に於ける解釋を述べて居り、水利權に關して偶目し得たもの丶中では最も纏つたもの丶一つと考へられる。即ち先づ吾國に於ける水利關係の發展を概觀して河川統制の黎明期、發展期、變革期の三とし、王朝時代、德川時代、現代を夫々此の三つの段階に當て、水利關係の統制發展の迹を概說して、江戶期の水利關係は、王朝時代以來徐々に發展したものが、因襲的な時代精神と、特殊な社會事情の下に一定の秩序として成立し、保持され固定されて、或る意味での水利秩序の完成期のそれであつた事情を敍し、明治の改革以後は、從來の小規模な農業用水を專にしたものから、農業自體の內部に於ける大治水計畫の樹立と、之に伴ふ灌漑・排水など土地利用の增進策の採用、又都市人口の增大に伴ふ水道事業の發展、水電事業の進步等が、最早農業部門內のみの統制を許さず、他の諸部門との調和統制を必要とするに至つた所以を述べてゐる。第二節「用水權の特質」以下は本論に當る部分であるが、此處では舊來の農業本位・米作本位の思想が、過當な灌漑用水權の主張を招來し、又灌漑用水の內部に在つても、舊田の水利權が特に强力であつた所以に眼を向け、用水權の內容を檢討して、特許或は慣習による用水權に於ても、必要以上の水量を引用する事の當否を論じてゐる。又上流使用者及び先に引水權を取得した者等の優先的使用權の限界と、其の相互の優劣關係にも觸れてゐる。其他用水專用權を說いては、かゝる慣習を否認せんとする見解も示されてゐる。後半は法律技術的な考察で、用水權の移轉、取消又は制限、消滅、侵害、保護等を幾多の判例をひきつゝ述べてゐるのであるが、是亦本書の取扱ふ範圍と直接關係する所が薄いので紹介を省略する。

猶同じ安田氏には「水の經濟學」(21)の著がある。前著に比して稍〻通俗的な敍述であり、題名に示す經濟的考察よりもやはり水法的論述により特色があるが、河水統制論、灌漑用水論、水の紛爭の諸項は、本書で取扱ふ研究にも關係の深い項目である。河水統制では農業用水、工業用水、飮用水等の夫々の要求を正しく認めて正しき分配を行ふべしとする主張が結びであり、灌漑用水論に於ては、慣行による引水權の內容の中、問題となるべき點として、必要水量決定の困難なこと、農民が必要以上に多量の水量を確保せんとする心理事情に在ること等を敍べて、引用を必要水量の範圍に止め、餘剩水を他に利用する事の價値を說いてゐる。水利慣行が一に灌漑用水優先の確信に基いて生じたものであるとの見解は傾聽に値するであらう。從つて古來無限に强力な引水權であるかに考へられて來た灌漑用水權も、他の引水利用が灌漑水に支障を與へる場合にのみ其の權利を主張し得るに過ぎないものであり、灌漑用水權の限界は之を明かにする事は困難であるが、互讓こそ肝要であるとなすのが要旨であり、灌漑用水權を制限し轉用して利益を收め得た事例が揭げられてゐる。斯くて灌漑用水の合理的利用は、一に綜合計畫に俟つの外無いのであるが、其の底に複雜な用水慣行が橫はり、其の古來の方式を改める事は、慣行の效力に關する事として、取水施設の在來の儘の維持、又優先權の確保に農民は只管狂奔しつゝあり、更に慣行によつて釀成せられ來つた古來からの敵對感情は、綜合計畫の樹立に當つても極めて頑強な障碍となる事情が說かれ、水の配分と、其の實施に當つて原則となるべき方策が述べられてゐる。

「水のトラブル」の章は、近年に起つた灌漑用水と、水電・水道・流木等の他の用水利用との相剋の事例を掲げたもので、信州野尻湖と關川の利用問題、武藏の小河內貯水問題、伊豫銅山川の分水問題、越中庄川の流木問題の各〻に就いての、紛爭の發生に至る迄の經緯と其の水利環境、問題の解決策に對する批判等を中心として頗る現實的な取扱が見出されるのであり、隨處に農業水利のみの獨占的利用を排せんとする著者の見解の窺はれるものである。

猶農業水利法に關說した論文としては、鵜崎多一氏の「農業水利制度概說」、野間海造氏の「國土計畫と水利統制問題」、河井大治郎氏の「農業用水權と法令上の制限」、戶島芳雄氏の「農業水利臨時調整令に就て」、伊田通次郎氏の「農業水利臨時調整令の運用に關する基礎問題」等の、基礎的な、又展望的な諸論稿が、前掲「帝國農會報」の「農業と水」特輯號に收載せられてゐる事を附記する。

(1)　昭和十八年　東京　地人書館刊
(2)　「地理學評論」第十三卷十一・十二號（昭和十二年十一・十二月）
(3)　「溜池の分布について」「地理學評論」第十五卷四・五・六號（昭和十四年四・五・六月）
(4)　「地理學評論」第四卷十一・十二號（昭和三年十一・十二月）
(5)　「大塚地理學會論文集」第五輯
(6)　「地理敎育」臨時增刊「鄕土の地理」第二輯所收　昭和十二年三月刊

(7)「史苑」第三巻一・二號（昭和四年）
(8)「池の文化」昭和二十二年六月　創元社刊
(9)昭和十四年十一月　河出書房刊
(10)「中世社會の研究」中の第七論文「近世初期に於ける勸農について」の三「用水開發」同書二九二―三〇六頁
(11)「近世初期農政史研究」の四四七―四六七頁
(12)「帝國農會報」「農業と水」特輯號　昭和十五年十月　二四六―二七三頁
(13)昭和十八年九月　畝傍書房刊
(14)昭和十七年　日本評論社刊　三三―六四頁
(15)「新經濟學全集」第二十一卷「保險論」の中「農業災害論」五一―九一頁。尙同博士著「日本農業經濟論」三〇八頁以下の「水利農業」及び「農業災害」にも略〻同様の論述があるが、今は本文引用のものを以て代表せしめる事とする。
(16)同書五八頁
(17)前掲「農業災害論」五五頁
(18)例へば梶川重光氏の「灌漑農業に於ける水の意義」、平川昌三氏の「農業用水の不足と小作問題」、渡部以智四郎氏の「北海道農業に於ける農業水利擔當の樣相―土功組合を中心として―」、山添善次氏の「佐賀縣水田農業と灌漑施設」
(19)「國家學會雜誌」第四十一卷二・三・四號（昭和二年二・三・四月）
(20)昭和八年七月　松山房刊
(21)昭和十七年　松山房刊

第二章　近世に於ける用水問題研究及び用水對策の發展

第一節　一般的水利論

江戸期に於ける諸學者の、農政或は水利・土木等に關する論策が、一は其の前期に比較的多く現はれた一般的經濟論、民政論、農政論として、君側の學者たるべき儒者の手に取扱はれ、所謂經世濟民の學、農民統治の學としての特色を有し、他の一は直接に農民統治の任に當つた世襲的な下層地方役人、或は農業の知識の集積たる「地方書」の内容をなす農業技術論的、租法論的なもので兩者の間には著しい相違があり、其の學の性質上、前者が甚だ觀念的且抽象的であるのに比し、後者は頗る具體的であると言ふ特色を帶び、從つて此の二つのものは同じ江戸期の著作でありながら、夫々異つた系列に於て理解・批判せらるべきものである事は既に明かな事實(1)である。

今茲に本章の論述を進めるに當り、斯の如き見地に立ち、一般論・具體論の境界を明白に劃する事は到底不可能乍ら、一應の目安に於て、當時の經濟學の一環としての農業水利の一般論を試みたものとして、山鹿素行、熊澤蕃山、將又陶山鈍翁、田中丘隅、地方汎例錄の著者大石久敬を擧げ、其の所論の大要を紹介しつゝ、江戸期に於ける一般水利論の傾向と論點とを示す事とする。

蕃山及び素行は共に江戸前期に於ける學者政治家又思想家として不拔の地位を有せる非凡の人傑であり、其の學は王佐の學としての特質を具備するものであつた。

蕃山(2)は内政、經濟、宗教、海外關係等、其の論ずる所頗る多端に亙つてゐるが、山川藪澤を論じ、其の涵養を說いた事は最も著しい特徴であり、此の主張は彼の論著に一再ならず窺はれて林政と治水、水源涵養の論議は蕃山の一信仰であつたと稱しても差支ないであらう。

幕初以來、封建諸侯の領內產業開發策としての勸農事業の盛行にも關らず、戰國期以來の山川の荒廢は甚だしく、治水・農耕の技術共に幼稚で水旱の害を被る事大に、諸侯並びに武士階級一般の財政窮乏の因となつた事は決して僅少ではなかつた。蕃山が水源の涵養を屢說し、山林荒廢の象徵としての松林の害を擧示(3)して、杉・檜の植林による治山・治水を論じ、彼の後に出でた政治家・學者の思想に及した影響は甚だ大なるものであつた。

素行の論議は「山鹿語類　民政(4)」の部に最も特徴的に見出される。彼は水利の重要性を說いて古代聖賢の制としての井田制の利を主張し、後世の用水不足に基く用水論の屢發は此の制の破り去られた事に歸し得るとなし、溝洫の考を再興して水利を全くすべきを述べてゐるのである。曰く

農田は水利を不得しては不成ゆへに、古來尤重之也、是溝洫井田の制なり、井田もと井によりて田つくる、是を井田と言へり、然れども水道を利せざる時は、水災旱魃に其自由不宜を以て溝洫の制あるなり、(中略)後世に至て、

井田の制やぶれ、溝洫の法すたるがゆへ、尺寸の地をも爭つて田がへす、このゆへに各水利を全くせずして、少の水を多の田にかくるがゆへ、やゝもすれば水論出來て鬪諍やむことなし（下略）

彼も亦此の時代に於ける他の儒學の徒と等しく、中國聖賢の遺法たる井田制の信仰者であり、かの法を吾國の此の期に於いても省察し、以て其の利に與らんとする復古主義を説くものである。然し素行と雖も必ずしも古制の儘の採用を説くものでない事は、次の言説の證する所である。

……嵯峨・淳和帝益田狹山の池を築て農田水利のことあり、本朝井田の法不被行といへども、溝洫の制自然にそなはり、水利尤宜しといへども、猶其の制法を詳にして、其の古の本意に相叶はんことを思ふにあるのみ也

寧ろ吾國の水利を論ずるに當り、其の比較の基準たるべき理想案の一として、かの井田制を持ち來つたのが其の眞意であらう。

素行は其の學の當然の性格から、本邦の水利に關しては其の説く所比較的簡單である。即ち後世は專ら水利を計り、新田を開かん事をのみ望んだ結果として、土地を狹め、川岸を耕して河床を縮め、又他領・下流の迷惑を構はず、只管自利を計るに急となり、富家・貧家の別によつて利と害とを受けるに至れるを述べてゐる。次に旱損を防ぐ法としては池を構へ、水門を築き、夫々の道の巧者を用ひ、又高轉筒車・水轉高車の灌漑器具を用ふべきをも勸奬してゐる。

陶山鈍翁の時代は前二者に比すれば稍〻遲れ、江戸前半期とは云ひ條其の末期に當り、且つ其の論述の對象地域は、本州とは異つて孤島對馬であり、彼の見聞の範圍の廣さにも關らず、專ら對馬の地を事例としての敍述である。然し彼の著「水利問答」に現はれた處は、『可能なる限り工夫を凝して畑を田となすべし。米こそは上なき上々穀』(5)との

江戸期を通じて上下・内外に瀰漫せる米作第一主義を目標に、對馬の地の自然の地形が山勝ちで元來水田に乏しく、而も其の水田も水利の充分な處は極めて少く、大抵は天水田と深田のみであり、(6)而も民人も畑の利は田に勝ると確信する者の多い事情に在り乍ら、當時の技術の粹を集めて用水の便を發き、殊に對馬藩の飛地として九州肥前の東北隅に在る皆田地域で、其の地の百姓も亦水田耕作に熟達してゐた基肄・養父(現在の三養基郡の地)の百姓の法に倣ひ、畑作としての麥の二作よりも田の一作により利の多い事を說き、用水施設の具體的方法に迄論及した點は、孤島對馬が或意味に於て當時の吾國一般の縮圖とも考へ得らるゝ觀點からも、本邦一般の他の場合にも用ひ得べき、幾多の示唆の存在する事を認めざるを得ない。

例へば與良鄕內山村の事例の如く、水路を通すべく岩を燒いて打碎き(土佐に於いて野中兼山の用ひたる技術にも通ずるものがある―各論篇十四參照)、佐須鄕下原村の如く、岩を切拔いて水道を掘鑿するには銀山の「金掘」を雇つて其の特殊技術を利用すべきを暗示し、又豆酘村に見る如く對岸より木樋を渡して水無き地に引水するの法を說き、樋の使用法を述べ、其他水路に沿ふ岸の木・草を伐拂つて水溫を昴むるの手段、或は水利役人の任命法等、凡そ畑作卓越地たる對馬に、可能なる限りの水田を開くに必要且有效と考へられるあらゆる手法を紹介・展開したものとして、甚だ異色ある論議を示してゐる。米の自足が不可能であり、島外よりの多大の移入に俟つの他無かつた封建期對馬の島情が、かゝる「水利問答」の內容となつて現はれたものとも見るべく、封建經濟組織の一特色を此處にも明かに看取し得るであらう。

田中丘隅の「民間省要」(7)は各般の行政面に亙つて爲政者の心得を細大洩らさず詳述してゐるだけに、其の水利論も說く所詳細を極め、當時に於ける代表的なるものゝ一たるを失はないが、其の得意とする具體論の前景には、一般論的見解も尠からず見出されるのである。

彼は古來河流には、特に其の水量に變化の多い事情を特有の名文を以て敍述し、大和の飛鳥川・立田川を初め、彼の日頃目擊せる多摩川の水量の減少を說き、下流の水田に旱害の多い事の理由が、江戶の水道への多量の取水に基く事も一因乍ら、廣大なる武藏野新田への引水量も亦多く、而も其の餘水の流れ捨たる部分の多いことに着目し、其の餘水の使用法を正すべき事を先づ提言する。

玉川の減水は使用水量增加の一面に由來するのみならず、水源地域に於ける減水が他の有力な一因を成す。卽ち上流山中の大木が次第に伐盡されたるによることゝ考へ『先賢先に評有、此說尤可ならんか』と爲してゐる。かの蕃山の說に贊せるものであらう。

斯る事態に處しての對用水策はと云へば、天地の間、年經るに從つて起るべき地變に深く留意し、用水事情の變化を確め、急の事ではなく、又已一個の爲のみでなくとも、用水の事は忽にせず、心外の水損・旱損を防ぐことこそ肝要であるとするのである。從つて玆に用水管理の必要が生ずる譯であり、元來一―二ヶ村の關係する小用水の管理は比較的締り易いが、數萬石の大地域を包含する場合は之に反して不埒が多いと言ふ。かゝる不埒・不締を防除するの法、これこそ彼田中丘隅の展開せんとする具體論の內容其物である。

田中丘隅の一般水利論は上述したものゝみでは未だ左程の特色を有するものではなく、寧ろ彼の最も得意とし、亦多くの文言を費してゐる後述具體論（用水管理論及び用水と普請論）の前提としての意義を有するに過ぎないであらう。

然し既に蕃山・素行の観念論・理想論よりも一歩前進し、彼が日夕その實状を知悉する多摩川を實例に採りあげて、其の問題の所在を端的に指摘した點は、前述陶山鈍翁の場合と等しく、餘程實學者たるの面目を明かにしたものと云ひ得べく、彼の出現した時代の影響と、其の實學的經歴に基く蘊蓄の一端を展示せるものとして注目すべきであらう。

佛徒釋淨因の筆になる「羽陽秋北水土錄」(8)は、行文の難澁な一種の特異的風格と、其の書名に示す如く、主として秋田近傍の事情を中心に取扱つたものながら、秋田附近は元々用水不足の土地ではないが、其の融通の法の惡しきが故に水不足を生ずるとの前提の下に展開した其の用水論は、用水管理論及び普請法にも言及して頗る詳細なるものであり、かの對馬に於ける陶山鈍翁の「水利問答」に亞ぐ意義を有するものと爲すべきである。

(1) 古島敏雄氏著「日本農學史」第一卷二〇一―二一二頁
(2) 黑正巖先生稿「熊澤蕃山研究序説」「經濟論叢」第四十四卷五號(昭和十二年五月)三三六―三五〇頁
(3) 「大學或問」「日本經濟大典」第三卷所收
(4) 「日本經濟大典」第五十一卷所收
(5) 「日本經濟大典」第七卷所收
(6) 『是州ハ元ヨリ田ノ少ナキニ、水ヲ掛ケ水ヲ落ス事ノ自由ナル田ハ殊ニ少ナク、大抵ハ天水田ト深田ナリ』
(7) 「日本經濟大典」第五卷所收　同書上篇卷之三
(8) 「日本經濟大典」第三十卷所收　同書卷三「河堰」

第二節　特殊的水利論（用水對策の具體論）

1　用水の取得・引用

用水の取得法に關して纒つた論議を試みたものは、寶永十年の著と稱せらるゝ土屋又三郎の「耕稼春秋[1]」である。

彼は用水獲得の方法として次の如き種類を列擧説明してゐる。

イ　勾配の適當な河川より水を引き、一―三里の間を下流に導き、其の途上に於て枝川を設けて村々の田用水に當てるもので、これは用水獲得の方法としては上であるとしてゐる。此の形式の引用法は河川の流域に一般的に廣く存在する堰によつて導いた用水を指すものであるが、大河を大規模に堰立てゝ取入れた場合には出水毎に堰の流失を見、普請に人力を費す事の多い點に注意してゐる。當時の技術的段階が、大河・急流を堰止め、之を導いて用水となすには未だ充分の確信のなかつた事情を示すものであらう。

ロ　野山に堤を築き水を溜め、既に植付期から此の水を少量宛水門から拔き流して耕作に當てるものである。茲に指す堤とは大規模な溜池の謂である事を知るのである。然し河水を用ふる場合とは異り、用水の不足する事が一般であるから、植付前より田面に貯水し、池水の節約を計ると共に、植付水は殊に多量の水量（三倍と云ふ）を要するが故に、水門よりの流出量を調節する必要がある。

ハ　池又は堀で前二者に比して極めて規模の小さいものであり、百姓が人力を用ひて其の水を汲みあげ灌水するのを特色とする。江州・五畿内邊に其の例多しと言ひ、此の場合の揚水器としては龍こつ・はね釣瓶を擧げてゐる。

ニ　天水田又の名空待田であり、植付水及び其後の灌水共に一切天水に依存するものであるが、天水田にも二種類がある。其の一は沼田で常時水を貯ふるもので之は吉であると言ふ。他の一はかた田で常時は乾いてゐるが、五月雨を利用して之に灌ぐものであるから、植付の頃降雨の無い時には其の旬が延び、殊の外出來の惡いものである。

「地方汎例錄」(2)も「耕稼春秋」と略〻同樣の分類的說明を試みてゐるが、「耕稼春秋」の池又は堀として記したものを更に二に分ち、田頭の堀と井戸とに區別し、前者は筑後・肥前等に在つて幅五・六間乃至十間、其の長さは一二里も續くもので、其の水底に堰を立て、田毎に桶で田面に汲上ぐるものを指し、後者は江州邊に間〻在るもので、田頭に幅壹間、長さ九尺乃至二間の井戸を掘り、井戸一個が幾人もの百姓の共同所有に懸つてゐるものゝある事を記してゐる。

「隄防溝洫志」(3)の著者の說く處も、前二者と殆んど等しいが、「地方汎例錄」と共に前述の用水獲得手段の數〻を敍するに當り、其の見聞した諸地域の實例、地域的特殊性の若干をも併せ述べてゐるのは、其の引例が比較的限定せられてゐるとは云ひながら、一の注目すべき特徵たるを失はないであらう。

先づ上述の江州邊の井戸であるが、かゝる地域は田作に甚だ困難が多いから、畑作の卓越してゐることを謂ひ、次いで之とは逆に皆田地域の事例としての筑後國上妻郡及び肥前國、又越後國蒲原郡を擧げてゐる。筑後・肥前の場合には其の近隣に用水として引取るべき小川も無く、又稀に在つても海潮の逆流があつて灌漑水とは爲し得ない事情に在り、從つて大規模な用水堀を設けて之に貯水し、汲上げて灌漑に充てゝゐるのに比し、越後の場合は同樣類似の平坦地域乍ら、直接引用すべき河川に惠まれてゐると云ふ地域差を認めてゐる。其他上方・中國筋の畠に灌がんが爲の井戸、中國筋に見る堀水を汲上げる踏車の分布も、亦其の關心に上つたものであつて、地方の特殊經驗に基く成果を尊重すべしとなす意見を以て結んでゐる。尙是等の記載に見る用水獲得法の地域性は、啻に此の當時の年代にのみ見られた特異性ではなく、現在迄も殘存し、且機能を有してゐるものである點は特に關心を魅くものがある。

「耕稼春秋」もその著者の出身地に近い北陸筋の實例を以て、地形と用水取得の便不便との關係に論及してゐる。卽ち山麓より海岸迄相當の距離（一―三里位）があり、而も段々に勾配の在る處は用水の當りがよく、逆に平坦な處は用水に惠まれても水足が遲く順水に時間を要し、加ふるに洪水に際しては必ず冠水を見、被害を被るとなす。唯傾斜があり、水足の早い場合の害は、水の強く當る個處に於て川除堤の決潰を見ることである。加賀國石川郡の才川・手取川の流域はこの前者の例であり、越前川北郡十八萬石の地は後者に屬すると言ふ。

然らば上述の井堰・溜池等は如何なる場合に營むべきであるか。地方書としては時代の古いものに屬する「百姓傳記」(4)は、井堰に關しては記さず、用水引用、下水排除の兩目的を有する井溝の手入の重要なるを謂ひ、田地を惜しんで井溝を淺くする事なく、暖水を注ぐ爲幅を廣くすべきことを注意し、次いで溜池の適地としては地窪なる處を撰び其の一方に堤を築くべきこと、而もその敷地は田面よりも高い地たるべきこと、石地・砂地は漏水多く不適地なること等を述べ、新溜池築造後の注意事項としては、二・三年間は堤から水の漏れざる樣修理を加ふべきこと、及び水門を伏せた個處の掘れない樣に注意すべきことを說いてゐるが、かゝる諸點に關しては、其の著作年代が遲れてゐるだけに、「豊年税書」(5)はより一層具體的である。

先づ河川に堰を設けんとする場合、避くべき事項は左の如し。先づ堰より導くべき水路に就いては、水路に沿ひ山の崩壞する危險個處の在る時、水路の爲に沿道の田畑が冷え、不作を招く處のある場合、沿道の土質が砂質多く崩れ易く水路を埋沒し易き土地等であり、堰の位置は川幅の廣い所をよしとする。その所以は川の狹い處は大水の時に掘れて深く成り、水路に水の乘り難い時があるからである。但し其の反面、川幅の廣い所は水の瀬の變るべき機會もある故に『能々可考之』なのである。堰築造の材料は石の多い川ならば石を用ひ、石なく或は大河の場合は杭を列ね、松の葉、かや等の補助材料を杭の間に詰めて水を乘せ、水路の入口には水門を立て、水量の調節をなす。

溜池築造の好適地は山・岡・野の何れにしても三方高く、中央の低く廣い處を見立て、其の一方を堤で築切ればよいのであるが、之に反して涌水少く、又承水區域たるべき山・岡の狹い處、又周圍の山・野の砂地である時は、雨毎に池の埋沒を見る處があり、高所が畑のみの場合にも、雨毎に池の埋る事は砂地同樣であつて、流域の狹い場所と等しく溜池には不適地であるとする。池の上流が芝野或は林地であるのが最もよい道理である。又貯水量の大なるを求むるの餘り、池の深度を過度に大きくする時は、大水の時に堤の流れる憂があるから、過度の水量は貯へず、堤を厚くし、且芝付をなすべしと言ふ。是等は何れも堤の補强策である。因に池の深い時は上・中・下三個の水門樋口を設け、貯水量の減少の狀況により、上段より拔き初めて下段に及ぶ使用法が適當であることに注意してゐる。

尙田面が池・堀の水面よりも低い時は、龍骨車を二段・三段に据ゑ、或は箱樋を用ひて揚水する等の手法の記載も、堀・井の水を利用する具體的方法として附記に値するであらう。

田用水としての質を問題としたものには、「地方竹馬集」、「勸農固本錄」、「縣令須知」があるが、かゝる細部の點に迄論及したものは比較的少いと言はざるを得ない。

「地方竹馬集」[6]には「檢地に付可心得品々大概之事」の項中に次の如くある。（傍點筆者）

一、水の事、大川水沼水湖水等は吉也、山川の水或は涌水抔は冷水候て不可然也、涌水の近所ならば冷候て別て惡く覺候、惣じて水の溫なるを上と定べし、（中略）又水道の上に紙漉など有之か、或は村中を通り水末田方へ掛け候はゞ少し肥の氣味有之て珍重なり

耕地に上・中・下の品等を定むるに當り、これを潤すべき用水の質に就いて參考と爲すべき事を記したものであるから、其の記述の比較的簡單なのは止むを得ないが、水溫高き水、有機質を含有する事多き水が先づ上質たるべき事を明かに指摘したものであり、「勸農固本錄」[7]にはこれを更に稍々敷衍した記述が見出される。曰く

汚泉は稻に宜とて村里の垢水の流入が吉、然共入過ば稻の性惡敷蟲付もの也、（中略）溫成水、作物によし、水上に紙漉在る村中を通る水よし、鐵氣水別て惡し

溫水・肥氣ある水を以て吉となす他、過度の汚泉の害、鐵氣を含む水の害を說いてゐるのは前者よりも一歩を進めたものであらう。

「縣令須知」[8]は「用水」の項に於て上述の諸事項を記して後更に具體的に左の如く附言してゐる。

川下を堰留て掛取るを上とし、沼水を中とし、池溜を天水と言ふ下なり、米の味も水によりて段々善惡あり

稻の收量のみならず、米の質にも水質の影響のある事を記した點に異色がある。尙冷水の害を防がんが爲の一法と

して、次の如き方策を添へ記してゐる。

山田の用水冷て年々不作する所は、其地形により其水を落して、別に遠くより筧などにて水を取り、日に當り水の暖りに成様に、工みて取べし

これは用水の質を重視するの餘り、當然に其の耕地を潤すべき水を排除して、新に別の水を以て灌漑せんとする、可成り徹底的な方法と云ふべきである。

水田の開發は上述の如き諸手段によつて、用水の得易かつた地域から漸次に擴張發展して遂行せられたであらう。然し水田適地の減少に伴ひ、又人口の増加が一因となり、用水引用技術の進歩が之を助け、殊に江戸期に於ける新田開發事業の積極化は從來曠野の儘に放置せられた小高い平坦地をも水田化せしむるに至つた。佐藤信淵の謂ふ「高田」(9)の出現は卽ち之である。信淵の「草木六部種法」によれば、高田は隆地であつて當然水の在るべき處ではないが、地勢の高低を考へ、近くに流水の求め難い時は遙かの河上から堰によつて支川を導き、或は山間に水源を需めて新池を構へ、水溜や溝を鑿て用水を貯へ、井戸を掘る等、各種の手段を盡して開田したものである。而も是等の「高田」は用水の灌排共に自由であり、兩毛作・三毛作の可能な上田が多く、利を得る事の極めて大なるを述べてゐる。かゝる新開高位置の水田が當時旣に注目すべき重要性を示してゐた事を物語るものであり、用水取得法の發展に伴ふ新しい現象である。

獲得せられたる用水の引用に當つての具體的措置に關する論述に着目すれば、「百姓傳記」(10)は他人の田を通り、田越しに水を取るに際しては下水を取らず上水を取ること、旱損を被らない前、田水の旱上らない前に引水すれば水少

くして效多く、日數を保ち易いこと、晝の水は遠くは掛らぬが故に灌水は夜を專とすべきこと、病害を被つた時は水を拔き、或は溜めて被害を喰ひ止むべきこと等に亙つて敍べてゐる。冬田に水を貯へ、夏の用水不足に備ふべしとは諸書[11]に散見する處である。

陸奧津輕郡の人中村喜時の著なる「耕作噺[12]」に、陸奧の地が本土の北邊であり、夏季の低溫に基く屢〻の冷害の體驗の結晶とも見るべき、安永元年の冷氣の强かつた年にも關らず稻の稔を得た方法として『冷氣の年は一體に氣候陰氣、通年寒水懸たる程の陰氣あり、田水切落し、田を干立、土地へ陽氣を引受稻をひねさせ稔を專一に致すべし』とあるのは、陸奧と言ふ當時の水田耕作の北限地に於てゞあつたゞけに、此の人によつて氣候の冷暖を考へて、田の水の懸引を行ふ事の重要性の特筆せられてゐるのは意義深いであらう。

特別の旱場に於ける心得に就いても二・三の敍述がある。元祿以前の著とせらるゝ「憐民撫育法[13]」は、旱損場救濟の貯水法として、堰・溜池・堀・井の築造、冬期中よりの湛水の五種類を掲げてゐるが、是等は單に特別の旱損場の爲のみのものではなく、廣く一般の場合にも用ふべき方法である。更に「四民格致重寶記[14]」の內容は稍〻詳細である。曰く

水不足にて日損がちの村などは、他鄕に惡水のすたり水は無之かと尋て、捨り水有之候ば、替地を出し候て成共新堀を立、是を引べし、又洞などに出水在之ば、溜池を見立べし、日照の時分溜水を一度か二度のうるほひとなして大利を得るもの也

「農隙餘談[15]」は又旱場の者は龍骨車・桔槹其他の揚水器を日頃から拵置いて用立てるべきこと、湯風呂或は雜水を

常々溜置く等の他、萬策盡き、他の手段のない土地は西國筋に多い旱稻＝岡穂を植ゑ、或は夜露を受け、地表の乾燥を防ぐべく、草・木の葉を取つて之を敷き、馬糞を砕いて腐水・小便等にて延べ、田に撒布するもよしとの旨を記してゐる。危急の際に於ける非常措置の數々である。

2 用水管理論

用水管理に關する記述は「地方書」の内容中、普請に關するものに次いで多くの分量を占めてゐる。蓋し近世を通じて用水施設の營築整備は相當の段階に達し、水田化可能地域の大部分は開拓し盡されて現狀に略〻近い迄の發展を遂げ、當代の用水施設に利用し得べき土木技術の精粹を、汎く各地に普及せしめて用水の獲得・引灌に遺漏なからしむると共に、他面既に一旦獲得せる用水の合理的利用を計ることこそ、玆に施設と相並んで重要な位置を占めるに至り、中世以降の經驗を生かして、新水源の獲得・開發とは又異つた意義を有する用水對策が採り上げられることゝなり、殊に江戸期封建制の確立に伴ひ、中世若しくは中世・近世の過渡期に數多く見出された爭論の解決を干戈に訴へ、實力に問ふと云ふ如き殺伐・過激な法が、著しく平和的なものへと變貌を餘儀なくせらるゝに至つた事情も、かゝる用水管理に關する諸論議を、「地方書」の内容として前代以上に、より前面に推進せしめたる一因として認め得るであらう。「耕作噺」[16]に庄屋役第一の勤は、收納取立の事に非ずして用水なる事を道破した事實も、用水の獲得・保持と共に、其の管理の事が、庄屋役たる者の重要任務たるべきことを示したものと考へ得るであらう。

玆に謂ふ用水管理論の内容は、用水組織（用水團體）相互間及び用水組織内部に於ける、平時・旱魃時の用水論を避けん爲の統制・調節策に重點を置くものと、量に限りある用水を、各井郷（井組）、各村落關係の適切なる協同・統制によつて平穩裡に處理せんが爲の引水・分水法、主として用水引灌法の具體的統制に論及したものとの二に分ち得る。

用水論の起るべき可能性の最も強く、而も調停することの困難の度の最も強いものとして關心に上つてゐるのは、異れる井郷間、特にそれが對岸關係、又上・下流の關係に在るものゝ間の問題であり、殊にかゝる自然的な位置上の對立關係に加ふるに、封建制下の特色として、異つた井郷の對立が、更に領主を異にする事から生ずる複雜な政治的關係の之に參加する場合に一層著しいものがあつた。

旱魃の時は村役人が堰口へ出張して前例を守り、水論の起らざる樣取計るべしと言ひ、又他領より堰にて引水する場合、切り缺き易い山腰の部分を通る水路を、相手方から切落されない爲に、渇水の折にはかゝる場所に番を付すべしとは「豐年稅書」(17)の說く所であり、右の如き個處は一旦切落された時には修覆の困難なるを虞れて、右の如き注意が特別に記されてゐるのではあらうが、他領間に在つては、一方の用水引用を他方が妨害することによつて起る水論が、最も普遍的に頻發した事實を反證するものであらう。

かゝる水論の頻發は當事者たるべき村役人をして、常日頃から事態に應ずべき態度・措置を會得せしめ置く必要を生ずる。「庄屋手鑑」(18)は他領との用水出入に際しての心得として次の條項を掲げる。

1　前々よりの仕成・古格を遵守し、老人より聞き取つて必要事項は書き留め置くこと。

2　出入の模樣をその發端より詳しく記錄しおくこと。

用水争論の裁決が一に先例尊重の主義に則して行はれたが爲に、先例仕成の調査は第一の重要事項であり、而も後代再び同様類似の水論の起るべき豫想に備へて、詳細な出入一件記録の記載保存を必要ならしめたのである。

「地利要方」[19]に記す水論訴訟に於ける村役人の心得は一層具體的である。先方より訴訟の起された時は村役人一同で相手方の口上を聞き、其の内容を詳細に書留め、後程返答すべしとて一旦相手方の使を返した上、村中の老若を集め、古證文・證據等先規の由來を調査し、その事實を僞なく奉行所へ上申し、此方に勝身の道理のある時は他領へ返事に及ぶべきであるとする。然し他領相手方が之に服さゞる時は江戸公事にも成るべき故、其の備の心得の充分あることが必要であると念を入れてゐる。若し又此方より他領へ訴訟を仕懸ける時は、例の如く古書・證據の穿鑿を遂げた上、勝公事たる見込の明白になつた上で、委細を書付に記し役所へ申出づべきである。然し『他領と公事出入は必々無之様内々覺悟可仕』ものであり、江戸詰等の場合は其の費用の負擔に、大小の百姓共に苦しむものであるから、『出入無之様に可相心得と、他領境の村々庄屋に隱密に可申付置』である。萬一此方の證據が不確であり、勝身の薄い時は訴答を先づ延期しおき、後に證據分明となる時節迄、延期する事を勸めてゐる。

斯の如き水論訴訟の對策を説く「地利要方」の著者も、其の根本的立場は飽く迄『用水論之事は先規之可任例』とするのであり、先例が慥ならず、或は又一方のみが理不盡に「工匠《タクミ》」を爲し、先規に無い例を申立てた場合は聞屆くべからずとする。水論は田地耕作の爲に行ふもの、百姓の私欲の爲に行ふべきものに非ずとは其の斷案[20]である。

一井郷内の用水に就いての管理・統制を論じたものにはかの「民間省要」[21]がある。曰く用水には必ず「水元」と「水末」があり其の利害は相反する。一般に旱魃の際は水元に利多く、水の多い年は却つて害が多い。水末は全く之に反する。流水が清い流である時は水元（上流）は砂地で田地の乾きが早く、石高の分量の割合よりも多量に水を注いでも尙且水持の惡いものである。水末（末流）は常に水乏しく、石高に比して得る水の分量も少いが元來地形が低く（滴り落ちる水のあるを言ふ）、田の乾きも遲いから水持のよいのは事實であるが、元々旱魃には水上で段々堰止められ、又盜み取られて渴水する事が多い。かく事每に水元・水末は利害の相反する立場に置かれる。殊に水上は地高であるから、時として極く小面積の水田に灌がん爲、揚水の困難な個處には大造の施設を行ひ、强く水を張り上げて注ぐから、多量の用水が堰留めらるゝ上、意外の個處へも漏水し、かゝる上流の僅かの水田の爲に、水下の廣大な地域が旱損する事があると述べたのは頗る犀利な觀察である。

かゝる不合理を是正する法としては、國主によつて上流小面積の水田の年貢諸役が免ぜられ、其の分の「田成畑」を認め、其の分の掛りの不足を水下數千町步の田の上に懸ける事が、上下の利益としては甚大なる事を述べ、國主の統制・管理によつて、用水利用上の不均衡・不合理を打開せんとするのが其の考であつて、國主と言ふ大規模なる權威の下に於いて、その封建的統制力を活用せんとするものである。

村落の自然の位置の上・下による不均衡に次ぎ、彼は用水區域の內部構造、特にその政治關係の構造に基く不合理を指摘する。

即ち小さい用水組合の管理は容易であるが、區域が數萬石の廣さに亙る入會用水には不取締の事が多いと爲すのがこれであり、用水普請に當つても一領一下知の所は容易であるが、御料・私領・社寺領入交りの處は一致和合を得難く、殊に君寵ある領主を戴く私領の村は百姓の心も驕り、天領及び一般の私領を蔑視し、天領の役人をも恐れず、他村を妨げ、我儘に用水を引取る事が多く、殊に元祿頃には此の傾向最も強く、就中寛永寺領の場合に甚しかつたとしてゐる。かくして江戸の近國では、私領に君寵ある領主を持つ場合が多く、其の爲に公事に際しても御料百姓の勝つ事は稀であり、之と反對に遠國では御料百姓に利あること多しと結んでゐる。封建領主の力關係が其の領民たる百姓の心理を、延いては用水權の主張の强弱關係を支配し、軈て此の相互關係が漸く固定化せんとする傾向にあつた事情を看破したものとして、「民間省要」の敍上の見解は用水問題の封建的性格の理解の上に、有力な一觀點を呈示するものである。

用水論、水かけ論は百姓が身を捨てゝ爭ふ事の間々あるものであり、肝要の節に時間を空費するものであるから、(22)用水論は奉行所へ訴へ出でる運びに至る迄もなく、内分にて治むるを理想とすべきであり、又事實内分で治るものが次第に增加しつゝあつた(23)とは言ひ乍ら、代官・村方役人による時宜に合した公平な配水法、或は明確な配水規定、配水施設の完備等の必要が一層加はる譯である。

旱魃に際會して代官・村役人による機宜に適する配水の必要な所以は「地利要方」に記す如く、其の田の地水で七—八日、關(堰)水・溜池で十日餘の日數を耐へ得れば其の内には必ず降雨を見るべしとの見込に基く(24)からであり、高僧貴僧を撰び、上下勇んで之と共に雨乞祈禱(25)を行はしめつゝ、又次に述ぶるが如き重點配水を行ひつゝ、自然の降雨による危機の脱却を期待したからである。旱損の克服に科學的處置の執り難かつた時代としては、『凡下の僧は無益』(26)とする雨乞祈禱の勸奬こそ、合理的手段の不足を運命の上に轉嫁する方法でもあつた譯である。

重點的配水法も尙且完全に合理的とは云ひ得ないものではあつたが、「地利要方」の中に見出す

田方に水不足にて毎年日損仕ㇷ゚田地は、畑に可申付也(27)

とあり、或は又

百姓私に畑方を田地に仕作仕ㇷ゚時は改之、(中略)是は百姓私曲也、(中略)稲上出來之時は百姓可爲越度ㇷ゚(28)

となせるは水利の惡い田地を畑地となし、其の分の用水を他の水田に廻すと共に、尙又一方用水不足の時は畑の水田化をも抑制し、貢租負擔の基礎であり且能率の高いものと考へられる舊來の古田地にのみ注がしめんとする策と解せられる。引水に於ける舊田の優先、新田の不利は「松山領代官執務要鑑」(29)の中にも明瞭に看取し得る處である。即ち

春田迚茂植付水不自由之節者新田江者水遣し不申ㇷ゚、兼而其心得爲致可申事、新田之儀者開發之節御本田妨け無之様仕ㇷ゚御法に有之ㇷ゚

と記してゐる。然るにも闘らず新田を所持する者は、多く村内の庄屋或は頭立てる百姓であり、其の爲に本田に水不足の時に當り、却つて新田の方が本田以上に水廻しが良好であるが如き處置の見らるゝ事が屢〻ある。かゝる頭分階級に在る百姓の身勝手こそ代官の取締るべき對象であり、其の方法としては

若左様之心得違致ㇷ゚新田持主は取揚、其新田は村中江配分致遣ㇷ゚様に成行可申様

と言ふのが其の處置法の根本である。かゝる措置の實行が當時に在つて果して可能であつたか否かの點は考慮外に置くとしても、かゝる方策が一應定められてゐた事實に對しては注目すべきであらう。

用水管理に於ける最高の段階は用水分配法の統制・管理の問題である。更に云へば番水の統制である。前掲「松山領代官執務要鑑」も

1 村々の引水順道を守り、手代共をして多少・不同のなき様見分の上引水せしむること。
2 引水法は田渡しとせず、溝渡しとなすべきこと。水掛け初めの田は常に水が絶えず、流末のみ迷惑を被る事が多いからである。
3 番水の時は新田所へは水を遣さず、本田の餘水を以て養ふべきこと。

等と番水統制法の若干條件を述べてゐるが、此の問題に就いては「羽陽秋北水土錄」(30)の論ずる處が最も詳細である。曰く、一圓旱魃の際に之を救ふ水の融通法には番水・分水・通し水の法式がある。是等は役人の定めたもの、或は地元の民の相對を以て定めたものと其の法式の起源には二樣の別があるが、何れも水論による用水消耗率の甚大なるを救はんとするものである。番水にも種々の差異がある。時刻・日限の採り方にも別があり、時刻の代りに定木即ち分水施設による水量の分配法もある。然し最も效果的な番水法は、時間每に全川の水量を、交互に乾渇してゐる田に融通する方法である。分水の法を立てる基礎となる分水單位の算出法にも亦種々ある。稻の苅り數を以てするもの、高の大小に從ふもの、灌漑面積の廣狹によるもの等があるが、一般に役人の定めた場合に多い高割基準の場合には、高免の地は高に比して土地が狹く、低免の所はこの逆の關係となつて不合理であり、又苅り數を基準とした時も亦同樣の結果を生ずる。耕地面積の廣狹を標準とすることこそ最も合理的である。

更に同一の面積でも土地の性質により水持の長短・善惡があり、就中底拔け田、下拔け田の在る時は必ずしも面積のみを標準とする定法の採用し難いことが多い。又番水法の特例として或る一村には水路を流るゝ全水量を與へない定の事もあり、要するに一概に理のみを以て番水の量を定むる事は不可能である。

定木分水も亦一應正確であるとは言ひ條、分水路の地盤の高下によつても流水量に多少の差がある。地高な方には流水量が少く、低い方は多量の水を容れ得る。因て立會の上で分水口の下流に於て通水量を計り公平を期すべきである。

一時上流の堰の水戸口を破つて下流へ水を通すのが「通し水」又「水戸讓り」と呼ぶ方法である。此の場合にも破るべき水戸口の幅に大小樣々の定があるが、何れにするも此の法は堰を破り或は留めて徒らに時間を費し、自損他損の結果となるものであり詮なき法と言はざるを得ない。

其他「互口」と呼ぶ分水法もある。これは河流を何等堰止めることなく、自然の儘に水路の入口へ水を導き入れるものであつて、地盤に高下のない時、二つ或は三つの用水路の取入口が相並んでゐるのを斯く稱する。互口の雙方は取入口の水路を掘り浚へる事もなく、全く河の流の儘に取入るゝものである。

以上が「羽陽秋北水土錄」に記す處であり、克く分水法の全般に亙つて、其の方法と利害得失を論究したものと稱し得るであらう。本邦の東北隅たる秋田の地を地盤として編述せられた此の書に、斯の如き分水法に關しての詳論を見る事は、此の著者の他地域に於ける見聞が斯る敍述の基礎となつてゐる事情を考慮に入れるとしても、猶江戸期に於いては上述の分水法の諸樣式が廣く各地域に普及實施せられてゐた事を物語るであらう。更に分水法の事實と其の諸問題に就いては後章に於て改めて再檢討を試みる。

（1）「日本經濟大典」第二十一卷所收の卷四「用水」の項
（2）「日本經濟大典」第九卷所收

(3)「佐藤信淵家學全集」上巻所收　巻四「用水諸樋・橋普請等目論見の事」二六九—二七一頁

(4)「日本經濟大典」第三十一巻所收「百姓傳記」巻七「井堀の事」の項、五四二頁以下

(5)「日本經濟大典」第三巻所收「堰用水水上樣の事」の項

(6)「近世地方經濟史料」第二巻所收

(7)「日本經濟大典」第四巻所收「勸農固本錄」上

(8)「日本經濟大典」第十二巻所收　四九八頁以下「用水」の項

(9)「日本經濟大典」第十九巻所收「草木六部種法」巻十二「作稻法」上篇ノ內

(10)「日本經濟大典」第三十一巻所收「百姓傳記」巻九　六〇一頁以下「田に水を懸引善悪の事」

(11) 例へば「税斂活要」(「日本經濟大典」第二十一巻所收)、「憐民撫育法」(「近世地方經濟史料」巻六所收)

(12)「近世地方經濟史料」巻二所收

(13)「近世地方經濟史料」巻六所收

(14)「日本經濟大典」第五巻所收

(15)「日本經濟大典」第二十一巻所收

(16)「近世地方經濟史料」巻二、第十五「水利」の項

(17)「日本經濟大典」第三巻所收

(18)「近世地方經濟史料」巻七所收

一、御他領幷他郡他村掛合の用水井手井關等、幷地境入合場所は、前々より仕成古格を守り、記錄等に記有之不相分處は、老人共に承合置、肝要の義は記錄へ記し置、兼々心得前無之ては、臨時におよび候て不案內の請引出來がたし、兼て心

得有之ば、時に臨で請引差支不申候、尙又右様出入事出來候節は、初より發りの次第委く其節の記錄へ口談書談たりとも、尙日附使の名前役名迄能尋置き控置事第一なり、此儀不覺候ては後日に請引出來不申物なり

(19)「近世地方經濟史料」卷一所收「地利要方」卷中
(20)『用水論之事は先規之可任例也、先例不慥か或は一方理不盡に工匠事仕、無先規例を申立相論仕り此所不可開届也、考に田地耕之爲に水論仕る也、百姓之非私欲候』
(21)「日本經濟大典」第五卷所收
(22)「日本經濟大典」第四卷所收「勸農固本錄」下「地普請之事」
(23)本書第八章第二節の論述參看のこと
(24)「近世地方經濟史料」卷一所收「地利要方」卷上、第十七
(25)(26)　同書　第二十二
(27)同書　第三十七
(28)同書　第三十九
(29)「近世地方經濟史料」卷一所收
(30)「日本經濟大典」第三十卷所收

第三節　法令に現はれたる用水對策

吾國封建制の完成期であつた江戸時代は、封建的統制下のものとしては諸産業特に農業の發展の最も著しかつた時代であり、社會制度の組織化、泰平の半恆久化等の原因により、衆庶は初めて專ら農業に力を注ぐを得、又當代の支配層たる幕府及び諸藩も、其の存立の經濟的基礎を全く農村よりの土地收入に置いてゐた事情から、何れも水利關係の開發・調整に努め、中世及び上代に比して劃期的な發展を遂げた事は明かであるが、それにも關らず尙水利に關する法令は他のもの――例へば治水關係の厖大なる敎令・法規の存在する事實――に比し、甚だしく鮮少・簡略に過ぎた事を指摘せざるを得ないのである。此の事の理由としては次の二個の條件を數へ得るであらう。

一は水利關係の本來・固有の性格より來つたものであり、江戸期に入つて著しい發展を遂げたとは言ひ乍ら、凡そ水利の關係は過去幾百千年の間を通じ、各地域の特殊事情に應じて自然發生的に發展し來つた慣行の累積と見做すべきものが當代水利關係の眞の內容であり、地域的特殊性に則した凡百の事情を包含してゐるが故に、幕府・諸藩の一片の法令を以て之を規定すべく餘りに複雜であり、かくする事によつて却つて農民に多大の困難と動搖を與へ、法令の制定・公布の意義を失はしむる虞のあつたことであり、二は一般武家法の特色の例外ではなかつた江戸期のそれも、前代のものと等しく、單に原則的事項を提示するに止り、具體的な成文法の制定に比較的冷淡であつた事情も亦無視し難いであらう。

かくて複雜多樣にして統制の困難であつた水利關係の法令は、條文の簡單なると共に、現實の諸問題の解決に當つては、水利關係の舊來の方針に從ひ、それと調和する範圍內に於ては、裁判に當るべき當事者の良識に訴へて、自由裁量の餘地の頗る多く殘されてゐた事も亦一特色を爲すものであつた。今玆に是等の法令の內容を檢討するに、大別して用水施設の普請に關するもの、用水引用の取締に關するもの、用水爭論の處置に關するものと爲し得るが、用水普請に關するものに就いては次章「灌漑水利施設の構造と其の營築」に於て併せ論ずる事とし、用水引用・爭論の處置の二項に關係あるものに就いての論述を試みたい。

1　用水引用の取締に關するもの

前述の如く江戸期に於て幕府及び諸藩の公布した用水管理並に普請に關する諸法令は、中世以降の經驗の集積であり、殊に中世後期、大名領の完成に伴ひ、又是等の大名が各分國に對立して武力による領域の擴張を企て、その領內の富强を相競つた戰國期に在つては、農業生産の基本條件たるべき用水關係の統制を企てた事例は頗る多く、所謂戰國の名君の行つた用水普請の遺跡の數々と共に、領內の用水統制の爲に發した分國法の事例も亦尠からず殘存してゐる。殊に江戸期に至るも其の大名に轉封の行はれなかつた場合には、かゝる法令は其の儘近世封建期にも引き繼がれて、藩法に於ける用水法の基準となつた場合も存在する譯である。是等の中最も具體的且詳細なるものゝ一例として、天文五年に奥州の一雄鎭であつた伊達稙宗の手によつて作られた「塵芥集」(1)がある。その內容はよく中世的統制法の精粹を示すと共に、又江戸期のそれの先蹤・規範を爲すものとして江戸期の法令を理解せんとするに當つては特筆に値するであらう。其の條項七を數へ得る中より用水引用の取締に關するものを摘記すれば左の如くである。

イ　用水の事は先規に任すべきである。然るに先規の範圍內に於て堰口を改むるに際し、水上の人が之を通すべからずとなす場合は水上の越度たるべきであり、又川下は先規の儘に通すべきを主張し、川上は先規は通さゞる定であるとなして爭論に及び、相互に支證なく、理・非の決し難き時は、萬民を育むべき用水の事であるから、川下を援けてその用水を通すべきである。

先規尊重主義とは云へ、用水は萬民に其の利を享有せしむべしとの立場から、寧ろ上流の位置的優位による優越的主張をも或程度迄制限して、下流にも等しく用水の恩惠を均霑せしむべしとの趣意である。

ロ　用水の爲に一旦造られてあつた堰・用水路が崩壞して退轉に及べる時は、かゝる施設に沿つた村内を通して新なる水路を通すべきであり、此の時に際して新なる水路沿ひの村の地頭・百姓が之を妨ぐるは不當である。是亦用水施設の一旦破壞した事によつて生じた下流の困難を救濟する爲に、上流の横暴・反對を制し、新用水路を通すべき事を定めたものである。

ハ　用水源たる河流の狀況の自然的變化により、堰の維持・修理の困難な時に及んでは、河上・河下を問はず、堰の場所を變更することは差支なく、若し其の爲に異亂を生ずるに於ては、事の仔細を領主に披露すれば、領主はその事の次第によつて何分の沙汰をなすであらう。

河流は多年の間には自然的原因によつて變貌すべき事の屢〻であるが爲に設けられたる條項である。

ニ　一方が用水堰を築いた爲に他人の領分が洪水・渇水の害を被り、其の爲に被害の側より異亂をなすは洵に當然の次第であり、かゝる堰は廢止せらるべき道理である。とは云へ用水は萬民の爲のものであり、一人に損耗を生じた事の爲に、多數の潤ふべき堰を止める事は上述の理に反する結果となるであらう。かゝる場合には害を被り荒地となるべき分の損耗を量り、堰掛り一同より相當の年貢を被害地主に支拂つた上で件の堰を築造すべきである。

多數の利益の爲に用水施設を築造する反面、他方に被害を受くべき地域を生ずる時は受益地域より損害分に對し補償すべき事を定めたものであつて、利・害共に關係地域の均しく享受・負擔すべき旨の法令である。

要するに「塵芥集」に見られる所は、用水は萬民のもので一個人・一村の私すべからざるものであるから、私利をなし自己の爲のみを圖るべからざるは勿論、總て舊慣先規に服從し、公共の爲には一部の利益をも犧牲となすべしとの趣旨である。

次に江戸期に於て幕府によつて下された關係法令の年代と其の内容を示せば左の如くである。

1　寛永十九年七月二十九日、幕府は左の敎令(2)を發してゐる。

一、井水かゝり候場、末迄も繼絶なく水引候樣に可仕候、用水あまり候所は、前々不遣來候共、不足之所ヨリ水乞候ハヾ、當年ハ可遣之候、以來例ニハいたさせ間敷事

封建的最高統制者たる幕府の、用水引用・分配に關する根本的立場を明かに示したものであり、前揭「塵芥集」中に窺はれた、水利は萬民が其の利害を共同に負擔すべきものとの精神が玆にも再現してゐる事を見出すであらう。かかる支配精神の發生は、水利が農村・農民の死活・存亡の鍵であり、封建領主は其の財政的基盤の確保の爲に、用水の萬遍なき利用による農業生産の維持をこそ冀求してゐたからである。かくして用水の引用には一定の慣行的規準があり、引用權を有する村と然らざる村との別のある事を知悉しながら、以後の例とは爲さゞる事を斷りつゝ、餘水ある村からの、用水不足せる區域外の村への特別融水を命じてゐるのである。

2 元祿四年、下總國葛飾郡三ッ堀村の五人組帳前書(3)には次の如き數個の取締條項を發見し得る。但しこれは「御觸書寛保集成」中に見出す「享保十九寅年四月、當時村方五人組帳、差上申一札之事」と殆んど全く同文である。これは少くも元祿頃から、五人組帳前書として事實上發せられてゐたものが、享保十九年に採錄せられたのであらう。

一、溜井は不及申、堤惣別水御溜置候所、自分に切おとし切かけ申間敷候、勿論用水にて候共、我儘に切かけ申間敷候、若水落しゆて不叶處は、御代官迄御斷申上、御差圖を請、おとしゆて、又跡を充分に築置可申候事

一、落圦、かけ圦前のことく請取之村々ゟ、かや、土俵、しはくれ無油斷寄置、水出申時立明專可仕候、不念ニ致、押きらせ申か、たて明遲く致、耕作損毛爲致候者、其請取鄕中ニ何樣之曲事にも可被仰付候、又は落井堀、かけ井堀にうけを伏、かい取致、土手を築、水道之さわり致置候者、爲過怠と、壹ヶ所に人足三拾人宛々御普請被仰付候事

一、懸井堀、落井堀并道せはめ、田畠仕出、何にても作毛仕付申候者、當人ハ籠舍被仰付、名主、年寄、百姓ニハ何樣之過怠成とも可被仰付候事

尙元祿十一年、同村の五人組帳前書には更に左の項(4)が加へられてゐる。

一、用水引候義先規之例を以兼合相定、(中略)用水之所ハ諍論不仕、田地不及渴水内ニ可申出、理不盡ニ切取申間敷候

何れも用水の事は先規に任すべしとの方針を敷衍せるものであり、渴水に及んでも用水は勝手に切落して引用せず、若し是非切落す必要の生じた危機に臨んでは、代官に申出でて其の指圖を受くべきこと、用水施設の管理を充分に行

ひ、耕作に損耗を生ずるが如き事をなからしむべく、又水路を狹めて作物を作り出すべからずとするのであつて、その最初の項は、用水の引用は努めて農村相互間の協同體的處理に委し、幕府は直接用水管理に手を觸れる事を避けるのが一般方針であつたが、一旦非常特別の渇水に際會しては、自ら分水に當り、爭論に陷らんとする農村間の分水關係の調停にも乘出す用意のある決意を表示したものである。

3　享保九辰年閏四月に發せられたもの(5)は、

一、在々用水掛引井路之儀、川中に井堰を立、水を引わけ候處、堰の仕方により川下之井水令不足にも不構、手前勝手の宜樣にのみ仕候故、及爭論、或は兩頰に井口有之場所片頰之井口附替候時、雙方不申合、一方之自由に任せ仕替候故、令出訴候類有之候、自今右躰之儀雙方致相對、普請仕候節は立會、無障樣に可致候（以下略）

後章に詳論する如く、堰の構造、殊に其の堰止め法、材料の如何は堰からの漏水量を左右し、下流は當然上流井堰の間からの漏水を以て水源となしてゐる事情から、堰の構造の細部に亙る點は、上・下流の井堰間の多年の抗爭・折衝の末、慣習・先規として定り來つたものである場合が多く、從つて若し上流側井堰に於て自己の側にのみ都合のよい樣、勝手に堰の構造を變更するに及んでは、下流の爲に用水不足を生ずべきは明白であり、用水論の生ずべき原因の中、最も普遍的な事例(6)を有するものである。又一本の河流の兩岸に相對して取入口を有する二個の井堰の存する時は、何れか一方が自己に有利の如く堰の付替を行へば、必ず他の側の取入水量の減ずべき理であるから、かゝる條件の下に於ける井堰の仕替へは、必ず雙方の同意立會の許に行はるべき慣行のものが大多數であるにも關らず、一方が他方への通告を怠り、一方的に獨斷で仕替普請を行へば、他方は必ず之に抗議して訴論となる事が多かつた。よつてかゝる場合には相對の上、立會普請と爲すべき事を令したのである。蓋し最も用水爭論の原因となり易かつた、分水措置に際しての一方的處置の禁止によつて、農村相互間の自治的協議に委ねんとするものである。

4　「年月闕」で公布の年號は知り難いが、「德川禁令考後聚」の「論所取扱準則」(7)には左の如き重要な數項目が見出される。

一、當時用水不引といふとも古來よりの組合離候事禁也

一、一領之時水代米不出來之於他領之分ハ新規ニ水代爲出之例なり

一、畑成田用水障におゐてハ禁也

一、用水引來證據無之溜井廻ニハ村田地取廻し有之地內水元たる上ハ田高ニ應シ新規ニも用水引之

一、用水障ニおゐてハ山林伐盡事差止之

但山札銀出之立木伐採といへとも山木伐盡候而ハ麓之用水おのつから不足ニ成類ハ札銀免之鎌留刈下草之外ハ禁也

先づ第一の項目より檢討すれば、用水引用の爲に、或る數箇村が聯合共同して用水組合を作り、其の內部に於て自治的に引水を行ひ、灌漑に當てゝゐるのが一般に見る例であるが、江戶幕府の當局も亦かゝる用水の自治的協力による引用を援助・勸奬する立場に在つた事が知られる。即ち一旦用水組合の組織に參加せる後、何等かの理由によつて用水の供給を受けない村を生じた時と雖も、其の村は組合を離脫するを得ないと言ふ禁止令である。現に用水の供給を受けてゐない村は組合に留つて經費を負擔する事は無意義であるから、當然に脫せんことを望むであらうが、幕府

の方針は之をも禁じてゐるのであつて、一旦完成した組合による舊來の分水秩序の維持に、幕府の關心の懸つてゐた程度を察せしむるに足るものである。

第二項は或る一村へ引く用水路が、上流に於て他村の地域内を流れ、其の水路敷の爲に他村に潰地を生じた場合に、或る一村が他村に對して支拂ふべき「水代米」に關する規定であつて、第一項と等しく引水秩序の保持に懸るものである。卽ち水路を掘鑿した村は掘敷地たる潰地の使用料を支拂ふ義務があつたのであり、之が「水代米」「井料米」等の名を以て呼ばれてゐたのである。然るに此の水代米の支拂に當り、上流の水路敷を提供した村と下流受益村とが同一領主に屬する場合には、「水代米」の支拂の免除せられてゐた事が多かつたと察せられる。とは云へ元來同領であつた二ヶ村が其の後の領主の移封等により他領關係に立つに至つた時は、原則通りに「水代米」を支拂ひ、用水を引用すべしとするのが此の第二項の內容である。

第三項は一般に江戸期に在つては耕地の品目として田が最も尊重せられ、又之に課せられた租率も畠等に比して一段と高く、何れにしても領主への貢納の基礎が多く水田に置かれてゐた事は周知の事柄である。されば領主は、水利の便の開かるゝ限り、畠をも田に地目換せんとする事は本來冀求して熄まざる所であつたと稱し得るであらう。然るにも關らず、玆に見る如く畑の水田への地目換も、用水の障となるが如き場合は禁止すべき旨が明示せられたのである。本來の田卽ち古田の水利を妨ぐるが如き畑の田成が相當に見られるに至つた結果として、かゝる法令の公布となつたと解するのは甚だしい失當ではあるまい。

第四項は池水の引用に就いての規定である。河川から引用する用水組合に、多くの場合には水元村があり、取入口に近く位置して下流村々を統御すると等しく、池懸りたる用水組合にも池底地の所有村たる池元村がある。此の第四項に說く所から推せば、元來池元村たる地位に在り、其の池の周圍に村の田地を取廻してゐながら、曾つて池から用水を引き來つた證據のない場合と雖も、それが池元村たる以上は、新に其の池より用水を引かんと計畫する時には、田高に應じて新規に引水し得ると言ふのであつて、河川を水源とする用水組合の引水組織に於ても、前述の如く、舊來加入し來つた組合よりの脫退が、法令によつて一應禁止されてゐた事情から推しても、新規に組合へ加入する事は尙更困難であつたと察せられ、特に池懸りは、河の場合以上に、組合の範圍たる承水區域と池の貯水量との間に、容易に變更し難い關係が存する爲に、一層區域外への新規の引水は困難であつたとしなければならぬ。池元村に限り、上述の如く、假令それが舊來の池懸り村々の忍び得べき限度内に於ての許容であるとしても、田高に應ずる水量が、新規なる引水權として池元村に認められたと言ふ事實は、用水引用上の一特例と見做し得るであらう。

第五項は直接に用水引用の取締に關するものではないが、麓の水田地域の田用水の減少を來すべき虞の在る場合に於ては、假令山札銀を出し、伐採權を得てゐる時と雖も、下草の他は苅取るを禁ずると云ふ積極的な用水源の保護を令したものであり、蕃山等に見られた治水論の結晶とも見るべき法令である。

以上幕府が直接に規定・公布した法令の他、江戶時代隨一の大藩領であつた加賀藩の「御改作方覺帳」にも左の記載が見られるから、藩領に於ける一事例として次に揭げる。

一、照打續用水切申刻、新川郡上瀧村近邊富山御領と用水番水仕る、彌不足仕ゅ得ば十村方より案內次第爲縮、私共之內兩人幷新川郡御奉行申談、御領境之村ニ罷越、照之內附罷在、申分不仕樣申付ゅ事

元祿十六年未六月二日

毛利又太夫
以下八名連名(8)

新川郡の名、又富山領との關係の現はれてゐる事から、金澤藩領越中國に於けるものである事が判明する。近世初頭には金澤藩の一領下知であつた越中が、富山に支藩の分れてより後は、本・支藩の關係の下に在つたとは云ひ條、兩藩領間には用水の減少と共に番水分水を行ふ必要が生じたのであり（第二部各論篇の六「越中に於ける灌漑用水施設の發展と管理機構の特質」參照）尙彌〻の不足に臨んでは十村よりの案內次第、取締の爲役人が金澤・富山の領境迄出張して用水不足の期間中滯在し、兩領間に紛爭の生ぜざる樣、分水の監視に當つた事を示してゐる。幕府のそれの如く全國に跨る、夫々の地域の特殊事情を包含する所謂御料一般に通ずる概括的・一般論的な法令とは著しく趣を異にし、特殊な場所を對象とする卽地域的な定である。

2　用水爭論の處置に關するもの

江戶期に見られる所謂山論・水論の相繼ぐ發生は、勿論中世及び中世末の劇烈さと頻度とには及ばなかつたであらうが、表面的・大仕掛なものは其の數を減じたとは云へ、內面的且複雜な事情は逆に加はつたとさへも稱し得るであらう。然し江戶幕府は當然に水論の暴發によつて社會秩序の破壞せらるゝを嚴戒し、直接行動を極力抑制し、訴訟・裁許の手續を經て平和裡に解決すべきものとの立場を嚴守し、幕府治政の初期たる慶長十四年には早くも

一、郷中ニテ百姓山問答水問答ニ付、弓鐵砲ニテ互ニ致喧嘩候者アラバ、其一郷可致成敗事(9)

と令して百姓の武器持參による中世的な水論形態の禁止に努め、若し一郷中の參加せる時は其の一郷全體にも成敗を加ふべき處があり、寛文六年(10)には水論に付き出入ある時は私に喧嘩せず、支配者に申來るべしと下知を發して、幕府自らがかゝる水論の裁決に任ずるを告げてゐる。以下水論の處置に關する訴訟提起の手續、裁許の方法、水論加擔者に對する罰則等の諸項に就き、是等法令の年代順を追ひつゝ、逐次其の內容を吟味するであらう。

1 享保五年に公布を見た「御定書百ヶ條」中には「用水惡水新田新堤川除等出入之事(11)」として

享保五年、元文五年極

一、諸國村々用水惡水并新田新堤或は川除等他領に懸合候出入訴出候時は御料は御代官私領は地頭家來呼出雙方障り無之樣致熟談可相濟旨申聞訴狀相渡其上不相濟段雙方役人申出候はゞ、其子細承糺取上可致吟味事

とある。これは水論訴訟の提起せられた時に於て、他領間の關係であれば、當事者が御料なる時は代官、私領なる時は地頭家來を呼び出し、雙方間に於て熟談內濟に導く樣說諭を與へて一應訴狀を下付し、其の上で雙方より內熟整はざる旨を上申するに及んで其の仔細を聞き糺し、初めて其の訴訟を取上げ吟味すべしとするものであつて、暴力に訴へず役所に申出すべきを方針とした幕府法も、極力關係村の支配者間の協議調停に俟つて事態を收め、幕府の裁決機關たる評定所への出訴はなるべく避けんとするものであつた事を示す。これは幕府が當事者の和解による水論の終結こそ最も妥當な方策であると確信してゐた事によるものであらう。裁許を爲さんとするに當り、最初に和解を勸めたことはこの條文の存在によつて明かである。

2　享保九年に公布せられた「用水論其他無筋出入之儀に付御觸書」[12]の後半には水論訴訟提起の手續に就き、左の條件が附記せられてゐる。

……普請仕候節者立合無障樣可致候。若滯候儀有之か又は不法之事仕候時者、其節より十二ヶ月を限於訴之者可有裁斷右期日過令出訴候はは不取上候事

用水施設たる堰の普請に當り、此の堰より分水を受ける一方が、自己の側にのみ好都合な處置を行ひ、他方が之に承服し得なかつた時には當然水論訴訟を結果するであらうが、其の出訴は不法の行はれた時から十二ヶ月以内に行はるべく、此の期間を過ぎた場合は取上げずと明言し限定を加へたのが是である。當事者たるべき農村の怠慢による訴訟の紛糾を除かんが爲の觸書と見做し得るし、亦かゝる出訴期限の限定が、幕府の手に懸けられる事件の數を少くせしめ、現地相互間の和解、內熟の機會を一層多からしむる效果のあつた事をも察し得るのである。

3　安永五申年十一月十一日、「用惡水川除等之出入取計方之儀申上候書付」[13]として出された規定は、裁許に當つて當時の裁判官たる地位に在つた者が、更に具體的に如何なる手續を經、苦心を重ねつゝ、自然の形狀にも合致した用水秩序の決定に盡力したかを示すであらう。

用惡水川除等之出入者御定之通御料者御代官私領者地頭家來呼出熟談申渡訴狀下渡不相濟段申出候節訴狀取上目安裏判を以雙方村方之もの共呼出相糺多分ハ地所難決候故地改之もの差遣遂吟味裁許仕候處裁許後用水時節ニ至水懸等之儀申出候類有之難捨置候間猶又地改之もの遣用水引取方番水等之儀申渡候儀前々より間々有之候然共裁斷過失と申ニも無之地改之いたし方不行屆ニも無御座候得共水行ハ理外ニ而人力ニ不及儀ニ御座候然共何と歟最初之糺

し不行届様ニ相聞候間以來之評議仕候處御定之通熟談申渡不相濟旨申出訴狀取上目安裏判を以雙方村方之もの共呼出相糺難決候ハヽ猶又御代官手代地頭家來等呼出論所江手代家來差越水懸等之目論見いたし三ヶ年又ハ五ヶ年と年季を極水旱年之様子も相揉し委細可申聞旨申渡目安返答書幷雙方申口之書留等渡し遣右揉しを爲致委細申出候後村方之もの共吟味詰裁許仕又者村方得心之上濟口證文差出候ハヽ承屆可申候

右之内普請目論見出來不致段申出候はゞ地改之もの差遣目論見普請爲致候上前ヶ條之通り揉し爲致可申候（下略）

相當長文ではあつたが、其の要點を摘記すると、水論當事者たる農村が評定所の一應の和解の勸告にも關らず、其の事の成り難き由を申出づるに及んで初めて正式に訴狀は採り上げられ、雙方の村方の者が召喚せられて事情の糺しを受ける。然し係爭地域の事情に通じなければ事の理非は容易に決し難いから、「地改」の爲役人が現地に派遣せられ、其の報告をも參照して吟味の末裁許が與へられる事となる。

然るにかゝる手續を經ての裁許も、未だ現地を充分に滿足せしむる能はず、用水の時季に至つて又々再論を生じ、其の儘にも捨置き難いから復々「地改」を派遣し、用水の引用規則、番水の法等を的確に取定めて申渡す事が屢々である。

かゝる再論は何故に生ずるか、裁斷の過失でもなく、又強ちに「地改」の不行届に起因するものとも爲し難く、實に水利の自然的形勢の變化のみは人力を以て及び難き點であり、これこそ再論の生ずる最大の原因である。とは云へかゝる再論の起る時には、最初の調査の不充分であつた事に基因するが如く聞える向も多いから、以來の取計ひ方に就いて評議の末、次の如く決定したのである。

目安裏判を以て雙方を呼出して審理を加へても猶決定し難い時は、御代官手代・地頭家來を呼出し、問題の爭論個處へ手代・家來を遣して引水の計畫をなさしめ、三年・五年と年季を決めて其の間の水損年、旱損年等の樣子をも檢し、其の結果を逐一報告せしめ、而して後村方の者を充分吟味の末裁許を與へ、又村方から得心して自發的に濟口證文を提出する時は之を承認すべきであるといふのが此の長文の規定の內容である。「地改」の派遣にも關らず、一旦裁許を與へた結果が雙方を滿足せしむるに足らず、自然の變化に基く情勢の變化が惹起した不合理も、裁判に當つた役人の吟味の不充分によるかの如く考へられるに至つては、幕府當局の苦心も水泡に歸し、果ては威信の問題に迄發展する處もあるであらう。玆に三年・五年の長期に亙る試驗期間を設定し、雙方の妥當として受諾し得る裁決を見出さんとするのが本文に記す裁許の決定法である。樣々な苦心・經驗の累積が、斯の如き方法を導き出すに至つたものと解し得るであらう。

4　水論に於ける武器持出の禁止、加擔者の嚴罰等に就いては五人組帳前書に、元祿十一年下總國葛飾郡三ッ堀村(14)のもの等を初めとし、屢々類似の罰則が見出されるのであるが、此處では天明四年(15)、上總國市原郡小佐貫村の場合を例示する。

一、用水掛引常々能申合置、其節に至、聊も爭論無之樣に可相心得、渇水に及候節は、名主、組頭立會分計、無甲乙致吟味、無指支樣に可引渡、違亂之族有之、用水引渡し之障ニ相成候ハヽ、早速可訴出、萬一水論境論等出來候共、其場所へ刀、脇指、弓、鑓、長刀等持べからず、若右の品持出、荷擔する者あらば、其科本人より超過すべし鍬、鎌、棒など取捕られ候儀は格別、たとへ相手方より如何様之品持出、かさつ之儀仕掛ゆとも、刀、脇差、弓、鑓、長刀之類持出において八、吟味之上急度曲事可被仰付旨之事

とある。右の内容は別に説明を加ふる迄もない事柄ながら、かの「塵芥集」の末尾の項に見る、

一、みついさかいの事、用水のはうにまかすへし　然るにもんたうに及ひ、人をちやうちやくせしむるともからはおちとたるへし、人をころすにいたつては是非に及はす其成敗有へき者也

との類似性に注目すれば足りるであらう。「地方支配條目」(16)に見るものも亦略〻之と同様である。

(1)　西崎正氏稿「徳川時代に於ける農業水利の權利關係」「國家學會雜誌」第四十一巻二號三二頁

(2)　同　同誌第四十一巻三號一一四頁

(3)(4)　野村兼太郎博士編著「五人組帳の研究」所收

(5)　岩波版「御觸書寛保集成」所收

(6)　本書第八章第一節參照

(7)　「徳川禁令考後聚」第二帙一二―一三頁

(8)　「近世地方經濟史料」巻一所收

(9)(10)　西崎氏前掲論文「國家學會雜誌」第四十一巻二號三四頁

(11)　「日本經濟大典」第一巻所收

(12)　「徳川禁令考後聚」第一帙二四八頁

(13)　同書第二帙一〇―一一頁

(14)(15)　野村兼太郎博士編著「五人組帳の研究」所收

(16)「近世地方經濟史料」卷四所收―播磨國飾東郡地方のものかとせられてゐる―に曰く、『一、用水之懸引常々申合置、爭論無之樣可仕、水論境論等之場へ刀脇指弓鑓長刀等持出、荷擔者有之は科本人より重かるへき事』

第三章　灌漑水利施設の構造と其の營築

第一節　用水引用の手段と其の形態

用水施設としての溜池・圦樋・掛渡井及び關枠、灌漑器具としての水が(替)へ桶・水車・龍骨車・すいしようりん・すんほ・つるべ等は江戸時代に相當程度迄普及してゐたものであり、其の利用に地域差[1]はあつたが、「地方書」に屢ゝ繰返して其の構造・用法に關する類似の解説の見出されるものである。以下項を分ち、上述の施設及び器具に就いて「地方書」に記す所に著者の調査研究に懸る實例を加へて一應の敍述を試みる事とする。

1　堰の形態と其の構造上の制限

「堰」の形態に關する説明は「縣令須知」[2]に最も詳密である。川を築切つて其の水を用水に取る施設が所謂「堰」である。「堰」の種類は大別して二に分ち得る。其の一は「草堰」であつて、小川或は流れの緩い川に、石を搔き上げ、杭等を打ち、或は輕い柵等で堰止めた比較的簡易な構造のものである。其の二は「洗堰」と呼ばるゝもので草堰に比し一段と堅固であり、堰によつて引入れた用水の餘りは常に堰の上から下流へ溢れ流れるものであり、其の規模の大なる場合は川下から材木を敷並べて土臺を造り、幾段にも積上げ、木の枝・芝等で築きあげる。大量の用水を取入れる堰は多く此の洗堰の形態を採るものである事は後に詳述せんとする處である。

「堰」の様式には更に他の區別法がある。一文字堰・箕の手堰・袋堰が之である。

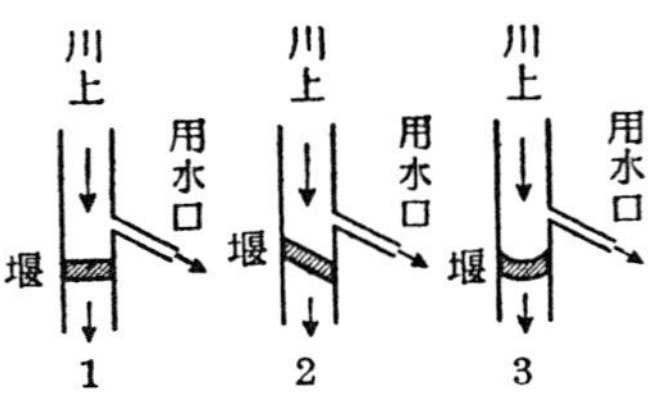

堰の三様式　1 一文字堰　2 箕の手堰　3 袋　堰

一文字堰とは字義の如く、河の流れの方向と直角に、横斷して築くこと圖の如きを謂ひ、『大河はとかく一文字堰にすべし』[3]とあるに見られる如く、一般に大河を受けて引水する場合に多い形式である。

箕の手堰は流の方向に從ひ、稍〻斜に堰き留むること圖の如く、河流を自然に堰の一隅に集め、其處に取入口を設けて取水量を多からしむるもの、『小川には箕の手堰よし、大河には惡し』であり、其の理由は『大河を箕の手堰にすれば、出水の時用水の堀口に土砂埋り、又堀口も保たざる物なり』とあり、出水に際しては上流から押出し來つた水量を受けては取入口の破壞せらるゝ危險があり、又其の土砂を受けては埋沒の虞があるからである。然し小川に一文字堰を設けては『水入少きなり』と言ふ結果を生じ、充分に其の機能を發揮し難い恨がある。

袋堰とは堰留の中央部を下流へたるませて堰止むること圖の如く、砂川に多く用ふるものである。即ち砂川に在つては砂を堀口（水門を建つべき取入口）へ押込んで水口を埋沒するから、たるませた部分へわざと砂を溜め、堀口を保護せんが爲の構造である。

かゝる型式を實例を以て示せば、前述の如く一文字堰は其の例最も多く、舊江州犬上川一ノ井の堰(4)、或は近世初頭に於ける屈指の水利土木者たる佐賀藩の偉傑成富兵庫の築造になると傳へらるゝ、肥前國川上川一之江の大井手堰を以て典型的なるものと見做し得るであらう。共に川幅數十間の個處を横斷して築いたものであり、前者は長さ四拾間の堰の中央部に幅四間の「除川」と呼ぶ水路を開き、堰留めた水量の一部を常に下流に放流せしむる機能を有し、其の構造の堅固さにも關らず、所謂「洗堰」の形式をとらず、堰の上端から溢流すべき水量を「除川」から落す装置を有してゐる。犬上川一ノ井に在つては一文字堰の形式のものを一名「横堰」とも稱してゐる。後者川上川一之江大井手堰は成富が技巧を盡して完成し、今に其の遺構の傳はるものと稱せられ、堰の形に就いては後代に多少の改變が加へられたが、現に見るものは五個處の排水口たる「戸立」を有し（江戸時代の圖(5)には三ヶ所ある）是亦大雨出水の場合の他は「洗堰」の形となる事が避けられてゐる。堰の高さに高低なく一様に堰止めて洗堰となし、下流への餘水吐を設けない時には出水に際して堰の流失の危險の增大する事が第一の難點であり、又完全堰止は絶えず水と共に流下し來れる土砂を堰に滯留せしめて貯溜水量を減少せしめ、堰の機能の幾分を減耗せしむる事は第二の缺點である。此の觀點から言へば、堰の構造が大で改築毎に多額の費用を要する場合を除いては、堰の構造はそれ程堅固でなく、大出水の時に

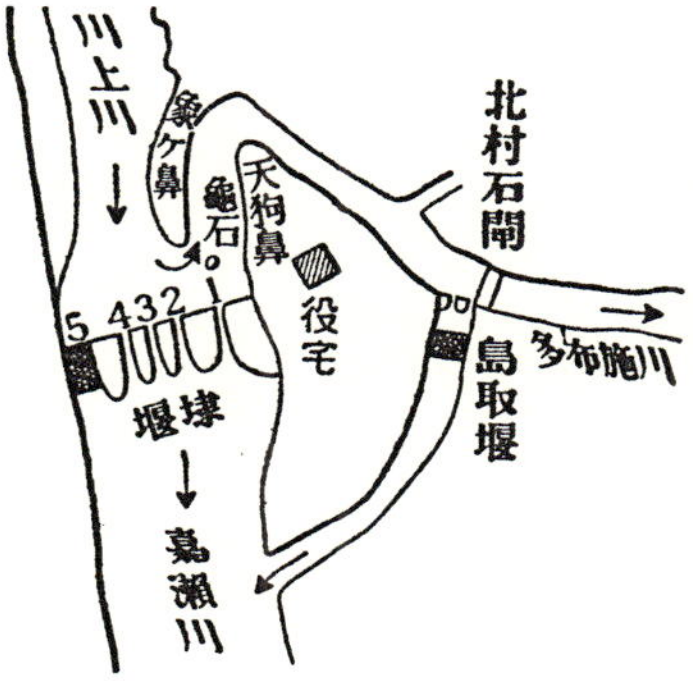

肥前川上川一ノ井堰

は洗ひ流される程度のものが優つてゐるとも稱せらるゝ所以であつて、上述成富の築いた川上川一ノ井の堰も、堰の基盤を、不動堅固のものに改造して以來却つて堰の上流部の貯水を淺からしめた事が指摘せられてゐるし、(6)又洛南瓶原村の大井手の取入口の堰も、其の幅數間の、極く小規模なものであり乍ら、同じく堰の基礎をコンクリート造りに改築して、却つて井手への注入水量を少なからしめる結果となつてゐる事は、現地の人々によつて確認せられてゐる處である。

純粹な一文字堰であつて、且洗堰の構造を採るものとしては、武藏國見沼代用水路に沿ふ北埼玉郡田ヶ谷村地内の星川通にある「上崎洗堰」であらう。これは元騎西領であつた四十四ヶ村四萬三千餘石の地域の灌漑水を得しめんが爲に、堰幅十四間の洗堰を星川通に築いたものであり、この堰によつて星川の流水は一應閉塞貯溜せらるゝ結果、洪水に際しては此の洗堰の存在の爲に水害を被る上流村々と騎西領との間に、其の存否を廻つて屢ゝ紛擾を生じたのであつた。貞享元年の訴狀に上流側が此の「上崎洗堰」を指して、先年來は右の堰は草堰であつたものが、下流騎西領によつて洗堰に改築せられたものであるとしてゐるのに對し、騎西領側は四萬餘石の懸り高を持つ用水堰が、元來草堰であつた道理はないとして反駁を試みてゐる(7)のは、上述した「縣令須知」に説く、草堰と洗堰との機能の差異を端的に示してゐるものであらう。

箕の手堰に屬する事例としては、其の傾斜の度合に多少の差異はあるが、備中高梁川の最上流位置に在る大堰たる十二ヶ郷組の井堰、江州愛知川の高井堰、(8)土佐物部川に於ける野中兼山の考案築造した山田堰等がある。小川に適する形態とは云へ、高梁川十二ヶ郷井組のもの、又土佐物部川の山田堰等は相當の水量ある大川の水を受けたものであるが、其の斜角が比較的小さく、一文字堰の稍ゝ斜になつた程度であり、而も堰の構造が堅牢で出水にも耐へ得、且完全な洗堰ではなく、その中央部は幾分か堰高が低く、過剰の流水をよく下流に放流してゐる。近江愛知川高井堰のものは略ゝ完公な箕の手堰（此の地方での稱呼「登り堰」）であり、最初は一文字堰であつたらしいが、取入水量を多からしめん爲に、次第に繼ぎ足しを行ひ、數十間の川幅に長さ二百間ばかりの堰長を持つ箕の手堰となり、漏水を減少せしめて下流を次第に困難に陷らしめた事情が見えてゐる。(9)袋堰に屬するものに就いては玆には適切な事例を有たない。砂川である肥前川上川の一ノ井堰の場合でも一文字堰の形となつてゐる。

堰の外面的形態による分類並に其の事例は上述に見る通りであるが、堰築造の材料が構造に就いての一の問題となる。堰の形態・材料等には夫々の堰によつて一定の慣行的な規定があり、其の堰の一方的な意志による改造は、上・下流の關係井堰の承認し得ない處であるから、その改造も畢竟他井堰との摩擦を生じない範圍内に於てのみ行ひ得るに過ぎない事となり、堰築造の材料の差異が玆に重要な論點とならざるを得ない譯である。

「縣令須知」には一般に各地に見出され、且堅固なものとしての杭木洗堰が説かれてゐる。

石川の洗堰に六七八尺の杭木を、一尺間程宛亂に打、石を詰堅めて洗堰したるは、何れよりもよく保もつなり、是を杭木洗といへども、其所によりて勾配の早き石川など、出水に堰の强き程、水溢れて外の害をなす場所は成がたし、是によりて同じ川筋にても川下にては用ゆれども、川上にては成難き事あり、玉川（多摩川）などにも此の杭木洗にて二萬石餘の用水堰有、入用も少くして能保物なり多摩川の二ヶ領用水(10)の堰のみに限らず、杭木洗堰は江戸期に於ては現在以上に其の數が多かつた事と察せられる。切石を用ひ、更にコンクリートを使用したのは餘程新しい時代の變化でなければならぬ。舊近江犬上川一ノ井の堰も材料は「栗石」を積み重ねる慣行であつた。この栗石を止むるに杭を以てした事は容易に推し得るのである。

堰は其の築き方がよければ、十年餘の年月にも耐へ得ると言ふ。(11)即ち其の築き方は小川の場合は萱羽口仕立であり、先づ榎・小楢等の水に強い木を以て一重敷並べ、其の上に竹を並べ、更に上を枝木で築立て萱で仕立て、横に揃へて竹の押縁をしたものが萱羽口である。

又「縣令須知」は曰ふ。石の多い川の堰の場合は蛇籠を重ね、又「牛」を使用する事もある。牛は費用の多く懸るものであるが、出水の爲に堰が破られ、其の破れ口の水が深く、普通の材料を以てしては堰き難い場合に用ふるものであると。

堰の構造が堅固である事は、關係村落にとつては、堰の一旦流失した際に其の被るべき負擔を減ずる意味に於て甚だ願はしい事ではあるが、逆に餘りの堅固さは洪水に際して堰に近い田畑・人家を危險に曝す結果を來す。斯の如き堰の下流に位置する井組村々と堰の上流、若しくは地元との利害を調節せんとして、伊豫國國領川の最上流堰たる「洪水堰」に採用された築造法を述べる。「洪水堰」は國領川が峡谷より出でて平地に入らんとする、兩岸が岩壁をなす理想的な個處に設けられてゐる。寛政四年三月の日付を有する「洪水井關仕方定爲取替ゆ定書」(12)には左の如き要項が記されてゐる。即ち其の前書には洪水堰の位置は元來大石の多い所であり、出水の模様により中・小の石が少く、大石の多い年は自然に之を以て築くから其の堰も丈夫であり、大水の時も容易に流れ落ちない。かゝる時には堰の地元村に害を及す虞もあり、又堰立方法の善悪によつては、下流村々の用水取入量にも影響を及すから、今回申談の上議定したのであると明記してゐる。

その堰の構造上特徴ある點は本井關、小關と二個の井堰が重ねて築造せられてゐる事である。本井關は大石を用ひ、疊石から積登つて拵へるが、小關は右の本井堰の上に高さ三尺五寸、幅三尺程を重石で、本井關とは別に積み重ね、出水の折は此の小關のみは速に流れ落ちる様中・小の石を以て普請するもので、此の小關こそは流水量の多寡による地元と、下流との利害を調節せんが爲の施設である事が明瞭である。尤も本井關の兩端四・五間宛程は流失を防ぐ爲に特に丈夫に築造すべき事が書添へられてゐる。

堰を設くべき場所の選定に就いては既に前章に於て「豊年税書」の所説を紹介したから此處では省略するが、石の多い川から堰入れる時は出水の爲に川の瀬の變る事もあり、用水の掛り兼ぬるに至る場合も多いから、如何様の出水にも水先の向ふ所を察し堰口を定むべしとなし、尤も水先は常に用水の取入口よりも少し上に當る様にし、水先を堰口へ直には引請けぬ如くにせよとは、「縣令須知」「勸農固本錄」「地方袖中錄」の略々等しく説く處である。

2　水門の構造と機能

水門は所謂圦樋であり、其の機能は『川下の井路筋へ用水を引入れ、或は用水落堀より川中へも落す爲に、堤に仕込みて其戸を開闔する者也、小樋は一枚戸に致し、大樋は二枚戸、三枚戸に致す』とある「隄防溝洫志」(13)の解説が最も要を得てゐる。材料としては松・栂・槻を用ひ、其の構造に關東流・紀州流の別ありとは「地方汎例錄」「隄防溝洫志」の等しく説く所であり、其の構造法は特に「地方汎例錄」に詳しい。

水門を設置すべき位置に關し、「縣令須知」は『能々吟味すべし』と前置して、『水門の付様惡ければ、却て本川をいやなる方へ引寄すなり、凡そ用水堰も入口は川原の内にて地の高き處を見立て堰くなり、出水に水先の當らぬ様に見立、又本瀬に成ざる様に見立て水を取事なり』としてゐる。かくの如く水門の在る側へ河流の中心を導き易い事例としては、前述舊近江犬上川一ノ井々堰の場合を擧げ得る。卽ち犬上川の水流の中心が、洪水を期として取入水門の近くに偏し、河岸を壓迫して川缺を生ぜしめ、犬上川の流れの全體が取入口に向ふ狀態を呈し、堰の崩壞だけは免れ得たが其の爲に一ノ井堰から下流への漏水量は愈ゝ減少し、下流二ノ井堰以下との間に水論の起るべき原因を增大せしめた事實は否定し難く、一ノ井側も此の流水の中心の偏向を明かに認めてゐる[14]程である。

圦樋の据ゑ方は、淺く伏せたのは惡しく、跡先の場所をよく低く掘り、其の下はねば土で堅め、平かにして伏せ、よく脇を詰めて置くべきである。又圦樋の吐水の先は四・五間も五・六間も堤の形に築いて置くのが、滿水の時に下から水の差込む場合に、圦樋の戸のみでは吹貫かれる事があるから、兩方の堤で水勢を弱める爲に、是非共必要であるとは「續地方落穗集[15]」の説である。

斯の如く、水門を保護し、或は取入水量を調節確保せんが爲に、堰より圦樋に導かれる水路に工夫を凝し、種々の特色ある施設を加へたものとしては、前にも若干觸れた處のある成富兵庫考案する處の、肥前川上川一之江大井手堰から著名な「石井樋」に導かれる迄の水路、及び水路中の諸施設に就いて述べる事とする。

現在大井手普通水利組合の水源となす、佐賀郡春日村尼寺に在る引水施設——井堰・水路及び水門——は頗る機巧を盡したものであるが、其の最も著しい特色は、圖示する如く、井堰から用水路に導くに直流せしめず、南下すべき水を堰に支へて象ノ鼻、天狗鼻と呼ぶ二本の突出部の間の水路を逆に一旦北流せしめ、再び南折して其の下流に取入口たる水門を伏せ、過剩の水量は水門の手前に在る「島取堰」より再び川上川（嘉瀬川）に放流し、かゝる水門に至る迄の曲流によつて流水の力を減ぜしめて水門を保護し、更に「象の鼻」の下から「天狗の鼻」へ落ちる水路の中間に、南北に流を横切る「龜石」を置いて砂取の用を爲さしめ、又石井樋（石造の水門なるを以てかくの如き通稱がある）の上、出鼻の所にも同樣砂取の「底荒籠」があつたと言ふ如く、又石井樋より導かれる水路、多布施川に「川土臺」と唱ふる水量りの木の据ゑてあつた等の諸施設(16)は、江戸期「地方書」の記述の時代に遙かに先んじ、而も是等「地方書」に說く手法を一層複雜巧妙に實行したものとして、是等の機巧の總べてを成富兵庫茂安一人の功績に歸する事には多少の疑問を附しても、江戸期に於ける堰よりの引水手法としては最高の段階に在るものとして推すに躊躇すべきではなからう。

水門＝圦樋＝の構造の概略は上述によつて略〻明かであるが、固より水門は其の規模・材料・機能等に樣々の差異を見出し得る。

圦樋としての規模の最大なものゝ一例としては、享保十二・十三年の間に完成した武藏國見沼代用水路筋に沿ふ十數萬石の水田を潤すべき水源として、巨流利根川に設けられた所謂「元圦」「增圦」二本の圦樋がある。幕初關東流の宗家として幕府の土木技術の總帥的地位に在つた伊奈家に代り、吉宗に隨つて紀州より來り、所謂紀州流の流祖となれる井澤彌惣兵衛爲永の自ら手を下して設計築造したものであり、其の中の「元圦」は平地から十八尺掘り下げた床坐に、長さ廿四間、内法横貳間、高さ五尺の木造樋管を据ゑたものであつた。「増圦」は「元圦」に亞ぎ、下流に於ける干拓地の増大に伴ひ、之に供給すべき新水源として、「元圦」に接して増設せられた略〻同様の規模を有するものである。

一般に平坦な低濕地、殊に越後の如き場合に在つては、河流から用水を導く爲の「堰」と稱しても、此の場合の堰は勾配ある河川を堰止めた所謂「堰」の構造を有するものではなく、勾配の緩かな圦樋を、水路の中央に當つて築造し、其の水門の戸を閉して河水を貯溜し、其の側に樋管を設置して貯溜水を引用し、用水不用の時期に至れば圦樋の戸を開放して貯溜水を下流に放出する機能を有するもので、之を指して堰と呼んでゐるのである。

圦樋が堰の機能を果してゐる事例は他にも見出される。備前國兒嶋灣岸の干拓低地である興除新田に於ても、海面に近い水路の末流に設置せられた圦樋＝水門＝の戸を閉し、冬季間に上流の餘水を享けて水路に貯溜し、一種の溜池としての機能を發揮して居り、是亦低濕地である筑後國山門郡柳河の水濠は、矢部川の下流から導いた「沖ノ端川」の末を享け、「二ッ川堰」の水門から入つて柳河町の飲料水となり、城下を廻つてゐる水濠の水門は夜間には閉ぢて水を貯へ、晝間は之を開放すると云ふ手法が採られてゐる。是も亦水門が堰たるの意義を有するものゝ一例である。

尾張平野も低平にして地域の廣大なる事越後低地に比肩し得るものであるが、此の地域の用水は水源を木曾川に求め、樋門を設けて引用し、其の幹線水路から更に無數の樋門によつて支流に分つ方法が採られてゐる。尾張に於けるかゝる大規模な圦樋の築造は近世以前に見られず、慶長十三年、伊奈備前が一宮眞清田神社の工匠兩名(17)に命じ、播磨及び大和に赴いて其の製法を傳習せしめ、丹羽郡般若に試造せしめたのを嚆矢とし、次いで大野・土器野・小田井・

大塚等の各處にも設置せられ、兩名の工匠の後は代々尾張の圦大工頭として重用せられたと言ふ。尙同藩に於ける用水支配の事務を行つてゐた役所に、享保十二年水方役所に代つて設けられた「圦方役所」の名の存する事によつても、圦樋が用水施設として占める位置の重要性を卜し得るのである。

圦樋は一定量の用水を取入れる機能を果すと共に、其の水門の戸の上下・開閉によつて流水量を調節し得る作用の爲に、分水施設としての意義をも有してゐる。例へば備中高梁川八ヶ郷の堰水を享け、定水川・番水川に分流する地點に位置する通稱「四寸樋」の如きは之である。「四寸樋」(18)の名は天正十三年工事が完成して通水せしむるに當り、奉行は此の分水樋の扉を六寸あげしめた處、流水は番水川に落ち過ぎて他の一方の水路たる定水川の水位の低下を來した。よつて改めて三寸上げしめたが、今度は逆に定水川に落過ぎる結果となつた。依つて四寸をあげて玆に兩水路への引水量は初めて均等なるを得たので此の分水樋門は「四寸樋」の名を得たのである。

圦樋或は水門の材料は諸種の「地方書」に謂ふ如く、水に對して耐久力の強い栂・槻の材を用ひる事が多かつたが、特殊の材料としては石閘(石井樋)も見出される。前述した肥前國川上川から導く多布施川の水上に据ゑた所謂「北村石閘」は、幅四尺、高さ三尺三寸、三雙の石造の水門であり、常水の時に開放し、洪水には閉鎖するのであるが、成富兵庫の之を創始せりとの說には確證を缺くと雖も、石閘に寛文十年修造の銘文(19)のある事からすれば、少くとも此の時以前の築造に懸ることを證し得る。

備中高梁川に沿ふ二つの井鄉たる、上流の十二ヶ鄉、下流の八ヶ鄉の取入圦樋は元來共に木樋であり、槇板或は栂板を使用してゐたが、腐朽する事が早く、前者は三・四十年、後者は漸く十餘年を保ち得たに過ぎず度々の伏替を必要とした。

十二ヶ郷の圦樋は寛延四年、下流井郷の反對にも關らず石造に改築せられ、後三十餘年を經て十二ヶ郷の改造に反對してゐた八ヶ郷も天明五年には遂に自らの木樋を石造に改めたのである。(20)石樋は木樋に比して耐久力に勝るのみならず、水走りを早くして吸水量を大ならしむると考へられてゐるのは注目に値するであらう。以上の事例は圦樋・水門も木造に限られず、必要に應じて石造へと轉化して行く過程を示してゐる。

3　掛渡井及び鬬枠

掛渡井は「地方汎例錄」に『筧とも云』とあるから兩者同一のものと見て差支へあるまい。此の掛渡井に就いては「隄防溝洫志」の記載が最も簡にして要を得てゐるから左に掲げる。

是は用水井路筋の川の上を横に掛渡して、用水惡水を通ずる甲蓋無しの樋也（東都お茶の水に架する物は蓋あり、飲料に供する故也）水の多少に因り大小あり、樋の大小に準じ柱二本或は三本、川幅に隨ひ三四個所も建て、下梁木と桁木を柱毎に引き、其上に樋を乘る

とある。「地方汎例錄」の說明も亦略〻同様である。「水利問答」には對馬は其の地形が山谷多く、平地少く、從つて川筋も其の長さが谷口から濱邊迄の延長三・四十町に及ぶものは僅かに三・四ヶ所、他の多くは四・五町乃至二十町と言ふ程度の短小なものであり、(21)假令苦心の末に水田を開いても其の用水を得難い場合が多いが、豆酘村は木樋をよく用ひて便益を得てゐる事情が見えてゐる。曰く『……向フノ川端ヨリ木樋ヲ渡タシ、川ヲ隔テタル水ヲ引ク事五箇

所ニアリ、山ノ片タ下ガリナル所ノ土ナクシテ岩ノ顯ハレタルハ、水ヲ引ク溝ヲ掘リ續クル事成ラザルユエ、溝ノ絕間ニ木樋ヲ渡タシテ水ヲ引續ケタルナリ、（中略）木樋ハ俗ニ云フイラカナリ』と。

扨又幅廣き川に木樋を渡す法としては、橋柱の如き大木を河中に二本・三本掘り入れ、木樋を繼ぎ足して渡し、若し川底が岩盤續きで橋柱の立て難い時は、木樋一本で渡し得べき川幅の狹い處まで、溝を掘り廻らして渡すべしとなし、木樋の繼ぎ目には赤土を塗籠め、洩水を防ぐべきを附言してゐるのである。かゝる木樋による引水法は對馬領たる平坦地の肥前國基肄・養父の地に於てさへ、水廻しの困難な個處では多く用ひてゐる由が記されてゐるから、掛渡井の利用が汎く全國各地域に見られた事をも察し得るのである。

閼枠は『筧の短くして横の廣き者也』[22]とあり、用水井路分水等の處に懸け、其の閼戸を二枚にして水を量り、それを引き分ける所に用ひる事がある。京・江戸・大阪の樋屋が其の仕立方巧者であり、樋屋の無い所では船大工[23]に仕立てしむべしとするものである。

4　溜池の構造

溜池は井堰と並んで用水の獲得法として最も重要なものであるから、「地方書」の中にも之に觸れてゐる部分が甚だ多い。旣に是等に關しては前章に於ても若干關說する所があつたが、先づ「大學或問」にも池普請に就いての論述が見出される。

蕃山の池普請に就いての敍述は『旱の備は如何』との設問に對しての解答の形式を採るものであり、彼蕃山も旱損救濟法として溜池の新規築造を以て第一としてゐた事が窺ひ知られるのである。彼が西國に在つた時、所謂彼の仁政を以て成した池の數々は、其の後三十餘年の歳月を經たにも關らず、今尙充分に其の機能を發揮しつゝあるとて、其の經驗に基く池普請法の大要を說くのであるが、堅固な池の築造の第一條件としては池の底入れを述べ、水の溜るべき處を見立て堤を設けんとする場處には先づ根切りを行ふべき事を勸めてゐる。表土が砂・沙礫地ならば其の下部は眞土、又石河原ならば其の底は多く一枚岩なりとは蓄山の經驗に基く鑑別法である。第二は堤をあく迄堅固ならしむる手段で、『根置十間ならんと思はゞ二十間にすべし』と爲すのがその根本策で、人夫は假令倍を要するも『堤を自然と山のごとく堅固にせん』とする。

又「隄防溝洫志」の敍述に曰く

溜池は土地高くして川水を用水に引上げ難き所にて之を設く。之を仕立るには、先づ能く谷川、清水等の有る場所を考へ、其山の形狀に隨ひ、三方二方或は一方又は丸堤を築て山水の滴瀝を蓄へ、以て灌漑に供じ田地を養ふ者也、其築造法種々あり、堤の大小は溜池の廣狹に準すべし、勾配は內法七寸五分外法五寸を常とす、堤の內腹は「ハセネリ」とて土性宜しき眞土を煉立て、土藏の下塗、練塀等の如く、厚さ二三尺計に塗立て乾固め、皺裂《ヒビ》を生じたる處は又「ハゼ」土を塗込んで塗立て、地形も平均五本突にして、下地を能く突堅むれば水の漏ることなし

溜池適地の選定、水掛り區域の廣狹に伴ふ溜池規模の設計等に關して特色ある敍述の見出されるのは「地方の聞書」(24)であり、其の著作年代が諸種の「地方書」中、比較的前期に屬するものでありながら、著しく具體的な特色を有する點は注目に値しよう。

よき池とは堤短く、池の内廣く、床は兩爪共よくつみ、打樋は岩か若し土ならば水に當る所の堅き土がよしとする。池床の深淺は兩側に山の立つ所は床淺く、平地なる處は深く、谷に常に水ある所は淺く、少々の降雨にも谷底に水無き處は深い。谷の地表に常に水のない如き處では如何程深く掘り下げても遂に床がなく、池にはならない個處が多いとするのは興味深い。

池の打樋（池水の滿水せる時溢水せしむべき個處）は最も留意すべき個處で、池の破損は十中の八・九迄は打樋の個處から堤の切れた事に基因するからとて、樋の設置には特に地盤の固い個處が要求せられてゐる。

田地に要する水量は、田面の水深を二寸とすれば一坪（一間立方）の水で三拾步を潤し得るから、壹反步の要水量は十坪となり、今假りに新田二十町步へ八度灌水するとすれば二千坪の八倍、即ち壹萬六千坪の水を必要とするから、此の計算に從つて池の規模を定めるのである。谷の長さ二百間、橫幅二十間ならば平で四千坪、所要水量が一萬六千坪ならば水深四間を要する計算となる。

然し所要水量は潤すべき田地の土質如何によつて甚だしく左右せらるゝ。『床堅く上土七八寸有之山方の地か、又は川原にて中石有之所を平し、能上土七八寸置ゆ所』は上田で水持がよく、一度入れた水は四・五日も保ち、池の築造に當つても六・七遍の水を注ぐ計畫を立てゝおけば先づ充分で、二十日、三十日の日照には日損のないものである。

山方島地で床の軟かい處は下田とも云ふべく、水持の狀態は上の場合に反し、一度の灌水も二・三日しか保たず、從つて十四・五度も灌水する計算で設計すべきである。『山島共床なく軟かにてふみ申足音響きゆ所』或は『床迄砂地杯』の處は最も水持惡しく、二十遍水と見積つても池水のみでは不充分であり、井掛り（河川懸り）でなくては水田として成立し難いとの決論である。「地方の聞書」に見る上掲の數字は如何なる程度の根據を有するかは不明であり、單なる經驗に基く推算に過ぎないのではないかとの推測も可能であるが、一應の基礎數字として受取るべきであらう。

「縣令須知」は溜池適地の選定條件に續き、堤の築き方に就いても若干の筆を費してゐる。土手の築き樣は『地形をも三尺も五尺も掘りて、新規に外の土を以埋取、其上へ築べし』とは前述「大學或問」の記述と類似してゐるが、『溜池に野水惣て惡水落しを掘べし、高さは水門の水口にて量るべし、兎角惡水の自由に吐樣にすべし、水いかりて土手は勿論水門をも破損するなり、惡水落口にも水門したるよしともいへり、又堀口に水門伏ては弱きなりといへり』とは惡水吐の用意に就いて敍べたものであり、『溜池は早口（あらいとも云、餘水吐）付樣に品々あり、此付樣あしければ洪水に切るゝなり、能々土地を考へて築べし』とあるのは「地方の聞書」の內容と相應ずるものである。唯古の河內狹山池の事例の如く池の塘に竹を植ゑ、其の根をして土をからましめて堤を強くすべしとの工夫を說いてゐるのは異色である。

斯く池の築造には種々の點に於て巧者たることを要するものであるから、旱損所で溜池願を出した村のある時には、先づ試に掘らせ置くべし[25]との試驗的な方策も必要となる譯である。

池の樋としては埋樋・尺八樋がある。埋樋[26]は堤の土中へ横に伏せ、尺八樋は堤へ竪に取付け、樋に三・四寸許りの穴を數個あけ、栓を差込み置き、溜水の多い時には上の栓を開き、貯水の減るに及んで下の栓を開き、又一時に多量の水を要する時には殘らず栓を拔く方法のものである。尙「地方の聞書」は尺八樋を『底樋より堤なりにはわせ樋を伏せ、段々に立樋を立る。大池に用』と說明してゐる。寬永八年の修築より安政元年に決潰を見た迄の間の讃岐滿濃池の樋の如きは五段の立樋を持つ典型的な尺八樋(27)であつたし、慶長十三年豊臣秀頼の修築に成つた河内狹山池の二個の大樋、西樋・中樋は共に攝津の樋大工小和田惣右衞門父子の手に成る尺八樋管であつた事實は著名で、『大池に用』とある「地方の聞書」の説明の例證となるものである。

以上江戸期地方學者の筆をかりつゝ、溜池の構造に關する概觀を試みたが、更に數個の事例を以て是等溜池築造法の發展の迹を辿る事とする。

溜池は用水源として全國統計(28)の示す處によれば河川の六五・三二%に次ぎ二〇・九%を占めて第二位の重要性を有するものながら、灌漑水源としての利用は河川にも先行せるものであり(29)、尙地域的に細かに觀察すれば瀨戸内海沿岸の如く、香川縣は用水源の六七・三%を溜池に仰ぎ、大阪府の四六・五%（奈良縣の五六・四%も是等に比肩し得る）が之に次ぐが如き溜池灌漑の卓越地がある。是等各地域に無數(30)に見出される溜池も、「地方の聞書」に記すよき池の範疇に屬するものは比較的少く、其の理由は地形的に溜池の好適地と目される個處が夙に古くから溜池化せられ、其の後の水田開發の進捗に伴つて築造せられたものは多く天然の好適地をのみ求むる能はず、地形的不利を押しての築造を餘儀なくせられたものゝ多い事に歸し得るであらう。即ち讃岐に於てさへ、堤短かく池内廣く、而も餘水吐の個處の地盤堅く、集水區域が廣濶と云ふ如き好條件のものは、其の開鑿の起源に於て當地方屈指のものたるかの滿濃池を初め他の數個に過ぎず、高松平野・丸龜平野に多い溜池の大部分は、平地に堤を築いて貯水を行つたものであり、特有の集水區域を有せずして天水を貯へるに止り、丸龜平野のものは單に滿濃池の補助池たるの機能を有するに過ぎない。良田たるべき土地を潰して敢へて池となし、而も其の四周には「丸堤」とも稱すべき人工の堤防を築き、その營築の勞力に比して貯水面積の狹いのは勿論のこと、池床が田面よりも高位置に在らねばならぬ事情から、一般に水深は淺からざるを得ぬと云ふ數々の不利を餘儀なくせられてゐる。同じ讃岐平野にあり乍ら、自然的條件の良好なものと然らざるものとが相接して分布する事實は、上述の如く溜池適地の少いことゝ、其の後の水田農業の發展が新規の溜池築造を强制する結果となつたことに基くであらう。滿濃池底の地が平安末の元暦元年の決潰流失後荒廢の儘に四百數十年間放置せられ、其の間に池底の地が再び開拓せられ、池の再興した寛永八年迄の間に、山田五百石餘の「池內村」[31]を生じてゐた程であつたが、近世初頭に讃岐の領主生駒氏の手によつて池の再興が企てらるゝや、其の池內の地を領せる小地頭矢原氏は代地を與へられ、滿濃池底の故地は再び本來の滿濃池敷と化したのであつた。斯の如く滿濃池も度々崩潰流失の災を繰返してゐるが、大寶年間より池敷となつてゐた現在の滿濃池の敷地が、其の創設者の炯眼の如く、近隣に比なき無比の溜池適地であつたことを證するに足るものであらう。然し此の滿濃池の自然の形勢の優秀さにも關らず、明治以後の二回に亙る堤の嵩上工事によつて貯水量を增加せんとするに當つては、集水區域の狹小な爲に充分の貯水量が得られず、新に流域を異にする財田川の水に救援を仰ぎ、之を加へて漸く所要量を充し得る事となつたのは、農業事情の進展に伴ひ、古くからの優れた溜池も其の舊來の形式の儘では茲に一應其の能力の限界を示すに至つたことを示してゐる。

　大河川からの用水引用に先立つて溜池が計畫せられ、而も其の適地である爲に上述滿濃池迹の「池內村」の場合と等しく、村落を移轉せしめて其の跡に池を築造したものゝ一例として尾張國犬山東南方の入鹿池をあげ得る。此の池は江戸期の初頭尾張藩德川氏の入部後、水田開發（畠地の水田化及び荒蕪地の水田化）の活潑化すると共に、近隣を貫流する大河川木曾の利用に先立つて寛永五年に計畫築造せられ、此の池から導いた用水路は所謂「入鹿用水」と唱へられ、木曾川から導いて尾張平野の大動脈となつた木津・宮田の兩用水路に先んじたものであつた。(32)滿濃池底に生じた「池內村」とは異り、未だ曾つて池敷となつた事のなかつた入鹿村が、村落の移轉を斷行して成つた入鹿池であるから、其の溜池としての優秀性は、全國的に眺めても灌漑區域の面積の點では滿濃及び後述の狹山池初め二・三のものには劣るが、貯水量及び湛水面積の點では是等をも凌ぎ、十一ヶ村千餘町步を潤す高堰堤の溜池である事實にも窺ひ知られるであらう。溜池適地である自然條件は甚だ類似してゐながら、入鹿池が江戶初期の開鑿で、上述滿濃池の築造年代とは甚だ異つてゐる所以は、周圍の水田農業發展の歷史的環境の相違に歸し得るであらう。

江戶初期に好適地を撰んで一大溜池を造築した他の一例は、常總臺地の東端、九十九里沿岸平野との接觸部に當る丘陵の末端を利用した上總國山武郡雄蛇池にも見出し得る。此の池は現在の東金・大和の諸町村を潤すもので、曾つての水下九ヶ村七千石餘の地が、元來屢〻の旱損の爲に見取場であつたものを定免地となすべく、慶長年間(33)に幕府代官の見立・斡旋により、田畑反別合計二十七町九反壹畝三步、其の石高二百二十石を潰して新に池敷となし、慶長十九年に完成したものである。雄蛇池の地形的環境は、滿濃・入鹿にも類似する丘陵間の凹地の東端を堰止めて、幅二十間、長さ百二十間の堤防を設け、池敷となつた二十七町餘步の地の西方上流部には、九ヶ村入會の芝地拾七町貳反九畝八步が附屬して、池の貯水を涵養する意義を有してゐた。而して池の機能の保護の爲に、芝地に開墾を加へ又立木を育成することは嚴に制せられてゐた。雄蛇池が滿濃・入鹿の兩池に比して劣る所は、上述の池床及び附屬の芝地を合した約五十町步の地の天水以外には他に水源がなく、池の四周を廻る丘陵も池面に對して三十米內外の比高を有するに過ぎず、假令五十町歩の斜面の水を悉く享けるとしても猶不足である上に、池の深度も前の二者に比して餘程小さい點に在る。

大阪平野の南部和泉地方も、洪積臺地が沖積平野の中に沒する丘陵性の地形の點では常總臺地に近いが、此の地域ではその歴史性に基く水田化の度の進んでゐる點は常總臺地の比ではない。殊に第三紀丘陵の谷を利用した狹山池は、古代から王城の地に接して溜池灌漑が盛に行はれ、而も現在に至る迄繼續利用せられ來つてゐる事に於ては溜池國の讃岐をも凌駕する典型的なものであり、垂仁天皇以來とせらるゝ其の池の起源は、他に之と比肩し得るものを見出し難い。池の創築以後慶長十三年の成池に至る迄の度々の決潰・再興の變遷史は、上述滿濃の場合にも比し得るが、其の溜池としての自然的條件も頗る良好で、承水區域の面積千八百町歩で、貯水面積五十一町歩の約三十倍に當る事も、古代に於ける創築者の着目の優れてゐたことを察せしめる。此の池が昭和初頭の改修後には第二狹山池、太滿池以下多數の子池の親池となり、非灌漑期の餘剰水を放流して是等の子池に引用貯溜せしめてゐるのは、大阪南部平野に於ても他の幾個かの大溜池以上に、其の能力の優秀性を示してゐる。狹山池は貯水量及び湛水面積の點では全國第三位乍ら、灌漑面積の二千五百町歩は第二位を占めてゐる。又慶長十七年、狹山池の復興後四年、泉州堺廻り諸村の立案によつて狹山池の餘水を貯溜するのを目標に、池に近く丹南郡野田庄の凹地に轟池が築造せられ、(34)一萬六千餘石の地を灌漑區域として寛文九年に至る五十七年間、其の命脈を保つてゐた事も狹山池の貯水機能の優秀性の傍證とならう。轟池が後に廢毀せられたのは、此の池が狹山池に依存してゐて固有の用水源を有しなかつた事に由ると考へられる。

大阪平野の南部に數多い溜池も、狹山池の如き條件を具備するものは比較的少數で、集水區域が狹く池が淺く、溜池としては低級なものが多い現狀と比較して、轟池の問題は示唆を與へる點が甚だ多い。

狹山・滿濃の如き由緒ある著名の大池が、上述の如く創設以來幾度かの破壞と復興を繰返し經驗してゐる事は、灌漑區域の要求に基く多量の貯水に耐へ得べき堰堤築造の技術の幼稚さに由來する處が多いであらう。滿濃池に見られた如く、池中の魚を捕へんとして堤に穴を穿つて貯水を排出せしめ、後日の大雨に際して其の穴を塞ぐに手段なく、遂に全隄防の決潰を招來した惡地方官[35]の場合は例外としても、技術の低度から惹起せられた餘儀ない決潰が、堤防破壞の最大原因を爲してゐたと考へられる。

慶長年間の狹山池の再興後に於ても、其の餘剩水の吐口たる「西除げ」の崩壞は、度々の修覆工事の大部分が此の個處の修繕に關係してゐる程の難所であつた。安政五年の大改修によつて一時小康を得てゐたが、明治三十六年の大洪水には復々崩壞して、遂に近代的改修工事に俟つの他、之を根本的に匡救する方法のなかつた如きは、土木技術上の缺陥を明かに示してゐる。

又滿濃池の安政元年の決潰は、同年の大地震によつて生じた石樋の側壁の虧穴からの漏水が直接の原因であり、明治二年の再興に當つては前轍に鑑み、底樋の石樋伏込を改めて、天然の岩壁に穴を穿つ新方法[36]の採用によつて成功してゐるのである。曾つての滿濃の石樋、又狹山池の、古墳の石棺の材を利用した石樋は、腐朽し易く度々の伏替を必要とした木樋の一部を石造としたものであり、伏替に際しての堤防の部分的・一時的な堀割によつて生ずる弱體化を防がんとしたものであり、「地方の聞書」に說く樋の個處よりの決潰を防ぐ方策であつた。

又狹山池西除げの度々の崩壞も、餘水吐は常に地盤の堅固な個處を撰んで設くべしとする同書の注意書の意義を實例を以て顯示したものである。尾張の入鹿池が明治元年に決潰して、浸水家屋一萬二千、死者九百二十一人を出してゐるのも、前掲の如き大池の度々の潰損が、曾つては決して異例でなかつた事を示すと云へよう。

東豫の西條藩(37)が其の領内の海岸に近い旱損地郷・宇高・埴生・松神子四ヶ村の爲に、明曆二年に築き與へた船木村の池田大池の場合にも、堤防決潰の危險の問題が常に前面に立現はれてゐる。卽ち池田池によつて恩惠を被る四ヶ村と、池の地元村でありながら、其の貯水の利用には何等與り得ない船木村との間に、池の存廢、貯水の水嵩を中心として度々の爭が繰返されてゐるのも、內面事情は兎も角、池田池の貯水量とそれによる決潰の危險の有無とが應酬の中心となつてゐる。

船木村は自村に何の益をも齎さない池田池の貯水量を最少限に止め、洪水の際の危險から逃れんとして、元文年間以來度々に亙つて餘剩水の排出口たる「除け」の擴張・切下げを要求して、四ヶ村を救濟する事をより重しとする藩の方針に相反して屢〻戒飭を受けながらも、終始爭ひ續けてゐるのである。地元村であり乍ら池の支配權を持たない事に對しての船木村の感情も相當强く働いたであらうが、やはり一面には當時の堤防築造技術に對しての不安が、船木村をして絕えず池田池の廢止、或は其の貯水機能低減への運動に向はしめたのであらう。

5　揚水器具の進步と利用

吾國の農業は水田農業を主體として發達し來つたものであり、其の水田は最初は特別の灌漑施設を必要としない濕地や谷間の小河川の流域が選ばれ、次いで溜池の築造、大河川の水の利用と言ふ方向に進み來つた事は、旣に西岡虎之助氏の論稿(38)によつても明かな通りである。從つて其の灌漑法に於ても、吾國に對して灌漑器具の製作に就いての先蹤をなしたと考へられる大陸特に華北の農業が、畑作の爲の灌漑をも必要としたとは、著しく樣相を異にした形態をとつて發展し來つたことは自明と言ふべきであらう。而して水田農業の爲の要水量は畑作のそれとは全く規模を異にすべき筈であり、從つて吾國の水田は用水を充分に獲得し得る施設、用水路・溜池の完備した後に初めて開發が行はれたと見做すべきである。換言すれば、單なる揚水器具の利用による井戸灌漑の如き方法では到底充し得ない多量の水量が、水田開發には最初から必要であつたと言ふ事である。殊に地域の狹小な事に比して傾斜度の大である吾國の地形的條件は、比較的簡單な堰止及び用水路の敷設によつて相當量の用水の引用が可能である。玆に要水量の大部分を河川・溜池・泉の水源に仰ぎ、揚水器具は非常の旱魃に際してのみ用ひらるゝ、謂はゞ補助的なる地位に置かれる結果となり、揚水器具使用の普及が特殊の旱損地域にのみ限られて全國的なる普及を見なかつたのであらう。其の故に又かゝる揚水器の利用は特殊なもの、目新しいものとして却つて「地方書」の著作者達に注目せられ、其の普及度の低かつた割合には多く其の記載に殘る事となつたのである。大陸に範を求め乍ら、揚水灌漑器具の利用度の點のみならず、其の製作技術が簡易であり、極めて少額の費用を以て作り得るが如き形式のものゝ多かつた事實も、特別に旱魃の劇しい極めて稀な地域及び場合にのみ使用する器具であり、常時利用するものではなかつた事に、其の一因を歸し得るであらう。

寶月圭吾氏(39)によれば、吾國に於ける揚水器具としての水車の利用は、平安初期中國よりの輸入に初り、天長六年の太政官符には唐風の水車の使用が奬勵せられ、若し貧にして其の製作に耐へざる者あらば救急稻を其の料となし、國司をして製作・修繕に任ぜしむべき旨を記してゐる。之が著しい程度の普及を見たか否かは疑問であるが、中世を通じて相當の普及のあつた事は永享年間の朝鮮使臣の目に映じた報告書の一端にも窺知せらるゝ處であるとせられてゐる。水車の他、桔槹・戽斗も中世より用ひられた。前者は和訓「はねつるべ」の儘に近世にも其の利用の見出さるゝ「跳つるべ」であり、後者は桶の左右に縄をつけ、二人で低所から水田に汲上げる「投つるべ」の事である。かゝるもの丶採り入れられ易かつた理由は上述した通りである。

近世に入つても吾國の揚水器具導入に於ける基礎的條件には著しい變化もなかつたものと思惟せられる。然し「地方書」中に在つては「百姓傳記」「豐年稅書」「耕稼春秋」等、農書中の「農具便利論」「農業全書」等に、揚水器に關する記述が見出され、又「倭漢三才圖會」「成形圖說」の如き集成的にして比較的詳細な解說書も存在する。是等の中、「倭漢三才圖會」及び「成形圖說」の揚水器に關する內容の批判は古島敏雄氏の論著に委ね、(40) 茲では「地方書」の中、他書に比して揚水器を說く事最も詳細である「百姓傳記」(41)を中心に眺めて見よう。

第一は水がへ桶である。最も簡易なだけに實用に供される事も多かつたと見え、杉・椹・檜等輕い木を以て作り、男・女・童を問はず手輕に扱ひ得る樣との注意が附せられてゐる。家庭に使ふ桶の水がへ桶への轉用は、この故に『重くして水をかへるにはかどらずついゑあり』である。

水がへ桶を水一升程を容るゝに足る程の小型となし、柄を付したものが水がへひさくである。水がへ桶の一種とも爲し得るであらう。其の特色は『はかどるものにはあらず陸に居て汲德あり』であるが、其の用途はせい〴〵『近き所より田畑のかわく時水をかへかくる』ものに過ぎない。

第二は水ぐるま、水車である。流れ川に仕掛けて高處へ水を捲上げ田畠にかけるものと說く。山城國淀の水車は淀川に仕懸けて飲水をとるものであるが、水力で廻轉し（中國式の人力・畜力を用ふるものとは異る）水を能く高所へ揚げ得る能率的なものとの說明がある。

第三は「龍骨車」である。其の普及地域は『今五畿內近江國惣て平安城ちかくの土民よく遣ひ得たり』とあるによつて明かであり、其の故に『國々所々の大工手本なしに拵がたし』とするのである。日損に臨み水をかへるに德分多いものではあるが其の構造は

ひくき所より高き田畑に水をまきあぐるものなり、方一尺にも又一尺三四寸にも檜杉栂の類なるかろき木を以九尺にも二間にも三間にも箱をさして上一方を明て水をくる小板をからくり付る。則箱の下を下にひたし上のかたにはろくろ木を仕つけて男女にかぎらず水をくりあげ田畑にかくる、からくりの小板にはけやきつきせんだん楠板を用てよし、ことぐくほねをおるによりて損じ安し

と言ふ底のものである。「百姓傳記」は天和初年頃の著作とせられ、尾三地方の居住者であつた著者が、畿內での見聞をも併せ記したものとせられてゐるが、天和年間頃に於ける畿內を中心とする分布には相當著しいものがあつたのであらう。然し製作に手本を要し、而も使用の度の激しい時は破損し易いものであつた事は上揭文の明かに示す所であり、其の爲に「農具便利論」の時代にも至れば其の後に作られた踏車に取つて替らるゝの狀態を現出したのである。踏車は寬文年中始めて作られ、寶曆・安永の頃迄に諸國に弘まり、文政の頃には完全に龍骨車と其の地位を替へたのであつた。「豐年稅書」は貞享初年の著であるが此處にも龍骨車の用法に就いての一節が見出される。曰く

龍骨車を以揚る事も有、水の落所の溜りには、石を敷菰莚をしきてよし、是には下ほれずして、脇もくずれざる也、直用水にかけるとも、溜の心得有べし、或は溜にため置、又ためより龍骨車にて、二段にも三段にもあぐれば、高き田へも水かゝるなり

龍骨車が此の頃には未だ或程度の利用價値を有して居り、其の爲に龍骨車据付に際しての心得の記載となつたと見られる。

第四はすいしようりん、古島氏[42]はこれを龍尾車に當てゝゐる。果して本邦に於て實用に供されたか否かは疑問で普及地域の記載も見られない。唯『ふかき所より高き所へ水をまきあぐるもの[43]』とあり、其の構造も『上ぼそなる桶の九尺も二間も長み有やうにゆひ、桶のうちをほらがひかさゞびの内のごとく段々からくりしん木を少したをして立てそのしんぎをうごかし引に隨てふかき井の水高き所へあがる』とある。尚製作技術は困難で手間も多く要する上に損し易く徳少しと附言してゐる。古島氏は佐渡金山で元祿頃迄用ひられた抗内排水器「水上輪」が灌漑用にも用ひられんとして「百姓傳記」の此の記事となつたと說いてゐる。

第五のすんぽ廻し、これは汲上ポンプ式の構造であつた事が察せられる。卽ち

船に持てあかをとりすつるものなり　ひくき所の水を高みへ引あぐるに自由よし　五寸角五寸角のひの木桙を二つにわりて内を丸くくり水にひてる所にこしたを付て上にしてしんぎをさししん木のさきにぬのかもめんをまきとい水を上よりさして下なる水をよび上る

とある。其の效能は『一段手廻しよく田畠に水を引くに其の徳多し』とあるから、是亦當時實用に供されたものであ

らう。

第六は釣瓶、『諸國共に用る事同時なり』とあつて普及度の大なりしことを示してゐる。深い井戸に用ふるには車釣瓶、繰上釣瓶、竿釣瓶等と夫々の土地の便宜に從つて其の形式を決定し、取扱が自由で能率的な事を專一にすべきを說いてゐる。

次に江戸期に於ける是等揚水器利用の實情を、地方の特殊事情と關聯せしめて多少の說明を試みたい。

江戸後期に龍骨車の地位に取替つた踏車は、西日本の旱魃地では頗る重要な機能を果してゐた痕跡を止めてゐる。北九州佐賀市を中心とする大井手普通水利組合に屬する海岸低地の地域は、其の上流に幾個かの、引水施設たる井堰が築造せられてゐたにも關らず、水田面積に比して水源の貧弱であつた關係から、用水量は常に不足であり、其の爲に田圃の間に無數の溝渠を穿つて冬季より湛水し、夏季用水不足の時に至れば何れも踏車を以て一段低い溝渠の水を田面に汲上げ、其の水面の比高が四―八尺にも及ぶ時は、三段に据付けた踏車をさへ用ひて灌水し來つてゐた。大正十一年、當組合の手によつて八十五萬圓の起債が爲され、踏車に代るものとしての電力揚水の行はれる迄、踏車は永く海岸の干拓低地數千町步の地域の最も主要な灌漑手段であつた。縱ひ如何程溝渠中に多量の水を貯へても、溝渠の水面は水田面よりも低いのが當然であるから、踏車の使用は避け難い處であつた。電力を動力とするポンプの導入と共に、比高差が大で揚水の最も困難であつた地域から逸早く電化が開始せられ、一馬力乃至二馬力の小型のものが大部分ではあるが、現在では約六百五十臺の電力ポンプの設置を見、一臺の灌漑能力平均約五町步となつて、踏車は遂に完全に其の姿を消すに至つたのである。(44)

佐賀平野と隣接する福岡縣山門郡・三潴郡の地方も是亦同樣に、河川から直接に引用し灌漑する方法ではなく、上流の非要水期間の餘剰水を、所謂『大堀』と呼ぶ溝渠中に溜め込み、踏車を用ひて汲上げる事は佐賀平野南部の場合と略〻同樣である。唯異る點は電力ポンプの普及が前述佐賀の大井手普通水利組合の場合に比して遙かに劣り、今猶踏車の殘存してゐる事實である。

備前兒嶋灣岸の低濕地たる興除新田に於ても、河川からの引用量の不足を、田圃間の溝渠の湛水を以て補ふ事は前述の二地域と同樣である。從つて踏車は此處でも缺くべからざる、補助手段と言はんよりは主要なる灌漑方法であつたが、他地域と等しく動力ポンプの導入が見られ、其の動力が佐賀平野の電力に比して、石油發動機である點は異つてゐるが、踏車を驅逐する契機として働いた點は同樣である。琵琶湖東部の湖岸低地でも、旱魃に際して、遂に湖の水を汲上げるに踏車の用ひらるゝ事は極めて最近迄行はれてゐたから、かゝる踏車の使用は干拓低濕地に於て、一段低い用水を田面に汲上げる必要ある地域に、特に集中的に分布してゐた事を確かめ得るのである。

水車は碓舂として、東豫周敷郡の周敷・石田等の村々に天保頃盛に使用せられてゐた事を示す記載(45)がある。同地は中山川が亂流移動した舊河跡たる田圃間の凹處に、總數三十餘個處の湧水があり、其の水の溜つて泉を成すものを灌漑用水の主要水源と仰ぎ、而も炎旱には湧泉の勢も自然に衰へて來るから、水量は減じて軈て田面よりも低くなり、自然の傾斜の儘では到底灌漑に用ひ得ないから、玆に碓舂の登場を必至ならしめる。『晝夜の分なく浥取ゆへ、民の手足はひゞ・あかぎれし、豪雨の下る間を一睡の休とは成(46)』とは碓舂の活躍の實狀であり、文政十一年の旱魃には村民は何れも泉の頭に立ち、足も腐るばかりに數十日間汲み續け、遂に相當の收穫を得たと言ふ。一般的には水車は補助的な揚水器に過ぎなかつたであらうが、此處では既に補助的な地位を脱してゐた事情を示してゐる。

跳釣瓶は構造の簡單なだけに揚水器としては最も廣い分布を示してゐた樣である。江州湖東平地の場合は「地方汎例錄」「隄防溝洫志」にも見えるし、泉州堺近郊[47]のそれは現在も猶其の機能を保ち續けてゐる。明和八年の稀な旱魃年にも、堺に接する中筋村では苗代のみは井戸水を汲上げて漸くに養ひ續けた事が記されて居り、又例年井戸水の汲上げに要した人夫の計算[48]も散見せられるから、刎釣瓶（桔槹）の重要性は此處でも甚だ大であつたと察し得るのである。前掲東豫周敷郡の周敷村の場合も、碓春と共に「はねつるべ」の併用せられた事が見られ、又同じ東豫の國領川下流東岸の澤津を初とする數ヶ村でも略ゝ同樣であつた。卽ち國領川は下流では水無川となり、而も湧泉も少い關係から、專ら小規模な堀井戸の水を刎釣瓶で汲上げて利用する方法が行はれたのであり、その中の一村たる宇高村の如きは、村の惣改帳に二百數十乃至四百數十の井戸が書き出されてある程で、澤津村の井戸の數も亦五百に近く、既に苗代田の水からして此の井水に仰ぎ、旱年には夜を以て晝に繼いで浥取り續け、甚だ艱苦の多い村であると言ふ[49]。和泉・東伊豫は何れも瀨戸内沿岸に位置する最も降雨量の少く、而も農業經營の零細化せる地域として著名である。是等の地域の中に間々上述の如き堀井戸の水の、刎釣瓶による利用の甚だ高度に行はれてゐる場合があり、而も是亦補助的手段たるの域を超えてゐる點は注目すべきである。堺近郊では溜池の整備による旱害の除去が、幕府の代官及び地元の農民によつて講究せられ、東豫國領川下流東岸の村々の場合は、領主によつて四ヶ村救濟の爲に池田大池の築造が行はれてゐるのは、かゝる特殊的な旱損地としては當然の歸結と見做すべきであらう。

(1)「隄防溝洫志」「地方汎例錄」等は其の地域差に着目して記述してゐる。

(2)(3)「日本經濟大典」第十二卷所收

(4) 拙著「近江經濟史論攷」三一三頁

(5)「疏導要書」の附圖による。同書は天保五年に佐賀藩の南部長恒の著す處である。

(6)「疏導要書」に曰く

今ノ大井手戸立ノ所モ以前ハ十間ハカリ川下ニアリシ由其ノ仕方ハ亂杭ヲ打土俵ヲ以テ常水ヲ留メ象ノ鼻ヨリ石井樋へ廻シ餘ル水ヲハ大川ニ流シ偖洪水ノ節ハイツモ打崩ヤウニセシ故流レ下ル砂石悉ク加瀬川筋ニ打出ス斯スルコト度々ニテ毎年普請方ニ人夫ヲ費ス事ヲ厭ヒ百年ハカリ以前山石ヲ重ネテ井手ヲ築キケルニ是迄モ洪水ノ節ハ打崩スコト前ニ同キ故斯テハ行末永ク人力ヲ費スヘシト目前ノ了簡ニテ遠キ慮リナク三十七八年切石ヲ以テ高サ三尺餘ニ丈夫ニ井手ヲ築キ左中右ト戸立ヲ拵ヘ常ノ水ハ戸ヲ立切リテ石井樋へ廻シ洪水ノ時ハ戸ヲ切明ケテ流スヤウニ仕掛ケル故其後ハ井手ヲ崩ス憂ハ寡ク成リシカトモ右ノ如ク三尺餘ノ石垣ヲ川中一盃ニ築出シケル所ヨリ洪水ノ節水當リ出來然モ三尺餘ノ水マテハ右ノ石垣ニテ持テ三ヶ所ノ戸立ト西ノ方ノ野越ヨリ引落ス迄ナレバ水ハ彌逆流シテ石井樋ノ方へ漲リ落ル故川上ヨリ流下ル砂石思フ様ニ引落ス事叶ハス

(7) 本書後編　五「武藏國見沼代用水路の研究」參照

(8) 拙著「近江經濟史論攷」第四章第一節參照

(9) 同書　三一五頁

(10) 安田正鷹氏著「水の經濟學」三三四―三四三頁

(11)「勸農固本錄」(「日本經濟大典」第四卷所收)及び「地方袖中錄」(「近世地方經濟史料」卷六所收)

(12) 新居濱市役所保藏文書

(13)「佐藤信淵家學全集」卷四
(14)(8)の三一四頁
(15)「日本經濟大典」第二十五卷所收
(16)以上は何れも「疏導要書」の記載による。
(17)「宮田用水史」上卷四八—四九頁
(18)「八ヶ鄕用水史」一五—一六頁「八ヶ鄕始覺書」
(19)「疏導要書」上卷「多布施川」の項
(20)本書後編 十「備中高梁川八ヶ鄕に於ける分水を中心とする井鄕組織の特質」參照
(21)「日本經濟大典」第七卷所收
(22)「隄防溝洫志」
(23)「地方汎例錄」
(24)「近世地方經濟史料」卷二所收 十六「新池積」
(25)「續地方落穗集」「日本經濟大典」第二十五卷所收
(26)「隄防溝洫志」
(27)高松市在住 矢原高幸氏藏「滿濃樋圖」
(28)明治四十年 農商務省農務局「耕地整理に關する統計」
(29)西岡虎之助氏稿「池溝時代より堤防時代への展開」「史苑」第三卷一・二號(昭和四年)
(30)讚岐丸龜平野の溜池灌漑に關しては位野木壽一氏稿「讚岐丸龜平野に於ける灌漑水利の地理的研究」があり、其の溜池の形態と機能の問題にも觸れてゐる。

(31) 本書後篇　七「近世に於ける讃岐滿濃池の經營と管理」參照
(32) 森德一郎氏編著「宮田用水史」上卷七六―七八頁、宮田元圦は寛永五年及び同十九年の築造に成ると言ふ。
(33) 志賀吾鄕氏編「用水資料」
(34) 本書後篇　十六「近世に於ける泉州堺近郊の灌漑農業」參照
(35) 寶月圭吾氏著「中世灌漑史の研究」二八頁
(36) (31) に同じ
(37) 本書後篇　十九「東豫國領川沿岸の用水研究」參照
(38) (29) に同じ
(39) 「中世灌漑史の研究」八二―八七頁
(40) 「近世日本農業の構造」四〇〇―四〇三頁
(41) 「日本經濟大典」第三十一卷所收「百姓傳記」卷五
(42) 「近世日本農業の構造」四〇九頁、「日本農學史」上卷三五三頁
(43) 以下「百姓傳記」の說明による。
(44) 以上大井手普通水利組合に就いての調査結果
(45) 「西條誌」卷十二、卷九
(46) 「西條誌」卷十二
(47) 山極二郎氏稿「大阪府下の灌漑農業」「地理學評論」第四卷十一・十二號（昭和三年）

(48) 舊中筋村庄屋孫太夫家の「老圃歴史」南治好氏文書の寫　堺市立圖書館保藏

(49) 前掲「西條誌」卷十五「澤津村」の項

第二節　普請の經營・負擔者

用水施設の普請に就いて論ずるに當り、其の經營者・負擔者の觀點に立つて普請の種類を分てば、所謂國役普請、御手傳普請、領主による御入用普請、農民負擔による自普請と爲し得るであらう。

1　國役普請

江戸期に於ては普請費用の負擔者、卽ち普請の經營責任者に關する規定は、普請の加へらるべき土地の領主の身分如何によつて、一應嚴密に區別が立てられてゐた。享保五年に發令し、寶曆八年十二月に、再度の公布を見た法令は此の點に就いての規範的なものである。

諸國堤川除或旱損所等普請之儀、一國一圓貳拾萬石以上之面々は、唯今迄之通たるべくゆ、其以下自普請難成、打捨置ゆては亡所に可成程之儀ニて、其領主之力にも難及大キ成普請に候ハヽ、其所御料私領江無差別、國役割合にて出來、公儀より右入用被加ニて可有之候間、自分普請に難成節は、其段可申出候、委細は御勘定奉行承合可被申候

但貳拾萬石以上にても、高之内國を隔て、小分之領知はなれ候場所は、貳拾萬石以下可爲同前(1)

これは國役普請の行はるべき場合と然らざる場合との區別を明瞭にしたものであり、一國一圓を領有する國主大名の領内、或は一國一圓とは云ひ得ない迄も所領二十萬石以上に達して、國主大名に準ずべき地位を有する大名領内の普請は總て其の一領内の問題とし、私領御普請の形に於て夫々の領主の力の範圍内に於て處置せらるべきであり、其以下の小領主で、領主の一個の經濟力で普請を遂行し得る能力がなく、而も是非共行はるべき緊要不可缺の場所たるに於ては、領主たる諸侯より幕府の勘定奉行へ委細を屆け出で、其の許可によつて、所謂國役普請として、一國内に天領・私領の區別なく普請費用を割付け負擔せしめ、幕府も其の費用の一部分を援助し協力して普請を成就せしむるものである。

國役普請の制は何時に初つたかを明かにし難いが、「隄防溝洫志卷一」(2)には此の法に關する解説が見えてゐる。曰く

國役割普請、古來は御朱印地、除地、寺社領分、亦門跡方領は地主を相ひ除く御作法なりしに、近年は右の高にも國役割相ひ掛り、除き高なしに成れり、右古法を廢し高掛りに成りし年月も聢と知れざれども、享保以後の事と聞ゆるなり。

享保以後は國役普請の名に相應して、普請の行はれた土地の國の高全部に普請費用を割當てる事となつたと說くものであつて、後に述べる如く、享保年中は普請に關する總ゆる定法の改變を見た時期であるから、かゝる解釋も生じたのであらう。猶享保五年の法令中、假令所領高が二十萬石以上に及ぶ場合と雖も、其の領知が集中せず各國に分散する時は例外的取扱を受け、國役普請の待遇を受け得る事に定めてゐるのは、其の根據は明かではないが一應注目す

べきことであらう。

國役普請に於ける出金の割當法は、普請費用の見積額の中、私領の村は其村高百石當り金拾兩を負擔し、其の內の壹分は幕府の援助支出に懸り、殘る九分が國役割となる。國役となつた分は幕府が藏金を以て立替へて渡し、普請が完成し勘定濟となつた上で國役割となるのであるが、私領より出金すべき分には立替が無く、其の私領の領主・地頭が出し、或は村方から直接に指出すのが一般例である。猶幕府が立替へた國役金は、其年々の十一月中に夫々の地頭から勘定奉行へ納入する事となつてゐたが、事實は延納する者が多かつたと見え、天保二年には延納を禁ずる旨の布告が出てゐる。(3)

國役普請の事例として、近世初頭に池としての機能の復活を見、爾後度々修補工事の實施せられた讃岐國滿濃池の場合を擧げ得る。

元曆元年の崩壞流失後、四百數十年の長きに亙つて放任せられた此の池が復興せられたのは寛永八年であり、當時の讃岐の國主大名生駒氏の客臣であつた伊勢藤堂家の臣西島八兵衛の手に成つたものであつた。工事は西島の計畫に基き、生駒氏の家臣二人を奉行とし、國中の人足を以て行はれた。讃岐隨一の大池であり、水懸り地域も數萬石に達し、其の影響する所も廣大であつた爲に、工事の負擔も單に水下にのみ限らず、廣く讃岐一圓に課したのであり、後江戶期を通じて見られた國役普請の先蹤を爲せるものである。

寛永八年に池の完成した後、同十七年七月に生駒氏は除封せられ、讃岐は丸龜の山崎氏、高松の松平氏の二領に分割せらるゝ運命となつた。此の形勢に應じ、寛永十八年池の竇木の修造に際しては、東讃・西讃の境をなす苗田・榎井・五條の三ヶ村、石高合計二千二百七十九石餘、定米八百九十一石餘の地が天領となり、之に池御料の名を與へ、其の租米（定米）を以て池修補の料に當てたのである。然るに寶永三年に至つて池御料たるの性格は廢止せられ（天領として止つたことは從前同様）以後の普請は何れも國中割となつた。

滿濃池の修覆工事の中、最も多くの費用を要したのは木造であつた底樋・竪樋・櫓の改造であり、十數萬人乃至三十數萬人の延人夫を必要とした程であつたから、其の人夫は國役普請の制に則り、天領・高松領・丸龜領・金毘羅領の夫々に割付け、人夫一人一日に對し扶持米として五合或は七合五勺を與へたが、此の扶持米の量は人足の勞賃に當てるべく餘りに少額であつて、此の工事が國役普請であつた事實を否定するの意義は有しないものである。生駒氏が讃岐一國を一圓領有した頃には、生駒家の國中人足の動員を以て再興工事が行はれたが、讃岐が天領を初め諸藩領に分割せられて後は、地元民の歎願により、幕府の斡旋の下、諸藩領へ差別なく負擔を課する國役普請の實施となつた事情は上述によつて明かな處である。

國役普請に於ては私領分の負擔の內の一分は幕府の負擔となるから、國役普請の增加は必然的に幕府自らの支出の增大を招來して、當然に幕府の好まざる處であつた事は推察し易い道理である。此の滿濃池の修覆工事の場合にも、幕府に財政難の加はると共に、御普請の名を以て呼ばれた國役普請の制も次第に弛緩し、文政十年以後は村々百姓の自普請となり、殊に自普請となつてからは、池懸り村の中に在つても天領村々は、自村の石高に比例する分よりも一段と少い負擔をなすに止り、朱印地たる金毘羅社領も亦同様の取扱を受けた爲に、幕府の援助金の喪失の他、天領・金毘羅領に懸るべき分をも餘計に負擔して、池懸り私領の困難は一段と增したのであつた。

2　御手傳普請

御手傳普請が關東、東海道の大規模な川除普請の場合に多かつた事は、かの寶曆年間に於ける薩摩藩による木曾川の築堤事業の例からも推察し得る處であるが、此の普請形式は用水普請の場合には甚だ稀であつた樣である。然し此處では「隄防溝洫志」に從つて其の仕法の大要を左に記す。

其の人足に與ふべき扶持米に就いては更に後に述べるが、御手傳普請は國役普請或は御入用普請とは異り人足に扶持米がなく、竹木を初め諸材料の代價、人足賃等は總べて代米で見積が立てられ、諸材料に要すべき費用も入札で定められる。但し人足賃のみは定直段である。而して入用惣高の內一分は幕府の負擔であるが九分は手傳を命ぜられた諸侯の負擔となる。御手傳普請に在つては御入用普請・國役普請の場合よりは餘程潤澤な目論見に基いて行はれ、普請の行はるゝ近隣地の百姓救濟の爲と言つた色彩が强く、幕府が諸藩、特に富裕の聞えある諸侯の財力削減を目指しての手傳ひ大名の指名と共に、是等の點が御手傳普請の大なる特色をなしてゐる。御手傳普請の行はるゝや、所謂手傳を命ぜられた諸侯は、普請場の各處に小屋を造り役人共が此處に詰切り、諸材料等總べて現地に於て調達するから、近隣に落ちる金高は目論見額を更に超え、土地の潤ひとなつた譯である。然し上述の如き方法も幕末近くなつては諸侯の貧窮化と共に餘程緩和せられ、名は御手傳と唱へながらも、現地へは幕府役人のみが出役し、其の普請金も幕府の財庫より立替へて支出せられ、萬事は出張の役所で取計はれ、工事完成の後に手傳の大名の家來が若干名も來て三・四日の逗留の後立去ると云つた如き簡略化せられた形式に變化したと言ふ。御手傳額の標準は高壹萬石當り千兩乃至三千兩の間であつた。

3　御入用普請

大領主としての幕府・國主大名、或は二十萬石以上の大領を有つ諸侯の領内に於て、重要なる用水工事を行ふに當り、其の財源を幕府或は藩庫の支出に求むる普請を御入用普請、又は御普請と稱し、幕府の行ふのが公儀御普請、大名が自領内で自ら行ふのが私領御普請であり、其の事例は相當に多い。元々御入用普請は其の經費が幕府或は諸藩の負擔に懸るものであつたから、水下の地域が御入用普請たらん事を希望するのは當然の成行であり、幕府も諸藩も此の增加し行く御入用普請個處の處置には困却してゐた。寛政五年に幕府が觸書(4)を發し、近年の出水に從來御入用普請所でなかつた場所も特別の事情によつて御入用普請となつた所も間々あるが、之は一般に適用せらるべき事ではなく、格別の大破で村方の自力には及び難く、又領主・地頭の手當も行屆かず、放任しては御料にも差障りを及す處がある個處に限つての事である。之を辨へずして猥に御入用普請を出願しても取上げないと述べてゐるのは、此の間の事情を明瞭に示したものとして注意すべきである。

先づ江戸期最大の領主たるの位置に在つた幕府領下に行はれた公儀御普請としての御入用普請から眺めるであらう。河内國狹山池は中世の大部分を通じて荒廢の儘に任されてゐたが慶長十三年に至り、猶當時攝・河・泉の三國を領して大阪城に在つた豐臣秀賴の手により、片桐且元を奉行とする大工事によつて近世的再興を見たのであり、秀賴の領國であつた三箇國の人夫を徴して實施せられたのである。然るに豐臣氏の滅亡後は、攝・河・泉は勿論、狹山池下の水懸り區域でさへ、天領及び幾多の藩領に分割せらるゝに至つた。例へば享保年間の調査に據るも、水下三萬三千五百九十六石餘の中、天領は十四ヶ村七千七百五十九石餘、殘る二萬五千八百三十七石は私領で片桐・北條・高木・秋元の四藩類に分屬して(5)ゐた。斯の如く、池懸りの村々は勿論、池の所在國たる河内國が諸藩に分割領有せられて後も、此の池が要地大阪に近い廣大な地域の水田農業の根幹を爲し、其の及す所の影響の甚だ大なる大工事であつた爲に、慶長十三年の修築後、元和六年以降の度々の普請は何れも上方の郡代・代官の指揮の下に行はれて、幕府の支配下を離れず、唯享保六年から寛延元年に至る二十七年間のみは、池普請の支配權が一時幕府の手を離れ、池元に近い狹山藩北條氏の手中に委ねられた事もあつたが、暫くにして再び幕府の直接支配に復してゐる。

秀頼の修築は彼の手に成る幾多の諸社寺の造營の場合と等しく、純然たる御入用普請で、其の經費の總べては豐臣家の財庫からの支出に懸り、其の額は玆に明かにし難いが、其の後江戸幕府の支配下に移つてからも依然として御入用普請の制の儘に行はれ、唯人足のみは水下（池懸り）村々より之を徴してゐた。

其の後狹山池に於ける幕府の御入用普請の制も次第に弛緩を示し、修補の費用が總べて公儀負擔であつたものも、延寶三年の普請より後は御料・私領の高割負擔に變じ、天領（御料）分は依然として公儀支辨であつたが、私領の分は一時公儀で立替へたが後に之を年賦で償還せしむる形式が執られ、元祿七年からは更に變じて一時工費の全額を幕府に於て立替へたが、後に御料・私領夫々をして高割負擔として償還せしめ、唯御料分の割當額の中三分の二が下渡しとなり、殘る三分の一が私領と同樣十ヶ年賦となつてゐるが、此の頃から次第に御入用普請が百姓負擔（百姓自普請）に轉じつゝあつた事實には注目すべきであらう。尤も寶永年間に行はれた大和川の附替工事により、新に大和川以北となつた地域が池懸りから除外せらるゝ事となり、其の結果池懸りの縮小と共に天領分の減少は甚だしく、附替前三萬一千餘石の天領は附替後には九ヶ村四千三百餘石に急減してゐるから、かゝる事情も其の後幕府が愈々御入用普請を避けて、水下の負擔に轉嫁せんとするに至つた原因の一として數へ得るであらう。

享保六年乃至寛延元年の二十七年間の、狹山藩北條家による池預りの期間中は、池敷内に生じた潴水の無い芝地を開墾して生じた所謂「池内新開」の徳米四十餘石を公儀に差出し、其の代償として從來通り大小の普請の總てを御入用普請と爲さんとする狹山藩の上申が幕府に容れられ、其の間に於ける數回の繕普請は總て御入用を以て賄はれたが、其の後再び弛緩し、安永七年の「水下自普請」寛政四年の「水下自普請」と、何れの時も自普請と成り終つた事が多く、殊に文化年間に至つては幕府側も、池懸りよりの拜借銀の願出に對しても、之を一々容認すれば際限の無い事であり、殊に池懸りの中の天領は僅かであり、公儀御普請を續行する事は他への影響もあるからとて、明瞭に御入用普請の行ひ難い理由を示してゐる程に變化してゐる。かゝる情勢下に在り乍ら、遂に安政五年に成就した「西除げ」の修築の場合に見出し得る最後の御入用普請は、度々の崩壞に惱む水下の數度の歎訴によつて漸くにして獲得し得たものであつた。

上總國東金に近く、慶長十九年に完成した雄蛇池も、此の水下の地が大部分天領であり、又旗本領であつた關係から、幕府の御入用普請として、東金領の代官島田伊伯の計畫になり、完成後に水下九ヶ村に與へられたものであつて、池懸りも狹山池に比すれば餘程狹く、且亦藩領の關係も餘程單純であつたから、文字通りの公儀御入用普請が行はれ得た譯である。

尙幕府の手による御入用普請の一例としては、池と異り用水路普請の場合としての、享保年間の開鑿たる武藏國見沼代用水路を加へ得る。享保十二・十三の兩年に亙り、江戸幕府の直營、御入用普請として開鑿せられ、二十數里の延長を持つ此の長大な水路も、井澤彌三兵衞爲永の卓越せる設計と水下村請法の採用による迅速なる工事法とにより、僅か半歲足らずの短日月に成功を收めた。水路によつて直接に利益を被る村々に受持の丁場を定めて工事を請負はしめ、『村稼にも罷成候に付』(6)との理由を以て、水下村々から工事の請負を歎願せしめた上で、夫々の村に普請丁場を割當てた巧妙な手段は、「御入用」の支出をも比較的少額に止めしめたであらう事を察せしむるに足るものがある。

備中高梁川十二ヶ鄕の堰・圦樋・水路等に加へられた幕府の保護も亦公儀御入用普請の例である。此の井鄕は平安末の壽永年間に中興せられたとの傳へを有ち、近隣に比なく古く且大なる井鄕であつて、高梁川に水源を求める數個の井鄕中に在つては最上流に位置し、其の井懸りも十二ヶ鄕六十八ヶ村(7)、石高四萬六千餘石に達する西日本有數の大井鄕である。江戸期に於て此の井懸りの區域を分領してゐた領主數は十一、今所領の大なるものから順に數ふれば、天領たる倉敷代官所領を初めとし、庭瀨領・淺尾領・岡山領・花房領・撫川戸川領・三須蒔田領・妹尾戸川領・松山領・足守領・榊原領であつた。

斯の如く幾多の領主に分領せられてゐながらも、井鄕の大きさに比例して引水施設の普請も大工事であり、而も廣大な井鄕に對して重要な影響を及すものであつた故に、幕府は井堰・水門・水路の大部分を公儀御入用普請個處としてゐた。卽ち堰止工事の一切、圦樋、之に附屬する堤・石垣等が御入用普請を以て築造・修補せらるゝ定であつた。然し御入用普請を以て工事が完成しても、井懸りの中には天領の他幾多の藩領を包含してゐるから、各領々間に於ける幕府の負擔額以外の分に對する負擔の精算は『御普請御入用ハ御料領御高割ニ而御出銀』(8)の例であつた。所謂「御料領御高割」の實狀を元祿十四年正月の「滿井樋伏替入用帳」の内容に徵すれば、總費用三十五貫餘の銀高の内、「御定法樋代」として幕府勘定所の支出に懸る分が拾貫百二十四匁餘、殘る二十四貫餘の分を諸料領主が高割で分割負擔する譯である。扨て此の負擔の割合は、天領は百石に付約拾七匁、板倉賴母領は天領に次ぎ同じく百石當り四十一匁餘、他の諸侯領は百石當り六十三匁餘となつてゐて「御料領御高割」が高に對して均等な負擔率ではなかつた事が知られる。天領は幕府の支出する「御定法樋代」に隱れて僅少の負擔率で免れ得たものとしても、板倉賴母領が別扱を受ける理由は茲では明かにし難い。公儀御入用普請、或は御普請所と唱へつゝも漸く料領の負擔率に不平等の在つた事は、其の後に繕普請を願ひ出でるに際しても、各料領間に其の主張の不一致を生ぜしめる原因となつた事が多かつた。卽ち天領は常に專ら御入用普請を願ひ出づべしと唱へ、私領は之に反して寧ろ自普請を望み『聊之義願上候而茂御立會ニ相成、御上江ハ奉懸御役介《マ》下方ニ而ハ雜費相掛リ迷惑仕候』とさへ主張するの差異を示してゐるのである。

十二ヶ鄉の引水施設に對する公儀御入用普請も、前に述べた狹山池の例に類し、時代を降ると共に御入用普請の實は次第に行はれ難くなり、自普請を以て代へる事が增加してゐる。井鄉からの御入用普請の歎願が行はれても容易に許可が與へられず、井鄉一同は『御普請潰に相成候程如何』と憂慮してゐる事例がある。幕府・諸領主夫々に共通の財政難が原因となり、十二ヶ鄉井堰に於ても御入用普請の制は漸次弛緩の一路を辿つたのであつた。

次に諸雄藩に於ける私領御入用普請の事例を少しく取扱つて見る。

江戸期を通じて其の領域の大部分が、本邦隨一の大藩たる金澤藩前田氏の領知であつた越中は、同じく金澤藩の所領であつた能登・加賀に比して、自然的な地形の傾斜を巧に利用した用水路網の完備した處として著しいものがあるが、これは中世以降の度々の大規模な墾田事業の成果であると共に、前田氏の入部後に於ける一段と劃期的な水田開發事業と關聯して成就せられたものであり、河川の亂流の整理と附替、新用水路の開鑿と新舊兩用水路の取入口の合併、用水組織の統合過程等を通じて齎らされた結果である。斯る地盤の上に立つだけに、用水施設の普請は大々名たる領主前田氏の一元的な統制下に行はれたものであり、御入用普請たる郡普請は各郡を單位とし、郡奉行の手で行はれ、村普請或は組切普請等に比して規模の最も大なるものであつた。其の費用の負擔は藩祖以來元祿頃迄は、單に村方の自力に及び難い程度の普請の場合には郡役所へ加勢を願ひ出で、而して郡々の御扶持人・十村に於て僉議・檢分の上、其の見積額に應じて藩廳より加銀を與へる制度であつたが、後には「水下銀」(9)と稱して用水普請の諸費用に當てる爲水下區域から一定の標準に應じて銀高を徵する方法が行はれ、各用水路に沿ふ組を單位として「用水江高帳」が作成せられ、村別に水下銀負擔の基準を示す「用水役高」が記載せられてゐた。「用水江高帳」の作成は十村の任であり、定檢地奉行所へ提出せられた。

水下銀と呼ぶ一種の租稅的なる、或は用水普請費用支辨の爲の保險金的なるもの丶藩の郡方役所による徵收は、必然的に大規模な普請に際しての「御郡打銀」又は「加銀」の名目による藩廳よりの普請金下付の前提をなす。而して藩は各用水組別に、普請個處及び其の範圍、所要材料等を記した銀帳を作り、組別の郡打銀高が定められたのであるが、御入用普請たるの內容をなす打銀高は、時代と共に一路增加の傾向を辿り、元祿頃の礪波一郡の郡打銀高拾四・

五貫目乃至拾七・八貫であつたものが、明和の頃には三拾四・五貫乃至三拾七・八貫ともなり、其の頃以後に郡の御扶持人・十村から水下に出された「用水仕法書」は、何れも郡打銀の額を減ずべき點に言及してゐる。郡打銀の増加は物價騰貴の影響もあり、職業的な用水普請を業とする渡世者の出現した事も有力な一因であるが、郡打銀減額の希望の容易に遂げ得られなかつた事を示し、他藩の例に漏れず藩財政の困窮化は兩々相俟つて愈〻困難の度を増したのであつた。斯くして藩廳は打銀の増加に苦しみ、從來の例に據らずして詮議すべき旨を達し、又天保九年の如く郡打銀の下付を止め、村々の負擔を以て組別に普請を行ふべきことを命ずる迄にも立到つてゐるのである。然し大藩であつたゞけに、多少の弛緩はあり乍ら、御入用普請は幕末迄規則的に行はれた事を知り得るのである。

金澤藩に次ぐ大藩の尾州藩に在つても、御入用普請の費用の水下よりの部分的積立として、「堤銀」なる制度の存在が知られてゐる。(10)此の制度の濫觴は既に慶長十七年に在つたが、(11)「堤銀」とは要するに、御入用普請たる春秋の井堰・堤等の用水路普請に際し、其の人足を普請所に近い村々へ高役に割付けた代りに、普請所に近い村の難儀を救はんが爲、寺社領の朱印地、藏入地、給知分共に差別なく、堤銀と呼ぶ一定の銀高を課する事としたのであつて、金澤藩の「水下銀」に對比せらるべき性質のものである。

南海の雄鎭土佐山内氏の新田開發事業の根幹として計畫せられ、寛永八年より寛延三年迄の三十二年間、同藩の執政として殖産興業に縱橫の才を振つた野中兼山の手に成る同國物部川筋山田堰の築造及び維持の普請も、所謂御入用普請として典型的なものゝ一である。山田堰から導かれる上井・中井・船入の三水路は一切藩營の開發計畫に基いて行はれ、藩費の支出と共に農民の使役が見られ、水路に橫はる巨巖を火力によつて破碎せんが爲、戸毎より徵發した食糧として乾燥貯藏してあつた「いもぢ十連」(12)の物語の如きをさへ留めてゐるのであるが、完成後の井堰・水路の維持に懸る普請の數々は、何れも御入用普請であり、御普請制の詳細なる規定と運營の迹を示してゐる。

寶永二年三月の日付のある、藩の普請奉行から山田の井役人に與へた「覺」(13)は、其の普請法の大綱を定めたものである。此の覺によつて窺ふに御普請には定式普請たる春仕成と、臨時急破普請たる夏役との二がある。定式普請は毎年九月に計畫を樹て、翌春二月迄に完成すべきもので春の耕作に支障なからしめん爲のものであり、夏役普請は要水期間中の不意の急破を繕ふもので此の名がある。

近江の彥根藩に在つても其の領内の主要な用水施設の普請に對しては御入用普請を實施してゐた。即ち領内第一の井堰である犬上川一ノ井の井堰、姉川出雲井の井堰に對するものが之であり、尙他藩との對抗上必要な場合には、阪田郡中島川に於ける平方村(14)の用水路川筋の如く、或る區間を限つて藩の御入用普請個處として取扱つてゐるのである。犬上川一ノ井々堰が御普請場と定められ、制度化した確實な年代は寬政十二年以後と考へられるが、其の所謂御普請は春普請と秋普請の二に分たれた事は土佐物部川の山田堰の場合に近似し、春普請は八十八夜前後に河中に井堰を立て、用水路へ水を採り入れる普請を謂ひ、秋普請は十月下旬、夏季の洪水によつて破壊せられた井堰を概ね春普請の例の如く立切り、春普請に比して稍〻簡略化せられたものである。

御普請は彥根の川方奉行の計畫・指揮の下に行はれたが、井堰の附屬設備の全部が御普請所であつたのではなく、主要部分たる一定の範圍内に止り、其の他は所謂自普請所として井鄕村々の全負擔に於て營まるべきものであつた。

犬上川一ノ井堰に在つては其の水懸り區域が總て彥根藩の所領であり、而も最も米穀の生産の多い重要地域であつた關係上、此の井堰に對する年々の御入用普請の費用も略〻固定化した一定の額が藩の經常費中に組込まれてゐたものゝ如くである。然るに井懸りの中に他領たる數ヶ村を交へてゐた姉川出雲井堰に在つては、其の堰の規模も犬上川一ノ井堰に比肩し得る程のものであつたに關らず、御普請所とは言へ大破壞を被つた時にのみ、井鄕の觸頭の取次を以て彥根表へ願ひ出で、かくして初めて御入用普請となつたのであつて、犬上川一ノ井の如く年々の定式普請が御入用普請となつてゐたのに比すれば著しく樣相を異にし、又幕府が大領主としての立場に於て、狹山池の修理に御入用普請たる事を許し、水下に於ける他領村々の介在に左程介意してゐなかつたのとも又異る。自領中心主義の明瞭に看取し得らるゝ態度のそれであつた。

稱呼は同じ御入用普請であつても、中世末以來轉封の事がなく、領內に多數の大身の給知人を擁する諸藩の場合に在つては、御入用普請とは言ひ條、藏入地たる直轄領と、國中に更に國の存する如き形をとる知行地とでは、其の實施法殊に藩費の援助支出に於て異る點が存してゐる。肥前佐賀の鍋島家は戰國の名門たりし龍造寺家の遺鉢を享けて獨立せるものであつたから、江戶期に於ても龍造寺の血脈を傳ふる諫早・多久・武雄・須古・久保田等、萬石以上の大封を領する外樣的存在たる、所謂大配分地の他、支藩たる小城・蓮池・白石・鹿島・川久保の諸藩、更に神代・深堀等を初とする直臣中の大身者は、何れも戰國末以來の傳統の儘に夫々の采地を有し、本藩領と支藩領、藩主直轄の藏入地と大配分地たる知行地との間に、用水普請、或は用水引用の上に、國中更に國を樹てた二重の複雜な關係が見出される。江戶期初頭に現はれた佐賀藩の大水利事業家たる成富兵庫は、其の晩年には三千四百四十一石八斗五升(15)の知行地を得てゐたが、其の最も早くからの知行地として川上川一之江井堰の水の灌漑する國府・尼寺の兩村がある。

前述一之江の井堰及び井樋は是等の村を初め其の下流の藏入地たる幾箇村を潤す爲に設けられたものであり、井堰・井樋の修覆も成富の築造後は御入用普請を以て行はれ來つた。

玆に成富氏の知行地たる國府・尼寺兩村の隣の千布村は、同じく知行取倉町氏の有に屬してゐて、嚮に成富兵庫が上述の引水施設を築造した時、千布村をも水懸りの中に加入せしめんとして慫慂する處があつたのであるが、千布の給地主は他に潤澤な用水路を有してゐたので之への參加を拒んだのであつた。然るに其の後の旱魃年に際して、一之江井樋の灌漑區域に接した藏入地福島村への新規引水が藩當局によつて命ぜられることがあり、國府・尼寺等の舊來の井堰懸り村々及び其の知行主たる成富家に於ても、藏入地の事であるからとて福島村への新規引水に同意したのである。此の時に前に加入を拒絶した千布村も、水難儀を理由に福島村と同じく分水に與らんことを願ひ出でたが、國府・尼寺の村々百姓は承諾を與へなかつた。然るに其の裡に千布は敢へて盜水をなし、更に强て引水するの手段に出でたが、千布にも水を分ち遣すべしとの藩の意嚮にも關らず、成富の知行の村々は依然として拒否の態度を續けてゐる。同じ鍋島藩の領内であり乍ら、斯の如く御入用普請所となつてゐた引水施設からの引水に當つても、藩の一視同仁的な態度にも關らず、知行地相互の間に解決し難い紛爭があり、藩の藏入地は假令新規であつても引水するを得たが、隣接する他の知行地には引水し得なかつた理由は何處に存するであらうか。これは鍋島藩の御入用普請所となる迄の、成富兵庫が築造した當時の普請費用負擔の關係が、遙かな後代に迄影響したものと考へられる。當初兵庫が井堰及び水路を築造した時は、用水の分與を得んとする村々が普請費用を負擔して工事を行ひ、其後に此の堰及び井樋の恩澤を被る村々の内に、藏入地が多分に含まれてゐるからとて、寛文十年に井樋の切れたのを改築するのを機會に、藩の御入用普請所となつたのである。かくて其の結果從來からの井組外と雖も、藏入地のみは御入用普請所たることの餘澤を受けて、旱魃には新規の分水にも與り得たのであつたが、知行地は之に與り得なかつたものと解し得るであらう。御入用普請の影響も藏入地の場合のみに限定せられ、大名領内に更に獨立した所領であつた知行地には及び得なかつたのである。

仙臺藩伊達家の制(16)に於ても、御入用普請に際して藏入地と知行地とでは其の取扱が異つてゐたことが知られる。元祿二年八月の定に從へば、素々同藩の御入用普請の規定では、用水普請を行つた場合に、其の影響を被るべき地域の内に三分の一の藏入地が含まれ、殘る三分の二が給人領である時は水門の築造は全額藩費で行はれ、藏入地の分が三分の一以内である時は其の材料のみを藩から支給する定であつた。然るに實際問題として考へると、藏入地が三分の一未滿の場合は、極端に考へれば全體の極く小部分しか藏入地が含まれてゐない樣な時もあり得る譯で、かゝる場合にも所要の材木全部を藩の負擔とする事は餘りにも他との均衡を失するから、此の時以後は、藏入地の含まるゝこと三分の一以内の時は、材木・釘・大工費・木挽賃等總て藏入地、給人前共に高に應じて支出せしむべきことゝ改められてゐる。此の元祿二年の定を檢すれば、藏入地の普請は完全な御入用普請であり、藏入地が三分の一以上含まれてゐる時は之に亞ぐ取扱、三分の一以下の時は藩庫よりの援助が最も少かつた事が明かである。戰國期以來の舊領に居り、佐賀藩の場合と等しく知行取の家臣團が多かつた仙臺藩であるだけに、御入用普請を行ふに當つても、藩費の負擔率に、かゝる二重・三重の段階を設定したのであらう。

4　水下自普請

川除普請には御入用普請の事が多く、用水普請の分は自普請が多い樣に思はれるとは「隄防溝洫志」[17]にも謂ふ所であるが、洵に用水普請では國役・御手傳・御入用の三つの中の普請形態を以て行はれたものは、或る限られた特殊施設の、特殊の大普請の場合のみのことが多く、その大半は所謂百姓自普請或は水下自普請であつて、直接に利益を被るべき水下農民の負擔によつて築造・修理せられたものが多い。かゝる水下自普請の行はるゝ場合としては、(1) 施設の規模が小で水下農民のみの資力によつても築造し得る如き場合、(2) 又施設は假令大工事であつても、水懸り區域の廣大な爲に、國中或は領主の援助が無くとも、水下が單獨の力で築造することの可能な場合、(3) 更には水下區域が相當廣大である爲に、各村々が異つた領主の支配下に置かれ、從つて或る特定の領主による統制・支配が困難で、爲に寧ろかゝる政治組織の枠を超越して、用水によつて結ばれた村落相互間の近世的自治に委すを適當とした場合の三者を考へ得る。尤も第二・第三の事情は複合して現はれる事が甚だ多かつたと推察せられるのであるが、茲では是等三種の原因に基く自普請の夫々の事例を擧示しつゝ、其の内部事情を推す事としたい。

第一の場合である用水施設が比較的小規模且簡易で格別多額の出費を要せず、水下地域の負擔で充分に爲し得たと思惟される場合の事例としては、洛南瓶原村の用水施設たる大井手の築造維持をあげ得るであらう。此の井手（用水路）は和束川の流を瓶原鄉の上流たる和束村石寺の地に於て堰止め、其の井手枕（井堰）から幅約壹間の水路を右岸に導き、延長三千七百五十三間、大井手の南方斜面に展開する瓶原村の水田地域の灌漑に當てられる。大井手の開鑿は鎌倉期の貞應元年であり、中世を通じて洛南の一勢力であつた瓶原郷の名刹海住山寺の住僧慈心の計畫に成り、畠地のみで稻の生育を見なかつた瓶原を匡救せんが爲のものであつたと傳へる。(18) 大井手は海住山寺が中世を通じて保ち續けてゐた敎界並に俗界に於ける勢威の反映として、瓶原郷農民の勞働力を驅使して完成せられ、同じ頃より中世末迄、瓶原一族と唱ふる土豪が同郷を占有した期間には、大井手の支配にも瓶原一族の手は相當大きく働いて居た。彼等は井手掘普請の奉行役を勤め、或は井手の施設の或物を獨力造營して郷中に與へる等の慣例を殘しつゝ、海住山寺も瓶原一族も、中世の終末と共に等しく衰微し、天正十七年長束正家の手による檢地の施行と共に、玆に瓶原郷も近世的脱皮を完了したのである。

中世に於ける大井手の維持に關しては、海住山寺による精神的支配、或は瓶原一族による實力的支配の數々の痕跡を認め得るにしても、事大井手に關しては瓶原郷の惣中としての維持・管理が本來の姿であつた。然るに天正十七年の檢地を機として瓶原郷が九ヶ村に分たれ、近世的な村毎の經濟圏に分割せられた後に於ても、大井手は元來が公共的施設であり。關係村々の結束的維持によつてのみ其の本來の機能を發揮し得るものであつたから、惣的なる中世の管理・維持機構も、部分的には改編を被つたものもあつたが、中世的形態の數多くを近世否現在に迄持ち傳へてゐるのである。

海住山寺が衰微し、瓶原一族の沒落した後に於ても、大井手の修理普請は瓶原郷九ヶ村自普請によつて行はれ、大井手の完成した當時、其の保護・管理に當らしめんが爲に、慈心上人によつて定められたとする十六人の井手守の指揮により、宗敎的な香の强い年中行事の數々を執り行ひつゝ、大井手の機能の維持・保存に努め來つたのである。

幅一間に滿たない小用水路であり乍ら、其の水量は瓶原一鄕を潤すに充分であり、井手守の機能も井手の管理・維持にのみ重點が置かれて、用水分配に關する事項が殆んど含まれてゐない事は、其の水量の充分さを傍證するであらう。し、慈心上人の設計と傳へる用水路の位置が、數百年間に亙つて變更を加へられず、今に續いてゐる事も當代の土木技術が瓶原一鄕を救濟するに充分であつた事を示すであらう。一鄕としての精神的な結合を成さしむるに與つて力あつた海住山寺の存在と共に、又一鄕としての纏りを得易からしめた自然の地形の影響も、井手普請の費用の支出は勿論、井手守の行ふ年中行事に要する費用が總て瓶原鄕中によつて負擔せられると云ふ、一庄、一鄕を範圍として成立した典型的な用水施設としての大井手の存續に、重要な關係を有してゐるであらう。

第二及び第三の場合の事例としては備中國高梁川八ヶ鄕の場合をあげ得るであらう。近世に於ける井懸りの石高一萬四千五百餘石に達する高梁川八ヶ鄕は、明應年間から引水してゐたとせられる一段古い起源をもつ定水川區域と、其の後天正年間に至り宇喜多氏の新に開墾した地域に注ぐ爲に通じられた番水川區域の所領關係も、天領たる倉敷代官領、備前岡山藩領、及び數多くの旗本領等に分割領有せられてゐた。江戶期に於ける八ヶ鄕用水に就いては、倉敷代官所の發言が最も重きをなし、岡山藩が之に次ぐの實狀であつたが、堰・圦樋・水路等の修理・維持に要する費用は總べて八ヶ鄕村々の負擔で、定水・番水兩區域村々の擔當普請個處が定つて居り、又共同で普請を行ふ施設に就いては定・番水組夫々の負擔率が決定してゐた。倉敷代官所の支配力が相當强かつたとは云へ、所謂御入用普請所ではなく、八ヶ鄕による自普請であつた事に此の井鄕の特色が存するのであるが、宇喜多氏の沒落後井懸りが諸領主に分割せられて一領主による支配を困難にし、又水下が壹萬數千石の地域に亙り、豐饒で負擔力の相當に大であつた事が、定水・番水各組の代表村の指導下に自治的運營を爲さしめ、水下自普請による施設・水路の維持を可能ならしめたのであらう。

(1) 高柳・石井兩氏編「御觸書寶暦集成」
(2)「佐藤信淵家學全集」卷五
(3) 高柳・石井兩氏編「御觸書天保集成」
(4)「日本經濟大典」第二十五卷所收「續地方落穗集」卷十三「御觸之部」
(5)「狹山池改修誌」三八五頁
(6) 本書後編　五「武藏國見沼代用水路の研究」參照
(7) 十二ヶ鄕保管文書「湛井十二ヶ鄕御料御私領村々御高鄕歩帳」
(8) 十二ヶ鄕保管文書　嘉永七年の「十二ヶ鄕書上」
(9) 本書後編　六「越中に於ける灌漑用水施設の發展と管理機構の特質」
(10)(11)「日本經濟大典」第二十一卷所收　樋口好古著「稅賦參定指南」
(12) 松野尾儀行氏著「南海之偉業」
(13) 高知縣立圖書館藏
(14) 拙著「近江經濟史論攷」三五七頁
(15) 佐賀市　鍋島家內庫所々藏文書「成富潤家所藏書類寫」
(16)「近世地方經濟史料」卷四所收「仙臺藩租稅要略」卷四
(17)「佐藤信淵家學全集」上卷「隄防溝洫志」卷一

(18) 本書後編 三「南山城瓶原の大井手に於ける井手守株の研究」參照

第三節 工事の擔當者

1 請負普請と水下村請

普請の制の整備に伴ひ、各用水施設に計畫的且つ繼續的な普請の加へられる事が多くなると共に、玆に普請の請負を常業とする者を生ずるに至つた。これは普請費用の膨脹を來すべき原因となると共に、其の行つた普請の結果自體にも種々の缺點を藏し、殊に請負者と當路役人との間に幾多の不純な關係をも生ずることゝなつたので、請負普請を停止して適當な監督者の下に地元の百姓による自普請となすべしとは、幕府を初め諸藩の布達に屢々見出される禁令であり、又地方學者の何れもが努めて警告を試みた處である。

幕府による請負普請を停止すべしとの法令は、正德三巳年四月のものを最初とする樣であるが、それは直轄地たる御料所即ち天領が他の諸藩に幾倍する廣大さであり、御入用普請場たる大工事も多かつた爲に、逸早くかゝる禁令の公布を見たのであると推察せられる。曰く(1)

一、御料所之堤川除堰圦樋橋等、其外在々御普請之場所年々之御入用、是又古來より引合候に、其數倍々增候事は、近年に至て、御城下の町人在々の名主庄屋幷商賣人等の類普請を請負候に就て、此等の輩或は其地の案内を不知、或は其身利德を相謀り、御普請之仕方不堅固之事とも多く候得共、御代官之手代、役人等或は贔負につき、或は賄賂により、委細之吟味におよはす候を以て、所々年々の御普請斷絕無之よし相聞候

法令とは言へ最も端的に請負人の出現と是等請負人の身分とを暴き、其の普請の粗漏に陷る原因と、地方役人との醜關係を押へてゐる。之を是正するの途は如何、續いて曰ふ、

自今以後は、御普請請負之輩一切に之を停止、御代官中其支配之地に御普請所有之面々ハ、常々其場所とも見分の上、其邊のもの共召集、古來よりの樣子次第をも委細に相尋、御普請之仕方如何にも堅固を本とし、猥成御費無之樣に考へ置、破損修覆等在之時に至ては、其仕樣帳を相認め、御勘定所へ差出し、指圖を得られ、御普請之事ハ、御物入之米金を以、其地大小之百姓共に申付けられ、……（中略）

若御普請之樣子により、請負之もの申付すして難叶子細も在之においてハ、是又御勘定所に達して、差圖を得らるへし

と。願はしきは幕府の支給する費用を請負業者の手中に收めしめず、出來得る限りは地許の百姓に普請を行はしむべしとするのである。

尙之に加へて御入用普請の個處は時代と共に次第に增加の趨勢に在り、幕府の財庫を脅威する結果となつた爲に、御入用普請個處の詮議を愈〻嚴重にすべき事が達せられ『古來より之次第を委細穿鑿之上、成へき程は百姓共自分普請可被申付事』と、自普請の勸奬ともなつてゐるのである。

請取普請の弊害の數々は夙に熊澤蕃山も明かに指摘してゐる。(2) 請取は日傭稼の者の救濟となり、又武士が直接に普

請に携る事の煩を省き得るが故に流行を見てはゐるが、日傭頭の着服する部分が大きく、實際の勞働者は出精せず、普請が麁末になることは免れ難く、充分に手を入れるべき處も省略するから、普請の結果に耐久力の乏しい事は當然の歸結で、要は日傭頭をのみ肥すに過ぎないとするのが、蕃山の請取普請を排せんとする主な理由である。かゝる弊害を伴ふ請取に代る法は如何、武士の能力ある奉行を任命し、地許の百姓の中の思慮ある者、庄屋の子弟等を組々の頭に擧げ用ひ、充分の手間を加へて普請を行へば永代破損なしとする。かゝる普請法の利點は尙此の外にもある。即ち武士たる者が山川の地理に通じ、人足の使用法に錬達する事は無形の利であり、殊に普請地の近くの者が宰領する事は、直接其身に影響する普請であるから、一層堅固な様入精する筈である事も隱れた利である。使役すべき人夫も、鐵砲役・家中の出役等と言ふ專門の土工者は仕事が功者に過ぎ、却つて工事の結果の堅固でない事が多い。日傭稼の者は常々鍛錬を重ねてゐるから、常の人足よりも一倍達者なものである。請取に任す事は一見武士階級にとつて安易な事の様であるが、決して長久の策ではなく、總て町人に計らはれ、町人跋扈の基礎を與へるものであるとの考で、此の頃から町人の擡頭が漸く顯著となり、武士階級を凌ぎ、表面的形式は兎もあれ内實に於ては天下の實權をも掌握せんとするの形勢に立到つた點に着眼し、町人の『亂逆』の芽を今に斷つべしとする、武士階級擁護の議論乍ら、蕃山の活動した時代の性格と關聯して一入の興味を魅く所說である。

元祿より更に時代を下り、享保以後となれば請負普請は度々の禁令にも關らず增加の一路を辿り、其の弊害は蕃山の警告的論議の程度を遙かに超え、既に拔き難い形勢に導かれたものゝ如くである。「民間省要」[3]は此の點に就いて最も多くの筆を費してゐる。曰く、大小の普請は皆入札となり『物仕』と呼ばるゝ商客によつて普請が獨占せられ、彼等商客は相互に馴合つて多額の官金を食み、而も普請の跡から忽ち破損に及ぶ事例が甚だ多い。入札普請によつて空しく費消し盡される金額の多い事は、官庫の金、諸侯の手傳の支出金、地元百姓の膏油を搾つた費用等をして、洵に『珠のごとくに集て泥のごとく費す』ものであり、其の金も『實に其用に立所は三箇一にも不及』の浪費である。而もかくして消費せられた金は何れも富商の手中に集り『近年衒商之輩、萬兩十萬兩に及、出來分限、升を以て計るべし、五十萬百萬兩に及ぶものありと云へり、古來いまだ聞事なし』とはよく時代の傾向を道破せるものであらう。

かゝる入札請負に代るべき法に就いての論述は、田中丘隅も亦前述せる蕃山に近似してはゐるが、前者よりも尙一層具體的である。卽ち『其所に住居して其の用に預るの田地持ならでは、其仕方眞實の是非得失を能く知る事不能筈』のものであるから、民間の意見を下賤とのみ片付けずして之を擧げ用ひ、普請を加ふべき五年前に資金を地元に下げ與へ、土地の高持百姓に責任を執らしめて所役となし、普請取懸り前の四年間に利を廻して資金を增さしめ、普請の結果に就いても何年程は保ち得る樣にとの期限を付して行はしむるのである。田地持に命ずる理由は『身帶輕き百姓に言付て不叶、とかく祿有物にあらずして成がたし』と考へるからであり、假りに田地高持の内にはこれを辭退する者があつても、强つて役を付くべしとの積極的な意見である。從つて人足も村へ割付けて渡し切とすれば、村々人足の合力によつて豫期以上に早く竣功すると說いてゐる。

普請の割付けは一村切の村請に如くはない。村切の普請は他に賴る心を生じない故に捗りが早く、村々の寄合普請では下級役人の邪の行はるゝ餘地があり、人足も空しく費えて悉く利の尠いものであるとしてゐるのは、江戸期村落の性格の本質を把握した上での考として是亦卓見であらう。

「聞傳叢書」(4)も普請請負の者が、粗略不堅固な工事を行ひ、利徳を專にする結果、年々所々普請の絶える事のない樣な事態に導いた事をあげ、請負普請は爾後一切之を停止して其の村々の『百姓受』とすべきを説き、「民間省要」と吻合した見解を吐露してゐる。

斯の如き請負普請を排除せんとする數々の論議にも關らず、事實としての請負制の普及は到底制止し得べくもない現象であつた。從つて江戸後期に現はれた「地方書」の多くは、入札請負を以て既に不可避の事實と見做し、一歩前進して入札に伴ふ種々の不正を除く事に關心を注ぎ、入札に際しての心得方を地方役人の必須の智識となし、次の如き注意事項を記してゐる。即ち

一、御普請所幷諸入札は、同役共立會披之、御徳分之廣札を以相極可申候、坪詰竹木石方積之通不及を正し、勿論御普請御損失無之樣可申付事(5)

又或は

一、圦枠樋橋仕直し或は新規に仕事、目論見仕、入札爲致落札を以可申付候、尤近鄕他領へも爲觸、札下直に數一枚も多候樣に可有了簡、若落札之表あまり下直に有之、此方大積り通知之違ひに候はゞ可有了簡事(6)

入札に際して所謂商客に其の利を擅にさせない爲の心得である事は言及する迄もない。

次に普請請負業者と目し得るもの丶出現の事例を二・三揭げ、以て其の性格の究明を試みる。

江戸期を通じて大體天領である事の多かつた甲州北巨摩郡茅ヶ岳の南麓斜面を縫つて流れる朝穗堰の水路は、淺尾新田開發の爲の用水路として正保元年に完成した淺尾堰水路と、之に續けて享保三年に完成通水した三つ澤村迄の穗

坂堰水路との總稱であり、淺尾堰水路の部分は淺尾原に近い上神取村の二人の農民、淸右衛門・重右衛門による自力掘渡によつて成り、穗坂堰水路の部分は幕府の御入用普請として五百八十七兩の支出金を以て着手せられ、工事の責任者は穗坂堰水路によつて利益を被る、三之藏・宮久保・三つ澤三ヶ村の代表者たる十五人の地元農民であり、村請普請として營まれたものであつた。穗坂堰の掘繼前に於ける淺尾堰は所謂水下自普請所で、普請請負人は存しなかつたが、穗坂堰の掘繼後は水路の延長も七里餘に達したので、軈て玆に『定請負人』(7)の名を持つ普請請負者の出現を見るに至つた。

穗坂堰に近い團子新居村の住人であつた六郎右衛門は、慶長十七年に大垈堰の開鑿に成功し、四百餘石の新田の取立をも成就した經驗者であつた爲に、穗坂堰の掘繼に際して堰の經營に未經驗であつた三ヶ村の依賴を受け、田成見込地の八分の一を報酬として『堰世話役』たる事を受諾し、淺尾・穗坂兩堰の定請負人たるの事實は此の時に初つたのである。かくして二十四年間、寛保三年に至る迄、六郎右衛門の定請負は繼續したが、此の年、水下村々から六郎右衛門の排斥、水下村請普請が請願せられ、一旦六郎右衛門は請負人たる事を解かれたが延享二年には再び舊例に復してゐる。其の後寛政二年には六郎右衛門は堰の位置が居村から遠い事を理由として十ヶ年季を限り、三人の『下請人』を指名し、幕府の年々下付する普請金の二割五分を其の手中に收め、普請を是等三人の『下請人』に讓渡した。然るに下請の弊害は早くも寛政四年に幕府の役人による普請檢分の不合格の事實によつて暴露せられ、水下村々の利益と相反する結果となつた。かくして寛政五年水下と六郎右衛門との間には和協がなり、下請人は廢され、六郎右衛門の手普請に定つた。

然し定請負人に對する水下の不滿は押へ切れず、文政元年に至つて淺尾新田の忠左衞門に、十三年を期限として定請負人たるの株は讓渡せられた。但し御普請金中の一割五分乃至二割は六郎右衞門に與へる條件であつた。然し此の場合も忠左衞門は名義人で事實は彼の妹婿たる幸左衞門が定請負人であり、同時に『諸色出方引請人』の名に於て江草村の庄兵衞が幸左衞門に對する融資者として登場してゐる。幸左衞門の兩堰仕立惣代は繼續して天保年間に及んだが、上鄕（淺尾堰筋）と下鄕（穗坂堰筋）との利害の不一致は天保十年幸左衞門の役取放へと進み、上・下鄕の八ヶ村から一名宛の惣代を出しての水下村の共同管理に移つてゐる。これも亦再三度、天保十一年には江草村の庄兵衞を差添として六郎右衞門の『諸色出人』としての地位が復活してゐる。

以上朝穗堰に於ける普請請負人たる定請負人制の變遷に關して、餘りにも多くの筆を費した感が深いが、要は從來からの畑場所で堰水路の普請に經驗がなく、幕府の希望した御入用普請の水下引請も行ふに法なく、窮餘の策として定請負人の名によつて普請請負を業とする六郎右衞門或は幸左衞門の出場を餘儀なくせられたのであつた。定請負人は或は幕府より與へる御普請金の或る部分を坐にして收め、或は他人に其の名儀を讓渡し、一定の分前を額に汗せずして收得する等の行爲を續け、百數十年間に亙つて世襲の定請負人株の所有者として存在し續けたのであつた。江草村庄兵衞の如きも、諸色の出方を請負ふ一種の高利貸資本家であつた事は否定し難い。水下村々の共同管理と見るべき水下村請も、前述の如く經驗を缺く事と、責任の擔當者のないこと、又上・下流の利害の相剋から水下一同の一致を得る能はず、止むを得ず普請請負を業とする商賈の手に委ねざるを得なかつたのである。かゝる請負業者と現地に派遣せられる幕府の下級役人との關係も、想像は許されるが確證は得難い。寧ろ江戸から代る代る派遣せられる役人との場合よりも、地元の村役人階級と定請負人との間の傳統的關係にこそ、より重點が存したであらう。

金澤藩領越中庄川筋の用水普請に於ても請負普請人の出現は避け難く、殊に御入用普請たる郡普請は、請負の様式によつて最も多く行はれた如くである。然し土着の地元農民から選出せられ、現地に於ける用水管理の擔當者であつた『井肝煎』による請負は堅く禁止せられてゐた。請負人は『仕入人』の稱呼をもち、其の普請の關係地域内に住み、相當の高持であり且經驗者である事を條件として、五年或は十年を年季とし、數人以上の仕入人の連帶責任である事が多かつた。但し契約の期限内であつても普請に不行屆があれば請負人たるの資格を取揚げられる規定であり、逆に川筋に異變が續出して仕入人の損失が打重り、數人の仕入人の力を以てしては其の責を果し得ない様な場合には、他に仕入人の株を若干分負擔する十數人の新な仕入人を差加へ、以て普請を請負はしむる事となつた事例が存してゐる。仕入人であつて多年請負工事に精勵し、功績を認められて『定付請負人』たることを許された者もある。『定付請負人』は前述の朝穂堰に於ける『定請負人』に當るものであらうが、前者は水下村々の依賴によつて其の地位を得、後者は多年の經驗と功績によつて、藩から與へられたものである點が異つてゐる。

然し金澤藩に在つても現實に於ては、村請普請よりも、仕入人による入札請負普請の場合がより多かつたが、藩廳の根本方針は水下村々による請負（水下村請）が原則(8)であり、村方請負の不可能な場合に限り、仕入人による年季請負を許したのである。幕府の執つた方針と全く揆を一にしたものであつたと稱し得るであらう。

信州梓川に沿ふ和田堰は上流から數へて右岸の第二位に位置する堰組であり、堰から三里餘の水路を導いて臺地上の和田・神林兩村を潤してゐる。和田堰の堰止の位置は、梓川の急流に臨んで居り、其の堰工事は頗る困難で、手入を行ふに當つても里方の人足では到底行ひ得ず、川邊近郷の水練の者を傭つて漸く事を足してゐた狀態であつた。從つて和田堰懸りの村々は、堰普請に於ては全く川邊最寄の村々の職業的普請者たる『揚水請負人』に依存し、年々三・四十俵の『堰揚人足扶持米』を支拂つてゐた。斯くの如く川に近い他村の請負普請人に賴つてゐた原因は、堰場迄の距離の遠い事と、堰組の村々が何れも岡場で、大川の川普請に熟達してゐなかつた事にも因るであらうが、請負人たる波田村の農民は、和田堰組村々に對する惡感情の表示として、或は又堰の年內再度の築造によつて二重の手當を得んとして、更に甚しい場合には和田堰組と對立する地位に在る下流井堰の賄賂を受けて『慰の川干』を行ひ、堰止を破却し、水路を干水せしむる事が屢〻であり、兩者の間に屢〻紛爭を生じてゐる。天保十年の如きは下流堰と通謀して堰場の大聖手を切流し『一丁切流候ても多分の賃銀請取……』又は『切流料一人に付二朱宛差遣候樣子(9)』と迄判明した程の行動を敢てしてゐる。かゝる波田の橫暴に惱みつゝも和田堰組の村々が、他村の普請請負人に依賴せざるを得なかつた事情も、請負普請が迹を絕たなかつた一般的な理由の一として數へ得るであらう。

2 普請の奉行人

普請に於ける奉行人の態度は、それが直に勞働者たる百姓に反映し、工事の進捗及び普請の結果の耐久力の上に如實に現はれて來るから、普請の直接擔當者たる奉行人は、甚だ重要な問題たらざるを得ない。「四民格致重寶記(10)」は此の點に就いて一般論的に左の如く述べてゐる。

一、普請奉行の事大よそなれば、百姓油斷いたし日數を送り、耕作おくれて諸事についへ多きものなれば、はげし

きを以てよしといへり

「地方袖中錄」(11)にも之と略〻似た事情を記してゐるのを見出す。百姓の監督者としての奉行人の態度の嚴格なことを要求したものであり、「民間省要」(12)も此の事に關して最も詳細な論述を試みてゐる。

田中丘隅は言ふ。先づ古と今との普請奉行人の態度を比較するに、古は其の土地の官吏たる人が直に普請奉行となり、寒暑を厭はざるは勿論のこと、自ら泥沼の中へも踏込んで下知し、精力を盡して勤めた故に、工事を行ふ萬民にも懈怠の心なく、美事な大普請の事蹟として今に殘つてゐる。然るに何時しか奉行人の品性も變り、斯る普請にも役人自らが現場に出る事も止み、或は家老を出し、更には末々の吏人を派遣して濟す有樣である。又斯る傾向の增加は、古くからの役人の家柄の者が不法の行爲によつて罪を受け、或は其の家職から除かれた事によつて一層甚だしくなり、役人は皆新規不慣れの人のみとなり、經驗を積んでゐない事は言ふ迄もなく、其の下輩には品性下劣にして職なき人人を集め寄せ、かゝる輩が普請奉行の重責に就き、上役の目を繕ひかたり、更に內心利を貪るの心の强いことに於てをやである。古の名奉行は寒中の川普請に當り、自ら水を滿した盥の中に兩足を踏込み、以て人夫を激勵したとさへ傳つてゐるが、今の吏官は事替り、其の身の祿は僅かであり乍ら奢侈は甚だしく、數々の普請に不正の存するのは疑を容れない次第である。

不正普請の一例としては、或る村の川除・川浚の御普請に當り、隣村は數年間引續いて御入用普請を願ひ出ても許可が得られないのに反し、相隣る他の一方の村は格別出願もしないのに役人の計ひによつて過分の願が許可となり、扨又普請に當つては形ばかりの工事を行ひ、其の金額も知られない儘に白紙樣の帳面に村方の印形のみを取つて歸へり、かくして數年同様の事を繰返す裡、或る年に嚴重な御觸があり、御普請場の檢分が行はれる事となつたが、例の下役人は大いに狼狽して形ばかりの一夜普請で紛かし、其の場の急を凌いで濟せた如きことがある。かくては其の前數年間の事情も怪しく思はれるとの由を述べてゐるのである。

かゝる弊を匡さんとして、田中丘隅の推奬せんとする方法は、功者の役人を永く定役として普請に當らしめ、鍛錬熟達せしむる事が第一であり、或は又國々に普請の專任者を置いて不正を監視せしめる事も一法である。土地の事情に精通する者を用ふる事の重要性は、相模國酒匂川流域に於ける富士の噴火によつて齎らされた降砂の、除去作業の場合の經驗によつても充分明かな處である。

かゝる用水普請に當るべき役人の撰定法としては、一旦任じた役人は屢〻替へる事なく、土地の事情に精通せしむると共に、普請の成果に責任を分たしむる事が肝要であり、役人に其人を得ない時は其の所の田地高持の中からも選ぶべきであると說く。百姓と雖も持高の大なるものは永く退轉する事なく、名を惜しみ、身の愼もあり、殊に武士の身分ではないから奢にもならず、さればとて又人を恐れる事もなく、又邪をなすの力もないとは、彼の多年の體驗から來つた深刻な觀察である。更に用水路が遠方から伸び來つて長路に亙つてゐる時には、上・下流の夫々異つた事情にも應ずべく、水元・水末・中程と三人の役人を撰び、更にその三人の上に目付を附し、不公平の無い様に取計はしむることが必要である。然し斯の如き百姓中から任じた役人にも刀は許さず、役料のみは相應に與へよと言ふのが其の結論である。是亦上述の百姓出身の役人の任用の意見と共に、異色ある見解と見るべきであらう。

普請の奉行人は如何なる心構を以て事に當るべきであらうか。享保九辰年八月(13)、幕府から天領の代官に宛てゝ發した御觸書は、代官達が普請に入精し、手代等の下役の手に任して置かず、且又普請の費用を減ずべきことを諭して次の如く述べてゐる。

今度在々川除御普請在之、御代官銘々御入用積り等致し、帳面差出候に付、吟味有之、御勘定之者其外爲奉行差遣、御代官申談、猶又御入用は不及申、御普請之仕形迄委遂吟味候得は、御入用過半相減候、御代官とも支配所之事に候得ハ、常々心付、了簡も仕置候はハ、御入用積り等格別之違有之間敷事に候處、常々心懸うすく、又は手代共に任せ置、御入用等多く相懸り候儀も不相考、麁末なる仕形に相聞え候、急度吟味も可有之候得共、今度は御用捨被遊候間、自今支配所之儀申付等、麁末成儀とも諸事心を付、前々より之不宜仕癖等相改、銘々支配所無油斷相廻り、直々遂見分、普請致可然時節可相伺候、勿論御取ヶ之儀彌無油斷遂吟味、段々御取ヶ相增候樣可申付候以上

時代と共に普請個處が次第に增加して行く趨勢は、「地方書」の中にも普請奉行人をして誓約せしめる起請文の雛型[14]を記述せしむる迄に至つてゐる。其の要項は第一、御爲第一を目標とし、後暗き儀は毛頭仕らずと言ひ、第二、普請目論見帳に對しては充分檢討を加へ、第三、入札は同役立會の上披き見るべきこと、第四、普請役人は下よりの賄賂を受けず、一切依怙贔負を行はず、第五、現地に對して一切非分を申懸けず、法外の作法、男女の好色を愼むべきこと、第六、普請見分中は相役中は如何なる事に關しても遺恨を含まず、官威を以ての非分の買物・借請等を致さず、と言ふのであつて、其の內容が頗る具體的である事は、逆に當時の普請奉行人の間に、右の樣な振舞が最も行はれ易かつた事を物語つてゐるとも考へられる。

猶「地方竹馬集」[15]にも順序は異るが、略〻これと同內容の起請文前書を記した最後に、工事の關係地域の雙方に支

障が無く、國郡の爲になる事である以上は、縱ひ入用は多少餘分に懸る事があつても、右の了簡を以て善處し、『角を直し候迚牛を殺すと言事して纔に一村を抱候と而大分之他領を損さし候事、國の爲不可然、第一に可有了簡事』として、單に一小地域の利害のみに拘泥せず、廣く大局的見地から善處すべきことを附言してゐるのは、普請其物の性格から來る必然的な言葉であるとしても、又注目すべき條項たるを失はない。

前述した甲州北巨摩郡の朝穗堰筋に在つては、享保三年穗坂堰水路の完成後、年々幕府下役人の中から選ばれた「甲州川々御普請役人」が正月早々に現地に來着し、堰・水路の修理普請を行ふと共に、其の一部は普請終了後も其の儘殘留して、夏季の配水に當つてゐたが、秋彼岸、任務の完了と共に引揚げに際して、所謂引拂證文を書き記してゐる。此の證文は水下村役人の連印保證を以て、御普請役人の在任中、人足の遣ひ方、木錢の拂ひ方に不正がなく、又賄に就いても不當の村入用を支出せしめず、音物も一切受領しなかつた等の諸項目を列記してゐるのであるが、これは彼等御普請役が任了つて江戸に復命するに際して必要な手續であつたからであり、斯る勤役中の行動に關する諸事項は、事實に於ては寧ろ逆說的に、「引拂證文」の內容が彼等のとつた行動を反證するに役立つものであらうが、形式的には一應前掲の「地方書」の中に見られた傾向が、慣習的に廣く行はれようとしつゝあつた事を示すであらう。

（1） 高柳・石井兩氏編「御觸書寬保集成」
尙「近世地方經濟史料」卷二ロの「在々御仕置之儀に付御書付」にも此の禁令が集錄せられてゐる。
（2） 「日本經濟大典」第五十一卷所收　二六〇―二六一頁「集議外書」
（3） 「日本經濟大典」第五卷所收「民間省要」卷三

(4)「日本經濟大典」第二十五卷所收「聞傳叢書」卷二
(5)「日本經濟大典」第二十五卷所收「續地方落穗集」卷六
(6)「近世地方經濟史料」卷三所收「地方竹馬集」中卷
(7)本書後編　十三「甲州朝穗堰に於ける高原地開拓用水問題の特殊性」參照
(8)同　六「越中に於ける灌漑用水施設の發展と管理機構の特質」
(9)「梓川農業水利沿革史」前篇一四一頁、本書後篇　八「信州梓川流域に於ける和田堰を中心とする井堰統一に至る過程の研究」參照
(10)「日本經濟大典」第五卷所收
(11)「近世地方經濟史料」卷六所收
(12)「日本經濟大典」第五卷所收「民間省要」卷三
(13)高柳・石井兩氏編「御觸書寬保集成」
(14)「日本經濟大典」第二十五卷所收「續地方落穗集」卷六
(15)「近世地方經濟史料」卷三所收「地方竹馬集」中卷

第四節　普請の實施に於ける具體的諸問題

1　普請の時期

地普請の適期に關しては諸書に說く所殆んど其の揆を一にし、百姓の農隙を利用して耕作を妨げず、而も氣候は甚しく寒冷でなくて勞働に差支なく、春耕には充分間に合ひ得る時期を以てする事を其の條件としてゐる。此の點に就いては既に「山鹿語類」(1)も

　堤川除池等の普請は、春正月十日過より是を起して、二月中に仕舞ごとく不仕ば、農業にさゝはりあるものなり、夏秋に至て水ましの時分、水を決り堤川除を修覆あり、是又その耨の暇を以てす

と明かに述べてゐる。其他「四民格致重寶記」「撫育教導傳」「地方袖中錄」「勸農固本錄」等、何れも等しく、正月の三ヶ日を過ぎたならば急速に日限を選び、郡奉行所へ代官方を寄合はせ、普請の計畫及び年中行事の數々を決定し、普請の着手は正月十五日頃から取懸り、二月十五日頃迄に完了する樣に手配すべく、普請の種類によつては三月上旬頃迄は行つても可であるとしてゐる。仕上げを急ぐ理由は全く長引いては春耕の妨をなすことを虞れるからである。用水期間中の急破の場合は『隙を見合て』(2)普請致すべしとする。但し寒國(3)に在つては上揭の日限よりも遲延するのは當然で、二月中旬から三月初を普請取懸りの時期となすべく、而も仕上げは暖國と餘り變らぬ時期たる事が要求され

るから、一入普請功者たることを必要とする。

上述の如く普請の時期に關する諸種の「地方書」の敍述が、殆んど何れも符節を合するが如き説明である事は、是等の内容が多年の經驗の累積に基くものである點に想到すれば容易に理解し得る處であるが、寒氣の程度によつて普請の開始期に加減を加ふべき事を稍〻詳論してゐるのは「豐年税書」(4)である。曰く

一、川中に入り候普請は、正、二月比迄は人足さむがり、普請のはかも行かず、つかるゝなり、三月比、四月比、麥も大分折を切り仕廻し、或は植物も仕寄せたる時分に然るべし、正二月は水に不入所を致し、または寄せ石寄せ土抔致させ置き、三月時分になり、それを以てすれば普請はかも行也

寒中は百姓を河中に入らしむるを避け、正月・二月は水中に入る必要のない個處の普請に止め、其の間に普請材料の蒐集をなし、三月頃暖氣の催すと共に一擧に工を終へよとなすものであつて、前述「地方袖中錄」に謂ふ寒國の場合に適應する方法であらう。北國の仙臺藩(5)領に在つても普請掛の役人は春は二月初に村に出る樣にと記されてゐるのを見る。

伊豫國松山領下は西國であり南國であるから、寒氣の影響は普請に際しても左程顧慮する必要も無かつたであらうが、何分寡雨地域であるから、降雨との關係から普請の時期を考慮する必要があつた。卽ち「松山領代官執務要鑑」(6)には左の如く謂ふ。

一、春普請に致候得者日長く成候故、右池普請夫も延普請もはか取候といへども、二三月より取掛候へば普請者程能出來致候得共、初春より春雨を取溜不申候得者、當年植付前水不自由にて、五月雨無之時は一村植付難整及大

事候事、年内より初春え懸り相濟せ可申事

普請の能率は二月・三月からの開始がより高い事は明瞭であるが、五月雨の寡い年を考慮に入れ、不植付田を生ぜしめない様、早春に普請を終るべしとするものであつて、寡雨地域たる伊豫の地位を、普請期の選定問題に當つて端なくも表明したものと見做し得るのである。

次に普請の時期の明かな二・三の用水施設普請の場合の事例を掲げ、其の有する意義の検討を試みるであらう。先づ嚮に水下自普請の事例として既に引用敍述したことのある、南山城瓶原の「大井手」に於ける、普請を中心とする大井手經營の年中行事に就いて述べることゝする。南山城は位置的にも氣候的にも西日本の範疇に屬せしめ得るが、此の地の「大井手」普請の主宰者たる井手守仲間の行事は、正月十六日の初會合を以て開始せられる例である。井手の開鑿に特別緣故の深い海住山寺慈心上人の命日たる十六日が、歴史的に初會合の日として選ばれたものであるが、正月中旬が年々の普請に關する取極を爲すに適當な時期であると言ふ事實を示すものであらう。正月下旬の井筋の『塵取捨』と呼ばれる井浚へを最初に、十六度の會合は、何れも其の度毎に井手堤の破損個處の修理を行ふ日であり、四月末の『早開』には瓶原鄕中が出役し、井手の取入口から井手末迄の井手掘りを行ひ、五月節三日前から開始せられる水懸け（引水の開始）に備へる。瓶原の「大井手」は堰水路の開鑿せられた因由に鑑み、其の行事にも宗教的な雰圍氣の極めて濃原なものが存するが、數々の普請の期日の採り方は、又よく耕作の進捗と相應ずるものであつた事を窺ひ知るのである。

武藏國見沼代用水路筋及び甲州北巨摩郡朝穗堰水路に於ける年々の定例普請の時期は、兩地域が相接近してゐること

と、並に江戸期に在つては等しく天領として幕府の勘定奉行所の支配統制下に在つたことの爲に、殆んど同様の様式で行はれてゐた。卽ち正月早々、是等の水路沿ひの村々に數名の普請役が來着すると共に、夫々擔當區域を定めて廻村を行ひ、前年度中の破損個處を改め修理を行ふ。三月末には愈〻正式に普請役の任命があり、彼等は四月の上・中旬を期して江戸を出立し、現地に着くと共に直に『初藻苅』が行はれ、以後二百十日前後迄普請役は現地に滯在し、修理普請と配水とに當る。『初藻苅』は普請と見るよりは寧ろ用水の疏通を良好ならしめる爲の川浚へであり、定例普請は既に正月廻村の直後に行はれてゐるから、四月以降に於ける普請役の任務は殆んど用水差配に在つたと言へる。從つて正月及び二月が普請の時期であつたとの決論を下し得るであらう。

藩營普請としての典型的なものである土佐國山田堰の定式普請は、要水期の終了と共に早くも其の年の九月に堰・溝筋の普請計畫が樹てられ、明年二月迄には完成してゐる筈であつた。流石に暖國だけに、新春早々に着手せられるからであらう。要水期中の急破の場合は「夏役」と呼び、增人夫が徵されて普請に當る。

同じく藩營普請であつた近江國犬上川一ノ井郷の井堰普請は、定期普請が「春普請」と「秋普請」に別れてゐた。「春普請」の時期は此の工事が「春立切普請」とも呼ばれてゐた様に、犬上川の水路に對して略〻直角に、栗石を以て流を堰止めて、井郷村々への引水を開始するものであつたから、此の普請期は早春ではなく、八十八夜前後を定日とし、愈〻引水を開始する直前に行はれた點が他の場合と異つてゐる。溜池の如く春雨の貯溜を必要とせず、河川の自然流水を引くものであるから、寧ろ早期に堰止めて其の後の出水に流失する事を避け、無益の負擔を免れる爲に、引水開始の直前に普請を行ふ例となつたのであらう。事實に於ても、要水期中の大雨の爲に春仕立の堰が悉皆流失し、所謂「當難除」の臨時普請を以て引水することを餘儀なくせられた年も屢〻であつた。「秋普請」の定日は十月下旬で井郷一同の農隙を計り、夏季の洪水に破れた井堰を、概ね「春普請」の例に倣ひ、冬季間の飲用水・雜用水を得るを目的として堰立てるものである。

2 人夫の徵發・使役と扶持米の給與

普請を實施するに當つては、御入用普請の場合と雖も地元の農民を徵して行ふのが原則であつた。然し此の徵發に當つて注意すべきことは、先づ人足は關係村々の高に割り懸けるべきではあるが、村から普請場迄の道の遠近を考慮する必要があり、又普請の結果によつて利益を被るべき村と、影響なく、更には不自由をさへ受ける村との差異をも算勘して備へる必要のあることである。

人足の徵發には大體の標準が在つた如くである。「隄防溝洫志」(8)は此の問題に就いて左の如く略說してゐる。

用水普請人足出し方の御定法は、古來高百石に付て百人ヅツ村役に指出し、其餘は扶持米を下し置かれたる事なり、然るに近頃よりして、元來此用水普請は、田畑を養ふべきが爲に仕立る事なるに因て、百石百人ヅツ百姓役に差出すべきの旨仰出され、其上の樣子に依ては、百人以上も百姓より出し、其餘は御扶持米下さるべき由にて……享保年中に至て、諸事御改革の節に、御勘定奉行評議の上、吟味役井澤彌三兵衛掛りにて左之通に御定法相ひ極まり

一村高百石百人

內五十人は村役の人足と定め
　五十人は扶持方人足とす
　　但一人　　玄米　七合五勺ヅツ
一村高百石百人の外は賃米を下さる
　　但シ一人　玄米　一升七合五勺ヅツ

要約すれば用水人足は古來百石百人の割當が定法であつたが、享保の改正以後は百石に五十人は無扶持の純粹に村方負擔たるべきもの、其の上の五十人は一日一人七合五勺の扶持米（賃米）を受けるもの、而して百石百人以上の指出分に對しては一日一人一升七合五勺の賃米と、凡そ三段階に別れてゐた事が明白に知られるのである。而も右の扶持米或は賃米は現米を與へられるのではなく、夫々の普請場處の下米の値段を標準としての代金渡しであり、春普請は前年十月の、夏普請は其の年の正月の、秋普請は四月の、冬普請は七月の、夫々約半年を遡つた時期に於ける書上値段を以て決濟せられる制であつた。

「辻六郎左衞門上書」(9)にも、古來は堤・川除等の普請に際しての村々の出人足は、百石に十人が百姓役としての負擔であつたが、百姓の耕作する田畠を護らんが爲の普請であるからとの理由により、享保頃から高百石に百人役が規準となり、場合によつてはそれ以上にも百姓役として負擔する事がある由を記してゐる。百姓役は當然扶持米を與へられないものである。此の書の敍述する處も「隄防溝洫志」と殆んど同樣であり、百石百人が一般の基準であつた事を示してゐる。

「勸農固本錄(10)」も百姓役徴發の限度に關して次の如く述べてゐる。

田地養のために其村の勝手能普請ならば、高百石に付五六拾人ほど迄かゝり候分は、百姓手前普請にて扶持方被下間敷か、其餘の大普請は、諸色入用人足扶持方可被下事か、百姓不痛樣所により了簡有べし

と記し、百姓に餘り痛苦を與へない程度が、百姓役と扶持方人足とに分つに當つての標準であるとなし、享保以後の制である百石五十人が全くの百姓役で、此の限度を超えるに從つて、「扶持方人足」と「賃米人足」との別を立てる方針に左袒する如き說明である。

上述した二・三の「地方書」の記述から推しても、村高に對する人足の割當率は享保以前に輕く、以後に於て加重せられた事情を察し得るのであるが、玆に江戸初期の用水普請に於ける百姓徴發の事例として元和六年のものと考へられる、河內國狹山池掛りの郡代小堀遠江守から發せられた水下に對する普請命令(11)を見るに、高百石に付人足壹人宛の旨が記されてゐるし、寛永十一年と推定せられる、普請奉行山田五郎兵衞の署名のあるものには『高百石に付二人宛』とあり、普請に油斷し割當の人足を指出さゞる村方は以後『用水遣申間敷』とも附言してゐる。同じ江戸期でも後期とは餘程割當率の低かつた事が知られると共に、上揭の注意書の內容も、時とすると緩怠に及ぶ村方の在つた事を暗示し、幕府の普請制も此の當時には未だ完備の域に達してゐなかつた事を推測せしむるものがある。

御入用普請に於ける扶持米の給與額に就いては「大學或問(12)」にも『一人一日に米一升五合扶持を下とす』とあり、而も此の扶持米は守護より下さるべきものたることを明記してゐる。此の點は「地利要方(13)」に謂ふ『扶持米は從國主可被下也』とあるのと同樣である。

諸藩に於ける人足徴發の事例を徴するに、尾張名古屋藩(14)の場合は、普請に際して高役を附する替りとして徴集してゐた「堤銀」は、「古義」によれば高百石に二人宛（但し日數は一人五十日宛、一人銀五匁宛の割）正保二年以後は百石に五十匁、寛文八年からは百石に百匁（一人一匁の積り）とあり、百石百人以上は一升七合五勺宛の賃米を與へらるべき事となつてゐるから、大體幕府の制と略〻近かつた事を知り得るであらう。

仙臺藩(15)の場合は石高基準ではなく、貫高を以て定めてゐるから、他と比較するには稍〻不便であるが、高壹貫文に付小役人足十人、水下人足六人、御雇四人計二十人とせられてゐる。小役人足は直接藩の所要に當つて差出すべく一應留保してある人足であり、水下人足は村の負擔分、御雇は賃銀を與へられるものであらう。而して普請に當つての人足使用の順序は、給人領の普請の場合には小役人足を先づ除き、其の村の水下・御雇の兩人足を以て當て、猶不足の時には小役人足を使ひ、更に不足の分は他郷の御雇人足を加へて行ふ定である（萬治二年二月の定）。從つて小役人足は餘程多數の普請が一時に行はれるが如き時でなければ使はれず、若し小役人足を使用する必要のある時は、給人から半分、實人足或は代金で以て差出させる。又藩の直轄領の普請には御藏入分の小役人足を與へる定である。嘉永元年の改革によつて、壹貫文當り廿人を徴しても猶不足の時には日傭人足を用ひ、その賃として壹人百文を支給し、先の二十人の內で遣殘りとなつた分に對しては一人當り五十文宛を取立て、十二月中に普請方へ上納すべき事に改められてゐる。此の規定の負擔分の內の遣殘りから一定の金額を徴する事は、最初は普請の行はれる場合に限つての村々への人足の割當であつたものが、漸次一種の租稅的なものに變じつゝあつた事を示すであらう。

鹿兒島藩(16)では人足徴發割當の基準は明かではないが、普請に當つた作人に對して領主から「井手飯米」の名の下に扶持米が下付せられてゐた。正保三年には是迄與へてゐた「井手飯米」の支給を中止する旨の布達が見えてゐる。

徴發した人足に對する扶持米の下付に就いては、普請に出る百姓の多くが小前貧弱の者であり、前年の年貢も庄屋其他村役人の代納となつてゐる場合が多かつたからであらうが、下付すべき扶持米の取扱に關する種々の注意事項が「地方書」に散見し、五人組帳の前書にも記されてゐる事が多い。『人足に扶持方を渡す事は、其日限に渡すべし、時過て扶持を出せば、名主年貢の未進に引借方引に引き、外遲々する事多く、小百姓の爲に益なし』[17]と稱し、又『每日其所にて人足も相渡度者也、無左時は百姓大に痛に成と言』[18]と說いてゐるのが是である。享保十九寅年四月の「當時村方五人組帳」[19]の最初の項目に

一、堤川除井堀御普請仕候人足賃銀幷御扶持方等、被下候通、當座に小百姓江割渡、帳面江印形取置可申候、惣て御公儀樣より被下候賃銀御扶持方之儀、諸色納物之替り繼合勘定仕間敷候事

とあるのは最も明瞭な表現である。

人足の割當は實人夫を徴するのが根本であらうが、前述仙臺藩の事例にも窺はれる如く、遣殘り分の人足が年末に金を以て藩の普請役所へ上納せらるゝに至つては、既に人足の割當・徴發も其の性格を一變してゐる事が知られる。「地方竹馬集」[20]の中に『一濃州上州筋、遠所役金前々人足一人に銀一匁宛出し候所に、近年米穀下直所銀八分宛被仰付候、只今は近年直段よりは大分米高直に罷成候、殊更元來遠所銀壹匁宛之儀は、御領給所共國法之儀に候間、當年より先規之通被仰付可然哉之事』とあるのは、御料卽ち天領に在つても、美濃・上野等の遠國では普請に當つても實人足を出さず、一人一日一匁の割を以て『遠所役金』を上納して事濟となつてゐた事實を知るのである。仙臺藩儒玉

蟲十藏が同藩の普請方の不確實を指摘して、[21] 近年百姓人足の徴發が高割の標準を甚だしく超過し、遠郡遠村に亙つて數千人の人足を割付けるに至つてゐるが、多くは錢を取立てることの目的に供せられて實際の出人足は甚だ不足し、其の爲に普請は麁末となり、度々の繕普請を要し、百姓の痛の甚しいことを述べてゐるのも、此の意味から理解すべきであらう。

徴發・使役する人足は如何に使ふべきであるか、此の點に就いても是亦地方役人の心得べき事項として二・三の記述が見出される。夙に「大學或問」にも勞働時間數を述べて『朝五ッ時よりはじめて、晩は七ッ時に仕廻すべし、其内一時は休なり、是も仁政の一つ也』と其の治者的觀點に立つての勞務管理法の一端を洩してゐる。時代を降ると共にかゝる人足使役上の心得は愈〻詳密となり、『朝六半時より申中刻を可限、晝休の節べん〳〵と隙費無之樣可申付……惣て夏普請は朝内か夕方に、普請は晝の内精出させ、寒暑に付人足共の病疾凍死霍亂以下無之樣心掛尤なり、若病人出ば、普請の捗不行ものなり』[22] と頗る具體的であり、又『奉行人手ぬるくては人足共油斷仕、日數を送り諸事費多し、湯たばこは時を極心能給させ、其程を考又取かゝらせ申時は急時申付、若油斷のものあらば追戻し、日役に不立代り取るべし』[23] と生々しい迄の敍述は、近世初頭土佐藩の名宰臣であつた野中兼山の人足遣ひの法を偲ばしむるものがある。

然し是等の人足統制法に窺はれる百姓觀は、何れも百姓は我儘で、直接我身の爲にならぬ限りは骨を折つて働かざるものとの考[24]に立つての百姓遣ひの法であり、其の爲に能率を昂める手段としての場所の割付法の考慮が必要なのであり、普請場の割付[25]に當つて見當の付け難い時には、一度丁場を請負はしめて普請を進め、百姓に精を出さしめて一日の工事の進捗を計り、以後の計畫に一定の目安を得る方法が奬勵せられてゐるのである。奉行或は村役等の人足を指揮すべき地位に在る者は、小前の者より早く普請場に出でよと說き、[26]下役人が最員に走つて人足の心を失はん事を誡めてゐるのも同樣の立場からである。[27]

近世に於ける用水普請の大規模なものゝ一例として、讃岐國滿濃池の底樋仕替普請の場合に就き、其の人足の統制管理の方法を瞥見する。[28]底樋の仕替は人夫の延人數二十萬內外を要する大普請であり、且樋が木製であつた爲に、材質の選擇に如何に意を用ひても約三十年每に仕替へる必要があつた。村々から寄集めた數百・千の人足であるから、是等人足の統制に並々ならぬ苦心の拂はれた事は當然である。嘉永三年、底樋の前半を石樋に改める際の工事の如きは、現場の奉行人として那珂・鵜多兩郡の庄屋が一人宛交代で出張し、他の八郡からも庄屋が一人宛、四・五日間を單位として詰め切り、都合二人の庄屋が普請奉行及び下役の旨を受けて人足の指揮に當つた。此の時は人足三十人每に組頭一人を、人足十人每に飯焚一人を附け、尙人足の指揮に就いては次の如き規定が設けられてゐる。

1 役人達は普請中は每朝六ッ時に現場に出て前日の普請の仕方を入念に改める
2 喧嘩・口論は堅く愼み、若し不屆の者ある時は其の身柄を抑留の上、庄屋・組頭の手によつて之を裁き、時宜によつては鄉會所へ其旨を達して指圖を受ける
3 普請場への人足の出入は定刻通り庄屋・組頭引率の上たるべきこと
4 普請中の人足に怪我人・病人を生じた際は、庄屋・組頭の手によつて代人を雇ひ入れること
5 人足集の合圖には貝を吹かせ、食事・休憩には拍子木を打つこと

其他人足を率ゐる村役人の帯びる脇指の寸尺の規定を守り、普請場では一切綿服を着用すべしと謂ひ、普請所及び宿に於ての酒肴の用意、或は音物の贈遣を嚴禁してゐるのは、人足を使役する者としての心構へを要求したものとなし得るであらう。

3　材料の調達

普請材料としての竹木の調達に就いては、『公儀林、百姓林の内先格次第伐出し』[29]とあるのは、夫々の普請個處には先規と見做すべき慣例が存在し、藩有林、或は百姓持山と、場合に應じて伐出すべき山が豫め決定してゐる事が多かつた事を示すものであらう。從つて普請計畫を樹てるに當つては、材料の調達は前々から心懸けて置き、杭木は何處より買入れ或は何れの山から伐出し來る前例であつたか、又百姓役として伐出させたものであるか、買上は入札法であつたか、拾ひ買であつたか等を詳細に取調べ、近くに竹木の無い場處に在つては、松・栗等の植ゑてあるのは何處か等と兼ねて檢分して置く必要[30]があるとせられてゐる。

材料の吟味に就いても「民間省要」は例によつて非凡な着眼を示してゐる。圦・樋の類の材料として勝れてゐるのは檜・栂・ひば等であるが、物價の高騰と材木の拂底の爲に、松・樅・椎等の下木を用ひては、前者であれば二・三十年乃至四・五十年も保つものが、後者では僅か數年にして朽ち破れる道理であるとする。殊に材料の運搬に法外の費用を要することを述べてゐるのは鋭い觀察である。用材の不足を補ふ爲に御林（藩有林）に松を植ゑ、空地に柳を植ゑよと說く[31]のも興味深い見解である。

材料の大小によるその負擔者の別に關しては「隄防溝洫志」[32]に大略の説明がある。卽ち幕府領下の場合は、長さ九尺以下、末口三寸以下の用材に在つては假令何千本必要な時と雖も總て村役であり、末口三寸五分以上の材（長さ九尺以下であつても）或は末口三寸以下でも長さ九尺以上の材に就いては代永の下付せらるゝのが一般であり、其他竹・繩・空俵・麁朶等の諸材料にも皆代永の下付がある。

尙御林の木を伐採し運搬する人足は一人一日米七合五勺の扶持米の下付があるが、普請場が御林の地元である時は材木の枝葉と差引し、伐採に對する扶持米は與へられず、運搬の人足のみが扶持及び手間賃を受ける定であつた。諸藩に在つても用水普請用材中の大なるものは地元の出願により、藩の山奉行と連絡の上、天領の場合と同樣に藩林より下付せられるものが多かつたと考へられる。伊豫の松山藩[33]に於ても、水下から樋木の下付を願ひ出た時は、代官所と山奉行との間に兼て内談を交し置き、必要に臨んで速に與ふべきものとせられ、而も遠山で與へる時には運搬の費が多く百姓の迷惑が多いから、同郡内の同方角で渡し與へる樣にと注意せられてゐる。若し遠山で與へれば、百姓は其の儘山元で賣り拂ひ、改めて近山で用木を購入する事となり、遠山は木の多い場處とてそれだけ賣値は下直で、百姓は近山で購入する時との差額分だけより小さい材料を使用する結果となり、普請の堅固さの劣つたものとならざるを得ないからである。

普請が連續して繰返される結果として、濱近くの山は早く荒廢の狀態を招き易く、其の爲に普請用材の下付が一層遠山で行はれる樣な事態[34]を多くしたのであらうが、右の樣な事情は仙臺藩に在つても同樣で、普請場に近い處に、備の爲に仕立てゝあつた藩有林も次第に伐り盡され、其跡地の造林が急務となり、嘉永元年には普請方役人は春秋廻村の節、事情の許す限り右の育林の狀況を檢分すべしと令せられてゐる。

材料の調達問題に就いての事例の一としては、國役普請であつた讃岐國滿濃池の樋伏替(35)の場合を擧げ得る。此の池では底樋・竪樋共に最も水に強い草槇・檜の良材が使用せられてゐたが、何分伏替度毎の多量の需要の爲、到底讃岐及びその近國では容易に必要量を入手し得ず、大阪の町奉行所へ申達し、大阪の『町中入札』として落札者を決め、購入した用材は海路丸龜港に揚陸し、滿濃迄陸路で運搬したのであつた。草槇は其の價が貴く、大規模な底樋の築造には頗る多額の普請金を要したので、寶暦年間の伏替の際には此の點に鑑み、之に代るべき他の良材を吟味した程であつた。然し洵に水下村々の答辯にも見られる如く、上木でなければ三十年の年數を保ち難く、松等を以て之に代用する時は度々伏替の必要があり、其の事の爲に却つて夥しい人足を度々負擔することを餘儀なくせられ、下木を以て代替する事は逆に損失を多からしめるが如き結果に導くのである。此の寶暦年度の伏替は上述の如き水下の意見によつて、從前通り草槇・檜の入札を行つたのであつたが、此の頃となつては草槇・檜等の材は既に近國では入札に應ずる者が無く、槻・栂で滿足せざるを得なかつたのである。滿濃池が格別の大溜池で長大堅固な樋を必要とした事から生じた特殊な事例である。

大阪に近く位置した河内の狹山池に在つては、材木市場に近かつたゞけに、普請の用材調達には滿濃池程の苦心を拂つた模樣は見請けられない。大抵『入札請負』が定例であり、二番・三番の札迄も連名の請人を定め、材料の質・寸尺・本數を記した請書(36)を差出して修覆の普請を實施してゐる。

幕府の直接支配下に在つた御料村々の御入用普請は、年々勘定奉行所から一定額の普請金の下付があり、其の下付金の範圍内で材料の調達は水下の「村請」であつた。武藏見沼代用水路、甲州の朝穂堰何れも然りである。然し一帶の平地であつた見沼代用水路筋では其の近傍に普請用材を需め得る筈はなく、遠方で買取り現地迄運送して其の用に當てる必要があり、山地に近い甲州朝穂堰では此の問題に關しての痛苦は免れ得たであらうが、奉行所からの下付金が低額に過ぎ、朝穂堰に於ける寶曆七年の竹・繩の代永の引下げの如く公然と下付金が減額せられ、又見沼代用水路に於ける嘉永年間の諸色直段の儉約、本途直段の二割減の强制の如きに至つては、事實上の御普請費用の減額で、水下に轉嫁せらるべき部分の增加であつた事は明かである。是等は幕府の財政難に基く、御入用普請制の弛緩し行く過程を示すものであるから、水下が縱ひ再び本途直段に立返つて支給せらるべきことを屢〻歎願しても、其の容易に聽入れられなかつたのは止むを得ない處で、見沼代用水路筋に於ける嘉永四年十二月の、本途直段へ立戾りの願にも關らず、二割減が一割一歩引にと、僅少の引戾しを以て承諾せざるを得なかつたのは此の實例である。又朝穂堰の普請に用ふる諸色の中、材木は無代木下付の名目で、山梨郡積翠山から伐出して與へられる例であつたが、堰筋と山とは遠く離れてゐたので、堰組は其の運搬費に窮して下渡の材木を下直で地元に賣却し、近くで再購入する時の不足分は水下村々の辨金を以て償ひ得た事情に在つた事は、前述の伊豫松山藩領の事例と類似してゐる。朝穂堰筋に見られる此の無代木の下付も、文化十二年以降は中止となり、唯材木運搬費のみが與へられる事となつて幕末に及んでゐる。見沼代用水路に於ける諸色代永の減額に相應する一聯の現象である。

一藩の御入用普請であつた土佐山田堰水路の普請材料は、堰の破損が急の出水によつて生じた場合は、半ば定期的な池の樋の代替や、年々の定式普請の場合とは著しく異つてゐた爲に、其の調達に就いては特別の措置が採られてゐた。即ち急破に當つての修覆普請の遲延を防ぐべく、藩の普請方役人の大略の見積りに基き、一定量の用材其他が常に用意せられ、堰に最も近い小田島村の内に、四間・二間の材料置場たるべき小屋が建てられ、常時番人[87]が附けられてゐた。

（1）「日本經濟大典」第五十一卷一六二頁以下所收「山鹿語類　國用編」
（2）「近世地方經濟史料」卷六所收「撫方敎導傳」
（3）「近世地方經濟史料」卷六所收「地方袖中錄」
（4）「日本經濟大典」第三卷所收
（5）「近世地方經濟史料」卷四所收「仙臺藩租稅要略」卷四
（6）「近世地方經濟史料」卷一所收
（7）「日本經濟大典」第五卷所收「四民格致重寶記」、「近世地方經濟史料」卷六所收「地方袖中錄」、「日本經濟大典」第四卷所收「勸農固本錄」下「地普請之事」
（8）「佐藤信淵家學全集」上卷「隄防溝洫志」卷一
（9）「日本經濟大典」第十一卷所收
（10）「日本經濟大典」第四卷所收「勸農固本錄」下「地普請之事」
（11）末永雅雄氏提供　文書寫
（12）「日本經濟大典」第三卷所收
（13）「近世地方經濟史料」卷一所收

(14)「日本經濟大典」第二十一卷所收「稅賦參定指南」
(15)「近世地方經濟史料」卷四所收「仙臺藩租稅要略」卷四
(16)「近世地方經濟史料」卷一所收「薩隅日田賦雜徵」
(17)「近世地方經濟史料」卷六所收「撫方敎導傳」
(18)「近世地方經濟史料」卷一所收「地利要方」
(19)高柳・石井兩氏編「御觸書寛保集成」
(20)「近世地方經濟史料」卷二所收
(21)「日本經濟大典」第二十八卷所收「仁政篇」
(22)「日本經濟大典」第二十五卷所收「續地方落穗集」卷六
(23)「日本經濟大典」第四卷所收「勸農固本錄」下
(24)(18)に同じ
(25)「日本經濟大典」第五卷所收「四民格致重寶記」
(26)「近世地方經濟史料」卷四所收「仙臺藩租稅要略」
(27)「近世地方經濟史料」卷六所收「地方袖中錄」
(28)香川縣坂出町　鎌田共濟會圖書館所藏寫本
(29)(23)に同じ
(30)(22)に同じ
(31)「近世地方經濟史料」卷二所收「地方竹馬集」

(32)「佐藤信淵家學全集」上卷所收
(33)(34)「近世地方經濟史料」卷一所收「松山領代官執務要鑑」
(35)本書後篇　七「近世に於ける讃岐滿濃池の經營と管理」參照
(36)「狹山池改修誌」二五八―二六〇頁
(37)本書後篇　十四「藩營の用水施設土佐山田堰の研究」參照

第四章　用水區域組織の發生と用水支配權の發展

第一節　用水區域組織の發生と於ける時代的背景

用水區域組織、即ち或る用水源から用水の供給を受ける事を前提として成立した一定の區域たる井鄕或は池懸りの發生を說くに先立ち、河川に水源を求める場合に比して、一層其の區域の範圍を明かならしめ易い池懸りの場合に就いて、吾國水利施設の發展、停滯の迹を明かならしめ、時代と用水區域組織の規模の大小との關係を眺める事としたい。

上代に於ける水利施設は特に巨大な溜池の築造と言ふ形を採り、古代王朝の盛時たる崇神・垂仁・景行・應神の諸朝に、是等の王朝の本據であつた河內・大和を中心として、幾多の大溜池の修築工事があり、就中應神天皇の御代の大和國韓人池の如く、當時の歸化人の手になり、技術的に吾國よりも著しく發達を遂げてゐた大陸の土木技術の使用せられた事を明示するものすら存在する程である。此の時代の築造に懸る溜池の名は記紀に明記せられ、現在に迄も其の規模には變遷があつても、位置には大なる變化がなく、其の痕迹を辿り得るものも尠からず殘存してゐる。河內・大和が降雨量に惠まれず、今日も代表的な寡雨地域の一であると言ふ自然的條件に加ふるに、當時の政權の經濟的地盤を爲す地域であり、其の爲に直接政府の手によつて積極的な溜池の開發が行はれ、農民統治の策として採り上げられた事を示してゐる。

氏族制社會の末期頃から大和を中心とする政府の中央集權化も著しく進み、大陸文化の輸入と相俟つて、班田制の全國的に施行せられる時代ともなるのであるが、何れにしても經濟の基礎を爲す土地と不可離の關係に在る灌漑に對しても、國家の深甚な關心の注がれるのは當然であり、灌漑水の利用に就いての太政官符の條文の數々が見出される所以である。

中央集權國家の發展は、從來大和政權の範圍外に在つた新領域への支配權の擴張を齎し、中央から發遣せられた國司・國造の手によつて完成せられた用水施設特に溜池の築造は、從來の大和・河內の他、肥後・山城・近江・丹波・播磨・讃岐・伊勢等の諸國にも及んでゐる。要するに上代の灌漑施設は池沼を中心とし、歷代皇室の事業として、將又次第に中央集權化的趨勢を辿る政府及び國家の管理の下、愈〻規模の大と密度の濃化を增して行く過程に在つたものと稱し得るであらう。

水利施設に於ける上代より中世への變遷は、先づ土地の私有地化に伴ふ國家による管理の弛緩・頹廢の形に於て捉へ得るであらう。地方官吏の怠慢と放任は此の傾向に拍車を加へ、甚だしきは國司自らが溜池の堤を破壞すること讃岐國守某の如きものがあり、班田制に代る私有地の擴大は、私領領主卽ち莊園領主による灌漑施設の國家管理に代る私經營化の途を辿らざるを得なかつた。莊園開發の前提條件としての灌漑施設の充實が、私的に支配・實施せらるゝ事となつたのである。

然し中世灌漑施設の特質は之を一言に盡せば、莊園領主を單位とする比較的小規模のものが多かつたと爲し得るであらう。勿論莊園經濟が米の生産を中心とする封鎖的・孤立的な自給自足經濟であり、其の爲に莊園領主は前代にも增して灌漑の重要性を痛感し、强力な管理・統制を加へはしたであらうが、所詮莊園的限界から脫し得ないものであつた。從つて莊園的小規模と言ふ事情を問題とする時、河川の如く長大で、其の一流域を屢〻他領主と共有すべき運命に置かれる樣な場合よりも、容易に一莊園領主の領域內に包含し得らるゝ池沼の場合に、より典型的な中世的灌漑の樣相を窺ひ得るであらう。上代の國家的な池に替り、自領灌漑の爲の池として莊園領主の築造したものには、大和國法隆寺の池(1)、興福寺の池、西大寺の池等の事例の存する事は旣に明かにせられてゐる處である。是等の池の規模は明瞭ではないが、何れもそれ程大規模なものでなかつた事は確かであらう。大池たる河內國狹山池が建仁二年、東大寺の僧重源の修覆を最後として以後中世を通じて數百年の間荒廢の儘に放置せられ、讃岐の滿濃池も元曆元年の堤防崩壞の後は是亦寬永年間迄手を加へらるゝ事なく經過したのであつて、斯る大池の荒廢放棄と、莊園領主によつて小規模なものゝ經營が續けられた事實とは著しく對照的存在をなし、玆にも中世灌漑施設の規模の上での特質を窺ひ得るのである。

溜池に限らず河川から導く用水施設に於ても、小なるものは洛南瓶原の九ヶ村を潤す長さ一里餘の大井手の如きものから、大は近江阪田郡大原庄十五ヶ村に懸る出雲井迄の規模の差はあつても、共に一庄一鄉を單位として、此の區域內に不足なく用水量を供給する事が當面の目標であつた點は同一であり、前述した池の場合と等しく、莊園領主による用水施設の私的經營の事實の一面を愈〻確かならしめるものである。

近世は大名領の完成と、其の上に更に諸大名領間の摩擦を避けしむる機能を有つ幕府政權の確立とにより、中世に比して著しく規模の大なる、地域的にも統一せられた廣範圍に亙る用水施設の出現した時代として特記せらるべく、其の爲に、近世初頭のかゝる環境の下に造られた用水施設を廻る分水・配水等の組織が、現在にも尙殆んど改變を加へられる事なく繼續し來り、現狀の基礎を置いたものとしての重要なる意義を有する所以である。溜池としては前述した狹山・滿濃の大池の再興は此の時代の初期に着手を見、又尾張の入鹿、上總の雄蛇等の大池も此の時期に、廣い區域を其の水懸りとして開鑿を見たものである。河川に於ける武藏の見沼代用水路の水懸り區域、越中庄川筋の數萬石の廣地域に亙る大用水組織等も、共に此の期に完成・組織せられたものであつた。斯る意味に於て、吾國に現存する用水の組織は、連綿中世以降の形態を傳へるものも間々存するが、其の大部分が近世初期の發生・確立に懸るものであると言ふ事實の根據が存する譯である。

以上は上代・中世・近世と、各時代の用水施設の充實・整備の模様と、其の規模の大小を規定する時代の政治的背景との關係を概觀し、夫々の用水施設を廻つて發生すべき用水組織が、政治的支配區域の廣狹及び其の統制力の大小に強く影響せられ、用水組織の範圍に大小の差を生ずる所以を考察したのであつた。時代的に大觀して、用水組織の範圍及び其の用水支配權の强弱を規定すべき基礎的條件は上述の如くであるが、斯の如き用水組織の發生した時代其物の影響力を今一應考慮外に置き、用水組織が自然發生的に發展强化せられ、內、井鄕としての組織の確立に伴ひ、外、其の井鄕の用水支配權を次第に强化して、遂には對抗的立場に立ち來つた他の井鄕を壓倒・屈服せしめ、時としては獨占的とさへ考へ得る、强大な用水支配權を掌握して行く過程の解明を次節に試みるであらう。

(1) 前揭中村吉治氏著「中世社會の研究」所收「水の分配」及び「池水分配」、寶月圭吾氏著「中世灌漑史の研究」五一頁

第二節　用水區域組織の自然發生的なる發展と用水支配權の樣相

河川に水源を仰ぐ用水組織の中には、他の井懸りに比して位置的に優位を占め、而も其の發生の由緖の古さを誇りとし、現在に至るも猶歷史的優位を其の儘に持傳へ、後に詳述する如く其の發展過程に於ては政治的要素の參加・援助の事實を相當程度に認め得るにしても、其の所謂歷史的優位の大部分が、井懸りの發展過程中に力强く現はれた自然發生的な要素の濃厚なものによつて支へられてゐる場合が尠からず存在する。次に其の具體的な諸事例を擧示しつゝ、樣々な姿相の中に汲み取られる一般的傾向を明かならしめたい。

備中高梁川に臨み、同じ川に沿ふ幾多類似の井懸りの中に在つて、其の取入口が高梁川としては最も上流位置たる吉備郡總社町湛井に在り、近世以降「湛井十二ヶ鄕」と稱して其の引水權の强大である此の井鄕は、かゝる事例としては先づ最初にあげらるべき意義を有するものである。十二ヶ鄕井堰の堰止の位置は、高梁川が中國山地の連嶺から出て將に平地に向つて展開せんとする個處に當り、川幅を稍〻斜に橫斷する數百間の堰堤を設け、左岸に導き、十二ヶ鄕六十八ヶ村の灌漑に當てゝゐる。此の堰留の創始年代、又井懸り區域の發生の年代は現地に保藏せられてゐる史

料のみによつては明かならしめ得ない。從つて平安朝村上天皇の天慶九年、及び後冷泉天皇の永承元年の兩度に亘り、備中が主基の國に宛てられ、「吉備の國たから井」を堰止めて神米を植ゑたこの「たから井」を湛井に比定し、或は延喜式二十六卷主税上の部に記載せられてゐる「備中國堰溝料稻壹萬七千束」を此の堰の分と爲す事も、共に稍ゝ牽强の謗を免れ得ないであらう。然し同川に沿ひ湛井の次の位置に在る八ヶ鄕井堰の先蹤を爲すものに在つてさへ、遙か後の明應年間の開鑿であると言ふ事實からも推し得る如く、備中平野の中心部が未だ完全に陸化してゐなかつた平安朝期の事であるから、湛井の原型たる井堰が、當時に在つては、相當に規模の大なるものとしては高梁川筋唯一のものであつた事は事實と爲し得るであらう。

尙同じく傳說的たるの域を脫し難いが、壽永年間に至り、平家方の地頭として名ある妹尾太郎兼康による此の井堰の再興・移轉が傳へられ、兼康は「井堰中興之開基」と稱されてゐる。福井次郎左衞門を奉行として壽永二年八月に竣功し、同時に湛井の地に「井神社」を再興したとの傳は、現在に於ては單なる說話以上に信奉せられ、此の時以來井神社の一・三・五・七・九月と四季祭の爲の神樂錢が、井懸りの上鄕・下鄕から徵せられる事となつたとしてゐるのは、近世に入つて後も井神社が六十八ヶ村から集めた年々の「御惣鄕勸化米」十三石八斗餘によつて維持せられ、社殿に修覆の事ある時は、元祿元・享保五各年度の場合の如く、「志ゆふく銀」を汎く井鄕の末々に迄需めてゐる事實と共に、井懸りの組織、及び其の範圍の擴大に際して、井神社の果し得た宗敎的意義の淺からざるを思はしめるものがある。

現在の湛井の堰止の構造や規模は、江戸期を通じて保ち續けた湛井十二ヶ鄕の高梁川筋用水の支配權を、更に明治以降の堰止技術によつて補强して成し遂げ得たものである事は勿論であるが、かゝる規模は井郷の範圍が大となり、莫大な工費の負擔に耐へ得る樣になつて後に獲られたものであり、湛井堰の原型は、今の堰の位置とは甚だしくは距つてゐない地點に、現在のものとは著しく小規模に築造せられてゐたものであらう。嘉永年間の書上げに、現在の堰場の下流約三百間、「六本柳」の地に、「井路の口」と呼ぶ古川の迹の殘る事を記してゐるのは、湛井の堰が江戶初期以降は既に現在の取入口に固定してゐた事情と對比して、湛井十二ヶ郷の完成以前の堰留の迹の一を示すものとして考へられるのである。

湛井々郷の成長發展の過程は上述の如く是を明瞭ならしめる事は困難であるが、恐らくは他の井郷の事例と等しく、中世末から毛利・宇喜多の近世的な諸大名の手による統一時代にかけて、略〻湛井十二ヶ郷の原型が出來、慶長十七年には既に現在と大差のない姿を以て現はれたものと理解し得る。妹尾太郞兼康の名によつて代表せられる中世的な湛井が、近世初期に再編確立せられ、其の統一的な組織の起源の古さを求めて、妹尾太郞兼康の傳說的な事蹟の追憶となり、彼が井神社に合祀せらるゝ迄に立到つたものとも爲し得るであらう。

斯る湛井十二ヶ郷が近世期を通じて確保した高梁川筋用水の獨占的支配の實狀は、之を井堰の堰止權を中心として、上流に對する場合と下流井郷に對する場合とに大別し得る。

江戶期に於て湛井十二ヶ郷が妹尾太郞兼康中興以後の形式と唱へた湛井堰の構造は、(1) 用水の取入口たる圦樋際から斜に、長さ百餘間の堰を對岸迄一文字に築立て、底枠を据込み、中に丸石を詰込んだ半永久的なものであつて、三月土用前から苗代水を引取り、五月中旬には底枠を入直し、それより十日以前から別に上枠を据立て是亦石を詰め、明俵並に筵を以てたゝみ、渇水に及んでは更に表面に泥を塗り立て芝巻を行ふ等の、殆んど完全な堰止を行ふものであつた。かゝる堰止の結果として、渇水時に及んでは下流への漏水は甚だ僅少量に過ぎず、他の類似の條件の下にある井堰に比して、特別に強力な堰止引水權を有するものと爲し得るのである。湛井堰が上述の優越的地位を發揮するに至つた所以は、其の堰組の發生の年代が下流の他井郷に比して著しく早く、他の堰組が發生・確立する頃には既に上述の形式に近い堰止法を行つてゐた事に由來し、中世・近世を通じての政治的環境の變化も、湛井の既得權としての堰止の形式を變更せしむるに至らなかつた事に因ると考へられる。

右樣の堰である爲に、三月土用前に引水が開始せられ、八月下旬用水が不要となり井堰が取拂はるゝ迄は、井堰は完全に閉鎖せられる慣例となつてゐた。湛井十二ヶ郷が上流に對して用水支配權を有してゐたことの第一は、此の用水期間の堰の閉鎖權(2)を中心とするものであつて、此の間は高梁川を上下する通路も差止められる例であり、嘉永七年及び安政二年の遊行上人の通過に當つても、折柄田植の時期である事を理由に、遂に其の一行をして乘船の儘川を下らしめず、又同じ頃嘉永七年の七月、川上吉岡銅山より大阪表へ運び出すべき御用銅荷物に對しても、船積の儘での堰場所の下航を差止めてゐるのである。

次に湛井堰の存立と相容れない立場に在つたのは、中國山地に古くから稼行して來た「鐵穴稼」即ち砂鐵採取業との關係である。鐵穴稼は山地から常に土砂を流出して河床を埋める上に、其の濁水が作毛に害ありとして元祿年間から井郷との間に屢〻交渉・繋爭の迹を留めてゐる。此の時の井郷側からの歎願書により、元祿以前から井郷の要水期間中には砂鐵採取を中止し、洗汁を流下せしめない旨の規約が存してゐた事を察せしめるが、時代の降ると共に鐵穴稼の盛行は井郷との交渉事件を愈〻頻繁ならしめ、安永・文化・弘化と繰返されてゐるのであるが、其の結末は常に用水權が鐵穴稼よりも優位に在ることを確認せしむる結果となつてゐる。

湛井十二ヶ郷の上流用水の支配權に關する第三の主張は、對岸であり井堰の稍〻上流位置に在る下道郡上秦村に對して、其の村が堰の上流位置に在つたにも關らず、高梁川の流水を自由に引水使用する事を止めんとする制限權の問題である。

上秦村は元々池懸りの土地であつたが、用水の不足に苦しみ、河水を溜池に溜込む爲の水車を設けんとして天明五年に湛井郷へ交渉したが、漸くにして九月から二月迄の非用水期間にのみ水車を使用する事を許され、又文政七年には直接高梁川の水ではなく、同村地内の谷尻の水を集めて溜池に入れる爲の新水路を計畫したことに對しても、湛井郷は高梁川に落込む山々谷々の出水は湛井の支配下に在るものとの見地から容易に許諾を與へず、倉敷代官所の斡旋を經て漸くに之を許してゐる實狀である。湛井十二ヶ郷と等しく高梁川に接して居りながら、湛井郷側の强力な引水權に比して、餘りにも河と遊離し、溜池にのみ水源を仰いでゐる上秦の存在は、彼是對照して頗る奇異なものを感ぜしめるのであるが、これと同樣の現象は後述する如く、他にも屢〻見出される處である。高梁川の如く相當急流で、水量の多い河川を堰止めて用水を導くと云ふ技術は、廣範圍の水田地域を背景として、而もかゝる堰止に要する年々の多額の負擔に耐へ得るが如き組織の確立した後に初めて發達し得べきものであるから、河岸に接するとは云ひ乍ら、一村のみの力では之を導いて用水とする手段を持たなかつた上秦が、湛井の上流に位置しながらも湛井郷の存在によつて、自由な引水施設の構築に對して、上述に見る制約を受けるに至つたものであらう。

一般に上流の用水組織が、下流のものに比して用水引用權に於て優越的地位を占めるのは當然であるとも考へられる程であるが、湛井十二ヶ郷は其の堰留の堅固且完全な事によつて、高梁川の流水を殆んど壟斷し、下流からの分水讓渡の要求に對しても、耳を藉す事なく其の堰止權を確保し續けてゐるのである。殊に秋九月を過ぎ、用水不要の時期に至つても、湛井郷は井堰の底枠の撤去を行はずして其の儘に保ち、翌年には更に其の上に補强工事を加へて愈〻堅固ならしめ、堰からの漏水量を益〻少なからしめて八ヶ郷を初とする下流井郷を困却せしめた。文政七年四月の如く、八ヶ郷を初とする下流井郷が連合して湛井堰の堰止の緩和を申出でたこともあるが、その結果は湛井側の「堰切り」の既得權を再確認せざるを得なかつた事に終つてゐる。又文政三年兒嶋灣岸の干拓の着手せらるゝに當り、其の用水源として最上流の井堰で用水量の豐富な湛井堰が着目せられた際にも、湛井組は容易に分水を肯ぜず、或は開墾事業に反對し、或は新に圦樋數を增して其の分の水量を分與する計畫に對しても終始反對の立場を採り、而も結果に於ては常に其の主張が容れられてゐるのである。

近江國犬上川の一ノ井郷も、其の堰組の自然的地位は高梁川湛井十二ヶ郷の場合に近似して、山間部から出た河流が平地に展開せんとする頸部に其の取入口が在り、而も犬上川流域隨一の廣範圍に亙る受水地域をもつ井組である事も同樣である。此の井組の場合も史料的に其の發生・成立の年代を明かにすることは不可能で、單に中世以前に遡り得るものであらうとの豫想を立て得るに過ぎず、其の用水支配權も井組の成立と共に自ら强化せられた事が推測されるに止るが、其の用水支配權の强大さを實證するに足る個々の具體的現象は、必ずしも井組の自然的發生に隨伴して漸次に强化せられたものではない樣である。卽ち江戶後半期に、當地方隨一の大藩であり、一ノ井郷懸りの全領域を其の所領としてゐた彥根藩の政治的援助の結果として、明文化せられ、確立せられたものである點は、前述の湛井十二ヶ郷が江戶期には十以上の藩領に分割せられ、假令其の中の天領を支配するものとしての倉敷代官所の存在はあつても、背後の政治的勢力の影響と云ふ點では其の色彩が稀薄であり、斯る近世の政治的關係を超越し、自然發生的に一の水に結ばれた團體としての力によつて、用水支配權を獲得するに至つたものと考へられるのに比して、多少異る點であると考へられる。

斯の如く一河川に就いての獨占に近い用水支配權を獲得せしむるに至つた要素には、兩者の間に多少の差異が存するのであるが、其の用水支配權行使の實相には、湛井十二ヶ郷と犬上川一ノ井鄕との間に甚だ相接近するものゝ在るのは頗る興味深い。犬上川一ノ井鄕が年々堰の上流地域に對して「開田廻り」(3)を實施し、上流村に於ける新田の開發は一切之を取潰して行はしめず、又水車の經營に對しても一々干涉容喙するのが是である。彥根藩の寶庫である一ノ井鄕懸りの用水量を確保すると云ふ見地から、藩が井鄕に與へた保護が、遂に發展して玆に至つたものであり、更に其の堰止法に於ても、下流井鄕の爲に、堰の中央に福四間の「除川」と呼ぶ漏水口を殘置してゐる事は、領主の絕大な保護にも關らず、上述の高梁川湛井十二ヶ鄕に比すれば、其の井鄕の地步の自然的な强化と言ふ點では、其處に何等かの條件に缺ける所のあつた事情を察せしめる。

用水區域組織の完成した年代が比較的新しく、從つて之に伴ふ井鄕の用水支配權の發展も明かに江戶後期に屬する事柄で、一々其の年代と用水支配權の確立を齎した契機とを指摘し得る事例に、信州夜間瀨川筋八ヶ鄕(4)をあげ得る。

夜間瀨川は上州との國境をなす二千米の連嶺に源を發し、中野近傍扇狀地の北端を西流して千曲川に合流するが、其の勾配は甚だ大なるものがあり、又現在の夜間瀨橋附近を其の頂點として、有史以來屢〻の流路の變遷を示してゐる。夜間瀨八ヶ郷と呼ばれる此の井郷の成立年代も是亦明かでないが、恐らくは夜間瀨本流の變遷に伴ふ用水路網系統の整備完成と密接な關係が在る事が察せられ、扇頂部の松崎から放射狀に流下する六本の幹線水路も、元々本來的なものではなく、八ヶ郷組織の完成した時期に於て出現した形態であると見做し得るであらう。

八ヶ郷の組織や分水系統に幾變遷のあつた事は、同じ扇狀地上に在り、而も八ヶ郷の區域に隣接しながら之に加入せず、逆に屢〻八ヶ郷との用水爭論の相手方とさへなつてゐて、別個の用水取入口を持つ金井・竹原の兩村の存在する事や、昭和九年松崎の揚水口の改築以前に於ける分水口の形態が、近世以降の傳統を其の儘に、夜間瀨の川中に於て先づ五ヶ郷と四ヶ郷の二本に分ち、次に各郷への分堰に分水する樣式であつた事實によつて容易に考へ得る處である。八ヶ郷の取入口の合併と井郷の擴大、及び此の合併に洩れて止むなく自立した金井堰組の發生過程等が推察せられる。八ヶ郷の井郷組織の成立年代は寶永年間との傳へ(5)もあるが、固より史料の確證を缺いて居り、組合關係保存文書の年代の最古のものと雖も、近世も前期と稱するには困難を感ずる延寶七年の、井郷と前述金井村との間の用水爭論の裁決書である事も、夜間瀨川八ヶ郷としての組織の萠芽の年代は或は近世以前に遡り得ても、井郷としての完全な纏りをなし、井郷外の地域に對して其の組織的な壓力を發揮するに至つた年代は、餘程遲く近世後半以降の現象であるとも斷じ得るのである。

斯る井郷組織の確立は、中野を中心とする此の地域の經濟的價値の增大と、殊に八ヶ郷の中心であつた中野の地が、江戶期には地方的政權の引續いての根據地であり、附近の天領を統轄する中野代官所の地元ともなり、其の政治的な求心力も作用して、中野近傍の村々を結合した八ヶ郷の成立を促進せしめた事情も看過し難い。

井郷の成立は其の周邊地域に對して次第に用水支配の壓力を加重して行く。夜間瀬八ヶ郷の井郷としての區域內への用水費用の賦課は、更にこれよりも遙かに遲れて文政頃以降の現象であり、同じ扇狀地上に在る井郷外の金井・竹原の兩村を延寶・享和の用水爭論に於て壓倒し去り、又一應地域的な結合を完成すると共に其の壓力を上流地域に迄も伸張して、上流水源の掌握・確保に向つて進んで行つた時代に、上流水源の施設に要する費用として井郷に賦課したのが、其の費用賦課の起源である。

八ヶ郷の勢力の夜間瀬水源地方への伸展は、八ヶ郷の東奥で志賀高原の麓に位置する沓野・佐野の村々の水源の支配權を、八ヶ郷が次第に掌握して行く過程によつて明瞭に示されてゐる。先づ沓野は信州側の最東部に在り、氾濫常なき八ヶ郷區域の村々よりも古い發達に懸る村である事を豫想せしめるが、湧水の豐富と、山地に挾まれて水田面積の少なかつた關係から、江戶後期に至る迄、上州境に接する廣大な水源地域の利用には未だ手を染めてゐなかつた。然るに文政四年、沓野が其の奥山の天然堰止湖である大沼池に人工を加へ、池面積の擴大、貯水量の增加によつて、新に畑の田への地目換へを計畫するや、八ヶ郷は之に對して默止せず、井郷外の夜間瀬・戶狩・上條の村々をも誘ひ、此の大沼池の溜池化に干涉を敢てし、沓野が先に築立てた堤の高さ一丈八尺の上に、更に五尺の增築を沓野の負擔に於て行はしめ、此の堤によつて增し得た水量の分のみは、八ヶ郷と上述の三ヶ村及び沓野との間に於て、平年は沓野四步下流六步、旱魃年は沓野一步下流九步の率で分水する事を協定せしむるに至つた。沓野側に立つて考へれば、自らの新畑田成に對する灌漑水の充實の爲に行つた大沼池の施設に對して、全く工事に與らなかつた下流村々が分水の要求を貫徹したものであり、沓野は茲に地元權の大半を喪失したこととなり、八ヶ郷を盟主とする下流勢力の著しく伸張した事實を率直に認めざるを得ないのである。

更に明治十六年に沓野が其の地籍内の坪根に新堰を設けて引水する計畫を樹てた時にも、上述の八ヶ郷の有つ、傳統的な上流水源地域の用水施設に對する發言權との間に妥協を行ふ必要があり、其の條件として、沓野の地籍内に在る琵琶池・一ノ沼・蓮沼・長池等に對して、八ヶ郷が其の用水源としての貯水の爲に何等かの工事を施した場合にも、沓野側に於ては何等の故障を申出でない事を條件として協定が成り、文政四年の大沼池のみならず、琵琶池を初とする諸小湖をも、八ヶ郷の支配下に讓る結果となつたのである。斯の如き上流村たる沓野の屈服には、上述した八ヶ郷の井郷としての成立・擴大に伴ふ經濟的・政治的な發言權の强化と云ふことの他に、沓野が松代藩眞田領であつたのに對して、八ヶ郷及び夜間瀨・戸狩・上條が天領で、中野代官所の支配地であつたと云ふ政治的な背景も强く働いてゐる。前述した近江國犬上川一ノ井郷も、上流水源地域に迄其の用水支配權を伸張してゐたが、犬上川の場合には井郷もその上流地域も共に彥根藩の一領下であつたのに比して、此の夜間瀨川の場合は、天領と一地方大名領と云ふ差異がより强力に働いて、沓野の立場を一層微弱ならしめた事も亦認め得るのである。斯る上流に對する用水支配權の進展が主として井郷の自然發生的な發展の結果として齎されたものであつても、常に之を援けるものとしての、封建的政治勢力の存在を事毎に承認せざるを得ないであらう。

佐野は沓野の稍ゝ下流に位置する同じく松代領の一村であるが、やはり此の村も自村の用水引用施設の工事に際して、屢ゝ八ヶ郷と紛糾を生じ壓迫を被つてゐる。卽ち佐野の用水は元々三澤山系の芦ヶ澤から引いてゐたが、文政年間に堰水路の延長掘鑿を行つた處、沓野の場合と同様に八ヶ郷及び他の三ヶ村の抗議を受け、以後新堰掘割を行はぬ事を十二ヶ村に對して誓約せしめられてゐる。文政十三年の内濟一札の内容が之であり、下流十二ヶ村の上流用水の支配權が、上流佐野の自由な引水施設の着工を制約したものであつた。

上述擧例した高梁川の湛井十二ヶ郷、犬上川の一ノ井郷、夜間瀨川八ヶ郷の三個の場合は、一河川系統の最上流に強大な井郷が發生發展し、其の間に多少の差等は在るが何れも強大な獨占的用水引用權を掌握して、下流井郷への分水量を最低限に止め、自らの井郷にのみ豐富な用水量を灌ぎ、更に上流水源地域へもその支配權の觸手を伸ばし、上流に在る村々の自由な引水施設をさへ制約するに至ると言ふ、最も典型的な井郷の發展と、之に伴ふ用水支配權の伸張過程とを物語るものであつた。然し等しく元來は自然物であるべき河川の流水を源としながらも、其の位置が必ずしも一河川系統中の最上流にはなく、既に上流井郷の存在があり、又一河川の兩岸に相對し、上・下流相望んで樹枝狀の引水路を有する形態をとつて、用水組織たる井郷の並立する時、是等の用水組織は如何なる程度の用水支配權を獲得し得るであらうか。斯る事例としては信州梓川流域の十二個(6)に及ぶ用水組織=堰組=の對立並存する場合を示し得る。

梓川の流域も夜間瀨川の下流以上の廣い扇狀地であり、畑面積が全耕地の約四〇%にも達する、比較的畑地の多い地域であるが、上流から下流へ、左右兩岸に取入口をもつ用水組織は其の數すべて十二、耕地總面積は五千百四十五町歩にも及んでゐる。而して各堰口から取入れられる用水量は、必ずしも不足と稱すべき程度ではないが、扇狀地の常として地下に吸收せられて消滅し去る部分の多い事と、上述の各井郷に於ける必要量以上の引水との爲に、夏季ては屢々渇水を見てゐた。各井鄕の引用支配し得る用水量は各堰の堰止によつて自ら制約規定せられ、前に述べた三例の如く、獨占的とも見做し得る樣な用水支配權を發揮してゐない。而して各堰は從來堰止法に就いては何等の制限がなく、急流梓に牛枠を入れ、石・砂を積み重ねて上流から順次に自由に堰止めるのを法とした。斯る場合の堰の構造に關しては、後に用水分配の章に於て詳論するが、要するに梓川流域の各堰の支配し得る用水量は、自由な堰止によつて水路に引き入れ得る範圍内の水に關してゞあつて上流水源地域の支配の如きは勿論の事、他井鄕に對しても、位置の上・下流の關係、井鄕發生の新舊等の差異から生ずる引水權の差等の他には、江戸期に於ける特別な領主關係によつて、用水權の他に勝つて强かつたものゝ少數の特例を除いては、用水引用權が格別漸增的に伸張して行つた如きものゝ存在した形跡は見出し難い。

左右合計十二個の井鄕は上・下の二組に別れ、下組は用水不足に際しては分水番水を實施し、而も尙不足する時には上組の左岸最上流の一の口、所謂「太郎堰」たる「立田堰」以下に對し、其の堰口を開いて三分の一の水量の分與を要求するのが、此の十二個の用水組織相互間の秩序であつた。唯右岸の最上流（更に上流には波田堰があるが明治十五年に新しく竣功したものであり、其の地位は例外的である）和田堰のみは、左岸の立田堰よりは取入口が下流であるにも關らず「梓川第一の口」と自稱して特立し、旱魃に際しての下組の分水要求にも耳を藉さず、其の堰を完全封鎖の儘に過し來つた點が例外であつた。左岸が天然の窪地で引水が容易であり、又其の土壤も「眞土」で最も肥沃であるのに比し、右岸の波田・和田一帶の地域は臺地狀の地形で、人工を盡して初めて引水し得る如き自然的形勢に在る事實は、和田堰が前に述べた如く「梓川第一の口」と自稱しながら、對岸とは云へ、其の上流位置に於ける立田堰の自由引水を傍觀せざるを得なかつた事實と相俟つて、和田堰組の强力な引水權の成立には自然發生的でない、人爲的・政治的な要素の潛在する事を豫想せしめる。此の點に就いては更に後の機會に再說するであらう。梓川流域の用水爭論の原因の大部分は、和田堰を其の特殊的な地位から下して立田堰初め他の上組井鄕並に、下組の渴水に際しては其の堰を開き、下流への分水を行はしめんとする下組村々の要求から發したものであつた。

扨井鄕の組織を確立し、用水引用權を獲得した用水組織も、井鄕に接した河岸に堰を設けるに適當な地形の個處を缺く場合には、井鄕の上流に當る他村の地域內に堰を敷設し、從つて之から導くべき用水路も、他村の地域內を通過する必要の生ずる事が屢〻ある。和田堰の位置は、和田村が河岸から遠ざかつた臺地上に在つた爲に、其の村域內に堰止を設ける事が不可能であつたから、止むを得ず上流であり河岸に接した上波田村の地內に堰を築いてゐた。斯る場合に生ずる、上波田が和田堰組の引用した水を利用することに就いての特權に關しては、次章の用水費用負擔の問題を取扱ふ際に讓るが、和田村は年々堰の築造に當つても、遠距離の爲直接此の工事に手を下さず、總て堰の地元たる上波田の人夫を雇傭して堰止工事を實施してゐた始末であつた。

用水路が他村他鄕の地籍內を通過するに當つては、其の用水路の敷地となつた潰地の爲に、井鄕から相手村に對しては所謂「井料米」を支拂ふ必要が生ずる。井料米とは

他村の田地を此方用水の爲、相對を以掘割井筋堰溝等を立、潰地に成れる節潰地相對次第先村へ渡し遣す是を井料米とも水代米とも言ふ(7)

とあるものであり、次に其の二・三の事例を示す。

近江國阪田郡大原庄一圓の灌漑水として、姉川に井堰を立てゝ引水してゐた出雲井組の井堰及び水路は、享保十四年(8)の洪水大出水の爲に山崩を生じた際に、用水路が埋沒して引水困難となつたので、堰・水路の地元である伊吹村と交渉し、古い水路よりも十五間下流に新水路を通じて恙なく引水し得る事となつたのであるが、之を機會として出雲井組から伊吹村に對して、右の新水路敷潰地の爲に井料米を支拂ふ例となり、反當り米一石六斗の割合で毎年霜月二十日を限つて納入する定となつてゐた。其の敷地の面積は二反二畝餘である。尙この井料米の支拂を約した一札には、萬一支拂の滯つた場合には伊吹村に於て井水を通す事を留めらるべしとの條項、及び右の井路筋には一切竹木を植立てない旨が誓約せられてゐる。

同じく近江國野洲郡の野洲川一ノ井組は、上流部に當る甲賀郡の石部宿地内に堰を設け、遠く水路によつて引水し來つてゐた爲に、寛永年中(9)から小桝で三石三斗の井料米を納める約束になつてゐた。然るに寛文四年に一ノ井八郷の中の鈎《まがり》郷二郷が用水區域から脫退して井郷は六郷に減じたので、井郷中から石部宿へ種々歎訴して其の内の四斗を免ぜられ、殘る二石九斗（京桝では二石三斗二升）を毎年三月二十日を限つて支拂つてゐた。但し一度脫退した鈎二ヶ郷が再加入する時は、前例通り三石三斗を納める契約である。石部宿側は右の井料米に對して左の如き井料請取證文を出してゐる。

覺(10)

一、江州栗太郡一ノ井組九ヶ村より先年之通り井料米二石三斗二升慥ニ請取申候　爲後日如件

寛永八年子三月

石部役人

立村役人中

宛名の立村は一ノ井九ヶ村中の一村であり、寳永八年の年番村であつたので其の役人に宛てゝ請取證文が出されてゐるのである。

斯く一ノ井六郷は古くから地元の石部宿に對して井料米を支拂ひ、石部地內を通過しての引水權を確保して來たゞけに、石部宿も夙に一ノ井六郷の引水權を承認し、上流權を濫用して井路の中途から自由に引用し自村の用水に供するが如き事は無かつた。例へば延享二年に石部宿の地籍內に「小右衞門新田」(11)と呼ぶ新田の開かれた時にも、新田の開發人である小右衞門は一ノ井六郷の庄屋中に對して、養水は石部の餘水を以て充て、一ノ井六郷の用水に對しては妨を爲さゞる旨の一札を入れてゐる。

(1) 湛井十二ヶ郷組合保管文書　嘉永七年寅八月「備中國賀陽郡湛井堰起立幷明細書上帳」
(2) 本書後篇　二「備中高梁川十二ヶ郷の特質」參照
(3) 拙著「近江經濟史論攷」中の「强大井組としての湖東犬上川一ノ井郷の特質」參照
(4) 本書後篇　一「信州夜間瀨川八ヶ郷に於ける井組の成立と用水支配權の發展過程」參照
(5) 「八ヶ郷組合誌」中の組合沿革の項
(6) 「梓川流域農業水利沿革史」
(7) 「日本經濟大典」第九卷所收「地方汎例錄」

（8）滋賀縣阪田郡大原庄四ヶ村保藏文書
（9）滋賀縣栗太郡葉山村手原　里內文庫藏「元祿年間一ノ井・中ノ井・今井關係水論裁許書」
（10）（11）同里內文庫藏

第三節　人工的水源の利用に基く用水區域組織と用水支配權

河川に於ける用水區域の組織が、多分に自然發生的な要素を含むのに對して、溜池其他の人工的な施設を水源と仰いで組織せられた用水區域では、其の生成の當初から、利用し得る用水量の制約を受けて、其の區域の範圍が豫定せられて居り、固定してゐる傾向が濃厚である。然し同じ人工的な水源であるとは云へ、湧泉を利用する場合と純粹な溜池とでは、其の間に相當程度の差異の存する事は明かである。

自然の湧泉に人工を加へて水源となし、之を廻つて用水組織の生じてゐるものとして、東伊豫國領川の西岸に在る高柳泉組の場合を擧げ得る。同泉は砂礫の多い扇狀地狀の海岸平野の中に、一旦伏流となつて沒入した國領川の水が、中流部に當る上泉川村の地內で再び地表に噴出したものに多少の人工を加へ、泉の下流に當る下泉川・庄內・新須賀三ヶ村の用水として利用してゐるのであつて、泉に近い位置の國領川を堰止めた同名高柳堰の水と合して上記三ヶ村の水源に當てられてゐる。然し前述の如く、流水が地下に吸收せられ易い國領川である上に、高柳堰の上流には更に洪水堰が在つて同川の流水の大部分を取入れるから、高柳組の用水は大部分が泉の出水であり、國領川から直接に導かれるものは副次的な意義を有するに過ぎない。堰の水と泉の水とを併用してゐる事實から、堰と泉と何れがより早期からの利用に懸るものであるかの點も一應検討する必要もあるが、確證を缺くとは云へ恐らくは堰の築造が泉の加工引水に先立ち、後に河川よりも却つて水量の多い高柳泉の湧水が主たる位置を占めるに至つたものであらう。

高柳泉の掘鑿年代は不明である。然し寛文年間に初つた松平氏による西條地方の領有よりも以前、一柳氏が此の地方に臨んでゐた慶安・正保の年間に其の領内の新檢地を實施したが、此の時既に此の高柳泉の水が關係村落の間に定水分水を命ぜられてゐる事實から推しても、泉として夙に重要視せられた確實な水源であつた事を知り得るのである。

高柳泉の水は近隣に於ては最も水量に餘裕のあるものと見られてゐた。從つて國領川沿岸に於ける用水爭論は、下泉川・庄内・新須賀三ヶ村の高柳泉組と、用水の最も乏しい郷・宇高・埴生・松神子の所謂川東四ヶ村との間に繰返されてゐる。これは上述の高柳泉組が用水量の點に於て最も惠まれた地位に在つた事情の他、河川及び溜池の場合とは異り、高柳泉の近隣の地に新泉を掘鑿すれば容易に新水源を獲得し得る可能性が強かつた爲に、他郷他村によつて新泉の掘鑿計畫の立てられるのを契機として兩者の間に用水論が發生し易かつたからである。單に用水量のみから論ずれば、三ヶ村の泉組村々の他に、新に泉組として他村を加へ得る餘裕が存したにも關らず、三ヶ村は頑強に用水區域の範圍を固執し、殊に最流末であつた新須賀が政治的に天領であつた關係を極度に利用して、餘剩水を用水不足の村々に分與し、或は分水組織への新規加入を許すことを拒否し續けたのであつた。謂はゞ水源として河川に似た性格を有する湧泉の利用に與る泉組の組織が、近世初期に一應固定して後は、自己防禦の爲に敢へて三ヶ村組合のみの敷居を高くし、又新須賀の地位を利用して、近世以前の古い時代に於てゞあれば、自然發生的に何等かの條件を以て行ひ得たであらう泉組の發展・擴大が阻止せられたのであり、逆に發展・擴大の餘地を殘してゐた自然的條件としての水量の餘裕が、近世を通じて頻發した高柳泉組を中心とする用水爭論に形を變へて現はれたものとも見做し得るのである。

高柳泉組を廻る水論(1)は、著名なものだけでも寛文二年を初として、以後明治の末年から昭和の初頭に及ぶもの迄の間に前後七回を錄してゐる。寛文二年の爭論は、高柳泉の名の下に總稱されてゐる三ヶ村の泉の中の一であり、國領川の河床を掘り下げて湧水を得てゐた東臺泉（川原泉）に對して、旱損地たる川東村々が妨害を企て、引水せしめなかつた事に端を發したものであり、元祿六年の爭に續く元祿十年の紛爭には、高柳泉の水を川東にも分與せしめんとする、川東側の背後に立つ領主西條藩松平氏の意を體しての郡奉行の關與が見られる。藩の意嚮は川東へ多少の分水を行つても影響の微弱な高柳泉懸りをして、如何にもして川東への一時的な分水を承諾せしめんとするに在つたが、泉懸り區域の態度は甚だ冷淡であり、用水は往古より仕來つた土地の幸不幸であるからとて應諾せず、郡奉行は「百姓徒黨」を口實に、泉懸りの中新須賀村の長百姓二人を牢舍追放に處したが、用水の川東への分與は實行に至らずして止んだ。高柳泉組は三ヶ村中の新須賀が寶永元年以後天領に移されてゐる立場を極力利用して、二ヶ村と同じく西條領である川東側の要求を拒絶せんとし、嘉永六年の旱魃に際しての分水要求に對しては、高柳泉の水は新須賀の水であるが、下泉川・庄内の上二ヶ村へも分配せられてゐるものであるから、二ヶ村から川東へ分水する事も不可能であるとの、狡猾を極めた返答を敢てしてゐる。同領であるにも關らず、從來からの泉組以外への分水を拒んで、泉組三ヶ村の結束を堅くしてゐるのである。三ヶ村の立場は、一面三ヶ村の用水を他へ分與することを拒否すると共に、他面高柳泉の湧出量を減少せしめる處のある、高柳泉の近接地域に於ての新泉の掘鑿を排除して、泉の傳統的な存在を固守せんとするにあつた。寛保元年川東側が「柳原」の地に新泉を營なまんとした時にも、下泉川・庄内の二ヶ村は屈したが新須賀は肯ぜず、高柳泉から二百六十間以内の個處には新泉の試掘を行はない事を川東四ヶ村に誓約せしめて落着したのであつた。

川東側による新泉の計畫は猶も引續き企てられてゐる。勿論其の背後には西條藩の力が強く働いてゐたのであるが、天明六年には東埜泉の東隣に新泉を計畫し、それが高柳泉に對して如何なる影響を及すべきやに就いての尋問を下泉川・庄内の兩村に向つて發してゐる。然し寛政元年天領巡檢使に對する新須賀の駕籠訴訟によつて、四ヶ村側が一旦試掘した新泉も遂に廢棄と決したのであつた。以上累述した高柳泉を中心とする泉懸り三ヶ村の既得權としての湧水の他村への分與の拒否、又其の湧出量に惡影響を及す處のある新泉の發掘に對しての度々に亙る頑强な反對運動は、湧泉の利用が自然の河川の引用とは異り、自然に多少の人工を加へたものであつたゞけに、他郷他村の分水要求に對しては用水量の豐富さにも關らず一段と封鎖的であり、泉懸り區域の用水の保全にのみ邁進せしめた事を物語り、泉掛りの用水區域組織の積極的な發展よりも、寧ろ消極的な確保に向つて泉組を結束せしめた過程と、其の所以とを明示してゐる。

讃岐國綾歌郡山田村に、村内を流れる綾川を堰止めて「大横井」と呼ぶ井堰を立て、河水を導いて三里餘の下流に當る萱原・瀧宮・陶三ヶ村の溜池に冬季間貯溜する事を目標に、寶永四年に地元萱原村の開鑿した「萱原掛井手」[2]と呼ぶ用水施設がある。元々此の附近は丘陵性の臺地で用水の便が惡しく、幾多の溜池を設けて用水を仰いでゐたが充分ではなく、元祿十四年以來の度々の大旱魃に困じ果てた末、高松藩老に出願して漸くに營み得たものである。水源は自然の河川綾川であつたが、綾川沿ひ村々の非要水期の水を導く爲の掛井手であるから、其の水源としての利用に至る迄の用水路開鑿の過程には、前述した國領川に沿ふ高柳泉の水源としての利用の場合よりも、人工を加へる程度が更に稍〻大なるものであると爲し得るであらう。

掛井手の計畫は萱原村里正久保太郎右衛門の主唱に懸り、萱原一村三十三名の百姓の連判出願を經、高松藩の普請方奉行の指揮により、郡賄を以て成就したものである。卽ち掛井手は最初萱原一村の爲のものであつたが、工事完成の翌寶永五年、萱原の隣村で用水關係の上で相似た立場に在つた瀧宮・陶の二ヶ村が、掛井手によつて導かれ得る水量の豊富な事を見て、餘水の分配に與りたい旨の交渉を行ひ、爾後井手の費用を夫々三分して負擔する事を條件に、萱原掛井手の水を享ける三ヶ村の用水區域組織が生れるに至つたのである。然し三ヶ村の引水權の强弱を示す指標となる溜込の順序は、一番萱原、二番瀧宮、三番陶であり、萱原の一番引水は當然としても、位置的に萱原よりも井手の上流に位置する陶が、瀧宮よりも下位に定つた事は一見誠に不合理であるかの様に觀ぜられる。此の取溜の順位が重要な所以は、引水取溜の開始後、先番村の池に溜込み終らぬ限りは、如何程時日が遷延しても、次位の村は取溜を開始し得ないと云ふ、取溜の所要日數に制限のない方法であつたからであり、其の爲に若し三番水に當れば、所要の水量を溜め終り得ない間に、早くも綾川流域村々の要水期となり、掛井手による引水中止の期日たる五月節日三日前迄の期間に、其の溜池に満し得ないで終る様な事態が屢〻生ずるからである。斯る重要な意義をもつ取溜順位の決定に當つて、瀧宮が陶よりも優位に立ち得た所以は、萱原が藩廳に對して强硬に井手普請を出願し、直訴の故を以て十六人の百姓が藏入の處分を受けた際、瀧宮が盆踊をさへも遠慮し、度々見舞を行ふ等の援助的な態度であつたのに比べて、陶は盆踊を行ひ、村役人の見舞のみで百姓達には一向親切の態度もなかつたから、位置上の關係を無視して、瀧宮二番、陶三番と決定したものである由が明記せられてゐる。用水懸りの區域が決定せられて後に、其の區域内村落間の用水權に强弱の差が生ずるのは、斯る掛井手の如き施設を中心とする時には、水路普請の際に於ける負擔の差と迄は言ひ得ない程度の、村落相互の關係に於ける微妙な精神的要素が意外に有力に働き、此の關係が爾後一切の分水關係を制約する最も重要な條件をなしてゐる事は、分水慣行の發生を追求する上に、甚だ示唆に富む點である。

人工的な用水施設を中心とする用水區域の組織が、其の施設の工事に際しての精神的、物質的な負擔及び援助の範圍を基礎として成立し、而もその用水組織に含まれた村々の引水權が負擔・援助の度合如何によつて强弱の差を生じ得る事實を確め得たと確信するのである。

上述の場合に比して、溜池懸りである用水區域に在つては、一定範圍の水田地域への灌水を目標に、其の要求を充し得るが如き規模を以て池が築造せられ、用水區域が規定せられるから、用水區域は最初から豫定せられ、決定せられ、而も其等區域内村々の主たる負擔に於て營まれる事を原則とし、從つて用水區域の擴張發展も特別の場合を除いては著しく困難であり、水下村々の用水支配權も池床に貯溜せられた水量を限度としてゐる。唯然し次章に述べるが如く、巨大な溜池の懸りに於ては、同じ用水區域でありながら、村々の間に二階級・三階級に分れた、貯溜水に對する利用權に差等のある關係を見出し得るのであるが、斯の如き現象は天然の河川を享ける用水組織の場合にも存することであるから、溜池懸り用水組織の特異性とのみは爲し難い。

溜池に在つても、その池が當初に灌漑を目標として築造せられなかつたことと和泉國堺近郊の大仙陵池の如き場合には、その水下たるべき用水區域の組織に、一般の溜池とは異つた、河川以上に水量の點には限界があつても、其の水に對して利用權を有つ村の範圍の點に於て、河川を水源と仰ぐ組織の場合に稍〻近似した關係を見出し得る。大仙陵池(3)は贅言を費す迄もなく其の名の如く仁德帝陵の宏大な外濠を指した稱呼であるが、これが何時しか近隣地域の耕田の水源として利用せられ、近世には既に完全な樋及び量水標を備へた灌漑用貯水池としての機能を果してゐたのである。江戸期に於ける大仙陵池の水下は、池床の大部分が其の地籍の內に含まれてゐた關係から自ら「池元」と誇稱し、而も被灌漑面積も六十一町歩餘で最大を占めてゐた舳松、次いで五十町歩餘の中筋、三町六反餘の北ノ庄、九反餘の湊の四ヶ村から成り、夫々の灌漑反別及び傳統的な引水の順位を守つて相互に引灌してゐた。

玆に一つの問題を提供するのは、池懸り四ヶ村の中で最も灌漑面積の少い湊村の場合である。湊村は寶永年間には上述した九反五畝歩の大仙陵池懸りを有つてゐたに過ぎなかつたが、それ以前には二十四町歩にも達してゐた。此の反別は大仙陵池懸りの村々が共同で、河內國狹山池の餘水を取溜める爲に、丹南郡野田庄に轟池を築き、其の水を更に大仙陵池に引いて用水源としてゐた當時のものであり、轟池の廢棄後には湊村の水田の大部分は大仙陵池懸りから離れ、自村內に新池を築いて補給するに至つたので、かゝる結果として湊村の大仙陵池懸りの水田は、二十四町歩から一擧に一町未滿に迄も減じたのである。然るに湊村の二十四町歩の水田が大仙陵の池懸りであつた頃には、舳松は晝間、湊は夜間にと同じ量の池水の分配を受けてゐたのであつたが、舳松は反別に比して上述の分水法では自村に不利な點を主張し、舳松・湊兩村の間に用水分配問題を中心とする水論を惹起し（承應三年）たが、堺奉行所の仲裁によつて、一時時宜による配水を行つて其の衝突を回避し來つたのであつた。

寛文年間に轟池が廢棄せられ、湊は大仙陵池水に對する從前の分水要求の根據を喪失した。然るに湊村は貞享元年及び寛政十一年に舳松に對して湊村の新池の水が既に干上つた事を理由として大仙陵池水の分水を要求し、此處で湊村は大仙陵池に對して、池懸りとしての分水の要求權を、九反五畝歩以上に有するものなりや否やに就いて爭つてゐる。湊の主張は、轟池の壞れて後、元祿十一年に湊が新池を築造する迄は、湊の分は舳松の分水石の寸法の中に含まれてゐたから、新池が干上つた上は湊は公然と舳松から九反五畝歩分以外に分水を受ける權利が在ると言ふのである。堺代官所の此の問題に對する解決策は、舳松・中筋兩村から助合銀を出して湊の增池の築造を助け、其の代償として湊の大仙陵池に對する九反五畝分以上の分水要求を永久に撤去せしめる事にあつた。斯くして增池の築造を契機として、湊は大仙陵池水の分水要求に就いての年來の主張を輕々に放棄し去る結果となつたのであるが、湊が新池の築造以前に於て、大仙陵池水に依存してゐなかつたとは、何人も確實な根據を以て斷言し得なかつた處であるから、年來の主張として分水を要求した湊の態度は、次の如き大仙陵池の特殊性に由來するであらう。即ちこの池が、四ヶ村によつて築造せられた最初からの溜池ではなく、既に在つた池の水を用水源として、池に近い幾個かの村が共同で利用し、自ら池懸り區域を構成するに至つたものであり、其の爲に池に對する村々の持分權が、初めからその池の池懸りとなる目算の下に協力築造した池懸り村の場合よりも遙に弱かつたと考へられる。加ふるに湊村には新池が增築せられて、新にそれに必要用水量の大部分を仰ぐ様な事態ともなれば、愈々湊の持分權は弱體化して、遂には增池の築造に援助を受けることを條件として、曾ては大仙陵池懸りであつた地位から、其の分水要求權の大部分を奪ひ去られるが如き情勢に立到つたのである。再言すれば此の池と水下との關係は、大仙陵池が其の起源に於て一般の溜池とは異つた性格を有してゐた爲に、溜池懸りとは云ひ條、その水下村々は河川を水源とする用水組織に於ける水下村々の立場に近い、水源と用水區域村落との密接の度の一段と低い關係に在つたものと推し得るのである。

池懸りに在つては素より河川を受ける用水組織の如く、其の上流地域に迄も用水支配權を伸張せしめる事は困難であり、單に池に注入する河川流域の餘水を溜め込み得るに止る事が多いが（滿濃池が近時遠く財田川に水源を求め、流域を異にし、谷を越えて他の系統の河川から、非灌漑期の水を引水貯溜し得るに至つた如きは頗る新しい現象である）一旦池床に貯へ得た水に對しては、堰によつて獲得した用水の場合よりも、頗る强度の支配權を發揮し得る。河川から堰に懸つた水が、下流地域からその分與を乞はれ、又下流の危機に際しては封建領主から臨時的な分水を强制せられる事があつても、溜池の水は絕對に池懸りの完全な自由處分權に屬するものであつた。上述した大仙陵池懸りは、大仙陵池が水面積の大きさに比して深度が小さく、其の上に獨自の集水區域を有しなかつた爲に、降雨の乏しい年には池床に滿水を見ない儘に要水期を迎へ、屢々困難に直面した苦い經驗から、冬期間中の溜込に就いては甚だ敏感であり、總ての手段を盡してゐた形迹が窺はれる。

大仙陵池懸りの着目した餘剩水は、數里を距てた大池狹山池の「除け川」から流れ捨る餘水であり、曾つて慶長十七年から寬文年間迄存續した丹南郡野田の轟池の水源と同一のものである。之を大仙陵池に迄導き溜めんとするのが狭山餘水の引水計畫であり、明和五年・明和九年・文化十五年と、年度を隔てゝ前後三回溜込んだ事實[4]が見えてゐる。轟池の存在した當時に在つてさへ、其の池の一旦溜込んだ水を、堺廻りの地迄流下せしめることは甚だ困難な仕事であつた。途中で屢〻地元農民の妨害を受け、轟池が後に廢棄の運命となつたのは、所謂『度々破損』の事情の他に、斯る途中での引水の妨害が重要な一因であつたが、直接狭山池の餘水を引いて大仙陵池に取溜める際の困難は更に之にも増してゐた。水路の上流に當る村々に懇願しての除け川の水の『貰下し』は、明和九年の例の如く『除け川買上げ』ともなり、關係領主の斡旋を經て漸くに大仙陵池に滿し得たのである。狭山池の餘水であり、不用水であり乍ら、引水は事實に於ては買水たらざるを得なかつたのであり、引水費用として計上せられたものはその大部分が買水費であり、大仙陵池懸りにとつては少からざる負擔であつた（明和五年の引水の際の入用銀額壹貫六百餘匁）。從つて餘程の年でなければ、狭山の餘水と雖も引き得なかつたのであつて、其の理由は假令溢れて捨り落ちる水ではあつても、一旦狭山池懸りの勞力負擔によつて貯へられたものである故に、狭山池懸りの獨占的支配下に置かれたのであり、その流下する途中に於てさへ、關係村々に發言權を留保せしめる結果となつたのであらう。斯る點に、池懸り區域が其の盡力によつて、一旦貯溜し得た水に對してもつ支配權の強さを窺ひ得るのである。

（1）本書後篇　十九「東豫國領川沿岸の用水研究」參照

（2）香川縣坂出町　鎌田共濟會圖書館保藏の寫本史料「萱原掛井手一件記錄一」による。
本書後篇　十一「讃岐國萱原掛井手を廻る溜池への用水引用權の研究」參照

（3）（4）本書後篇　十六「近世に於ける泉州堺近郊の灌漑農業」參照

第五章　用水區域の組織内容と用水費の負擔

第一節　用水區域組織の變化と固定

自然發生的に、或は人爲的に、一旦成立した用水區域組織は決して不變的・固定的なものではなく、其の後の水利情勢の變化に伴つて、用水區域組織には地域的な伸張・收縮の現象を生ずる。水源の別に從つて河川と溜池とに分ち、用水組織への新加入と脫退との現象を、其の原因を追究しつゝ論述するであらう。

河川を水源とする井郷組織に於て、新なる村落或は村落群を、既存の用水組織へ加入せしめる最大の契機は、從來併存的であつた二個の井郷が、その一方のより良好な取入口を有つ井郷への合併を企てるか、或は新に開拓せられて水田化した地域が、其の用水の取入口を求めるに當つて、舊來から存した井郷の取入口の位置が良好であり、水量の豐富なことを知つて、何等かの代償的な條件を以て新加入を申出るかの二つの場合であらう。前者、即ち元來同じ河川に沿つて異つた取入口を有してゐたものが、兩者の中比較的優れた方の取入口を共有することによつて井郷の併合を行つた事例としては、先づ近江國愛知川に沿ふ高井堰筋の御園郷と保内郷の場合がある。兩郷は現在は同じ取入口

に結ばれた組合であるが、元來は別個の存在であつた。兩者が合併して一體を爲すに至つたのは左の事情に基く。曰く

(1)高井養水ハ素ト御園村大字今田居・寺・岡田・林田・上ノ五ヶ部落ノ井ナリト稱セル古書ニ認ムル處ニヨレバ慶長八年ニ創マリ寛永七年ノ頃御園村地先橋ノ尾ニ於テ蒲生郡玉緒青野井用水ヲ設置セントセシモ地形高地ニシテ引水豐ナラズ、工事半途ニシテ挫折シ時ノ奉行ノ許可ヲ經テ高井ニ合併スル事トナリ、玆ニ於テ水利ニ要スル人夫ハ蒲生郡關係町村ニ於テ負擔シ……(下略)

と云ふ經緯を辿つてゐる。後に加入した保內鄕(蒲生都玉緒村)が井鄕の費用負擔に於て御園鄕(神崎郡)よりも不利な立場に甘んじた事情に就いては後述に讓る。

同じ愛知川筋の吉田井に於ける御園村と建部村との關係は之よりも更に明白なものがある。曰く

(2)吉田井ハ御園村字林田地先愛知川ニ水源ヲ有シ(中略)……分流シテ一ハ八日市町ニ一ハ建部村ニ至ル。然ルニ御園村大字妙法寺ニ閘門ヲ有スル建部井ト稱スル用水アリ、本用水ハ水源豐ナラズ、從ツテ建部村全村ニ於ケル田面ニ灌漑スルニ足ラズ常ニ苦心シツヽアリシガ吉田井ノ流水潤澤ニシテ關係部落ニ灌漑スルモ尙餘裕アルヲ看破シ、建部村ヨリ合併ヲ申込ミ、其ノ條件トシテ用水ニ要スル費用及管理修繕夫役ハ全部建部村ニテ負擔シ……(下略)

と言ふ關係となつたのである。

取入口の合併による兩井鄕の一體化の現象は、合併を積極的に申込んだ側が新開發に懸る水田地域である事が多いのは水利の性質上當然であり、新加入の事例も大部分之に屬する。備中高梁川八ヶ鄕に於ける定水川區域と番水川區

域との別も此の好事例(3)である。定水川は明應年間高梁川の左岸に水門樋を設け、濱村及び祐安・小子位への灌漑水に充てたものに初まり、一名「大井手」とも稱して濱村が單獨に經營してゐたものであつた。然るに海岸地域の陸化の進捗に伴ひ、戰國期には既に一帶の干潟を形成してゐた後の八ヶ郷區域の干拓の進展に應じて、此の國の大名宇喜多氏は重臣岡豐前守をして新田の開發に着手せしめた。岡豐前守の代官として直接此の事に當つた千原民部九郎右衞門は、開墾地の水源調査に盡力する處があり、湛井十二ヶ郷組の末流を享ける計畫を立てたが、水路に當るべき地域の地形上の條件が之を許さなかつたので、改めて高梁川の本流に着目するに至つた。

然るに高梁川本流に沿ふ、水路の取入口として最も適切と認められた酒津の地には、前述した濱村の用水路があつたので、新な用水施設の計畫は之との間に何等かの妥協的手段を講ずるか、或は濱村用水の下流に取入口を設置するかの二者擇一的な立場に面した譯である。千原民部は前者の途を執り、その奉行たる岡豐前守の、濱村の地頭阿曾沼氏の訪問によつて、遂に兩者の折衝の末、新開地への用水は濱村用水の取入口を利用する約が成り、濱村は取入口の合併を許した代償として、其の水路へは所謂定水川として不斷給水を受ける優越權を確保し、宇喜多氏の開墾以後に成立した新開地域への用水の供給は濱村の如き定水ではなく、時間配水たる番水を以て與へらるゝ事となり、此の水路に番水川の名を附して前述の定水川と對應せしむるに至つたのである。此の關係を約言すれば、八ヶ郷の組織せられる以前から引水してゐた地域は定水區域であり、宇喜多氏以後の開墾に懸る地域に引水するのが番水區域である。而して定・番水の兩流に分たれる水量は相等しいのが原則であり、其の調節を行ふのが八ヶ郷圦樋の下流三百四十二間五分の水路中に設けられた「四寸樋」である。

同じ高梁川の湛井十二ヶ郷の末流を受ける興除新田の場合も、新開地が舊來からの井郷に新加入を申込んだ一例である。(4)大規模な兒嶋灣岸の干潟であつた後の興除新田地域の水田化の成否は、先づ第一に用水問題の解決如何の點に懸つてゐた。新開計畫の立案者であつた幕府も、將又開墾の衝に當つた岡山藩も、夙に此の問題に就いては考慮を廻す處があり、岡山藩の依賴によつて、幕府は御普請役元締を現地に派して用水路筋の決定に當らしめると共に、其の工事の監督をも擔當せしめた。

斯くして現地調査の結果決められた用水路は、湛井十二ヶ郷の末流を受ける東手用水路と、八ヶ郷の末を導く西手用水路の二本であつたが、其の中の西手用水は水路の完成後僅かに拾數年を經たのみの天保十年には、早くも水路の地形が平坦でなかつた爲に通水困難に陷り、模樣替さへも計畫せられたが、結局何時しか廢棄せられる運命となり、東用水路のみが現在迄續いて興除新田唯一の引水路となつてゐる。

東手用水のみが今に繼續して利用せられてゐる所以の一は、湛井の取入口が八ヶ郷のそれよりも上流位置に在る爲に水路の勾配が大であり、從つてその流勢の强い事であり、第二は濕地で餘水に富む近接上流地域たる澤所の末流を享けてゐる事に基く。

かくして興除新田は事實上に於ては、湛井十二ヶ郷の用水取入口の共同使用を許され、其の末流に潤つたものではあつたが、表面的には湛井十二ヶ郷の組織の中へは直接の加入を許されず、十二ヶ郷の中である庄郷及び妹尾郷の水路の末を興除新田地域に結び得たに過ぎなかつた。從つて興除新田の湛井十二ヶ郷區域全體への隷屬關係は成立しなかつたが、就中直接その餘水を惠まれる立場に在つた庄郷への從屬關係は免れ難く、昭和の現在に至るも尙內面的に政治的被支配關係に立つことを餘儀なくせられてゐる。卽ち興除村の主宰者は、庄村との關係に於て圓滑であり、兩村間の水利交涉に當つて最も功を收め易い人體たらざるを得ないと云ふ暗默裡の慣習の存在が之である。尤も直接に湛井十二ヶ鄕への加入は許容せられなかつたとは云ひ條、湛井の地に奉祀する井神社の氏子區域の中には包含せられ、井神社初穗料勸進の對象村となつてゐた事情は、猶實質的な井鄕への加入を意味してゐるであらう。新開墾地たる興除が、庄鄕に對して一種の財物供與とも見做し得る、種々の名目による饗應を行つてゐる事實も、庄鄕が十二ヶ鄕の構成分子として井鄕の費用の負擔に應じ、其の結果として獲得した用水の一部を、興除新田に於ては庄鄕迄の引水に要した費用を何等直接に負擔する事もなく、唯用水のみの分與を受けてゐる事に對する一種の謝禮としての意義から理解せらるべきものであり、用水組織への加入に伴ふ費用負擔の問題と關聯して更に考察せらるべき性質のものである。

新しく開發せられた水田に注ぐ爲に、其の用水を、開發地域の上流村落に迄及んでゐた既存の水路の末を掘繼ぐ事によつて確保した他の一例は、甲州北巨摩郡の朝穗堰組に於ける穗坂堰組の場合にも求め得る。(5)穗坂堰組は鹽川を堰止め、淺尾新田の新しい水田地域に注ぐべく、寬永十六年に疏通した仁田平・淺尾・淺尾新田三ヶ村の淺尾堰、之を寬文十一年に下流の三之藏村迄掘繼いだ永井・正樂寺・三之藏三ヶ村の爲の穗坂古堰の末を、更に宮久保・三つ澤に延長して享保三年に完成した堰組であつた。取入口を同じくし同一の用水路に沿ふ七ヶ村（淺尾・淺尾新田・永井・正樂寺の淺尾堰四ヶ村と三之藏・宮久保・三つ澤の穗坂堰組三ヶ村）ではあつたが、水路掘鑿の經緯及び其の開鑿延長の年代の相違から、上鄕卽ち淺尾組と下鄕卽ち穗坂組とに分立し、用水量の分配に於ても堰費用の負擔に就いても、兩組は絶えず相對立する關係に在つた。

元來穗坂堰組が淺尾堰筋の延長を熱心に希求したのは、もと〳〵此の村々が畑のみで田が一切無かつたと云ふ耕地の內容の改善と共に、飲料水をさへ急坂一里餘を隔てた鹽川から牛馬で附上げる必要のあつた煩から脫れんが爲であつたが、水路の延長によつて飲料水に對する要求は漸く充し得たのであつたが、畑地の水田化に使用し得る水の量は、用水路が一本で其の上に上流部に多くの村落を擁し、且つ火山灰土の中を流れ來るものであつたから、流末に迄流れ來るものは甚だ少量であつた。從つて村々への分水には灌漑面積に應じた樋口分水法が採られ、又淺尾堰から穗坂堰に分水する個處たる永井村地內の「御崎林」には水量杭の設があり、用水期間中は其の水標の水丈を日々に改めて、穗坂堰組區域への通水量の確保に努めてゐたにも關らず、尙且穗坂堰組側の要求を滿足せしめ得なかつた事情は重視すべきである。假令取入口を合併することによつて、普通の手段を以てしては用水の得難かつた地域が一應用水を得ても、それは從來から存した用水組織區域の水量に比すれば甚だ少量で不利を免れ得ず、用水量の上のみでも不均等な取扱を受けざるを得なかつた事を證するものである。

次に立場を換へて井鄕組織からの脫退を生ずべき場合に就いて考察する。脫退を起す契機の第一は、舊來の井鄕に屬してゐた或る村が單獨で、或は他村と協同で新なる水源を得、不利な地位に立ちながら止むを得ず所屬してゐたもとの井鄕組織から脫退する場合であり、其の結果としては當然、井鄕が新加入村を得た時とは逆の、用水組織區域の縮小を齎す。

新水源の獲得には、自然湧水の利用の發展と、人工的灌漑手段の導入による從來利用し得なかつた新水源の發見利用との二つの場合がある。自然の湧水量が增加した結果、流末が最早上流地域からの少量の配水に依存する必要の殆んどなくなつた事例として近江國阪田郡姉川の水を享ける出雲井々鄕の流末下夫馬村がある。下夫馬は出雲井懸りたる大原鄕十五ヶ村中の最流末であるが、大原鄕一圓が姉川の形成した扇狀地狀の斜面上を占め、殊に下夫馬が其の末端部に在る關係から、自然湧水の量が多く、此の湧水を合理的に利用する事によつて、上流からの配水に賴る必要は殆んど無くなり、殊に江戶時代を通じて繼續してゐた、下夫馬他三ヶ村が彥根領外の所謂他領四ヶ村として、他の村村からの虐遇に耐へる必要も全く消滅したのである。然し現在下夫馬は井組の費用の負擔からは除かれてゐるが、數百年來の傳統たる大原鄕十五ヶ村の一村である關係には變化がなく、形式上井鄕からの脫退は未だ斷行してゐない。これは大原鄕の一村としての社會的生活の絆が脫退を止めてゐるのであつて、井組自體の組織から論ずれば、既に事實上の脫退を遂げてゐるものと見做し得る。

人工的灌漑手段の發達に伴ふ井鄕脫退の事例も是亦近江國愛知川筋高井堰組の保內鄕に見出し得る。玆に謂ふ人工的灌漑手段とは動力付灌漑ポンプの設置のことであり、高井堰組の組織に於て其の半を占める流末位置の蒲生郡保內鄕に屬する村々は、此のポンプの普及によつて、漸次高井用水の維持に對する關心の稀薄化する傾向に在り、かゝる動向に憂慮した上流側の御園鄕（神崎郡）は、保內鄕側から左の如き誓約書を徵するに至つた。

(6)我々保內鄕六個大字ノ住民カ御園村今田居外四個大字ノ住民ト共に享有スル高井ノ水利權ハ極メテ貴重ナル權利ニシテ若シ其ノ權利ノ價値或ハ習慣ニ對シ苟モ動搖變更ヲ來スガ如キ行爲アルベカラザル事勿論トス近來各地ニオイテ灌漑用ポンプヲ据付クルモノ續出シ我々大字住民中ニモ之ニ倣フモノヲ生ズルニ至リ若シ之ニ主力ヲ竭スニ於

テハ自然高井ニ對スル愛着ノ念ヲ薄クシ其ノ權利義務ノ關係ヲ薄弱危殆ナラシムルノ虞アルガ故今般右高井ニ關スル役員會ニ於テ將來我々住民中ニ於テ井戸一ヶ所二馬力以上ノ動力ヲ使用シ地下水利用ヲ禁止スベキ旨ヲ決議セリ高井役員會ノ決議ハ關係住民全部カ之ニ絶對的服從スベキ慣習アルモノナルガ故我々大字住民ハ擧テ之ヲ遵奉スベキ事ハ勿論高井ニ對スル權利義務ハ將來益々尊重ノ意ヲ表示ス

昭和四年五月八日

上大森・下大森・尻無・下二俣・柴原南・芝原

井郷組織の傳統的關係の維持の爲に、灌漑ポンプの動力數に制限を加へんとする、高井組役員會の名に於て徴された、稍〻時代錯誤的とも見做し得る誓約であり、此の誓約書がポンプによつて井水への依存から免れ得る可能性が强くなり、其の爲に將に井郷から脱し去らんとする保内郷に對して、從來から有利な立場に在つた御園郷側が要求して差出させたものである點に興味が深い。斯る誓約書が存在してゐるにも拘らず、ポンプ普及の發展は表面上は兎も角として、愈〻實質上の保内郷の脱退を招來せずんば止まないであらう。

井郷からの脱退を惹起する第二の契機は、井郷に加入してゐて、井郷村としての負擔義務の履行を怠らなかつたにも拘らず、それに相應する充分な用水の供給を受ける見込のない時に、負擔の程度と獲得し得べき水量とを比較考量して井郷脱退の途を擇ぶ場合であり、美濃國本巣郡根尾川に沿ふ席田井組の中の下流部に在る「下郷」或は「餘流」(7)と呼ばれる一群の村落は略〻之に該當する。「餘流」と呼ばれる理由は、席田井郷の用水分配形式である番水や通水による配水を受ける事がなく、其の水量が井郷の上流を潤して尚餘裕ある時に限つて配水を受けるもので、准井懸り區域とも稱すべきものであるからであり、從つて席田井鄕としての諸入費の割賦にも應じない。此の餘流區域の生じた年代は明かにし得ないが、天正年間の組織を示すものと傳へる、席田井鄕村々廿七ヶ村の村名を記した中に、後に餘流區域となつてゐる東改田・尻毛（しつけ）・又丸・川部の四ヶ村が含まれてゐる事實から考へても、餘流區域は席田井鄕組織の完成後に新に加入したものではなく、逆に最も古くからの井鄕であつたものさへも、末流である爲に用水の供給が充分でなく、其の爲に負擔のみは上流並に支出してゐながら用水供給が之に伴はぬ不利な地位から脫れるべく、近隣の自然的に類似の地位に在つた他の七ヶ村と共に、一應完全な意味での井鄕組織から離れて、所謂餘流區域をなすに至つたものと解釋すべきである。

溜池に在つても灌漑區域の廣大な大池に於ては、池に注入する河川の流出する土砂による池床の埋沒によつて生じた貯水量の減少が池懸りの流末への用水供給を不圓滑ならしめる結果として、流末地域の池懸りからの脫退に伴ふ縮小があり、池の修築・擴張が行はれて貯水量が增加すれば、又新に參加する村を生じて擴張が見られる。屢〻述べた如く溜池はその築造の初から甚だ計畫的・計量的なものであるから、貯水量が、延いてはその灌漑可能區域が固定してゐて增減のないのが自然ではあらうが長期間を通じて觀察すれば、相當に池懸り組織の區域にも變遷の迹を見出し得るのである。

泉州堺の郊外に在る大仙陵池が、江戶初期に轟池の水を引いて貯溜してゐた時と、其の後轟池の壞廢に歸し去つた後とでは、池懸りの區域に變化を生じてゐる事は旣述したが、滿濃池や狹山池は江戶期以後の三百年間に於てさへ、相當程度の區域の變化を示してゐる。

満濃池の場合は寛永十八年の「満濃池水掛り高村々帳」[8]に示す處と、明治二年の再築以後との二つの史料を有つに過ぎないが、寛永十八年は西島八兵衛の營築完成後未だ間の無い時であり、江戸期を通じて池懸り組織の最も整頓した時であつたと考へられ、鵜多・那珂・多度の三郡に亙つて四十四ヶ村、石高三萬五千八百十四石の地域であり、滿濃池から北方へは海岸に迄及び、東邊は土器川、西邊は山麓線の範圍内を池懸り區域とし、謂はゞ丸龜平野の全體を包含してゐた。然るに明治二年の再興に當つては、東北部の鵜多郡の六ヶ村三千百六十石、北西部の舊多度津藩領八千餘石の地が脱退し、現在の池懸りは舊石高を以て表示すれば二萬四千五百七十九石に減じてゐる。

是等の脱退村は地域的な、或は池懸り全般と關係のある夫々の脱退理由を具へてゐる。例へば東北部の鵜多郡に屬する六ヶ村は、土器川に接してゐる爲に之から用水を得る利便があり、西北部の多度津近傍の村々は、「出水《ですゐ》」と呼ぶ自然湧水に比較的惠まれた地域である事が脱退をなさしめた有力な原因をなしてゐるが、兩者共通の理由としては、池を距る事遠く、池に近接した地域と同率の水利費用を負擔するにも關らず、得る處の用水量に於て甚だ不利なものであつた事も見遁し難い要因である。勿論明治二年の修築後に堤の嵩上げを行ふこと二回、貯水量は江戸時代のそれに比して大いに增加を見てゐるにも關らず、逆に池懸りは縮小し、用水量は當然餘裕を生ずべきであるにも關らず、供給量は依然として不足を告げてゐる。これには明治二十年頃を境として農作物の轉換の行はれたことが有力に働いてゐて、讃岐の名産であつた三白中の二白である甘蔗・棉花の畑作が水田作に變り、更に二毛作の普及に伴つてより多量の用水を要するに至つた事が重要な原因をなしてゐる。

狹山池の場合は滿濃池よりもより詳細に池懸り區域の變遷[9]を辿り得る。此の池の用水區域の最大期は、江戸期としては慶長十三年の再興直後であり、昭和六年の修理以後のそれは現代としてのものである。

慶長十三年に八十ヶ村、五萬四千五百七十六石に達してゐた池懸りは、其後江戸期を通じて一路縮小の方向を辿つてゐる。曾つては北田邊・平野の北部に迄及んだものが、延寶四年には七十五ヶ村、四萬四千八百五石に減じたのは、注入河川の池床埋沒による水量の減少と言ふ事と、又他面には永らく破壞せられてゐた池が復興した直後には、距離が遠く池懸りとして配水を得る事の困難を豫想される村でさへ、池の再現と云ふ偉大な現實に目を奪はれ、自村へ迄も配水し得るや否やの點を確める迄もなく一應池懸りに加入したものが、其の後の實狀に鑑みて脫退し去つたものも少くなかつたと思はれる。寶永元年に大和川の水路の附替が行はれ、元北方へ迂回して大阪市内で淀川に注いでゐた川が、改修工事によつて遙か大阪市南方で東西の流路をとり、堺市街の北で海に注ぐ事となつたので、狹山池の灌漑區域は此の新川の爲南北に分斷され、大和川以北は區域から除外せらるゝに至つたのであるが、之は池自體の作用に基く變化ではない。然し此の事の爲に池懸りは又も大いに減じて五十三ヶ村、三萬三千五百九十六石餘となつた。

享和から文政元年に亙る池の「西除げ」の缺壞と、其の修覆工事の遲延による用水量の減少とは、更に池懸りから脫する村を續出せしめ、文政元年には村數の實數三十七、石高三萬三百八十一石と、江戸期に於て最も縮小したものとなつた。然し此の間に脫した村々の多くは「准區域」と稱し、狹山池水の直接灌漑は受け得ないが、冬季餘水の開放せられた時には之を引いて夫々の村域内の小溜池に貯溜する事を行つてゐた。それは是等の村が池懸りたるべき自然的な形勢の備つてゐた事と、池に對する傳統的な關係によることとである。

昭和の大改修後は貯水量に於て舊時の七五%を增すこととなつた結果、准區域は全部池懸りに再加入し、更に遠く従來は池と關係のなかつた泉北郡の百舌鳥・東百舌鳥の附近迄も新に池懸りとなり、其の區域の面積は慶長年間のそれと大差のない迄に再擴張せられたのである。

溜池の築造は河川に水源を仰ぐ地域の場合に比して、雨量の絶對量に於て、其の用水期に於ける配分量に於て、より用水の不足する地域に行はれるから、一度溜池の築造を見るや、近隣の村々が能ふ限り池懸りたらん事を希望するのは當然であり、殊に小溜池を多數築造するよりも、貯水量の大なる溜池一個を築造することが、其の用水の供給量に於て、溜池築造技術の許す範圍内に在つてはより能率的である點に於てをやである。從つて池懸りは河川とは異り、築造の直後に池懸り區域は最も廣く、年と共に、池の機能の衰退に伴つて縮小すべき運命に置かれるのは當然の歸結である。池床の掘下げや、堤の嵩上げを行つて水量の増加を計る特別の工事を加へなければ、築造の當時以上に貯水量の増加する道理はないから、河川の如く、用水組織の合併による擴張の如きは到底行はれ難い筈であり、寧ろ脱退による縮小の過程のみが強く印象付けられる結果とならざるを得ない。玆に河川と溜池との用水區域組織の變化過程に於ける根本的差異が存する。

(1) 滋賀縣内務部大正十一年編「農業水利及土地調査書」蒲生・神崎・愛知郡の巻「高井」の項の記事による。
(2) (1) と同じく「吉田井」の項による。
(3) 「八ヶ郷沿革史」
(4) 本書後篇 十五「備前兒嶋灣岸興除新田に見る新開と用水問題の研究」參照
(5) 本書後篇 十三「甲州朝穗堰に於ける高原地開拓用水問題の特殊性」參照

（6）滋賀縣神崎郡御園村今田居區長保管文書
（7）岐阜縣本巢郡席田村佛生寺　鵜飼光次氏藏　席田井郷文書
（8）高松市在住　矢原高幸氏所藏文書
（9）「狹山池改修誌」「灌漑區域の變遷」の項による。

第二節　用水區域内村落の相互關係

一應完成し、固定した用水區域に於ても、其の組織の內部に於ける村落相互の關係は必ずしも平等ではなく、支配と被支配若しくは從屬との關係の明瞭に看取せられるものが決して僅少ではない。次に用水區域內の村落の中で、優越的地位を有するものゝ事例と、其の所謂優越の實相とを明かにし、斯る有力・特殊な村落を發生せしめた契機に關して考察を加へる事とする。

井郷或は池懸りを構成する一定區域の村落群の中、或る一個の、若しくは數個の村落が「井元」又は「井親」の稱呼を有し、他の十數個、數十個の村落に君臨してゐる事は甚だ多く、特にその用水區域の範圍が廣く、發生の歷史的因由の古い場合に著しい。

斯る特定の有力村は、先づ河川懸りに在つては井堰水路の取入口に最も近く、其の爲に用水區域の全般を制し得るが如き地理的位置上の優位を占めるものが多い事は第一の特質であり、事例も此の樣な場合のものが最も多く見出される。近江國犬上郡犬上川の一ノ井に於ける金屋村は此の典型的なものであつて、自ら「井元村」と稱し、一ノ井懸り區域全般の統制に任ずると共に、次の如き種々の特權を行使してゐた。其の第一は用水費を負擔しないで配水を受ける特典であり、一ノ井用水路三本の幹線中の一本である尼子川懸りは、その流域の石高五千八百七石餘であるが、其の中に包含せられる金屋村の分は、石高三百石であり、『但川雜用なし』(1)との註記に明かな如く、費用の負擔を要しないで、而も番水に當つては三時分の配水を受け得るものである。第二の特權は金屋の手による井郷の全般に亙る用水路普請の指揮及び獨行である。之に伴ふ金屋の利益獨占と下流の不滿とは、文政七・八兩年に亙る金屋他四ヶ村對下流十二ヶ村の紛糾事件に最もよく現はれてゐる。金屋の指揮によつて一ノ井郷の引水に要する普請の全部が行はれたと言ふ事は、表面は兎も角、事實に於ては工事が總べて金屋から出た人足によつて行はれ、普請に對する井郷の支出が、金屋一村をのみ潤す結果となつてゐた事を意味し、而も其の工事の結果が、充分に下流の村々を滿足せしむるが如きものではなかつた事は、下流村々をして金屋の糾彈に起たざるを得ざらしめたのである。特權の第三は、金屋が旱魃に際しての非常配水措置である番水を統制し、且一旦他の井組との間に問題の生じた時には專ら之との交渉を擔當し、從つて其の爲に井組關係の古記錄の保管に任じてゐたことである。是等の諸點が前述第二の特權と合して、金屋による完全な井組の支配權を構成してゐた事は見易い道理である。斯る特權が位置上の優位と相俟つて、金屋は旱魃時程用水量が豐富であると言ふが如き異例の現象を屢ゝ生ぜしめてゐた。

其の特權が金屋程でなくとも、之に近い立場を有する井元村の例は、近江國の諸河川では他にも類例が多く、伊香郡高時川大井組の井の口、愛知川高井組の今田居等是である。甲州の笛吹川に合流する金川に沿ふ金川堰組の國分村の場合は、「井元」ではなく「堰元」の名を有してゐるが、其の特權の內容は上述した近江國の諸河川に於ける「井元」と略〻同樣である。備中高梁川十二ヶ鄕中の井尻野村は其の位置が用水路の取入口たる湛井に最も近く、從つて同樣に「井元」の名を有してゐたが、其の井元としての特權は前述の諸事例に比すれば遙に劣り、餘程形式的なものであるに過ぎなかつた。

井元たり得る要素の第二點は、其の井堰若しくは水路の設置・開鑿に當つて、特に何等かの功勞・貢獻のあつた村、又はこれに關係した有力者の居住地であつた村が、引續いて井鄕全般の支配者となつたものであつて、甲州北巨摩郡朝穗堰筋の淺尾新田は、用水路淺尾堰が、元來淺尾新田の開發の爲に設けられたものであつた理由から、「割元」[2]の名を持ち、其の村の中に堰の「割元會所」を設けて村役人が年番で任に當り、井堰筋の七ヶ村に對して年々の費用を割付ける立場に在り、割元である爲の特權としては「役引」と唱へ、村々が灌漑反別割に負擔すべき堰費用の負擔にも特別の除外分を認められてゐた。讃岐國綾歌郡萱原掛井手の萱原村も、其の水路に對する位置から論ずれば、掛り三ヶ村中の陶村よりも寧ろ下流であつたが、此の井手が萱原村の主動によつて開鑿せられた因由に鑑み、費用は三ヶ村が均等に三分して負擔したにも關らず、井手によつて導かれた水を、他の二箇村に先んじて村內の溜池に滿水溜込を行ふ權利を保有してゐた。萱原村が井手の根元で『御拜領同前の萱原掛井手』であるとの主張が、よく他村を壓して萱原の地位を護り得たのである。

近江國阪田郡姉川筋出雲井の大原鄕十五箇村中の間田（はさまた）村の地位は、出雲井の支配に特別の關係の在つた「觸頭孫助」家の存在の爲に、間田村自體の最上流的位置と相俟つて、近世期の大部分を通じ、大原鄕の支配者的な立場に在つた。即ち孫助家は出雲井の水を下流郷里庄へ特別に融通する、一種の分水制度たる「出雲井落し」を執り行ひ、井普請に際しては其の家の取次を以て彦根藩に願ひ出でる例であつた等、出雲井の支配權を一手に掌握すると共に、更に所謂「三役」と稱して、大原郷の全般に關はる入會山としての川戸山の口明け、出雲井堰、郷の祭神たる大原神社の三者を其の家筋で支配し、單に用水のみに限らず、出雲井を中心とした大原郷の全體を、中世の莊官的な地位に立つて支配し來つたのである。從つて出雲井關係の書類が總べて此の孫助家に保持せられてゐたのも當然であり、其の保管に懸つてゐた分水關係記錄(3)の末尾には左の如く記されてゐる。

表書之證文我等方ニ所持致候間若入用之節ハ御領(彦根領 私註)他領ニ不限出シ可申候自然紛失候ハヾ何レ之村々ヘモ寫シ遣シ候分又々相認可被申候

位置上の優越と、孫助家の存在とにより、間田村は大原井郷の「親郷」と自稱し、尤も親郷たるの地位に就いては未だ全く他村の承認を得る迄には至らなかつたが、親郷的な權威はよく之を保つてゐた。其の一つの表現としては、旱魃時に於て大原惣郷が大梵天王と呼ばれる大原神社の境内で雨乞踊りを行ふに際しても、間田は踊込の順位に關しては、『はやし込之儀者間田村先立仕來通り古例可相守申事』とあつて、最初に「はやし込み」を爲し得ると共に、『雨乞踊之儀間田村ハ壹度ハクジ除一度者クジ取ト相定幾度ニ而も右ニ順尤外十四ヶ村者クジ取ニ可致事』と、間田の優位に在つたことは常に明かである。

これと類似の事實は美濃國本巣郡席田井組の井元佛生寺村にも認められる。佛生寺村は席田井組全般から見れば、位置的には末流に近かつたが、此の村には古くから堀部・鵜飼の兩姓を名乘る地侍の二黨があり、其の代表者が中世末の永正年間に、美濃國の守護大名土岐賴藝から「井奉行」役に任ぜられ、累代引續いて現在に至る迄「井頭」として井組の支配的な地位に在り、其の爲に佛生寺は地理的位置の不利を超越して、井頭村として今だに優位に立つを得てゐるのである。

佛生寺村の優位性の根據たる歷史性に、更に宗教的要素を加味した有力村は、大和國布留川の流末田村の場合がある。布留川は布留社石上神宮の奥に位置する龍王山から流出する小流で、布留社の東、分水個處たる字「一ノ井」に於て、三島村への水路と、田村・勾田への水路とに兩分引水し、田村は其の位置上から云へば、最も流末に近い不利な所にあり乍ら、實に布留川全流域の用水權を一手に掌握するの特權を有し、用水權・分水爭論に問題の多い大和の國の中に在つても、其の用水權の强力な事は『一に田村』と口碑に於ても國中第一位に指を屈せられるものを有してゐる。

田村の用水引用上の特權を略記すれば、旱魃年は勿論のこと、布留川の水量稍〻減ずれば殆んど每年定例的に、この村は布留川上流の夫々の分水個處に「田村用水」と記した札を建て、次いで同じ水路に沿ふ勾田村が「勾田村番水」の札を建て、更に三島村も「三島村番水」の札を建てれば、布留川の自由引水は許されず、上述の三ヶ村のみが布留川の流水を獨占引用する番水が開始せられる。更に詳細に述べれば「田村用水」の札が建てられても、これは愈〻番水開始が二日後に迫つた事を流域一般に了知せしめる意義を有するに過ぎず、一番札（旱魃が永きに及べば繰返し幾度も上述の順序で札が建てられ、二番札・三番札と重ねられる）の時は田村の建札につゞき中一日を隔てゝ勾田の札が建てられる迄は、川筋に井口を持つ村々の水田は入勝に自由引水を行ひ得るが、勾田の札が建てられて後は他の村への引水は堅く禁止せられて引入れ得ない舊例である。次いで中一日を置いて三島村の札が建てば札はこれで全部建揃ふ事となり、其の後降雨があり、用水の有り餘るに至る迄は三ヶ村のみの獨占的番水は繼續し他村は一切引水し得ない。番水の解除は之を「札流し」と稱する。寶月圭吾助教授の既述の著書に見られる大和國岩井川の分水と全く同樣の仕法で、中世以來の法が此の布留川筋では現在に迄も繼續してゐる事を示してゐる。二番札・三番札となれば田村・勾田・三島三ヶ村の札建の間の日數が一段と短縮せられ、二番札では勾田・三島は順々次の日に、三番札となれば順序は前同樣ながら同日の裡に三ヶ村の札が建並び、卽日他村の引用禁止、番水の開始となる。

要するに田村の必要性に基く主導により、勾田・三島は田村に率ゐられて番水開始の手續きに取懸る譯であつて、田村の優越性は絶對的であり、若し此の番水期間中に上流で盜水を敢てする村があれば、三ヶ村は「畦切り」と稱する制裁を以て之に臨み、引水盜用した水田の畦を全部切り崩し、其の貯溜水を布留川に還元せしむる方法を採る。斯の如き田村の特殊的地位を齎した原因は布留社の神威と、田村に居住し社の祭祀を掌る所謂「市川四姓」なる一族の存在に由來をもつ。市川四姓とは布留社の祭神に緣のある市川の臣の後裔の後に分れて四家となつたもの、林・大宅・日野・生田の家々を指し、其の一族は宮座を組織して明治維新以前迄は座中のみによる特殊の神事祭禮を執り行ひ來つてゐた。

而して田村の領域内に布留社の神祭料田二十八町歩があり、之を潤すべく布留川の渴水時には川を堰止めて引用する特權を傳へ來つたのが田村の特殊性の起源である。佛生寺の井頭の如く、市川四姓は直接に布留川の用水の差配に當るものではないが、布留社の權威に支へられて中世の儘の特權を持傳へ得た所に田村の特異性を見出し得るのである。

有力村發生の第三の要素は、用水區域中の大村で經濟力も大に、井元とは稱し得ない迄も「親鄕」の名をもち、何時しか井鄕の支配に優越權を振ふに至つた場合である。前述した近江國犬上川一ノ井鄕には井元金屋の他、親鄕と稱して金屋に次ぐ權威をもつ尼子・下ノ鄕の兩村がある。尼子村は尼子川懸りに在つて二千四百餘石の井懸り高を有する大村、下ノ鄕も亦下ノ鄕川に沿ひ千八百餘石の井懸りをもち、共に一ノ井鄕十七ヶ村中の最大村である。大村であると共に、夫々の幹線水路沿ひの村々を代表すべき位置に在つた事が、多數の村落を包含してゐる井鄕の統制上、所謂親鄕としての是等の村を生ぜしめ、彥根藩との交涉、他井鄕及び上流村との折衝に、將又井鄕の事務の處理に、一ノ井鄕の代表村たらしめたものであらう。備中高梁川十二ヶ鄕七十ヶ村の代表村十七ヶ村も、其の村が交代することは間々認められるが、經濟的に實力のある大村の中から一村が代表村として出てゐるのも犬上川一ノ井鄕の親鄕に近いものである。

近江國愛知川筋愛知井の小田苅村(4)も之に類似してゐる。湯元（井元）と稱する小田苅は犬上川一ノ井の親鄕の如く三ヶ村ではなく一ヶ村であるが、其の位置は井組の用水取入口に近い最上流にはなくて中流部であり、愛知川の開鑿が小田苅の主唱に基いて生じたか否かは史料の缺如の爲に明かにし得ないが、小田苅が井鄕中の最大村である事實のみから考へれば、やはり經濟力の問題が其の地位を決定する上に最重要の條件であつた事は否定し得ないであらう。

第四は井鄕に含まれた地域の政治的中心である事が、其の支配權掌握の原因となつたもので、信州夜間瀨川筋八ヶ鄕の中野の地位が之に當る。中野は八ヶ鄕の區域たる中野附近の扇狀地の中心的位置に在り、而も中世以來度々地方的な領主の根據地となり、其の爲に八ヶ郷の盟主的位置を占め、八ヶ郷勢力の組織と共に代表となり、他井郷及び上流村々との交渉に主導的役割を果すに至つたのである。中野は井元たるの事實に相應する特別の稱呼を有しなかつたが、事實に於てはよく其の任を果し、井郷組織の支配機關も引續き此の地に置かれ來つてゐる。

其の他井元とは呼ばなくとも、近江國野洲郡野洲川一ノ井では上流の伊勢落・林の二村が「井殿」と稱してゐるが、之も前同樣に主として其の位置から生じたものであるべく、井郷中から「井殿給」或は「井殿米」(5)の名で、兩村に對して、年六斗宛の給米が拂はれてゐた。

池懸りたる用水區域に在つては、河川の場合程には明瞭に特權的な村落は現はれて來ない。勿論池に對しての位置の上・下流によつて、引水權に強弱の差の存する事は後に見る如くであるが、元來池其物の性質から、相當に規模の大きい溜池の築造せられる場合には、或る一個若しくは數個の村の專擅的支配を許さず、池懸り區域の村々が比較的均等な權利を保有し、用水も池懸り區域全體の水であり、又その築造の時代も明かなものが多く、是等の事情から上流の特定村が半ば自然的に、井郷全體を統御すると云つた形勢に導かれ難かつた事情に基くものであらう。とは云へ池懸りと雖も池床の所有村、又は池敷の大部分が其の村に屬する場合には「池元」として河川懸りの井元に對應する地位を有するものであつた。泉州堺郊外の大仙陵池では、池懸り四ヶ村中の舳松村が「池元」と自稱し、灌漑面積の上でも最大の廣さをもち、其の爲に池水の利用に於ても自村に好都合の如くに處置せんとして、之と利害の相反する立場に在つた中筋との間に、屢〻紛爭を起してはゐる。然し舳松の池元としての優越的地位も絕對的なものではなく、前述した池敷の所屬地籍の問題に加ふるに、池・陵墓の管理に要する人夫の負擔等に於て、舳松が他村に比して歷史的に、より多分に奉仕し來つた事情から導かれた地位であつたと解すべきであらう。

上總山武郡の雄蛇池は、慶長十九年に東金代官島田伊伯の見立・着工によつて成就したが、その池床は後に池懸り九ヶ村中の一村となつた養安寺村の雄蛇谷を選定して貯水したものであり、池敷となつた養安寺村分の二百二十石に對しては、後に山口村地籍の内から百四十六石餘を代地として差出してゐる。此の代地は水下九ヶ村が共同負擔によつて山口村から購入したものである。斯くして養安寺村は代地九町一反七畝廿八歩、その石高百四十六石三斗二升六合を九ヶ村から受取つた結果として、本來ならば雄蛇池元ともなるべきであつた地位を失ひ、其の後永く優越權を主張し得ないこととなつた。勿論養安寺村も唯々として池敷を提供した儘に過したのではなく、池敷地に續いた芝地の開墾を企て、「池中作り出し」の名目によつて、承應三年以後他の八ヶ村との紛爭事件を屢々繰返し、又八ヶ村の行はんとする池浚へを妨害し、更に池敷に續く入會芝地への他村の入込を制せんとする等、池敷及びその附屬地に對する支配權を廻つて幾度か相爭つたが竟に勝ち得なかつた。幕府の方針は當初から池敷及び芝地は水下九ヶ村の共同支配地となし、池床の所屬村である事情から生ずべき、養安寺村の特權的地位を否定することに在つたのである。此の雄蛇池に於ける養安寺村の場合は、溜池懸りでは池元の發生が比較的困難であつた事實の一證と爲し得るであらう。

讃岐の滿濃池に於ても、寛永八年の再興後十年を經た寛永十八年に、池の修補の料に當てんが爲に、那珂郡の中で苗田・榎井・五條の三箇村が天領に編入せられて之を池御料と名付け、(6)苗田村に政所を設け、池の管理に當らしめ、三ヶ村中の一村の庄屋が配水をも支配した。三ヶ村は池水の臨時配水に際しては、必要に應じて隨時引水し得ると言ふ特權的な地位に在り、他村に君臨し得たのであつたが、寶永三年池御料の制の廢止と共に、三ヶ村の斯る特權も亦消滅した。位置の上から見れば池御料の村々は必ずしも池に最も隣接したものではなく、比較的上流部で「上ノ郷」には屬してゐたが、池元的な自然的位置にはなく、池御料としての存在も一に人爲的に設定せられたものであり、且其の位置に在つた期間も數十年間の短期間に過ぎなかつたから、上述の制度の廢止に伴つてその特權的な地位をも喪失するに至つたものとなし得るであらう。

河内國の狹山池懸りの場合に在つても、池の再興が慶長年間で比較的新しく、豐臣氏の財力によつて完成したものであり、其の間特に池の再興・維持に力を竭した村も存在しなかつたから、其の後池懸りの全般を統御し得る如き有力村の發生もなく、唯池から導かれる用水路の最上流に沿つた數ヶ村が配水關係に於て有利な地位を獲得し得たに過ぎなかつた。斯る同一用水區域內に於ける村落相互の地位の强弱は、經費の負擔及び用水分配の場合に尙一層端的に表現せられるのであるが、是等の諸問題に就いては更に後に詳述するであらう。

以上縷述した處は、用水組織の內部に於ける特權的有力村の出現に就いて、其の優越權の諸相と、それを生ぜしめた原因とを、河懸りの各事例に徵して述べたのであつた。然し用水組織の內部構造は、決して上述の如き少數の有力村と、他の多數の、平等な權利の下に立つ村落とのみから構成されてゐるものではなく、多くの村落の間に幾段かの階層的な秩序の在るのが一般である。池懸りに於ける引水權の階層的な强弱に就ての論述は次章に讓り、玆では河川懸りであり、村々の引水權には夫程著しい差異を見出し難いにも關らず、用水組織としての村落相互間の社會的地位に、上下の差別的待遇の著しい佐渡國長江川流域の場合を例示して、他の場合を推す手懸りとしたい。

長江川は金北山に源を發し加茂湖に注ぐ下流部の河幅約二間の小流で、佐渡が降雪量の大なる事及び水源地方に樹木の密生してゐる等の事の爲に、その水量は大略豊富と云ひ得る程の狀態に在る。長江川筋用水路の分派の狀況は次の如くに表示し得る。

- 長江川（定江二本）
  - 下　江（長江川本流ニシテ自然ノ水路）　長江・釜屋・籠米（コゞメ）三ヶ村ノ用水
  - 上　江（人工水路）（三ッ江）
    - 大　江　上・下横山村ノ用水
    - 中　江　上横山及ビ三瀬川ノ一部ノ用水
    - 立　野　江（太郎右衞門水）
      - 三瀬川
      - 立　野
      - 本　郷

即ち長江川の自然流水を一旦「一の關」と稱するコンクリート造りの堰止の上に導き、此處で下江・上江の二筋に用水量を折半分水する。下江筋は暫く措き、上江筋に分たれた五分の水はやがて「三ッ江」と呼ぶ五ヶ村の分水點に至る。此の地點では表示の如く、大江・中江・立野江の三本の水路に分流せられるが、其の分水率は文化二年の調査に懸る各水路沿ひの灌漑反別に比例する、分水口の幅の廣狹によつて用水量が決定せられ、其の割合は大江筋五十六町歩餘で幅五尺六寸、中江筋は十三町歩餘で一尺三寸、立野江は二十九町餘歩で二尺九寸となつてゐる。

玆に興味深いのは上述の如く一應合理的な分水比率が採用せられてゐるにも拘らず、各水路に沿ふ村々はその地形

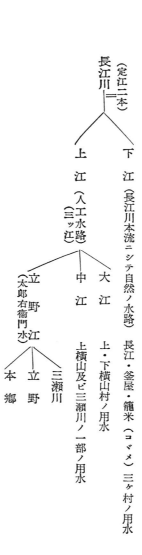

に高下があり、又土質も異つてゐる爲に、旱魃に際して三瀬川・本郷等の下流部で逸早く用水不足を生じた際の救濟手段として、上流の水を上述の分水率に拘らず臨時に不足地へ放流する慣行の存することである。即ち此の臨時融通を行はんが爲に、上流村々による下流の旱損狀況の實地檢分を目的とする「五ヶ村檢分」或は「八ヶ村檢分」と呼ぶ制度が存在し、檢分の結果一時的に與へる水を檢分水と名付けてゐる。五ヶ村檢分は八ヶ村檢分に比して水不足の程度の稍〻低い場合に行はれるものであるが、夫々八ヶ村及び五ヶ村によつて實施する檢分水の際の恆例である宴席に於ける村々の代表者の坐席の問題は、長江川筋用水路開鑿の沿革から生じた村々の相互的地位の優劣を最も明白に示すと共に、其の間下横山と立野兩村間の坐席爭をも含み、用水權の優劣をも表示する意義を有してゐる。八ヶ村檢分の際の坐席は次の如くである。（左を上席とする）

左四席	本郷
左三席	三瀬川
左二席	○立野
左一席	上横山
正中席	長江
右一席	釜屋
右二席	○下横山
右三席	籠米

長江が第一席たる正中席を占める事は、長江部落の地理的位置の點から妥當であるのみでなく、上江の開鑿が中世期に於て、長江・瓜生屋・釜屋の三ヶ村を領有した小地頭名古屋氏と、上江流域の村々を領有した吉井郷の地頭藍原氏との婚姻關係の成立によつて初めて行はれたと云ふ事實からも當然で、長江は長江川筋用水路の總元締であると共に、下江筋の元締として多年確保し來つた地位其物の表現である。上横山は上江筋の元締たる事によつて左一席たる第二席を獲、釜屋は名古屋氏の舊領であつた由來と、下江筋では長江に次ぐ自然的位置に在つた爲に、立野は上江の立野江筋の代表である事に基いて夫々の坐席を占めてゐたのである。斯の如く村々の坐席は、地理的位置と長江川筋用水に對する發言權の大小を示してゐるが、立野の有つ左第二席を爭はんとするのが、右第二席の下横山であり、兩村の間に所謂坐席爭を屢〻現出してゐるのである。

猶上掲水路の系統の中に、長江川本流に二本、立野江に一本の定江（ヂヤウエ）と呼ぶ小用水路があり、定江は上江・下江が番水配水を採用する時でさへ、定江一ぱいの定流水を得る特權を有するものであつて、長江川の本流から引水する二本の定江は井上玄重の、立野江から引水する一本の定江は「太郎右衞門水」の名の儘に佐々木太郎右衞門の、夫々の水田にのみ注ぐべく敷設せられたものである。彼等兩人は慶長年間に上江・下江が整理擴張せられて現狀の分水系統の完成した際に大なる功績があり、此の功に報いるべく夫々の定江の權利を許されたと云ふ特殊な存在であつた。斯る由緒によつて、爾後立野江筋を代表して八ヶ村檢分に立會するのは此の佐々木氏の世襲的特權となり、之に對して自村の優位を主張するのが下横山である。下横山の主張の根據は其の村の灌漑反別が十九町九反餘で、立野の十六町五反餘に比して三町四反廣く、其の爲に立野の上位に坐すべきであるとする。單に地理的位置のみならず、灌漑反別と云ふ一種の經濟的觀點からの比較を根據としてゐる。立野は之に對して、灌漑反別は立野分のみでは下横山よりも少いが、立野には本郷村の分をも併せ含んでゐるから、却つて下横山よりも二反多いことゝなると反駁してゐる。上掲表の如く立野が左の二席で下横山の上位に在るべきことは、明治四十二年に八ヶ村間で決定せられたのであるが、下横山は其の後も機會ある毎に尙も上位を爭はんとしてゐるのであつて(7)、斯る點に用水問題に於ける所謂部落意識の最も露骨な對立を見出すのである。

長江川筋に於ける八ヶ村の坐席順は、既に述べた如く、一用水區域内の村落間に屢〻見出される階級的層序關係を露はに示す事例ではあるが、河川懸り溜池懸りの何れに在つても、これ程表面化してゐない迄も、之に類似した現象として村々の地位に階層の存在する事實は否定し難い。

(1) 拙著「近江經濟史論攷」四〇六頁
(2) 本書後篇 十三「甲州朝穗堰に於ける高原地開拓用水問題の特殊性」參照
(3) 大原鄉他領四ヶ村文書「正德二年の分水覺書」寫
(4) 拙著「近江經濟史論攷」三四六頁
(5) 同 三四四頁
(6) 本書後篇 七「近世に於ける讃岐滿濃池の經營と管理」參照
(7) 佐渡吉井村立野 佐々木亘氏所藏記錄

第三節　費用負擔より見たる組織と費用の負擔者

用水費は一應村別に割當てられるが、村々の費用負擔の基準として次の五つの場合がある。

1は村割であり村の大小、灌漑反別の廣狹を問はず、村毎に均等に費用を賦課するものであるから、時としては村落を構成する個人の肩に懸る負擔の上に輕重の差を生じ易い缺點がある。然し一村を獨立の平等な用水權の所有者として遇すると言ふ點では、强ちに不合理とも云ひ得ないものが在る。

村割制を採用してゐる實例の一としては讃岐國綾歌郡萱原掛井手の萱原・瀧宮・陶三ヶ村がある。掛井手の水を各村の溜池に一旦取溜め、然る後に潤すべき三ヶ村の水田高は萱原二百石餘、瀧宮二百石許り、陶三百石餘で、陶・萱原・瀧宮の順序であつたが、配水の順序は之とは異り、掛井手の開鑿時に於ける三ヶ村の相互關係から、萱原・瀧宮・陶の順であつた事は既に觸れ來つた處である。斯の如く掛り水田の石高に差異が存したのみでなく、取溜の實日數に長短が生じ、三ヶ村の各ゝが掛井手から被るべき恩澤には、引水取溜順位其儘の差等の存した事が察せられる。然るにも拘らず三ヶ村は井手懸りの費用負擔に於ては全く三分の一宛の均等村割であり、此處に其の地位が甚だ不利でありながら、井手水の利用率に比して過分と考へられる負擔を餘儀なくせられた陶・瀧宮、殊に陶の不滿があり、文化十五年[1]の如く兩村から萱原に對して、用水取溜の爲の井手水の引渡期繰上げの要求が行はれる原因ともなつたのである。

然し此の井手開鑿の動機が動機であつたゞけに、萱原村の此の問題に對する態度は極めて強硬であり、萱原から願ひ出て完成した井手の水であるから、陶村が三分の一宛の均等村割負擔に耐へ得ないと云ふのであれば、陶村への費用の割付を止め、井手掛りから除外する事も辭せずとの主張であり、十二年後の嘉永三年正月迄も此の問題は紛糾したが、遂に陶の屈服となり、引縺中で是迄支出してゐなかつた分の用水費用をも、元利共に揃へて差出す事は陶村には不可能ながら、以後少々宛は過分に差出すべきことを條件として、再び舊來の負擔關係に立還り、三ヶ村均等の割賦を承諾したのである。用水路の開かれた經緯と、瀧宮・陶が井手筋の完成後に加入した用水區域であつた事の爲に、一見非合理的な村割りが、萱原の強い主張によつて永く維持せられたのである。

甲州北巨摩郡淺尾堰水路の末流に連る穂坂堰水路關係の三之藏・宮久保・三つ澤の三ヶ村も、大體村割と見るべき堰費用三分の割付法を採用してゐた。尤も三ヶ村の灌漑反別は三之藏六町二反九畝餘、宮久保六町三反四畝餘、三つ澤八町七反四畝餘で、灌漑反別自體にも少差が在つたが、全體として水田面積は各村共意外に僅少であり、穂坂堰は是等の水田に注ぐ爲と言ふ目的の他に、三ヶ村の飲料水・雜用水を獲得する事が前者に劣らず重要な意義を有してゐたから、三ヶ村は灌漑水としての他にも是等の用水供給のもつ重要性を承認し、元々狹い水田面積の村毎の反別差を考慮外に置き、三つ割を採用したのであらう。前述萱原掛井手の三ヶ村の場合と同じく、村割均等負擔の不合理性の前に、他の要因がより強く働いて村割制を永く維持せしめたものと考へ得る。尤も三ヶ村中の三之藏村分の中には、小村正樂寺村分の一町五反九畝をも包含せしめ、合せて一ヶ村分の負擔とし、正樂寺は三之藏の負擔分中の五分の一を負つてゐる。

以上の二例は村割の不合理を關係村が知悉しながら、これを維持せしむべき特殊な事情の存在する爲に、村割りが永く採用せられてゐた事例であるが、村の規模の大小を問はず、自然村たる村落の獨立對等權を尊重し、かゝる自然村の綜合體としての庄・郷の組織の特質から來た上述の二例とは異つた意味での、恐らくは近世以前の古い庄・郷組織の性格の殘存と見做し得る用水費用の村割りを實施してゐたものに、江戸時代に於ける近江國阪田郡大原庄の場合を見出す。出雲井懸りたる大原庄の十五ヶ村は、村毎に井懸り費用の負擔が同一であるのを原則とし來つてゐたが、井懸り高の特別に少い春照村の如きは「半役」となつてゐた。斯る村割法の採用が近世以前からの殘存であるとする所以は、春照村の半役は啻に「井掛り半役」のみではなく、他の入會山としての川戸山、一庄の信仰の中心である大梵天王岡神社の維持に關する負擔分に就いても同樣半役なのであつて、元來は半役でなく丸役であつたが、上述の事情の爲に他村と同樣に、特に願ひ出て許された半役であり、本來一村をなす以上は丸役たるべきものであつたのである。(2)

2は灌漑反別割である。これは次の石高割と共に最も事例に富むものであり、和泉國堺郊外の大仙陵池懸り四ヶ村の割賦はこれであつた。

3は石高割であり、前述の灌漑反別割に近いものであるが、江戸期に在つては反別よりも石高が規準として採用される事が多かつた爲に、寧ろ反別割よりも石高割の用ひられる事の方がより多かつた樣である。卽ち反別割こそ灌漑面積の廣狹、延いては用水使用量に從つた近代的な賦課法と考へられるが、石高は必ずしも灌漑面積を正確には表示せず、地力の大小によつて、石高が多くとも面積の比較的狹い場合と又其の逆とを生ずるのは明かである。然しこの石高こそは封建領主にとつての貢納額の基礎をなすものであるから、領主的な立場に在つては、反別以上に石高別をより重視したい意嚮の潜在した事情も推定に難くはない。事例としての美濃國本巣郡席田井組では、村々の負擔の基準は「井役高」と稱する水懸り區域の石高であり、近江國犬上川一ノ井郷に在つても、三本の幹線用水路に沿ふ村別の石高が賦課の基準であつた。池懸りでも滿濃池を初とし、石高割が甚だ多い。

4は郷割と呼ぶ、上述三種の基準を綜合した率の採用せられるもので、備中高梁川の十二ヶ郷に典型的に見出されると共に其他にも事例は相當に多い。

十二ヶ郷の「郷歩割」の組織は夙に慶長十七年に其の基本型が完成し、以後江戸期を通じ、現在に迄著しい變化の見られないものである。所謂十二ヶ郷とは刑部・眞壁・三輪・八田部・三須・服部・庄内・加茂・庭瀬・撫川・庄・妹尾の各郷であり、明治に入つて普通水利組合に組織替への行はれた後も、上述の郷歩割は引續いて採用せられ費用負擔の基準となつてゐる。十二郷は各〻の郷中に數ヶ村を含み、その村々に一郷分を更に分割負擔せしめてゐるが、今一郷の範圍を檢討すれば、十二ヶ郷中、其の石高の最少は三須郷の二千十三石餘、最大は庄内郷の七千二百八十石の如く其の間に相當の距りがある。斯の如く近世の石高に準據して郷の範圍が定められたものでない處に郷割の意義が在ると考へられる。又壹郷の內部でも、村々の郷歩率は石高に比例せず、例へば眞壁郷の四ヶ村は石高に於ては五百五十四石乃至八百四石迄の差があるにも關らず、其の郷歩は共に均等な二分五厘宛であるが如きである。郷歩は村としての立場と、石高と、上・下流の關係から來る有利・不利の差と、其他種々の要素が相合して歷史的に形成せられたものであると爲し得るであらう。

斯る郷割を決定すべき各要素の算入の割合を示すものとして、信州夜間瀬川八ヶ郷の例は、文久三年の「八ヶ郷用水出入諸雜用割合帳」(3)に從へば、面《ツラ》割四分と高割六分の割合で各村に賦課せられてゐる。面割は村毎に差別を設けることをやめ、戸數及び水田面積の廣狹を無視して、全額の四分通りを村數に平均割に割當てるものであり、高割は勿論水田石高に應じて課する方法である。明治以後の近江國姉川筋出雲井の大原郷でもやはり之に似た方法を採用して居り、各字を一單位として「頭割り」と呼び、一字の戸數が三十戸以下と云ふ様な特別の小村を除いて一字一戸とし、此の「頭割り」に全負擔の半額を課し、殘りの半額を地價割負擔として、江戸期若しくはそれ以前からの村割り法を之に改めてゐる。此の様な二・三の基準を併用して導き出された村々の負擔率が、一の抽象化せられた分賦率となつて表現せられる時、玆に郷歩なるものを生ずる譯であらう。

其他郷割を採用してゐる井郷としては、近江國野洲川筋の一ノ井・今井があるが、一ノ井の郷割は伊勢落〇・五、林〇・五、六地藏一・一、小野・手原合して一・〇二、大橋一、高野一であるが、此の井郷の郷割は決して不變のものではなく、寶曆十四年、文化元年、文政十三年と各年代の郷割には何れも多少の差異があり、一ノ井六郷と總稱しつゝも、其の内部の組織は固定的ではなかつた事情を物語つてゐる。最近の郷割歩合の合計が六郷分に達してゐない事は、上掲の數字を合算すれば容易に判明する。今井も九郷と呼ばれるが、一ノ井と同様に村毎に郷割の歩合は異つてゐて、辻一、出庭二、浮氣〇・六五、勝部一・三五、二町一、千代及び阿村各〇・五、古高〇・六、焔魔堂〇・四、伊勢一、合計九郷である。(4)野洲川の一ノ井及び今井の郷割は、前述した高梁川十二ヶ郷の一郷が夫々數ヶ村から成立し、相合して一郷を形成してゐるのとは著しく異り、村別に、灌漑面積を最も重要な規準として決定せられたであらう處の、率を異にする鄕割歩合を有して居り、其の合計が九鄕・六鄕と云ふ數に合致するが如くなつてゐる。察するに野洲川の一ノ井・今井の如き鄕割は、鄕割としては餘程解體進化した形態であり、恐らく最初は村割であり、更に井組の範圍の大きい場合には之に代る鄕割であつたこと前述高梁川十二ヶ鄕の如くであつたものが、鄕の分解と、村々が組織單位としての性格の强化せられるに伴ひ、鄕歩割が村を單位とするものに改變せられ、總稱としての九ヶ鄕・六ヶ鄕の名に合する如く負擔率の歩合の定められてゐる事に、鄕割の名殘を止めつゝ、村毎の鄕歩は端數をさへ有つものへと變化を遂げたのであらう。

5は假に區域別割とも稱すべく、負擔率が二乃至數個の區域別に基く率によつて差等を付けて定められてゐる場合である。

美濃國根尾川の席田井組は江戸後期には費用負擔の上から次の三區域に分れてゐた。一は「莚田惣井役村々」或は「山口乙井井役村々」と稱する十九ヶ村、井懸り石高一萬千二百九十石餘の、本來の席田井組であり、井組の費用を完全に負擔すると共に、用水分配に於ても完全な權利者である。但し其の中の柱本村一村のみは、用水不足の際の特殊な分水法である「番水」「通水」に關係しない事を條件として、寛政九年以後は負擔率を半減する事を許されてゐる。二は「莚田井役除け高村々」の中の「下鄕」、或は「餘流」と呼ぶ十一ヶ村の地域であり、上流部に餘裕ある時に限つて配水を受け、常時は與り得ないものであるから井役高がなく、井組の費用負擔に應ずる要のないものである。三は「井役除け高」區域中の「井上高」と呼ばれる五ヶ村一萬三千三百餘石の地域で、一の「莚田惣井役村々」よりも上流部に位置し、引水が容易であり、且つ「餘流」とは異つて引水しながらも井役を負擔しない特權(5)を有するものである。斯の如く井郷中の上流部に位置する爲に、費用の負擔から免れ、井郷外に立ちながら、用水引用のみは無條件で行ふものを、近江國湖東地域では「德水」(6)と呼んでゐる。姉川出雲井の伊吹、愛知川高井の池田、同愛知井の岸本等の如くであつて、井組の井元村よりも更に上流部に位置し、而も用水路に沿ふ村が德水區域たり得ることが多いが、名稱こそ異れ、其の性格上から云へば、席田の井役除け高區域中の「井上高」と、此の德水區域とは同一の意義を有するものである。但し近江湖東平地の事例では、德水區域が全用水區域中の一〇%以上に及ぶものは存しないが、席田の井上無役高は席田全井郷の半ばにも達してゐるから其の意義は洵に重大である。

備中高梁川の八ヶ郷は其の名に相應して、濱・子位庄・東阿知・三田・西の庄・五日市・二日市・早島の八郷から成り、此の八郷が既述の定水・番水の兩用水區域に分れて配水を受けてゐる。殊に寛文三年六間川と呼ぶ新水路の開鑿によつて、二子・松島・德芳・鳥羽・中之庄の五ヶ村が以後新に八ヶ郷に加はる事となつたが、八ヶ郷と呼ぶ本來の名が、其の儘に今尙襲用せられてゐるのは、井郷の傳統性を示すものであらう。扨定水・番水の兩用水區域は同一の取入口から享けながら、配水法に於て異る如く、用水費用の負擔に於ても別個の組織を有し、區域別負擔の一例を爲してゐる。卽ち定水川筋及び其の流末を享ける倉敷川用水・富久用水の二用水の流域は合して「八ヶ郷定水組」を作り、番水川筋では更に分岐する山根・中・三番の三本の用水路に沿ふ十六ヶ村が「八ヶ郷番水組」を組織してゐる。而してその用水費は、定水・番水の兩組共通の施設たる大樋貳艘の普請入用に就いては定水四分、番水六分の分賦率であり、通例の普請費用は十二に區分し、其の二を定水組、殘る十を番水組で負擔する。「四寸樋」で分たれる用水量が、定・番水等量であるにも關らず、費用負擔に於ては兩區域間に著しい差があり、定水川筋に於て費用負擔率の餘程少なかつた事實を知り得るのである。猶番水川筋十六ヶ村の負擔率は左の如く、松島・中庄・三田・子位庄・早島が夫々一・〇、徳芳・鳥羽・二子・西坂・生坂・平田・中帯江が〇・五、五日市・二日市各〇・七五、大島・福島〇・二五となつてゐる。

斯の如き定水・番水兩區域の負擔率の差を生じた所以は、用水組織に參加した時期の前後關係に由來するもので、此の關係が延いては用水分配量とも密接な關係を有する事は後章に於て再説せんとする處である。

次に上述の諸基準に基いて割當てられた費用負擔率が、灌漑面積との關係に於て、將又用水分配率との關聯に於て如何なる程度の合理性・非合理性を有するやの點並に、其の背景如何に就いての考察を試みる。勿論村割、灌漑反別割及び之に近い石高割等は除外し、主として鄕割の場合に就いて檢討を行ふ事とする。

鄕割と灌漑面積との關係から、一井組内に包含せられる村々の、單位面積當りの步合を算出し、村別負擔率の高下を示すものとして、先づ近江國野洲川筋今井組(7)の場合を掲げる。

村名	鄕割	灌漑面積	單位面積當り鄕割負擔率（最低の出庭村を一〇〇とす）
		町	
辻	一・〇	四〇・三	一六六
出庭	二・〇	一三四・一	一〇〇
浮氣	〇・六五	二七・八	一五六
勝部	一・三五	八四・八	一〇七

二町	一・〇	二三・五	二八一
千代	〇・五	一六・六	二〇一
阿	〇・五	二三・九	一四〇
古高	〇・六	三〇・三	一三四
焔魔堂	〇・四	一八・〇	一四七
伊勢	一・〇	三四・〇	一九七

出庭の負擔率が最小で、最大は二町村の二八一と十ヶ村の間には其の率に可成りの差異が在る。又上掲の村名は概ね上流から下流への順序に記したものであるから、一般的に言へば下流程負擔率の高くなつてゐる事實を知り得るのである。又同樣に近江國愛知川筋愛知井(8)の場合を示す。

村名	郷割	灌漑面積	單位面積當り郷割負擔率
小田苅	一・〇	四三・〇町	一〇〇
大清水	一・〇	一四・〇	三〇七・一
南清水	一・〇	八・七	四九四・二
北清水	〇・五	一七・〇	一二六・四
清水中	〇・五	二四・三	八八・四

小池	〇・五	二〇・五	一〇四・八
長	〇・五	一六・〇	一三四・二
勝堂	〇・七五	三〇・〇	一〇七・四
横溝	〇・五	一四・五	一四八・二
西菩提寺	〇・五	二〇・七	一〇三・八
南菩提寺	〇・二五	一三・三	八〇・八
北菩提寺	〇・二五	二一・六	四九・九
畑田	一・〇	四二・六	一〇〇・九
平居	〇・四四	三三・三	五七・三
苅間	〇・三三	二四・四	五八・六
栗田	〇・二二	二八・一	三三・九

井元の小田苅村の率を一〇〇とした數字であるが、大清水・南清水等の上流部の村が、灌漑面積が狹い爲に高率となつてゐる事及び、下流部の平居・苅間・栗田の村々の低率である事が特徴的であるが、大清水・南清水が高率に甘んじてゐるのは、井郷内の「上五番」に屬する村として鯰江井の水を補助的に引水し得る特典があり、用水量の豊富である事によつて高率負擔を支辨し得る根據があるからと考へられ、これに反して流末三村の低率は、其の位置上の不利により、旱魃時には愛知井の水に賴り得ない樣な狀態に在るから、斯る低率も尙有利とは云ひ得ない有樣であり、

彼是算勘して低率を許されてゐるものであらうか。

更に近江國日野川筋の宮井組では、岩井・川守・田中及び綾戸の三組が、人夫の負擔率に於ては同等の負擔であるが、三組の灌漑面積には相當の開きがあり、岩井四一・五町歩、川守二一・〇町歩、田中及び綾戸五三・七町歩で、最上流位置の岩井村よりも、末流の田中及び綾戸の場合が最も有利であり、川守の場合は不利が甚だしい。田中及び綾戸の有利性は、宮井が其の成立に於て、宮井の名の示す如く苗村神社の存在と密接な關係があり、而も此の兩村が所謂苗村神社の「木の葉落ち」と稱せられる、神社の直轄的地位に在る村である事に有力な理由を求め得るであらう。川守村は一旦宮井組を脫して後再加入した爲に、反別に比して高い負擔に定められてゐる由を傳へるのも、經費の負擔率と灌漑面積との關係が、單に上・下流の位置と、計算上の數字に基くものではなく、井組の組織の完成を見る迄の、種々の史的要素によつて決定せられてゐる事を知り得るのである。

備中高梁川八ヶ鄕番水區域の村別費用負擔率と灌漑反別とを左に示す。(9)

村名	費用負擔率	灌漑反別
松島	一・〇	町 六六・六六
德芳	〇・五	二五・六〇
中庄	一・〇	一〇〇・八〇
鳥羽	〇・五	二二一・〇〇

三田	一・〇	三三・九九
二子	〇・五	六〇・八四
西坂	〇・五	四六・五六
生坂	〇・五	九一・一六
子位庄	一・〇	二七・二〇
平田	〇・五	八一・六二
大島	〇・二五	二九・六五
福島	〇・二五	四九・三七
五日市	〇・七五	四一・二〇
二日市	〇・七五	三三・五〇
中帶江	〇・五	四五・三二
早島	一・〇	一三四・一〇

郷割の複雜なる性格は此の場合に最もよく表現せられて居り、灌漑反別が郷割を定めるに當つての決定的條件でない事情は、早島の一三四町餘歩と、子位庄の二七町餘歩とが同一の負擔率であることに殊に著しく窺はれる。縱ひ灌漑面積に比して比較的高率の費用負擔をなす村と雖も、一旦用水不足に際會した時、負擔に比例する多量の用水を與へらるゝに於ては、一見高率に過ぎる負擔も決して過當とはなし難いであらう。玆に又費用負擔と用水分配

量との關係を一瞥する必要がある。近江國野洲川の一ノ井鄕に就いての數字(10)を左に示す。

村名	鄕割	配水時數《トキ》	鄕割に對する時の率（但し最上流村を一〇〇とす）
伊勢落	〇・五	七・〇	一〇〇
林	〇・五	三・〇	四二・八
六地藏	一・一	一二・五	八一・四
小野・手原	一・〇二	六・〇	四二・〇
大橋	一・〇	六・〇	四二・八
高野	一・〇	九・〇	六四・三

必ずしも上・下流の順位其の儘に、鄕割負擔に對する配水時間數の關係が、有利から不利へと規則的には現はれてゐないが、上流程負擔率の割合に多くの配水時間數が與へられてゐるとは云ひ得るであらう。上述した備中高梁川八ヶ鄕の番水組では、費用負擔率たる鄕割が、灌漑反別よりも全く配水時間數たる番水時間に準據してゐる事情は左表(11)によつて明かである。

松島	一・〇	四八時
徳芳	〇・五	

中庄	一・〇	四八時
鳥羽	〇・五	
三田	一・〇	四八時
二子	〇・五	
西坂	〇・五	三六時
生坂	〇・五	
子位庄	一・〇	一二時
平田	〇・五	六〇時
大島	〇・二五	
福島	〇・二五	
五日市	〇・七五	二四時
二日市	〇・七五	二四時
中帯江	〇・五	一二時
早島	一・〇	二六時

子位庄、平田・大島・福島、中帯江、早島以外の場合は郷割の率は全く番水時間に伴つてゐるが、子位庄は灌漑面積が狹少とは云へ、他村に比して約三分の一の時間を與へられてゐるに過ぎない事は、負擔のみから論ずれば過重と

言はざるを得ない。

經費負擔の内容としての費用と勞力とは、多くの井郷に在つては其の區別の立てられてゐる事は稀であり、費用も、勞力としての人足も、前述の村毎の負擔率を基として賦課せられるが、近江國愛知川筋愛知井郷の如く、村々の負擔が費用と勞力とに分つて定められてゐることもある。而して村々に對して井郷の經費の割付が行はれた場合、各村は其の内部に於ては如何にして個人に負擔せしめるであらうか。此の問題に就いては從來明かにせられた所が甚だ少く、且つ此の點を明確にする史料も乏しいが、一般的には農民の持高割に徴せられる事が多く、それが小作地である場合には、根本的な用水施設に要する費用は地主の、勞力は作人の負擔である事が多かつたと稱せられる。「仙臺藩租税要略」(12)の如く、用水施設の爲に人夫を出夫せしむることを禁ずる旨の布達も見られるから、勞力一般に於ては作人側により多く懸り易かつた事は否定し得ないであらう。水田が小作地として作人に附せられる時も、水田に附屬した水利施設は水田と一體をなすものとして作人に貸與せられ、前述の性格から其の施設の使用料は地主作徳米の中に包含せられてゐた。然るに灌漑に要する勞力が甚だしく大であり、到底作人のみの負擔に耐へ得ない程度のものであるに至つては、玆に地持と作人との間に、灌漑に要した勞力の負擔に就いての特殊な契約關係の發生を招來せずにはゐない。斯る關係の特殊例として、伊豫國周桑郡周布村附近に於て、特殊の旱損地域で人工灌漑に勞力を要すること多大であつたと云ふ地域的特殊事情から生じた、地持から作人に對して與へる、人工灌漑に要した勞力を地持に於て補償する意味をもつ「與荷米《よなひまい》」慣行の大要を略述し、灌漑費用の負擔に於ける一方の極を示すと共に、用水費の負擔に就いての一般事情を推す手懸りとしたい。

周布村[13]は荒れ河中山川の中流部西岸に在り、河川から直接に用水を導き難く、亂流の遺跡である堤外の湧泉を水源となし、之を人工で汲み上げて田用水に供してゐる。湧泉は江戸時代から三十餘ヶ處の多數に達し、大は長さ百間に餘る程のものも三・四ヶ所あるが、その多くは四・五坪の小面積のものに過ぎず、灌漑汲み上げの器具としては專ら碓舂・桔槔が用ひられ、旱魃期には晝夜の別なく汲取り、豪雨の降る一刻が僅かな休息時間となつてゐた程の土地であつた。「與荷」慣行の行はれ來つたのは周布村の全湧泉懸りに關してゞはなく、「北川大關」の上流八ヶ所の湧泉懸りに於てのみであり、關係面積は周布全村水田の約三分の一、百數十町歩である。

「與荷」の慣行は上述の用水難、殊に人工灌漑に要する勞力の甚しい爲に、旱魃年には地持から作人に對して、用捨米として作德米の中から其の勞力に對する補償を與へる慣行が成立し、殊に天保十一年、此の用捨米の授受を廻つて地持・作人の間に紛爭を生じ、隣村庄屋の仲介・斡旋によつて內濟一札の交換となり、此處に「與荷」慣行の成文化を見るに至つたと考へられる。

「與荷」には次の四種がある。

(一)は荒田與荷であつて整地植付に天然水のみに賴る能はず、人力又は機械力で汲水して植付を了した時は「荒田與荷」の名で地主から作人に對して反當り一人役を補給する。

(二)の「一番與荷」は荒田與荷の條件が具備して後、尙旱天が續き人工汲水三十日に至る時は反當り一人役を補給する。

(三)の「二番與荷」は一番與荷の條件の具備後、引續き人工汲水十五日に達する時は反當り半人を補給する。

（四）「井出並與荷」は「論所」と俗稱してゐる湧泉「中淵」の下流たる北川に設けた「北川大堰」から灌漑水を得てゐる「一番水口」に於て、旱天の爲に流水の杜絕した時を規準とし、以後水車を以て汲水する時は其の日數の長短を問はず、北川大鬬の上流に水源を有つ「中淵」外七ヶ所の湧泉懸り區域に對して、反當り一斗の與荷が補給せられる。

以上の四種類が昭和の初年迄行はれ來つた與荷慣行の實體である。而して是等四種類の與荷慣行は同じ時代に、完成した形に於て生じたものではなく、時代的に遲速の差があり、地主・小作間幾應酬の末に成文化せられたものである。

上述四種類の與荷規定を檢討して知られる事實の第一は、「荒田與荷」は兎も角、一番與荷、二番與荷の成立には田植後少くとも四十五日間は全くの人工灌水に依存する事が必要であつて、普通の水田地域に在つては斯る與荷の與へられる樣な年には、恐らくは稻作は皆無とも云ふべき被害を被るべき筈である事が考へられる。然るに田植以前から引續いて天然の水に賴り得ず、猶其の後にも四十五日に及ぶ長期の人工灌漑を續けても、「與荷」を以て補ひ得る程度の收穫を期待し得るのは實に一個の特殊的な現象であり、周布村の近傍が如何に春耕の最初から人工灌漑に依存して居り、而もこれによつて收穫を確保し得てゐたかを證するに足るものである。第二は「荒田」「一番」「二番」の各與荷は、北川大堰の上流地域にのみ見られるものであるから、既に一番與荷の條件の具備せられる時期に在つては、「井手並與荷」の成立するのは當然の現象であり、玆に「井手並與荷」の量が他の與荷の場合に比して多く、從つて「井手並與荷」が地主・作人の雙方に重視せられ、此の成立條件の如何に關する雙方の解釋の差を原因として、後に度々の紛争を生ずるに至つたものと理解せられるのである。

與荷の慣行中最も重要であり、現に關係史料の殘存してゐる「井手並與荷」に就いて論述する。北川大堰は唐樋・中淵・地藏堂三個處の泉の總稱である中淵からの湧水が、一條の河流となつて流れ下る約一粁の下流に於て、幅約十間の水路を斜に堰き、杭を立て並べ、山柴・草等を掛け、其の上部に砂を載せて造つた營造物で、水量が一層減少する時には、更に其の上を土で塗り固める堰である。此の堰止によつて滯留せしめられた水は堰の上流約二十間の左岸に設けた「北川大堰本口」と呼ぶ水路から、河身と略〻直角の方向に約一町の間を導かれ、軈て一區劃約六畝歩の「論所田」と呼ぶ「一水口《いちみなくち》」に注がれる。論所田とは此の一小區劃の水田が「井手並與荷」を廻る度々の爭論の焦點となり、これが同慣行規約の發動如何を決定する指標となつてゐた事を意味するであらう。

天保十一年三月の日付を有する、周布村の頭分と作人分間の內濟一札[14]に現はれた與荷に關する主要な條件は左の如くである。

1　旱天が打續き、北川大關の本口からの水取りが初つたならば、それより上流の泉懸りに對して、反に一斗宛の割合で、飯料與荷を秋收納の節に用捨すべきこと。

2　北川大關掛りは同所からの人工汲水が初つて以後、日數十日を經たならば反に米六升宛を飯料與荷として秋に用捨すること。

3　北川大關からの水取始めの時期に就いては、作人から地主へ申出で、地主百姓が之を檢分の上、相違なき事を確かめたならば村役場へ申出で、村役人中が是又檢分の上で定めること。

4　水取中の與荷錢は反に付五匁、猶日數の重るに於ては又々二匁五分宛を與へる筈。

以上によつて天保年間の內濟條件としての與荷の規約は、與荷條件の具備した時には秋になつて飯料與荷の名の下に、作德米の中から用捨したものであり、名は用捨の文字を用ひてゐるが、旣にこの年代には地主の恩惠的な用捨米から變化して、人工灌漑の特別勞働に對する、飯料としての補給米、或は負擔分たるの意義を明かに示してゐる。然るにこれより以前の與荷は「飯料與荷」であつたから、天保十一年の內濟一札へと導かれた豫件である、前年天保十年の旱損による地主・作人間の紛爭の解決法としては、反別當りの用捨法ではなく、家別に米二斗宛の用捨が行はれたのであらう。尙北川大關上流八ヶ所の水源とは、猿石掛り、草萩掛り、祖ノ木懸り、天王泉懸り、元松泉掛り、唐樋掛り、中淵掛り、地藏堂懸りの事であり、此の八ヶ所は用水難の程度も一段と激しかつたから、北川大堰の水が自然の儘では「論所田」に達しない時期に到れば、反當り一斗の「飯料與荷」を受け得ることゝなつてゐたのであるが、北川大堰掛りに於てはそれよりも與荷の條件が嚴しく、更に十日を經て初めて反當り六升の與荷を受け得る譯である。これは北川大堰の堰としての機能の勝れてゐた事が、其の懸りの與荷米の量の上に表はれたものと爲し得るであらう。北川大關一水口の近傍に、周布村內屈指の小作料率の高い水田の存在する事實も、此處に其の理由の一斑が存するであらう。

周布村の灌漑事情は大正年間に入り、碓舂・桔槹に代る揚水ポンプの導入によつて著しい變化を來すに至つた。ポンプ使用の嚆矢は、大正二年祖ノ木掛りに於て三十馬力の吸入ガス發動機を動力とする揚水ポンプの設置に初り、後數年にして周布村內十八ヶ所の泉に全部十馬力內外の動力ポンプの普及を見、昭和二年頃からは更に動力の電化が行はれたのである。

昭和の大紛爭の焦點となつた中淵ポンプ組合は、唐樋・中淵・地藏堂の三個處の湧泉の水を、中淵壹ヶ處の動力機で揚水するものであり、而もこのポンプの設置が、小作人仲間の負擔に於て行はれた處に問題の出發點が在る。ポンプ設置後も「井手並與荷」の慣行は引續き行はれたが、偶〻昭和三年の大旱魃に際して、與荷の條件の成立せんとする一日前に降雨を見た事から、小作人側はポンプ運轉に多額の費用を要して困窮の立場に在つた爲に、井手並與荷から一升を減じた、反當り九升の揚水費補助を地主側に要請し、翌昭和四年と連續した旱魃の影響もあり、遂に兩者の對立となり訴訟に迄も發展したのである。昭和八年四月、小作調停法による和議が成立し、天保以來の水利與荷慣行を廢止し、小作側の設置したポンプ揚水施設の一切に關する債務を地主側に肩替りすると共に、兩者共營の組織となす事によつて圓滿解決を告げ、他のポンプ組合の之に倣ふものゝ續出によつて、茲に特色ある與荷の慣行は消滅したのである。

上述した與荷慣行の存在は周布村のみの現象ではなく、灌漑事情に關する自然條件の類似する隣村の田野村にも見出される處ではあるが、斯る慣行の發生した根本原因としては、周布村が能率の高い水田地域であるにも拘らず、江戸時代以來近隣屈指の用水難の地として特記せられた程の地域で、灌漑手段としては殆んど天然の流水に依存し得ず、人力を極度に酷使する方法が專に行はれ、其の勞苦の激しさの故に、早くから地持百姓と作人との間に、人力汲水日數の引續いて多かつた年には、「飯料」の名の下に用捨米を授受する慣習が生じ、これが度々の紛爭を經て次第に慣行化するに至つたものである。然し一面に於て、斯る恆常的な旱損地であるならば、與荷の成立を廻つての煩雜な手數を省くために、恆久的な小作料の低減を以て之に代へては如何との見解も一應成立し得る譯である。然し與荷慣行の發動を要する程の旱魃はそれ程屢ゝの事ではなく、地持百姓側としては小作料の永久的な減免よりも、之を猶有利とした事情の存したことも見遁し難いであらう。

最初にも觸れた如く、與荷慣行は地主による用水費負擔の特殊事例であり、用水施設に要する費用が主として地主によつて負擔せられると云ふ原則の他に、灌漑に對する勞力の特に著しかつた年に於ては、其の内の幾分を地主に於て援助・負擔すると云ふのが、此の慣行の本質であると考へられる。旱魃地の多い西日本の中でも屈指の用水難の地である東豫の一隅に、人工灌漑の集中的な存在と、又早くから地持・作人の階級分化の著しかつた事實とを基盤としてこの慣行の成立を見たのである。碓舂・桔槔の如き簡單な揚水器具の使用せられた時代には、地主側は單なる勞力補給の意味を有つ與荷米の用捨で濟し得たのであつたが、取付に運轉に多額の費用を要する動力揚水器の設置せられるに及んでは、旱魃年に於ける與荷米の授受のみでは兩者の負擔關係を決濟し得ない狀態に立到り、玆に昭和三年から同八年に亙る紛爭を經て、新なる兩者の關係の樹立に至つたものである。ポンプ設置の費用が地主によつて肩替りせられたことは、江戸時代以來の、用水施設費は地主の手によると云ふ一般的原則の實現であつたとも見做し得るのである。

（1）　香川縣坂出町　鎌田共濟會圖書館所藏寫本「萱原掛井手關係一件記錄」
（2）　拙著「近江經濟史論攷」三六六頁
（3）　「八ヶ鄕組合誌」一二—一三頁「財政沿革」

(4) 拙著「近江經濟史論攷」三四一―三四二頁

(5) 本書後篇 九「美濃國根尾川筋席田・眞桑兩井組間の番水制」參照

(6) 滋賀縣內務部編「農業水利及土地調査書」蒲生郡・神崎郡・愛知郡の卷及び犬上郡・阪田郡の卷

(7) 拙著「近江經濟史論攷」三四一―三四二頁

(8) 同 三四二―三四三頁

(9) 農商務省農務局編「農業水利慣行調査」一二六―一二七頁

(10) 拙著「近江經濟史論攷」三四一頁

(11) 「八ヶ鄉用水史」

(12) 「近世地方經濟史料」卷四所收

(13) 「新地理」第一卷一・二號「與荷米慣行地域に於ける灌漑水利問題の硏究」參照 本書後篇二十二所收

(14) 周布村舊小作仲間某家所藏文書

第六章　用水組織の管理統制機構と其の機能

第一節　中世的管理機構の殘存と其の統制機能

茲に敢へて中世的と呼ぶものは、其の現存の井郷の管理組織が、明瞭に中世に發源してゐて、而も殆んど原初の形態・構造の儘に引繼がれ、用水問題の傳統的性格及び不變性の故に、中世的機構を以てしても尙よく夫々の時代に管理機能を果し得て、克く數百年來を通じて本來の管理機構の姿を殘してゐるものを指し、其の事例としては、南山城瓶原鄕大井手の井手守、近江國姉川筋の大井に於ける井鄕支配の家としての上坂氏或は宮川氏の存在、美濃國根尾川筋席田井組の井頭、備中高梁川八ヶ鄕の樋守、池守としての讃岐國滿濃池の矢原氏等をあげ得る。

元來水田耕作を農業の主體とする吾國に於ては、用水の統制支配こそは總ゆる生産の根幹を把握する事であり、封建爲政者にとつては民政第一の緊要事であつた。中世から近世への時代的推移は、封建領主の規模の上に於ても大なる變化を齎し、室町期から其の成長の萌を示しつゝあつた大名領を單位とする政治的領域の發展は、より大きい領域を傘下に收めた新しい封建領主を基礎とした組織の形成せられる結果となり、之と共に用水の管理統制も、中世の小範圍・小領域に分立・對立してゐたものから、より廣い範圍を包括して一層合理的な統制を加へ得る狀態に導かれた事は確かである。斯る意味に於て近世領主は中世以上に用水統制を强化し得たと云ひ得るであらうし、其の事例は次章に述べられるが、一言にして盡せば、近世領主は其の支配領域の廣いだけに、統制は强化しても其の反面に用水支配は間接的である事が多く、特に最も問題を生じ易い分水に關する事項は、なるべくは直接自らが手を下す事を避け、自然に發生した自治的な組織、或は前代以來の傳統的機構の中、之を存置しても何等の支障とならず、寧ろ却つて自己の支配機能を助け得るが如きものを其の儘に利用し、是等に委任して其の大綱のみを掌握してゐる場合が尠くなかつた。用水の管理機構に於て、數百年來の中世的なる組織が今尙殘存し機能を果してゐるのは、單なる傳統のみによる所産ではなく、斯くの如く其の繼續すべき積極的な理由の幾つかを有した事によるものと思はれる。以下夫々の事例に就き、管理機構發生の沿革、其の態樣と機能、殘存若しくは發展・變貌の要因と姿相、其の現狀等に關して述べる。

洛南瓶原大井手の井手守株十六戶の家筋は、慈心上人が大井手を開鑿するに當つて、常に井手の保護・管理に當らしめんが爲に、十六善神に因んで定めたものであり、「井頭人」或は「井手守」の名を有してゐる。「瓶原井手記」(1)には其の名の所以を記して『……井頭人と云家名被下井頭人ハ井之加しらなれハ難有苗字也』としてゐる。

井手守十六人は瓶原鄕九ヶ村の中、格別の小村である東村を除いた八ヶ村に分置せられて有力な一―二ヶ村のみの獨占ではなく、此の點に於ても瓶原鄕が一條の用水路たる大井手を中心に、堅く融和・結合してゐる事實を推し得るであらう。今日に傳はる村每の井手守の株數(家筋)は左の如くである。

井平尾	四人	岡崎	二人

河　原	二人	登大路	一人
佛生寺	二人	口　畑	二人
奥　畑	一人	西　村	二人

是等井手守株の保有者たる井手守は、「大井手之記」(2)によれば

　十六人之井手守を當所根本百姓と云ふ五百年來今に子孫相續也

とせられてゐる。この根本百姓と云ふ語は、井手守が瓶原の村落社會の内部に於て有する身分・地位を最も適確に表示してゐるものである。現に口畑村の井手守筋であり本家と呼ばれ、井手守株の中でも最も古い家と傳へられる炭本一夫家は、江戸期の承應二年には口畑村の庄屋役であつた。慈心上人によつて所謂根本百姓として井手守に定められた家が、江戸期に於ても庄屋階級の農民であつた事を示してゐるであらう。

井手守十六軒の家筋は、株として固定するを原則としてゐた。其の故に『都而十六人無退轉』とせられ、井手守の家に子孫のない時には、十六人の家筋の中から七歳以下の者を養子として迎へ入れ、其の家を繼がしめる掟であつた。家筋の固定・永續の事實に隨伴して、井手守十六人に與へられたとせられる「給田」の存在があるが、此の問題に就いては別に詳細を本章第四節に譲り、井手守株の移動並に其の現狀に言及することゝする。八ヶ村に於ける井手守筋の家は現在では左の如く成つてゐる。

奥畑　六軒、内中岡姓四軒、山村姓二軒、但し山村姓のものは親戚から株を讓渡せられたもの、六軒の株の中から一人宛年々交代で勤める。

口畑　七軒、全部炭本姓、七軒中から交代で二人宛が勤める。年々二人に夫々正副を設け、某年の副は翌年の正となる。
井平尾　福井・次井・加納・井久保の四軒、八ヶ村中で人數が最も多いのは、村の位置が井手枕に近く、危急の時に馳付けるに都合のよい爲と傳へる。
岡崎　中西兩家二軒から二人を出す。
河原　石井兩家二軒から二人。
西村　大溝・吉田の二軒から二人。
登大路　林氏一軒の株。
佛生寺　金辻・西坂の二軒から二人。

但し金辻株は先頃迄本家に在つたが現在は分家に移る。

尙奥畑や口畑以外の場合でも、「井手筋」と唱へながら、現在は井手守を勤めてゐない家が存在して居り、十六人すべて退轉なしと云ひ、或は養子制度迄も嚴重に規定せられてゐて、井手守株には全く分裂や移動がなかつたとせられてはゐるが、事實に於ては分裂・移動のあつた事が察せられる。佛生寺村の金辻株の如きは其の一例であるし、奥畑・口畑の交代制の如き好例もある。上述の如く同族・血緣者の間に移動した結果は井手筋の家の增加ともなり、交代制をも採らしむるに至つたものである。

「井手守」十六名の掌る大井手の管理統制機能は、「井手記」或は「甕原大井手定記」に詳細に記す處である。今其の大要を年中行事の順を追つて敍述すれば次の如くである。

新年の行事は水路開鑿の恩人たる慈心上人の命日、正月十六日の井手守一同の海住山寺での會合による行事の打合せと、之に伴ふ開宴に初り、正月下旬には井平尾村の井手守宅を會場として、井手の中に溜つた塵芥の掃除をなすと共に井手祭の吉日を定める爲の會合がある。以後正月下旬の井手祭に續き、春から夏にかけて十五度類似の會合があり、報恩講を執り行ふと共に、其の度毎に井手堤の破損個處の修理を行ふ。四月末には「早開《さびらき》」があり、此の後に瓶原郷中の田植が開始せられる。尙此の日は郷中軒並に出夫して井手掘が行はれ、海住山寺の住僧八名による五穀豐饒の祈禱がある。「早苗振《さなぶり》」以後は、「水掛け」が開始せられ、以後井手守は連日二人宛、交代で井手の堰口から流末迄巡回して、用水に漏れ費えのない様に監視に當る。

五月から八月迄の間、旱魃に際しては「杭入れ」が行はれ、流末に迄水の屆かぬ事態ともなれば、十六人が會合して井手への增水を計るが、之を三日三夜續けて行へば必ず奇瑞が現はれて降雨を見る筈とせられ來つてゐる。若し奇瑞も現はれず、水量が愈ゝ減じて井手の取入口に近い位置にある水秤石たる「頭巾《ずきん》石」の水が五合程ともなれば雨乞行事が開始せられ、瓶原郷中は木津河原に八萬八千の石塔を積み、此の間海住山寺僧の祈禱が行はれる。次いで十月十日の蟲供養、十月二十日の報恩講の最終會、蛭子講の祝儀を以て行事は終る。

猶十六度の會合に忌があつて、朔・三・十六・廿八日と月に四日がそれであり、更に三・十六の兩日も解脫・慈心兩上人の命日とて是亦忌日となつてゐる。

井手守の管理機能に關聯した行事に要する費用は『井手の桝とて往昔慈心上人様より傳來の御桝』と呼ぶ、米壹石六斗餘が定額であり、餅・飯・酒肴・紙・納豆等と會合毎の振舞に消費する額が詳細に定められてあり、下戸には甘酒を供すべき旨も記されてあり、會合の頻繁に伴ひ鄕中の負擔も決して僅少ではなかつた事が知られる。

以上の年中行事を通じて窺ひ得る特色は、何れも謂はゞ中世的なる言葉を以て蔽ひ得る時代的雰圍氣の洵に濃厚なものゝ存することであつて、列記すれば左の如くである。

1　行事の數々が何れも海住山寺との深い繫りをもち、海住山寺に住んだ慈心上人が開鑿の主導者であり、井手守を設置した當の恩人であるとせられてゐるだけに、其の後の大井手の維持・管理に、此の寺の關係した程度の甚だ深かつた事を示してゐる。

2　雨乞行事を最大として、その年中行事の中に占める祈禱の地位は頗る重要であり、忌日の定、數のとり方等、井手の開鑿及びその管理の制の創始せられた時代に於ける宗教の權威を其の儘に象徵してゐる。

3　井手守は其の設置の來歷から見れば、近世の村役人的なものとしてよりも、寧ろ井手の管理に關する海住山寺の代官としての、中世の莊官的な性格を多分に有してゐた。その故にこそ近世期に於ては未だ前代の傳統を濃厚に傳へ得た井手守であつたが、明治以後に至つては行事の細部の數々は兎も角、瓶原鄕中に於ける彼等の社會的地位の變化に伴ひ、大井手支配の實權に就いては相當程度の變革を免れ得なかつた。井手の支配權の一部喪失、行事費用額の限定等が之を示してゐる。

4　「大井手之覺」の中にも「口傳」と記した個處が三個處もあり、即ち水秤石によつて水量の增減を知るの法、井手祭儀式の次第、七月末に行はれる井手水口への杭打の個處の改め方の三點がこれであつて、『大井手三ヶ所の祕事にて普く忘る事にあらず不至は忘るべからず』とさへ神祕化せられ、仲間以外の者の窺知を許さずとした事柄であつた。此等が彼等井手守仲間の最も神聖なものとした井手祭、及び水量の測定法、並に用水分配に關する事項であつた事に、其の意義を察し得るのである。「口傳」として是等の點の一般鄉民への傳授の防がれてゐた處に、井手守の持つ封鎖性と、それを生ぜしめた時代的背景とを考へ得るのである。

數百年來の大井手の統制機構及び機能が、殆んど原型の儘に享け繼がれ得た理由には、瓶原が古來一鄉として自然的にも又政治的にも統一せられ易く、纒り易かつた爲に、瓶原鄉水田農業の根幹である大井手の維持に對して協同的な態度を執り得た事情の他、大井手の持つ絕對的な意義は其の引用水量が充分に豐富であり、旱魃年程瓶原は豐作と謳はれる程に惠まれた地域で、其の雨乞も餘程他村に遲れて開始せられ、從つて瓶原鄉の雨乞の始る時期ともなれば、如何なる旱年と雖も旣に降雨期が近く、其の爲に一層瓶原の雨乞行事の效果を近隣に認識せしめ得た程であつて、旱魃による被害の經驗も少く、用水分配の爭論も稀であり、平和裡に、慈心上人の掟と稱する中世以來の傳統が信奉・維持せられ來つた所以である。

瓶原鄉の井手守を中世の宗敎的背景に援護せられ、一鄉の自治的支持と信仰との上に坐して殘存し得たものであるとすれば、近江國姉川筋の橫井及び大井に於ける上坂氏並に宮川氏の位置は、その武力の伸張に伴つて領內の用水支配權をも掌握するに至つた中世の武士階級が、其の後の時勢變轉の波に漂ひ、曾つての積極的な地位及び機能を喪失し、果ては民間に潛む土豪的な立場に沈淪するを餘儀なくせられて後も、地方農民の傳統的な尊信と、之を利用せんとする近世大名領主の擁護とによつて、用水の統制管理機能のみを永く近世末期に迄持ち續け得たものと爲し得るであらう。美濃國本巣郡席田井組の井頭仲間も上坂氏及び宮川氏に近い存在であるが、此の場合には既に江戸期以後に於てはより濃厚に村役人的色彩の加つたことが認められるのである。

近江國阪田郡西上坂の地を本據とする上坂氏は元々阪田郡の名族で、文明頃に上坂治部大輔は守護京極高清の重臣となり、大いに權勢を振ふと共に、其の一族上坂伊賀守は本貫鄕里庄の用水支配をも兼ね行つてゐた。然るに其の後永正十三年に至つて、上坂氏は一應沒落の運命に立到つたのであつたが、終始其の故地を離れず、淺井氏の强勢となつた時代にも用水管理の權は之を保ち續け、現に天文二十二年六月朔日の日付のある、(3)淺井亮政から淺井の重臣大野木土佐守と、この上坂八郎兵衛の二人に宛てた用水分配に關しての達書を殘してゐる。豐臣秀吉の長濱に在城するや、上坂氏を重用せんとして伊賀守の嫡孫八右衞門尉正信を招き、彼は大和大納言秀長に仕へたが、秀長の沒落後正信は致仕して西上坂に退隱し、鄕里庄の用水管理權を掌握し、その分水制度の確立に努めてゐる。卽ち鄕里庄と上流の大原庄との間の一種の分水慣行たる三度水(後述)に關する手續も、彼正信の立てたものが永く後世迄規矩となり、大原の政所に宛てゝ一定の樣式を備へた鄕里庄からの乞水の書狀には、鄕里庄を代表して上坂八右衞門尉正信と、同じく鄕里庄内堀部村の地士たる堀部氏との兩者の名が記される例となつてゐた。正信の子孫は爾後累代八右衞門を稱し、江戸期に入つても彥根藩の許可の下に、大原庄の出雲井組に對する三度水乞水の事、及び鄕里庄六ヶ村五千三百五十五石餘に對する横井筋の番水分水を支配して明治以後に迄及んでゐたのである。

宮川氏の居住した相撲庭村は、同じく姉川に沿つてゐたが、鄕里庄とは反對の北岸に位置し、古くは大原庄の一村であり、その北西の野村・三田村に導かれる用水路「大井」の取入口を擁してゐた。大井は鄕里庄の横井と相對立する位置に在つたから、相撲庭と東・西兩上坂及び堀部との間には早くから水論が行はれて居たが、軈て天文年間淺井氏が江北に覇を稱へる頃となつて大井は其の保護を得、よく强勢な鄉里庄の横井組に對抗し得るに至つた。卽ち天文年間に淺井亮政の二男の出家したものが一庵を結んで相撲庭村に住し、福林寺或は福壽庵と唱へ、又鄉士宮川姓を有するものも淺井の幕下に屬して此の地に在り、時恰も相撲庭の大井を廻つて生じた南岸の兩上坂及び堀部との間の水論に際會して、宮川氏から鄉里庄の大野木土佐守及び上坂八郎兵衞（八右衞門正信の父八郞兵衞意信）に交渉をなし、淺井亮政から相撲庭村の百姓中に宛てた大井の堰止權を保證する旨の一札を得、以後この一札が「大井御墨印之書」と稱して永く大井の存立を保護するものとなつた。其の後天文二十二年の出雲井乞水に際しての相撲庭・鄉里庄間の紛爭には、福壽庵・宮川氏・上坂氏と領主淺井久政との談合が遂げられ、これによつて大井は依然として鄉里庄側に侵されない地位を保ち得、殊に宮川氏は江戸時代に至つて同村の大庄屋となり、出雲井の乞水に際して、大井の特權を守るべく、乞水の際の斡旋者たるの地位に立つことゝなつた。卽ち三度水の行はれんとするに當つては、其の家に鄉里庄の代表者たる西上坂・堀部・春近三ヶ村役人の參集を求めて、其の時の姉川表の自然の流水を鄉里庄側に奪はれず、大井側に取り入れる爲の「分木打」を行ひ、又相撲庭が曾つて大原庄の內であつた關係から、鄉里庄と大原庄との間の出雲井乞水、又の稱呼「三度水」に關しての紛爭の斡旋をなす等、大原・鄉里の兩庄の間の分水及び相撲庭村の大井と、かく三つの用水の管理に與る世襲的存在として、是亦中世末以降の傳統的地位に生きたものである。

美濃國根尾川筋席田井組の世襲的管理者たる「井頭」の發生は、永正二年、美濃の守護大名土岐賴藝が、井鄉中の一村佛生寺村に土着居住する堀部刑部丞を「用水方奉行支配役」に任じたのが濫觴であり、現地に潛勢力を持つ土着土豪の、用水支配の面への登庸と見做し得るものである。この堀部刑部丞光勝の後は累代同じ職を襲ひ、「井大將」或は「井奉行」、又堀部氏系圖の記載に從へば「井奉行名主」として、其の子小右衛門光榮・孫小右衛門光長・曾孫小右衛門光之と寛永年代迄獨占的に用水支配を執り行ひ、『古來は山口井水所へ乘馬に鑓をも持たせ井下名主百姓中大勢召つれ登り申候』(4)と言ふが如き、中世的土豪の面影を偲ばしむるものがあつたのである。

永正二年以降堀部氏の獨占であつた井奉行職は、寛永年間に至つて名稱の上で「井頭」と變ずると共に、其の性格の上に於ても著しい變化があり、中世的用水統制の機構は茲に一應否認せられ、數人の村役人的性格を有する井頭による合議共同責任制へと變質した。卽ち光之の子光景の代となつては役名の「井奉行名主」は「井頭名主」となり、又慶長・元和の頃から井奉行に對する加役的な「井廻り役」が出現し、之が聽て堀部小右衛門家の獨占であつた井奉行或は井頭と對等な井頭へと變化するのである。卽ちこの「井廻り役」は小右衛門光之の弟與左衛門、並に同村の鵜飼八右衛門・鵜飼又四郎の勤めた所であり、「井水役」とも呼んでゐる。茲に佛生寺に於て堀部黨に並ぶ鵜飼黨の井水役への新しい參加が見られる。更に又佛生寺村の三人の井頭と並んで、古くからの井頭として席田井組の支配に與つた隣村三橋村の翠姓の家も、小右衛門光之の老衰を理由に、この時から「加役」井頭に任ぜられたと言ふから、時恰も寛永年間、近世的諸制度の創始期に當り、中世以降の井奉行の傳統を一身に掌握し來つた堀部家の當主も、光之の子光景が病身で、父の光之が老年迄も井頭役を勤めざるを得なかつたと言ふ樣な不利な立場に在り、此の時以來獨占の井奉行職は四人の井頭制へと變じ、以後佛生寺村から出る三人の井頭は、堀部統の本家一人及び鵜飼統の二人が、世襲的に就任する事となつた。

寛永から元祿まで、佛生寺村の三人に三橋村の一人を加へた四人の世襲的な井頭によつて統制せられた席田井組は、元祿以後三回に亙つて井頭數の增加と分置が行はれ、井頭は井組内の多くの村々に設けられ、各地域の利害を代表する意義を有するものとなつて來た。元祿八年の中西鄕、享保七年の長屋・曾井中島、享保十五年の西改田・木田と、此の年までの間に井頭は都合九人に增加したのである。

然し井頭の人數は增したが、九人には其の權能の上で三樣の別があつた。その一は席田井組の全體に關する支配を行ふ井頭で、佛生寺・三橋・中西鄕・西改田の四ヶ村から出る六人がこれであり、その二は枝川の分流八ヶ所の支配立會に參加する長屋・曾井中島の二人、第三は餘流と唱へる下鄕十一ヶ村のみの差配を行ひ、本川通り迄は出ない木田村の一人が之である。

井頭の增加は元々此の井組が相當廣大な地域に亙つて居た爲に、之を統制する便宜上から、井組の内に用水論の起る度每に其の數を增加して、遂に九人に達したのであるが、後には勢威のある領主を背景として、特別の理由もなく井頭を設置せんとする村をも生ずるに至つた。これは幕府が中世的性格を有つ少數の井奉行による獨占支配を排して、統制力の集中から生ずべき弊害を除去せんとして採用した村役人的な井頭の增置策が、分水に對して發言權を獲んとする地元村の願望と相俟つて、叙上の傾向となつたのであらう。寛政六年に提出された下西鄕村の井頭設置の要求に對して、佛生寺・三橋の二ヶ村四人の井頭は、徒に人數のみを增加しては却つて用水掛引の遲滯に及ぶべきことを理由として、共同の反對聲明を行ひ奏功してゐる。此の邊に旣に「井奉行」でなくて、井頭に變じ其の數も增して傳統の稀薄化した井頭が、わづかに其の中世的な香りを止め得た限界が在つたと考へ得るであらう。

井頭全般としての近世的村役人化の傾向は、上述の如く全く無視し難いものがあつたが、之を佛生寺一村内の狀態に就いて見るに、猶依然として甚だしく封鎖的・特權的な存在であつたことを確かめ得る。佛生寺村三人の井頭は土着の堀部・鵜飼兩黨の獨占であり、而も兩黨内に在つても本家及び之と近い特殊の關係をもつ一―二家の間に占められてゐた。兩黨は中世末には未だ多分に武士階級としての色彩を有してゐたが、近世に入ると共にその土豪的性格の形骸は存置しつゝも、社會的地位の低下は免れ難かつた。とは云へ彼等自らは佛生寺の村内では「惣頭分」として黨的な結合を保ち、文化頃には堀部姓十一家、鵜飼姓二家の計十三家が、產土神春日神社の祭祀にも座的結合を行つて祭祀を獨占し、一般村人と隔離して上層階級を構成してゐた。卽ち脇百姓と呼ぶ他の村民階級と婚を通じない事は勿論、脇百姓の統制の爲の、「惣頭分十三軒示合一札之事」[5]の如き規約をも有し、一致結束・相互扶助、以て其の威嚴を保つに努めてゐた。又堀部本家及び鵜飼黨の二家中の一家は井頭と共に佛生寺村の庄屋役をも兼任してゐた。事用水に關しては席田井組數十ヶ村の庄屋の上に立ち得た井頭も、居村たる佛生寺の村内では單なる頭百姓であり、庄屋役をも兼ねて、公的には完全に武士階級と絕緣してゐた事を知り得る。又石高九百石未滿の格別大村でもない佛生寺に、村内を六分・四分に分擔する兩庄屋の存在する事情も、上述の兩黨併立の事情から理解し得るのである。然し庄屋役に比して井頭役はより私的な、井組の傳統とその自治的組織によつて支へられてゐた性格のものであつたと考へられる。『身上不如意』を理由として兼帶の庄屋役は退いても、井頭役のみは其の儘に勤めてゐた事例は二・三に止らない。庄屋が公的な村落制の上に於ける村の役人であるのに對して、井頭が傳統に育まれ、井組内部の統制上の便宜の爲に設けられ存立せしめられてゐたものである事に由來するであらう。

尤も堀部・鵜飼の兩黨は一面下百姓に對しては結束しつゝ、その內面に於ては相互の地位の優劣論から屢〻內紛があり、堀部本家の井頭筆頭の主張を中心に紛糾を重ね、遂に訴訟問題に迄も發展した程であつたが、百姓階級には先祖論・系圖論も無用なりとの幕府の見解により、あくまで自家の優位を主張し、中世以降の傳統の權威を楯に、席田井水の統制權の中心たらんとする堀部本家の後は、遂に庄屋・井頭兩役の取揚げとなり、且つ井水關係記錄の中、小右衞門の名宛でないものを一切地頭へ差出すべく命ぜられたことは、從來井頭の獨占であつた井組の支配統制權の一部が、地頭の手に移つたことを意味し、中世の守護大名から任命せられて後、三・四百年の間世襲的に席田の用水を支配し來つた井頭の井組統制機能の上から見れば、實に劃期的な事件であつたと云ひ得るであらう。

井頭の機能は寛保二年の「井頭勤方之覺」(6)に從へば次の如くである。これは享保十六・十七年の惣頭分中の內紛の結果として、井頭六人による年番制が確立し、更に此の勤務要項が規定せられるに至つたのである。

1　分水に必要な一切の工事・施設の支配監督。即ち例年早春に着手せられる眞桑井方との分水取入口たる山口普請所の普請計畫、及び夏至の八十四・五日以前から着手せられる普請の連日出張監督があり、又井組內の紛爭を惹起し易い井筋の掘浚等は何れも井頭の管理に屬するものである。一旦爭論が生ずれば井頭は調停に奔走すると共に、時としては自己の屬する村・井筋の權益の擁護の爲に起つこともあつた。井頭を有しない村が、競つて新規に井頭の設置を希望してゐるのは此の爲である。

2　席田井組の下流井組に當り、山口で分水する眞桑井組との間の番水並に渇水時の席田井組內に於ける通水の取扱と、分水刻割表の作成。是は1と並んで井頭の最も重要な機能で、井組の容喙を許さない。寛文五年郡奉行の達書にも『とかく井頭次第にいたし候樣』と示されてゐる通りである。

3　井組及び井頭仲間傳來の書類の保管。

4　眞桑方の他一切の他井鄕との交渉關係の處理。

5　豐作祈願の爲の伊勢への代參。席田井を伊勢井と稱し、洪水・渇水の憂なく滿作を期待して年々井頭中から代參を行ふ事は寛永二年以降の例となつてゐる。立願の村は寛永年間は十二ヶ村、醵出米九石六斗であつたが、文化十年には更に四ヶ村が加つて米も二石餘を增し、此の祈禱を例年交代で引受ける御師が三人あつた。祈禱の主旨は『莚田へかゝり申山口井水うまり不申せきぬけ不申水かゝり申樣』と井組の希望を率直に披瀝してゐる。尙此の「立願米」が「井料」の別名で呼ばれてゐる事は注目すべきである。井の維持に要する費用米の意であらうか。

6　井組村々への井水費用の割賦徵集。これは井懸り村々の井役高に對して賦課せられたのである。

備中國高梁川八ヶ鄕の管理の上で最高の權威を有したものは「樋守」である。八ヶ鄕は新・舊の兩用水路筋たる番水川と定水川とから成立つてゐたから、樋守(7)も兩水路筋に夫々設置せられてゐた。卽ち八ヶ鄕は濱村の用水の取入口へ、後に宇喜多氏の計畫した新しい水路を合併して成立したものであるから、宇喜多氏の重臣岡豐前守、及び奉行たる千原民部から濱村の地頭阿曾沼四郎三郎に對する交渉の成功後、阿曾沼氏は樋守として水路の管理者に任ぜられ、其の居地を濱村から取入口の酒津に移し、定水川筋を代表して濱村の庄屋役と樋守とを兼ねて子孫相繼いだ。寛政年間に其の家の他に移轉するや、樋守は庄屋職を繼いだ屋葺氏に移り、以て明治の初年に及んでゐる。又宇喜多領子位庄村の庄屋も番水川筋を代表し、濱村の阿曾沼氏と並んで樋守に任ぜられ、子位庄は後に備前領となつたが樋守たる事は變らず、天正年間から明治初年迄窪津を姓とする家の世襲する所であつた。子位庄の庄屋が樋守となつたのは、子位庄村が番水川が更に山根・中・南の三川に分流する所謂「三分水」の個處に近い重要位置を占めてゐた事によるであらう。樋守の管理機能は井郷の割賦の決定、八ヶ郷の重要事項に關する協議、重要書類の保管等であつた。

濱村及び子位庄の樋守は夫々井郷成立の由來を物語る定・番水の二組を代表してゐたと共に、江戸期に入つて井郷村々の政治的歸屬が變更せられて後は、偶然の結果とは考へられないことではあるが、八ヶ郷區域の政治的な形勢を左右する二大勢力であつた天領と備前領を代表する事にもなり、その井郷の支配に於ては隣接する湛井十二ヶ郷等とは異つて、樋守が餘程專斷的な權能を多く留保し、職の世襲に伴ふ中世的要素を比較的多く殘してゐたのであつて、此の點では上述席田井組の井頭に稍〻近いものであつた。

巨大な溜池の池守としての滿濃池の矢原氏の存在は、元來池其物の機能の再興が寛永八年と云ふ近世初頭の出來事であり、池守の設置も當然之に伴つたものであるから、之を時代的に見れば決して中世的とは稱し得ないものである。然し次節に述べる狹山池の同じ池守田中氏の場合とは性格的に著しく異り、謂はゞ中世的とも稱し得べき諸特質を具有してゐる。

滿濃池守となつた矢原氏は讃岐國造の後で累代此の地に住し、代々滿濃の池神たる神野社との關係も深く、中世末戰國期の動亂には小土豪として度々の戰歷を經、仙石氏の時代には四百石、生駒一正の時には二百石を領し、再興せられんとする舊滿濃池床池內村の山田は實にこの矢原氏の領する處であつた。西嶋八兵衞の滿濃池を再興せんとするや寛永三年八月、當主矢原正直との間に懇談が交され、『一家ノ不利萬人ノ大利』となす正直によつて池内山田の地は悉く池敷として差出され、而してこの池敷の代りとして寛永十二年に高五十石の田地が與へられ、矢原氏は以後世襲的に滿濃池守となつたのである。小土豪から池守に變じた矢原氏が、猶土豪としての面影を止めてゐた事は、同氏の系圖中の享保六年八月十二日の條に、同家の家來七人が主家に對して、『無私有之公儀へ願濟ニテ斬首ス』との記載のある事によつても察し得る處である。

矢原氏の池守としての機能は詳細には知り難い。然し池の再興完成後の寛永十八年に江戸から奉行の出張があり、池懸り村々の石高・配水規定等を調査の上、成文化した一札となし、之を池守矢原氏の許に渡し置いたが、この一札の中には先規通り池守給廿五石は相替らず遣し置くとの旨が添書せられてゐる。矢原氏が滿濃池守となつたのは、池の管理に當らしめんが爲と云ふよりは寧ろ上述の池敷地の差出と關聯する特殊な事情に基くものであつたと考へられる。而も此の近傍に於て舊族として威望のあつた處から、前述した近江國阪田郡郷里庄で彦根藩が舊族上坂氏を用水管理者として登庸委任したのと類似の意義を有するものであつたであらう。池守矢原氏は池懸りを直接に支配統制するものではなく、寛永十八年から寶永三年迄、「池御料」三ヶ村のあつた頃には、三ヶ村中の苗田村の大庄屋が池の管理者であり、又村々相互間の用水爭論の裁決者であると定められて居り、(8)「池御料」の廢せられて後も、池の最高管理權は備中倉敷代官、或は松山藩・高松藩の預り支配となる等、池守は單に池守として儀禮的に、毎年夏至三日前に行はれ、「初搖拔」と唱へる池水の定期配水開始の儀式に、自ら其の手によつて「搖拔」を行ひ、池水を底樋の穴から奔出せしめ、堤上に祀る神野社々前での奉告祭を主裁すると云つた事に限られてゐた樣である。

矢原氏に與へられた池守給は五十石ともあり、又廿五石ともあつて何れが眞であるか疑はしいが、當時其の附近は人家も稀な處であり、荒地も多かつた事から、廿五石の池守給の他に、其の他は開き取りとして、五十石の地を與へられてゐたのであらうとの解釋(9)は、一應傾聽に値するであらう。池守給として與へられてゐた地は貞享四年の檢地以後は年貢地となり、矢原氏は獨立の地頭たるの地位を喪失し、五十石一升八合の村高となつてゐる。矢原氏自體としては前代に比して著しい地位の低下であらうが、池守としては他に類例を見ない特殊なものであつた事は、讚岐國内の他の大池の池守給が、山田郡の三谷三郎池の場合で三石七斗、西植田村の神内池が三石である等に比すれば明かである。

(1)(2)　京都府相樂郡瓶原村河原　黑田二郎氏文書
(3)　滋賀縣東淺井郡七尾村相撲庭　宮川宗作氏文書
(4)　岐阜縣本巣郡席田村佛生寺　井頭仲間引繼文書　元祿七甲戌年三月「莚田井水井井頭之譯覺書」
(5)　同佛生寺村　堀部信治郎氏所藏文書
(6)　佛生寺井頭仲間引繼文書　鵜飼光次氏保管
(7)　「八ヶ郷用水史」二五―二七頁
(8)　香川縣坂出町　鎌田共濟會圖書館所藏寫本「滿濃池由來水掛り高水割控」
(9)　同所藏　高松藩記「政要錄」

第二節　近世領主による統制と干與

前節に幾多の事例をあげて述べた如く、用水の管理機構に於ては中世的な形態が殘存し、然もその機能を發揮してゐる場合も少くはないが、現在の用水關係の原型を完成したことが多かつたと考へられる近世期に於ては、領主としての大名或は幕府が、自らの考案に基いて新しい管理統制の機構を作り、以て支配・統制を加へたことが甚だ多い。これは全國を通じて數も多く、一般的に見出される事實であるが、本節に於ては其の特に著しかつたものとして、大名領・幕府領の各〻に就いて二・三の事例を敍べる。

段階的に之を見れば、領主の用水管理に對する關心としての統制若しくは干與の現象は、最初の段階に在つては領主の意を體した出先役人個人の活動として現はれ、次に之が具體化し永續化すると共に、制度としての管理機構の整備として具現せられる事となる。用水組織の規模の特に大なる場合、又用水問題が複雜で屢〻爭論にも導かれ易い樣な場合には、管理組織の整備・充實の見られることが多いが、其の反對の場合には制度としての管理機構も、一定の管理方式もなく、唯機宜により、其の時の衝に當つた出先役人の手腕に一任せられてゐた事が少くなかつた。先づ斯る場合の一例として、肥前國基肆・養父兩郡の旱損地方に於ける對馬の藩吏賀島兵助の事績(1)に就て敍べることゝする。

元々基肆・養父二郡の地は肥前國の東北隅、筑後境に接する三郷（上郷・下郷・養父郷）二町（田代・瓜生野＝鳥栖）壹萬石の地域であり、對馬藩宗氏の本土に於ける飛地であり、田代に治所を置き、本國から表・奧二名の代官を交代に派遣して民治に當らしめてゐた。賀島兵助は斯る代官の一人として、延寶三年から貞享二年迄十一箇年間の長きに亙つて田代に駐留し、所謂『諸事御鍛錬の御仕置』[2]を以て就中旱魃時の用水差配に任じ、旱損の被害を極度に少からしめ、其の歸任後に至つて基肆・養父の大庄屋・庄屋をして自發的に、「基肆養父實記」として彼の在任中の仕置の大要を書き留めしめ、後鑑たらしめた人である。

延寶五年夏の旱魃に臨んでの賀島兵助の對策は、旱魃の時の水論は損の上の損であるからとて、若し喧嘩口論の起る事あらば庄屋をして依怙贔屓なく之を裁決せしめ、而も兵助自身も廻村して水口・水末の別なく、普く端々迄も水を行渡らしむべく下知したのであつた。又彼は雨乞祭に對しても次の如き見解を持してゐる。曰く『祈禱と云ふものは其事道理に當り其の主の心至誠にあらざれば神明に通じがたし。取分て此の雨乞と云ふものは、我等躰には似合はぬ重き祈なれば、敬なくて叶はぬ事なり。其方等も眞實に思ひ候へと被仰雨祭に角力・操り・踊の類堅く相禁じ一度も仰付けられず……殊之外御嚴肅なる御事故皆社頭に參る者も自信心を起し候』と。

又貞享元年の五月十九日から七月十日迄降雨がなく、稀なる大旱魃となつた際の水の融通法は最も徹底的であり、彼の用水對策の眞骨頂を示してゐる。兵助の用水分配を實施するに當つての根本的な考へ方は、『日本國中は公方様の御領分にして基肆養父と云ふ所の田畠は宗對馬守様と云ふ御大名之百姓之持分也。我等は對馬守様の田畠の在る所に居て支配をする者なれば、對馬守様のやかしろなり、其方共は對馬守様の田畠を作る者なれば對馬守様の下作する百姓共なり、上中下の村も上中下の田も田に有る水も池溝堤川の水もことごとく對馬様の持分なれば、是は下の村夫は下の田とて水を不掛田を干すは對馬様御損失となる事故やかしろの兵助も其方共自分の田を思ふ如く下の村にても下の田にても水有る限りは水のとゞく程の田には水を掛させ何卒時々根しめりなりともする様にして雨を待つより外なく候』と云ふのである。卽ち用水不行屆の結果として不幸領内に生じた損害は、何れにしても總て封建領主宗對馬守の損失に歸すものであると云ふ、封建組織下に於ては尤も當然な全體的立場からの解釋の下に、百姓の我田引水に走らんとする利己心を制し、限度ある水量を極度に活用して被害を最少限に止めんとするものである。扨その實施の法は、村毎に水引役を任命して田主達をして自由に引水せしめず、最も公平に配水し、かりに公平なる配水の結果として、損益を相殺して利益のない様な場合でも、百姓は互に難を分つべきものとする、爲政者的な公平觀念に基いた指圖であつた。

斯る村・人の別を無視した水引役による均分配水は、當然に上の村或は中の村として、免相も特別に高い村の庄屋をして不平を訴へしめ、その村が高免に定められてゐるのは、一般が水不足の節にも此處のみは潤澤である事情によるものではないかとの抗議を發せしめてゐる。兵助は之に答へて、村の上・中・下は唯水の利便ばかりで定つたものではなく、尙其の上に斯の如き一列の均分配水法を採用しても、土質の影響もあり、旱損田の書上げによれば、下の村が既に三分の一干上つてゐる時でも中の村は四分の一、上の村は五分の一の干上りと云ふ様に、上の村程水利はあるものであるとて之を反駁し、極力配水に努め、無益の爭を制した結果として、七月十一日の降雨によつて總計五百三十四町と書上げられた旱損田も、尙二—三分は豫想よりも旱害を免れ得た程の有樣であつた。

就中最も徹底的な用水統制法は、同じ貞享元年夏の水不足に當つて發揮せられてゐる。卽ち此の年は五月廿七日に至るも未だ植付の終つてゐなかつた高田・眞木兩村の爲に、水上村の庄屋共を召集めて用水の有無、痛の模樣等を糺し、扨又彼自身が水上へ赴いて水を下し來り、兩村共に悉く植付を了せしめ、其の後も度々上流から水を下して遂に兩村の田四十一町餘歩を完全に救濟し、高田村は「拾り帳」を作成せずとも濟む程の作徳を收め得た事である。兵助が常に唱へる『萬一上の御失を忘れ私の慾を以て非道仕候はゞ可爲曲事』との方針が全鄕に遵奉せられた爲に此の様な成果を擧げ得たのであり、其の爲に彼の用水統制法の詳細が書留められて「基肆養父實記」として今に殘つてゐる譯である。三鄕二町一萬石の基肆養父は、敍上の內容から推せば自然の旱魃地域であつたと考へられるが、それにも闘らず別段藩の制度として完備した用水統制の組織はなかつたものの如くであり、又無かつた故にこそ、代官賀島兵助による臨時權宜的な用水の特別融通法を强力に實施し得たのであつたと考へられ、用水統制の制度化に先立つ前段階的な事實と見做し得るのである。

備前國兒嶋灣岸の興除新田は、倉敷代官所の立案に基いて岡山藩が手を下し、文政七年に完成した埋立新開地であるが、其の用水を供給する東・西の兩用水路筋の管理に當らしめる爲に、倉敷代官は岡山藩と協議の上、左の如き管理機闘を設置する事の必要を幕府の勘定方へ伺ひ出てゐる。これは古くから存した用水組織に於てさへ、常に强力な管理機闘の活動を必要とするものであるに加へて、興除新田は新開地で用水掛り區域の結束も弱く、更に其の用水路沿ひには新開地と領主を異にする數個の村があつて政治的關係も複雜であり、而も興除新田は此の上流地域の古い井組の餘水或は惡水を受けて利用せんとするものであるから、一層その管理機構を强化して、機能の完遂を期する必要が存したからである。卽ち左の管理機闘の設置が計畫せられてゐる。

イ　用水差配人　東・西の兩用水路及び西用水路の元水分水所と都合三ヶ所に各二人宛、計六人を天領・岡山領から各等數に、村役人或は長百姓等の中から『正路實體之人物』を選んで之に當てる。

ロ　樋守・水門番　樋守は東西兩用水路に二人宛、水門番は東用水路に二ヶ處設ける。

ハ　專任手代　用水差配人及び樋守・水門番は村方から撰出して勤務せしめるものであるが、新田の地域が廣く、又先例なき新規の引水であり、旁々人氣不揃の土地柄故爭ひの生ずべき虞のあることを慮り、倉敷代官所詰役人の直接指揮を要求しての專任手代の設置であり、これを用水の總支配的地位(3)に立たしめんとするものである。

以上は岡山藩が新規に自領内に行つた開墾地興除新田の爲に、頗る積極的に其の用水統制機構の完備に盡力し、殊に新開早々で對外部關係の交渉問題も複雜であつたから、更に之を支援するものとして、天領倉敷代官所の權威を藉らんとした苦心の迹を示すものである。岡山藩の斯る努力は、一旦新田が開發せられ、之が古い用水組合に加入し得て用水の分與を受け得る手續になつたとしても、此の事實が慣習として古い井組の村々の間に承認せられ、對等な用水權を獲得し得る迄には如何なる程度の盡力と年月とを要するかを示すものであり、水利慣行の成立が決して一朝一夕の出來事ではあり得ない事實を物語つてゐる。此處に現在に至るも未だ尾をひいてゐる興除新田の用水問題困難の一素因が伏在するのであつて、上掲の管理機構を以て多年に亙つて幕府の支配監視を受け、永年同一の仕法を繰返し得たならば、興除新田も次第に其の引水權を强化し得たのであらうが、其の後僅かに二・三十年にして、上述の管理組織の最大の支柱であつた幕府及び藩の瓦壞した事が、同新田の用水權を極めて不安定の儘今日に殘すことゝなつたのである。

一領主の支配下に在つて、最も整頓した管理機構を有してゐたのは、江戸期隨一の大藩であつた加賀前田氏の治下に於ける越中國庄川筋のものであらう。尤も加賀藩領下に於ける用水の管理統制者としては、藩の地方支配の機關である改作奉行所及び定檢地奉行所、其の下の扶持人・十村等も數へ得るのであるが、然し是等の機關は地方支配の一部分として用水の管理にも關係してゐるに過ぎないものであるから、用水管理を專としたものは次の三階級の組織であつた。

イ　井肝煎　土着農民の間から任ぜられた最高の用水管理機關であつて、各用水路筋每に、數千石乃至萬石内外の地域で二名乃至四名を定數としてゐる。越中の庄川筋では寛永十三年に之に任ぜられた岩屋村の十右衛門を最初とする。彼等井肝煎は持高二・三十石乃至百數十石に達し、十村に次ぐ農村在住の富裕な階級であり、村内に於ける地位は「長百姓並」(4)であつた。井肝煎の交代は勤務上の失態の無い限り、病弱・老衰等を機會に本人の辭退するに及んで、後任者は村々肝煎の合議推薦を經、定檢地奉行所が承認任命すると言ふ手續で、一應水下村々の自治的決議を許してゐたが、其の終局の任免權は藩當局の手中に在り、領主による統制の力強く干與してゐた事實を知らしめる。即ち一旦其の地位についた井肝煎も「勤方不精」(5)を理由として役儀を召し上げられること、享保六年、野尻岩屋口用水肝煎役三人の如きである。此の時は井肝煎一同は起請文を提出して、用水施設の保全と分水及び割賦の公平を旨とすべきを記してゐる。井肝煎は又の稱呼たる「湯大將」或は「江才許」を以て呼ばれたこともある。

ロ　下才許人　井肝煎の手足ともなつて助けるもので、近世中期以後の任命に懸るもの〻如く、下級役人的地位を有して普請の監督、現場の巡視等にも當り、用水管理の實務は多く其の手中に在つた。

ハ　江廻りの者　小頭、里子等の區別はあるが共に用水管理の爲に常備せられた人夫であり、「牛が首用水」の場合には寛文三年に廿一人の定數が置かれ、後十一人に減じて現在も尙その數の儘に存續してゐる。彼等には夫々受持の丁場が定められ、雪消ぇ次第に行はれる總出の時から、二百十日迄が勤務の期間であつた。

上述に明かな如く金澤藩の用水管理機構は土着農民中の有能者を登用任命し、彼等の支配を通じての用水統制であつたが、斯る土着人の登用に於ける一特例をなすものは、土佐山內藩に於ける鄕侍擧用の事實である。

抑々土佐の鄕侍は山內氏の土佐入部前から此の地方に土着散在してゐた舊武士階級の登用によつて起つた制であるが、山內氏は用水の管理に於ても此の鄕侍の土着性と地方に在つての地位を利用する事を忘れなかつた。山田堰に於て既に水路開鑿の初から置かれたと考へられる「井役人」が之であつて、特別の差支のない限りは世襲であり、最初は一人であつたが堰水路の不時急破に備へて寶永二年以後は山田の近くに住居をもつ鄕侍の中から二人宛の加役が設けられてゐる。井役人の任務は水取・配水・井筋の管理手入等を專ら掌るに在る。

井役人の下には農民中から出て常時堰口に近い小田島村の「井役詰所」に定詰となり、用水の管理に當る「井筋見改役」、及びその下にあり庄屋の保證によつて藩の普請方から任ぜられ、是亦世襲的に服務する「川番」があつた。

是等諸藩の場合に比し、天領々主としての幕府の關東方面に於ける用水統制は最も徹底したものであり、常駐の用水管理者の他、江戸から下役人を年々用水期に現地へ派遣し、是等現地居住の管理者並に地元農民を指揮しての管理統制が行はれた。卽ち天領を潤すものとしての武藏國見沼代用水路・甲州北巨摩郡の淺尾堰及び穗坂堰・同じく甲州金川筋等に、其の統制は殆んど全く樣式を等しくして現はれてゐるのであるが、此處では見沼代用水路筋並に淺尾・穗坂堰筋の事例を中心に敍述する。

大用水路として享保年間に竣工した見沼代用水路は延長二十里に餘る長流であり、常時監守することを必要としたからであらうが、此處にも常駐・世襲の用水路の管理者が置かれてゐた。

イ　**見守役**　水路の開鑿者たる井澤彌惣兵衞に屬してゐた長谷川重兵衞の子孫が、利根川からの取入口たる圦樋の竣工後も、依然として元圦・增圦の個處に居住して、累代樋門の監守並にその開閉の任に當つたのがこの見守役である。明治以後用水路が幕府の手を離れて後も、子孫は今尙其の役を繼承してゐる。

ロ　**圦樋番**　見守役と同じく元圦の地點に居住し、是又世襲であるが、之に任ずる飯塚太兵衞は、元來其の居宅の地が用水路筋に當り、堀割が通じた爲に取拂はれることゝなつた結果、本人から難澁の由を申立て、其の家を相續せしむる爲に圦樋番に任じたものである。

ハ　**堰枠番**　代用水路の支線たる新井筋の上大崎村に置かれ、文政四年の請書によれば三人の百姓が其の地位に在り世襲であつた。

以上三階級の用水管理者は共に世襲であり、堰枠番の場合のみは明かでないが、見守役・圦樋番は何れも共に堰の開鑿と緣故のある者であり、而も微賤ながらも普通の農民出身でなかつた處に其の特色がある。工事關係者及びその子孫を斯る管理者に用ひる事は、次に述べる河内狭山池にも存在する形態であり、幕府の用水管理方式に共通性を認め得る點である。

見守役・圦樋番・堰枠番等は堰筋に居住し、世襲であつたゞけに、用水路の諸施設の監守・保全に關しては最も經驗に富むものであつた事は疑ひないが、灌漑區域が廣大且つ地域每に用水事情を異にする爲に、用水分配に關しては到底斯る管理者の手腕のみを以てしては遺憾なきを期し得るものではなく、玆に幕府の直接派遣する用水分配を專らの任とする役人の登場が必要となつて來る。見沼代用水路筋は概して云へば水量は豐富であるが、地域が廣い爲に配水法を誤るに於ては局部的に旱損を生ずる憂が充分にあり、而も用水は其の性質上、農民の自由引水に委すに於ては、豐富な用水も其の利用を誤る事が尠くはなかつた爲に、水路筋全般の用水統制に當るものとしての幕府派遣の吏官を必要としたのである。甲州の淺尾・穗坂堰は、用水路としての規模に於ては到底見沼代用水路に比し得べくも無いが、上流淺尾堰側の恣意を制して、下流の穗坂堰側に所要の水量を供給する事の必要が見沼代用水路の場合と同じ性格を持つ分水役人「御普請役」の年々派遣を行はしめたものと考へられる。

御普請役は關東に所在する天領各地に、例年奉行所によつて派遣せられ、夫々の擔當區域として定められた用水路の維持・管理に當ると共に、用水期間中の用水差配にも當つた。故に「御普請役」は又「用水掛」とも呼ばれてゐる。見沼代用水路筋に派せられる御普請役は年々四名が定員で、其の下に用水路筋村々の役人中から數名宛選出せられた「用惡水路惣代」があり、各水路を代表し、御普請役を助けて用水の融通に當つてゐた。

見沼代用水路の場合を例として御普請役の勤務狀況を窺ふに、彼等は先づ正月中に分擔區域を定めて廻村し、一旦引取るが、三月末には愈々正式に四名の普請役の任命がある。而して四名中の早立は四月六日、後立は四月十六日、夫々江戸を發して現地に到着する。

普請役の用水差配(6)の第一着手は、先づ流域の村々に通達を發して元圦の樋門を閉鎖し、上・下流の村役人宰領の下、一齊に「初藻刈」と稱して水路中の藻草を刈取り用水疏通の便を計る爲の工事を實施する。藻刈は四月の一番刈に續き五月末に二番苅、八月上旬に三番苅を行ひ、その都度普請役の巡視がある。元圦・增圦を開いて利根の流から水路に用水を流下せしめ、軈て植付が終れば村毎且領主別に、植付着手及び終了の月日を記した植付證文が普請役によつて徵せられ、二百十日に至れば「用水不用證文」が差出され、普請役の依怙なき配水によつて用水期間中潤澤な供給を受け、最早用水も不要の時期に至つた旨を記し、之を受理した普請役は程なく江戶に引揚げて其の年の用水差配は完了する。然し旱魃年で二百十日に至つても晩稻の穗の出揃はぬ嘉永六年の如きは、村々から二百二十日迄の用水取入期間の延期が出願せられ、願は聞届けられて二百二十日も過ぎた八月九日に、漸く元圦・增圦の閉鎖が行はれてゐる。

上述した處は平常の年に於ける普請役の用水差配の實情であるが、甚だしい旱魃年に遭遇すれば、普請役は樣々の非常措置を講じ、或は幾本かある中の他の水路の全部を締切つて一本の水路に注流し、又普請役の數を加勢增員して配水に努め、水路の臨時浚渫を實施し、用水節約の爲に掛流しを禁ずる等の總ゆる手段を盡してゐる。

斯る普請役の用水統制に就いての活動は、彼等が江戶への歸任後に奉行所へ提出する復命書に記してゐる處であり、前述の「植付證文」及び「用水不要證文」又の名「稔證文」は共に此の歸任後の復命及び秋の田方檢見に備へて、貢納額を確保せんが爲の目的に出でたもので、幕府による用水統制の眞の目標を露呈してゐる。稔證文はかくの如き目的を有するものであるから、水配役人たる普請役は、稔りの充分でなかつた年にも强ひて水下から此の證文を求めんとし、村方は一旦證文を提出して後に駈込訴訟を行つて其の年の不熟を訴へ、或は代官の直檢分を乞ひ、甚だしい場合には稔（實法）證文の免除を願ふ等の紛糾は甲州穗坂堰掛りに於て屢〻發見せられる事實である。

普請役は配水の全權を握るものであるから、用水期間中は水下に對しては絶對權を有してゐた。(7)普請役の廻村に際して道端に集つた小前が不平を述べて心得違とて叱責せられ、普請役の發した廻狀の繼ぎ送りの延引等閑をとがめられた等の事例も少くない。

絶對權の反面としての滯留中の橫暴非違も尠くはなかつた樣である。甲州淺尾・穗坂堰筋に殘る引拂證文とも名付くべきものゝ存在は此の事實を裏付ける。卽ち此の一札には、役人の滯在中人足の遣ひ方、木錢の拂ひ方等に不正がなく、又役人の賄の爲に不當の村入用を負擔した事實もなく、音物を受付けず、且其の家來中にもねだりがましい事が無かつた等と、實に具體的且卑近な事項に迄も觸れて居り、斯る一札の存在はそれだけに普請役滯在中の非行の數數を裏書きし、而も水下に於ても普請役をして必要以上の待遇を要求せしめた原因が伏在してゐたのである。

見沼代用水路筋に於ては、普請役の滯在に供する爲の建物の存在に關しては知り得ないが、淺尾・穗坂堰に在つては、享保三年穗坂堰水路の開通と共に川除奉行の命により、上流の淺尾から最下流の三つ澤迄の間に三個處を撰んで「小屋」を設け、其の經營の費用は水下村の賄により、普請役の用水期間中の詰所に當てゝゐた。之を「御詰所」と呼ぶ。

三個處とは淺尾村に一――淺尾及び淺尾新田の經營――、正樂寺村に一――永井・正樂寺で經營――、宮久保村に一――三之藏・宮久保・三つ澤の經營――であつたが、享保六年に正樂寺の詰所は用水の取入口たる江草村の根古屋に移り、更に享保九年からは二個處に減じて根小屋及び宮久保の二となつた。

詰所の設置に伴ふ普請役の滯在は、最寄村の中の適當な個處に駐留する場合に比して(同じ甲州でも德島・楯無等の堰では特別の詰所はなかつた）、配水上の便宜は多かつたが、賄費用其他の增加に苦しんだ事も多く、甚だしい例としては天明二年、淺尾堰筋永井村の百姓の如く『村方迷惑に付堂宮に成共御引越』を要求する者すら現はれてゐる程である。とは云へ上流を占める淺尾堰組の横暴に苦しんだ穗坂堰組は、一に普請役の用水差配によつて水を得んとし、寶曆八年から安永三年迄普請役派遣の中止せられた際の困窮を體驗してゐたゞけに、普請役厚遇のために、役人の支拂ふ金額の他に、年々相當額の支辨を甘受し、又詰所の建替・增築を行つて、初は三間の詰所小屋が、後には相當な邸宅へと變化してゐる如きは此の間の消息を暗示する。

淺尾・穗坂堰に在つても見沼代用水路の世襲的なものとは異るが、やはり水下村から出た用水の管理者があつて普請役を助けてゐた。其の一は「水役」或は「堰見廻役」であり、水下村の役人中から一年交替で初は一人、後には二人宛が任に服した。其の任務は用水期間中は晝夜を限らず堰水路を巡視し、分水の不正を糺すと共に水量の寸尺を改め、之を詰所の普請役に報じ、急破出水に當つては應急處置を執ることであり、其の勤務の確實を期する爲に水路に沿つて十ヶ所、堰廻札掛所の設があつた。これは下流三ヶ村の要求によつて作られたものである。尙一村内に於ても、水路からの分水樋口の數の多い場合には（淺尾新田・永井の如し）、其の監視の爲に「樋口番」の置かれる事もある。

「水役」或は「樋口番」は村々からの出役であるから、必然的に本來の任務に反して自村の爲を計り、不正を敢へてし盜水を看過し、其の爲に役取放しの處分を受けてゐる事が屢〻ある。又下鄕の用水不足が連年續く時には、下鄕村々の役人中から進んで水役の任に當る者がなく、其の選出に苦慮してゐる場合が見出されるのは、水役が普請役と自村の利害との間に立ち、其の立場が頗る困難であつた事を物語るであらう。

上述の關東の幕領に於ける用水管理の機構と甚だ近似した制度が、尾州德川家にも見出される。是は尾張平野の地形の廣濶にして用水施設も亦大規模なること關東平野に吻合するものがあり、更に幕府と尾張藩との特殊關係から、用水管理の形態も略〻幕府の制を移したものである事情から生じた現象であらう。

尾張藩の用水關係の事務は總べて同藩勘定奉行の支配下に在り、直接用水關係を掌るものには水方役所及び水奉行があつた。(8) 水奉行は毎年六月土用中に、用水懸り村々の田方植付及び立毛の模樣を巡視し、藩主在國の時は國奉行に、江戸滯在の時は年寄衆へ、夫々書面を以て注進するを例とした。尙享保十二年には別に圦方役所が置かれ、圦方奉行が設けられて圦樋の伏替、堀割、築立等の工事の任に當つてゐる。水奉行が主として用水の分配を支配するのに對し、圦奉行は用水施設の普請上の管理に任じたものである。然し享和三年に至つて圦方役所は廢せられ、其の擔當事項は普請方役所に移され、用水關係の支配機關としては水方役所のみが殘る事となつた。斯くて水方役所は用水施設、用水配分等の一切を掌握することゝなつたのであるが、事實に於ては村方から用水の事に關して出願する場合には、すべて代官所或は郡方役所へ申出る事になつてゐたから、用水支配の實權は各代官所の手中に在つたと爲し得るであらう。

扨非用水期中は右の如くであるが、配水期間中の用水支配は左の三個處に移つた出張役所たる水役所によつて行はれる。三ヶ所とは一、久保一色(小牧代官所より)二、宮田(北方代官所より)三、大塚(清洲代官所より)であつて、領内を三分して管轄するものである。(9) 水役所の取扱ふ用水事務は次の如くである。例を宮田水役所に採る。

毎年五月の中十日前に北方代官所から水役所へ關係役人の出張があり、二百十日後迄滯在する事は見沼代用水路或は淺尾・穗坂堰の場合に近い。水役所の開始と共に先づ水路の浚へ並に藻草苅取を行はしめ、田方植付仕舞の日限をも注進せしめる。而して後述する圦守をして用水の取入口に於ける水量の寸尺を日々報告せしめ、之を定日に水方役所へ報告し、格別の出水、或は水路に普請を加へた場合等も直に之を報ずることゝなつてゐた。其他水役所間相互に連絡して用水不足の時は他の水役所に對して助水を求め、圦の開閉を調節すると共に水論の勃發した時は直に戸前に封印を施して水役所上役の指揮を俟ち、日割配水を管理する等、關東幕府領の「御普請役」と略〻等しい機能を有してゐた。

水役所の開所に伴ふ費用の負擔に關しては、最初の間は總て藩費であつたが後には水役所管轄下の井組の負擔となつた。唯秋に至り水役所の閉鎖せらるゝに際して、用水期間中滯在した役人の食料のみが藩から支拂はれたことも、甲州淺尾・穗坂堰に每年出張してゐた普請役の場合と同樣である。尾張の水役所支配下の井郷は、甲州の淺尾・穗坂堰の水下に比すれば遙に廣範圍であつたから、個々の村に懸る水役所の費用負擔の程度にも著しい差異の在つた事が豫想せられる。

以上は近世領主としての尾張藩の直接的な用水統制の機構並に其の機能の大要であるが、斯る年々現地に出張して用水差配を行ふ役人的な管理機關の他、用水施設の要點たる圦の位置に常住してその監守に當る圦守の存在した事は見沼代用水路の圦樋番と同樣である。卽ち葉栗郡大野村の元圦には、其の任ぜられた來由は明かでないが、慶長十四年から才兵衞・惣右衞門兩人の圦守が置かれ、寛永五年に元圦が宮田に移つて後も、才兵衞及び宮田村の彥右衞門が同じく圦守に任じられてゐる。然るに寛文五年には兩人共に役を廢せられ、代つて輕輩の士分たる近藤文右衞門、次いで近藤覺兵衞、更に神谷曾右衞門と交代し、神谷氏の後は元祿八年から引續いて累代此の任に在つて川方目付を兼ね、昭和十一年に退職した神谷芳太郎に及んでゐる。是又見沼代用水路の見守役・圦樋番の世襲制に比し得るものである。

溜池の事例としては、江戸期の大半を通じて幕府の直接支配下に在つた河内狹山池がある。既述の如くその水下には私領をも交へてゐたが、此の池が重要な池であるとの見地から、江戸期の殆んどを幕府の强力な管理機構に被はれてゐた。池守並に樋守（樋役）の存在が是である。

池守は慶長十三年の再興に下奉行を勤めた池尻孫右衞門が、池の完成後も其の管理を取扱ふ爲に現地に殘されて池守の名を與へられたに初り、其の任務は池の監守と共に池水の分配を掌るに在つた。

樋守は池守を助けて『樋のたてあけ』をなすものであり、慶長十三年池の再興と共に三十人の樋守が置かれ、狹山新宿及び半田村の中に住せしめられて、六間に六十間宛の免許屋敷を與へられてゐた。其の後慶長十六年に至り、大水の節は三十人では防ぎ兼ねる事を理由に片桐且元に請ひ、更に七人を加へて都合三十七人となつてゐる。豐臣氏の滅亡後も池守及び樋守（樋役又は池役）は引續き繼續し、幕府の代官としての大阪の西町奉行或は半田村代官の下に屬し、近世役人的な意義を果してゐた。樋守の住居の中三十軒分は河内半田驛と東除川との間の道の兩側に在り、他の七軒は池の西、西新町に住んでゐたのである。猶明治以後は池守・樋役の制は廢せられ、代つて「水役」が新に置かれる事となり、水利組合役員の指揮を受け、配水助手を指揮して貯水・配水及び流水の保護に當つてゐる。

（1）「基肆養父實記」

（2）同書の序による。
（3）興除村役場保管「興除新田記」卷四「用水方之事」の二十「兩用水路倉敷御代官御取扱之事」
（4）富山縣立圖書館藏「牛ヶ首用水組合沿革誌」上による。同書二十五丁
（5）同圖書館藏「二萬石用水史料」一五―一六頁
（6）本書後篇　五「武藏國見沼代用水路の研究」參照
（7）本書後篇　十三「甲州朝穗堰に於ける高原地開拓用水問題の特殊性」參照
（8）森德一郎氏著「宮田用水史」上卷四九頁以下
（9）同書　八九頁以下

第三節　近世的村落自治による管理統制

中世末下剋上の傾向の擡頭と共に、直接用水管理の任に當るべき守護大名或は地方的豪族の沒落するもの相つぎ、中世的權威を背景とする用水秩序、更に廣くは村落秩序の危殆に瀕するに及んで、從來の領主的武力に代るに現地の農民を中心とする勢力の結合が行はれ、是等は「惣」或は「惣中」なる名を以て呼ばれ、自律的に直接農民の生活に關係の深い農村行政を擔當し、用水の管理・統制に於ても、上からの支配がなくとも斯る自治體の連合・合議によつて解決せんとするに至つた。近世封建制の再編制に伴つて再び領內の政治的統制力を恢復した近世領主も、或は事用水に關しては特別の事情のない限りは用水關係地域の自治的運營に委ねるを便宜とし、或は近世封建組織の一特色を

なした、一つの用水組織の範圍内が幕府の政策に基いて幾多の領主に分割せられ、是等諸領主間の一致的行動を困難ならしめた事情も多く、是等の外的な條件が用水自體の持つ關係地域の統一的傾向と相俟ち、中世末の混亂時代に發源した用水區域の村落自治による管理機構を一層强化することゝなつてこれが現在に引繼がれ、現型の基礎を形成してゐる場合が少くない。本節に述べんとする近世的村落自治による管理統制とは斯る場合を指すものである。

一體に江戸期の用水管理組織は、假令それが中世的形態を濃厚に存置せしめてゐるものであつても、何等かの點に於て既に幾分の近世的變貌を遂げてゐるものゝ多い事が通例である。第一節に中世的管理機構の殘存する事例として示した備中國高梁川八ヶ郷の場合に在つても、現地に於ける用水路支配の最高位置を占めた樋守の任命せられる迄の經緯は、其處に多分の中世的性格を止めてはゐるが、既に此の用水組織が「八ヶ郷」の稱呼を有する事からも窺はれる如く、八ヶ郷村々が共同で設置した施設であり、之を廻つての井水組合たるの性格を充分に示して居る。此の關係の上に、近世領主として最も强大であつた倉敷代官所によつて示されてゐる天領の勢力と、八ヶ郷中最も數多くの村を其の所領とする備前岡山藩の權威とが、八ヶ郷の自治的組織の上を蔽ひ、爲に八ヶ郷組織の底に在る、村々の自治的管理の色彩を稀薄に見せかけてゐたに過ぎないものとも見做し得るであらう。江戸期を通じて現實的に見出される此の高梁川八ヶ郷の管理機構こそは、樋守の性格に具現せられた中世的なものと、天領と備前領、定水川と番水川の支配關係の間に見られる近世領主による用水統制への强力な發言、而も番水川區域を中心とする用水分配（番水制）に看取し得る用水區域の井郷としての自律的處理の三つの形の混在融合したものとも解し得るのである。

大仙陵池の貯水を廻る舳松・中筋・北庄・湊と堺廻り四ヶ村の關係も、村々の間に紛爭の起る時は堺代官所の斡旋を受け、既に述べた如く自ら池元と稱した舳松村の特殊的地位の存在はあつたが、池水を四ヶ村に分配する爲の分水石の目盛は、夫々の灌漑面積に應じて定められてあり、又四ヶ村中の湊村が貞享元年の紛爭の基となつた大仙陵池水に對する分水要求權を放棄して新溜池を築造し、用水の供給を之に仰がんとした時には、紛爭の對手であつた舳松・中筋からも助合銀を出して、湊村の計畫を援助してゐるのは、大仙陵池に對する四ヶ村の自治的管理の傳統によるものであつたとも解し得るであらう。

信州夜間瀨川の流を受け、中野附近の九ヶ村を用水區域とする所謂「夜間瀨八ヶ郷」の組織も、その用水組織の完成せられた年代を、遙かに遡つて中世に求めるには確固たる根據が無いが、八ヶ郷の名を以て上流部及び近隣の村々に君臨し得たのは、一に中野を盟主とする八ヶ郷村々の自治的結束の上に、更に天領の支配者としての、江戶期最强の領主たる幕府の出先機關、中野代官所の壓力の加つての結果であつた。

上述した用水組織の諸事例にも增して、用水組織の統制運營が主として井郷內村落の自治的組織によつて行はれ、領主の干涉・支援を俟たず、克く其の管理機能を發揮し得た典型的事例として、備中國高梁川十二ヶ郷の管理機構に就いて稍〻詳述する。十二ヶ郷の組織の大要に就いては、前章用水費用の負擔を論じた際に言及してゐるから省略するが、井郷の管理機關としては左のものがあつた。

イ　**惣代出役**　十二ヶ郷六十八村、十一ヶ領から成つてゐた井郷の最高責任者たるもので十七名から構成され、各郷・各領を代表し、其の決議に懸る事項は總て井郷によつて遵奉せらるべきものであつた。此の點に就いて文化十二年の「鄉中申合締書帳」(1)には次の如き取極の記載が見られる。

一、惣代出役之者相談相極候儀ヲ組合村々より彼是申出候共取用申間舗候事

扨十一ヶ領の各領主別に、其の所領の石高、包含する村數、惣代出役を出し得る定數(2)を示せば左の如し。

1	蒔田領淺尾藩	六九二四石餘	十二ヶ村中一	(井尻野・淸水ノ內)
2	蒔田式部領	一七〇五石餘	二ヶ村中一	(西三須)
3	池田領岡山藩	五八四九石	八ヶ村中二	(西郡・溝口又ハ三輪・柿木)
4	板倉領松山藩	一二三〇石	一ヶ村中一	(八田部)
5	倉敷代官所支配地(天領)	六八三五石餘	九ヶ村中二	(窪木・長良・高塚ノ內)
6	木下領足守藩	一一二四石餘	二ヶ村中一	(福崎・田中ノ內)
7	板倉領庭瀨藩	七九〇六石餘	十三ヶ村中二	(山田・五田・延友・西花尻・平野ノ內)
8	戸川領(撫川)	三〇二九石餘	三ヶ村中一	(撫川)
9	戸川領(妹尾)	一四〇七石餘	三ヶ村中一	(妹尾)
10	花房領	三四八三石餘	六ヶ村中一	(加茂)
11	榊原領	八〇〇石	一ヶ村中一	(津寺)
12	倉敷代官所支配地	七二四八石餘	八ヶ村中三	(山地・惣爪・下主・西尾・上庄・日畑ノ內)

勿論近世の所領關係が一應井郷組織とは無關係に決定せられた事情から、各所領の石高並に村數と、惣代出役を出し得る數との關係は必ずしも比例してゐない。更に江戸期を通じて倉敷代官所支配地及び板倉領庭瀨藩の所領には若

干の變遷があつたから、斯る近世の政治的分割の形勢に重點をおく見地から惣代出役の意義を省る事は寧ろ妥當でなく、惣代出役の其の名の通り、六十八ヶ村の代表たるべき出役を出し得る村が、略〻或る限られた一定の村の間に固定してゐた事實により注目すべきであらう。是等の村は各鄕中の大村であり、自然的位置の上からも斯る資格を備へるものが多かつた。類似を求むれば、近江國犬上川一ノ井鄕中の親鄕村に比し得るものであらう。

然し或る村が惣代出役を選出し得る權利を獲得する事は、その村自體に何等かの利益を齎し、願はしい事柄であつた事情は、文政七年に庭瀨領から上知となつた都宇郡の山田村と、十二ヶ鄕との間の惣代出役の選出權を廻る訴訟事件によつても明瞭に窺はれる。山田村は十二ヶ鄕中の妹尾鄕に屬し、一四八〇石の村高を持つ比較的大きな村で、寛政三年並に享和三年には惣代出役を出してゐた。然るに文政七年上知後は此の地位を喪失する結果となつたので、山田村は別に壹人の出役を出すべき權利を主張し、玆に十二ヶ鄕との紛爭事件となつたのである。十二ヶ鄕側が山田村の主張を拒絕せんとする理由は『出役人數相增候而ハ入用等茂多分ニ相懸リ殊ニ湛井鄕中取締も相亂候』と言ふにあつた。事件の結末は明かでないが、此の要求は恐らく容れられなかつたものであらう。尙十七人の定數は天保十五年には壹人を減じて十六人となり、此の際の鄕中の議定帳には次の如く記してある。

一、出役惣代御料領ニ而拾六人出勤事足リ居申上者以後相增申間敷事

明治以後新に設けられた惣代出役に替る「組合議員」の定數は二十四名であり、新行政區劃たる町村別に、選出議員數を定めてゐる。

ロ　樋守　廣範圍に亙る井鄕であり、上述の「惣代出役」も單に井鄕の最高議決者たるに止り、直接用水施設の

管理に當り、又その統制に任ずるものではなく、井堰・水路の細部に通曉するものではなかつたから、玆に常時、施設及び用水の管理を擔當する樋守の置かれた所以がある。

樋守役の創設年代は詳にし難いが、旣に元祿十六年には其の存在の明かな所から見れば、恐くは近世初期、井鄉の近世的完成と其の時期を等しくするものであらうか。樋守は現在は總社町の中に含まれてゐる舊淺尾藩領金井戶村の百姓で、代々「與兵衞」を名乘つた家の世襲的に勤めた處であつた。但し世襲とは云へ代替り每に、跡役相續のこと及び其の勤務內容を列記した一札を十二ヶ鄉中惣庄屋に宛てゝ差出した上で、其の承認によつて襲役し得たものであつたから、事實に於ては世襲であつたとは云ひ乍ら、他の井鄉・池の管理機關としての類似のものとは異つて居り、あくまで鄉中惣庄屋並に惣代出役の承認及び指揮の下に在るべき存在であり、藩主より、或は前代の支配者より特權的に與へられた地位ではなかつた事が判明し、玆にも十二ヶ鄉管理組織の自治的な近代的性格の一斑を窺ひ得る。

樋守の就任に際しての誓約條項(3)は次の如くである。

1 十二ヶ鄉庄屋年寄中への服從、『尤無禮毛頭仕間鋪候』とある。

2 川筋を常々檢分し、用水の過不足を調節する。

3 堰の築造を支配し、材料・人足共に費のない樣に留意する。

4 樋・堤の破損個處は早々井鄉惣代ロへ屆出の上修覆を加ふべきこと。

5 日雇人夫を使役する場合には彼等に荷擔・一味せざること。

6 費用の割付に就き上鄉・下鄉の差別は一切つけざること。

井郷への從順を誓ひ、若しその勤方があしく不屆の廉のある時は何時でも樋守役を取揚げらるべしと記してゐる反面、井郷村々への割賦をさへ其の一手に握つてゐた樋守こそ、惣代出役の背景の下、井郷に關する一切の管理事務を擔當するものであり、其の位置の重大であつた事が知られるのである。特權的な直接の管理者の存在しなかつた爲に斯る樋守の存在を必要とした譯であつて、玆にも十二ヶ郷の自治的運營の一面を察し得る。

上述の樋守の誓約に對し、郷中の庄屋は連名で奥書をなし、『郷中爲之儀ハ諸事無用捨差圖可被申候　若人足等對其方へ理不盡申候ハヾ構之庄屋へ早々付屆ケ可被申候承屆急度可申付候』と、樋守に對して井堰・水路の管理に關する强力な指揮權を付與・保證してゐる。換言すれば樋守は惣代出役の井郷の管理統制權の代行者であつたのである。從つて樋守の權威は甚だ大であり、普請の爲に出夫した各料領の人足は總て其の差圖に動き、又普請勘定帳にも十七人の惣代出役と並んで、初筆に樋守が署名することゝなつてゐた。

井堰の管理に於ける精通と權威の增大との反面、樋守の勤方增長、或は不筋を理由として役の差替への行はれんとした事もあつた。例へば嘉永元年惣代出役は其時の樋守を彈劾して、五月十二日の初の堰入れに際し、偶〻大雨洪水の折であつたにも關らず、樋守は『先例祝儀堰』と稱して工事を强行し、その結果は堰材料の流失となつて村々に多額の失費を懸け、又出役の集會中に樋守は私用の爲に席を外し、職務に忠實を缺いたこと、更に割符帳の作成に當つて自己の手控を根據に强情に主張して增長の傾のある事等を指摘し、遂に與兵衞は一旦役取揚げとなり、翌年に立入人の挨拶があつて再び「歸役」となつてゐるが、是を文字通りに解すれば、樋守增長の事實に對する井郷の上位監督權の發動であつたと共に、又一面に於ては與兵衞の役取揚を最も强硬に主張したのが、下六ヶ郷であつた事實から推せば、與兵衞が用水の管理或は費用の賦課に依怙の措置ありとして、下郷側の不滿を招いた事にも起因してゐると考へられる。

猶金井戸村から堰の所在地たる湛井への往來には距離が遠く不便であつた爲に、與兵衞は樋所の脇の空地に小家屋を建てゝ番小屋となし、此處に逗留勤務してゐた。現在も猶此の建物は使用せられてゐる。

ハ　堰番　樋守の指揮を受け、堰の閉鎖期間中の監視の任に當るもので、湛井（地名）の百姓二人が之に當てられてゐる。

之を要するに十二ヶ郷の管理機關としては、惣代出役の存在と、その機能の代行者としての樋守（結果的には世襲である）こそ、村落自治による管理を特質とする湛井十二ヶ郷の管理機構を明瞭に特色付けるものである。

藩政期には近世領主權の用水管理に對する干與が強く、其の强權的統制に服してゐた用水組織も、明治と共に用水組織村々の自治的管理に移されたものが甚だ多く、今に中世來の或は江戸期に制定された特色ある管理組織の形態を殘してゐる若干の例外的な場合を除けば、大部分の用水組織（組合）は斯る管理機構に變貌してゐる。其の一例としての福岡縣八女郡福島町外十二ヶ町村土木組合（矢部川筋花宗川水利組合）に在つては、江戸期には久留米藩の支配によつて强力な統制が行はれ、下流の山門郡柳河領を區域とする用水組織との間に激烈な對立を續けてゐたが、明治の新時代と共に藩の掌握してゐた月水管理權の一切は上記土木組合の手に移管せられ、湛井十二ヶ郷に見られる如き世襲的な特別の管理者も存しなかつたから、同組合の吏員は渇水期に臨んで正確な計量的基準も用ひず、最も多年の熟練と經驗を要する、夫々の分水地點に土俵を入れて分水量を調節する方法たる所謂「配水差略」を擔當し、其の爲の必要から、組合吏員は其の人選に當り、(4)水利に關心を有すると共に、多年繼續して其の任に當り得る環境に在る人を充て、以て多年の慣行の維持に努めてゐるが如きである。所詮用水慣行のもつ傳統性は、その管理機構の變遷にも關らず、傳統を守り得る如き機能の發揮を必要とし、外面的な管理形態の舊い形は一應消滅し去つても、質的に之と代り、前代の機構の果し得た如き機能を維持し得る人的組織を必須ならしめてゐるものと理解せられるのである。

(1)　十二ヶ郷組合保管文書
(2)　同　寛政三年「湛井用水諸掛入用御定帳」より作成
(3)　樋守　平田卯平治氏文書　天明三年八月の一札
(4)　同組合書記　近藤藤吉氏談

第四節　用水管理者の報酬と其の性格

中世に於ける用水施設は領主の私的經營によるものであり、莊內の用水施設の充實は直接に領主の財庫を潤す機構となつてゐた。從つてかゝる領主の意嚮を受け、其の代官として用水管理の事を擔當した「井奉行」等の稱呼をもつ井役人は、領主の一種の私有財產とも見做し得る用水の一部を、或は領主が用水施設の修理費用に當てる爲に特に設置した「井料」又は「井料田」の用益權の一部を私に用益するの權利を與へられ、之が用水管理擔當者の報酬としての意義を有してゐた。斯の如き性格をもつ中世的報酬の事例として、近江國阪田郡姉川筋鄉里庄の横井懸りに於ける百分一分水溝の存在、又佐渡國長江川筋の特別な分水路「定江」の場合をあげ得る。

先づ郷里庄横井懸りの百分一分水溝は、「大野木土佐守隱居田七反歩」(1)の名を持ち、姉川本流から横井水路に取り入れ、「大俣」と呼ぶ分水點に於て二本の幹線水路に分流する地點から北西に導いた小分水路一本であつて、玆に述べる迄もなく、横井の取入水量の約百分の一を常時大野木土佐守隱居田と呼ぶ約七反歩の水田に灌ぐ爲のものである。大野木土佐守は淺井家の重臣で後に其の沒落に臨んで織田信長に投降した人物であるが其の淺井家に臣從してゐた頃、其の封地に近かつた郷里庄の分水制度の確立に盡力する處があり、其の爲に彼の功勞を追慕し、その功に報いるべく特に名を附して設けた一小用水路が上述の「百分一」である。素より大野木土佐守は曾つて用水管理を直接の任務としたものではなかつたが、淺井の重臣として領内の斯る經濟的施策にも參與し、其の報酬的な記念物が今尙上記の用水路として殘つてゐるのであつて、假りに大野木氏が上坂氏の例の如く郷士と化して土着し、中世的傳統の儘に用水管理を擔當するに於ては、「百分一」の用水も當然に永く用水管理者の報酬たるべきものであり、報酬の最も古い形態としての現物=水=として傳はるべきものであつたと考へられる。

佐渡國長江川筋に於ける用水路開鑿の功勞者の爲に特に設けられ、その引用を許した水としての「定江」は、既述の如く長江村の井上玄重に與へられたものと、上江筋の立野村佐々木太郎右衛門に許されたものとの二がある。尤も前者は早く其の實を喪失し去つたが、後者の立野村の太郎右衛門家のみは明治に至る迄長江川の用水管理に關係し、八ヶ村分水及び五ヶ村分水に際して、他の村々はその時々の庄屋が村を代表して列席したにも闘らず、立野村の場合は太郎右衛門の子孫のみが累代世襲的に立會する地位に在り、從つて永く水路開鑿の功勞に對する特權を保有してゐた。太郎右衛門水と呼ぶ「定江」は必ずしも其の後の太郎右衛門家累代の長江筋用水管理の勤務に對する報酬とは言ひ得ないにしても、江戸期を通じての同家の地位よりすれば、是又報酬的な意義をも併有してゐた事が、上述井上玄重家の場合と比較して言ひ得るであらう。憶ふに特定位置の水田に注ぎ得る特定の用水路獨占の特權は、其の用水路を許された者の子孫が引續き其の田地を支配し、家道にも格別の隆替がなく、用水組織に對する關係も概ね變化なく維持し得る場合に於てのみ、永きに亙つて克く其の支配を完うし得るものであり、特定の田地の支配權が他の家に移轉するが如き場合に於ては、特權的用水路の支配權も亦同時に失ひ去られるであらう（井上玄重家の例）。中世に於て領主の意嚮を奉じて用水を支配し、或は新水路を開鑿して功を遂げ、其の褒賞・報償として、新に獲得し得た用水の或部分を私有的に一種の財産權として用益することを許された家も、其の後の時代の變化に伴つて舊來の地位を喪ひ、之に伴つて私的に用益してゐた水の意義も何時しか忘れ去られ、遂には其の痕跡をも止めない迄に立到つたものも決して尠くはなかつたであらう。前の二例から斯の如く推察せられるのである。

中世以來現在迄も繼續して用水管理に對する報酬と見做し得る特別な用益權をもつ田地を持ち續け、各時代を通じて其の性格に種々の變化を蒙りつゝも、田地其物の存在には著しい變化を被らなかつたものに、洛南瓶原村大井手の井手守株に附隨する「繕田」或は「給田」(2)がある。

繕田又給田は十六の井手守株と重要な關聯を持ち、三町三反の面積を有する田地であつて、承應二年十一月十一日、瓶原全鄕九ヶ村の庄屋連判、京都所司代板倉周防守以下四人の裏判を以て定められた「瓶原大井手之覺」の中に、井手守の村別人數の定を記した後に

則先規より繕田とし拾六反御座候外ニはさみ田與申八反御座候

とあるものである。尙又別にこれを「給田」と記してゐるのは、ロ畑村の井手守株炭本家の襲藏する文祿四年の「瓶原井手之記」及び同郷河原村黑田家文書、寛保三年の「瓶原井手記」の兩者であつて、共に等しく左の如く記してゐる。

井手守十六人給田三町三反諸役免許也　內壹反ハ井手守中之觸役給田也　上人以來右田地檢地無之

右給田ハ太閤秀吉御代長束大藏大輔爲奉行天正十七己丑年檢地有之　先規之通り雖相斷不被許之運地となる

然共右之內十六反ハ高壹石宛被令免除　往古より三町三反の田地賣買之不及沙汰

右の說明によつて「給田」と呼ぶ三町三反の田地の意義は一應明かである。卽ち三町三反の中から觸役給の壹反を除いて三町二反、是を十六人の井手守に分てば一人當二反宛、これが太閤檢地の結果運上地に編入せられて普通の田地と同樣の取扱を受ける事となり、井手守仲間は慈心上人以來無運上地たりし事情を訴へて除外例を願ひ出たが許されず、漸くにして三町二反中の半、一町六反のみは反當一石の免除を許されたと云ひ、尙三町三反は往昔から賣買なき特殊の田である事を附言してゐるのである。今假りに反當りの石盛を壹石五斗とすれば一町六反分の田地に就いては反五斗の運上となる譯である。

三町三反の田地が大井手の管理と深い繫りをもち、井手守株に附隨して古來特殊のものであつた事は旣に上述によつて明瞭であるが、「繕田」であるか「給田」であるかの問題は、字句の相違以上に重要な意義があると考へられる。尙安永四年三月の、河原村の「田畑地並帳」中から「給田」と呼ばれた田地の所在を確かめると次の如き記載を見出す。

中縄手

一　上田六畝拾三步　　石井株

　　分米九斗　　　井料

河原村の井手守株の家である両石井家の名に屬する井料田が六畝拾三步、分米九斗分存在する事實の證明である。然し二反步には達せず、而も「繕田」でも「給田」でもなく「井料」となつてゐる。

茲に是等同一の田地に對して夫々の時代に與へられた稱呼の差異のもつ意義と、其の內容とを檢討する必要が生ずる。

先づ私記錄的な「瓶原井手之記」及び「瓶原井手記」よりも、公文書としての性格をもつ承應二年の「瓶原大井手之覺」の內容から考察を試みるに、「繕田」の名は領主が其の領內の用水施設の修補の料に當てんが爲に特に設けた田地である事を意味し、而してそれは十六反であつて三十三反ではなく、尙十六反の他にその意義・內容は明かにし難いが「はさみ田」と呼ぶものが更に八反あつた事を示してゐる。然るに太閤檢地前後の事情を記した「瓶原井手之記」及び「瓶原井手記」には、既に述べた如く「給田」とあり、「給田」とは明かに繕田としての或は井料としての性格のものではなく、井手守の私的用益を許された。井手の管理機能に對する報酬としての意義を有するものたることを示し、「井料」の意義も亦是に類似し、領內の灌漑施設の維持の爲に、地頭・領主から地下の農民、又は其の代表者に下行する給與であることを物語つてゐる。

扨承應二年の「瓶原大井手之覺」に記す繕田十六反と、文祿四年の記載であることの明かな「井手之記」の給田三町三反との關係を究めるに先立ち、現實に存した「井手の田」の所在及び其の利用を確めると、「井手の田」三十二反中の十六反は比較的井手の上流の部分に當つて一ヶ所に纒つて在り、井手守の重要行事たる四月末の「早開き」（植付初めの儀式）は瓶原全郷の田に先立つて此の十六反の田に於て執り行はれ、若し未だ此の十六反の田植を終了せざるに於ては郷中一般の田植は行ひ得ないものであり、又一旦旱魃に遭遇して稻の生育が惡く、種籾にも不足するが如き時に於ては此の十六反の田の籾を以て瓶原郷中の種籾となす慣習のある十六反である。此の十六反が「瓶原大井手之覺」にある十六反の繕田ではなからうか。瓶原全郷を潤す大井手の修理費用に當てるべく、郷中でも特に水利に惠まれた一團の田に繕田としての特別の意義を與へ、他に井手守の報酬として井手守株に附した井料田は、九ヶ村の村毎に分散して存したものが、前述に見た河原村の石井株の井料田六畝十三步の如く、檢地帳上にも井手守株の家の用益する田として記載せられてゐるのであり、從つて三十二反を十六人に等分した二反宛の所有ではなく、繕田を除いた十六反を十六戶の井手守が各村の疆域内で夫々所有してゐたのではあるまいか。斯の如く「瓶原井手之記」及び「瓶原井手記」に「給田三十三反」と一樣に書記されてゐる中の十六反が、殘る部分とは稍〻性質の異るものでなければ、太閤檢地に當つて右の田地の諸役免許を改めて願ひ出でた際に、十六反のみが反一石の免除を受け、他の十七反が一般の田地並の運上を負擔すべきものとなつた事の意義も理解し難いのである。惟ふに井手守の支配に屬する特殊な田には、一團の纒つた繕田十六反の他、井手守株の井料たるべき田が十六反あつて合計三町二反を占め、井手の修補の如きも、材料は總て地頭から下付せられ、勞働力は郷民の賦役に依存し得た關係から、井手守が繕田の收穫の中から井手の修補の爲の費用を支出する額は甚だ僅少で濟み、早開きの行事に要する支出の他は、十六反の田地の收穫は殆んど井手守の年中行事に要する「井手の枡」の費用の中に充當せられ、何時しか井手守の管理に對する報酬とも見做さるべき姿を呈するに至り、それが井手守仲間に在つては井料田と共に給田として取扱はれ、天正十七年の太閤檢地には其の田地の持つ性格の如何が疑はれ、一時其の特殊的な意義のすべてをも喪失せんとするに立到つたのであらうか。而して訴願の結果は繕田のみが若干の特權を承認せられ、其の他は一般の田と同樣の扱となり、文祿四年には井手守仲間によつて皆一樣に「給田」と記されるに至つたのではあるまいか。上揭の諸記錄が、同じ田地に對して繕田・給田と各〻異つた稱呼を以てし、又別に「井料」と言ふ名稱さへも使用せられてゐる事は、中世に於ける用水の私有的な傾向が此の田の性格の上にも影響し、其の結果として此の田地が設置せられた當時に有してゐた性格と、現實の性格との差異となり、兩者の關係の混亂を來し、之が軈て稱呼の錯雜ともなつて現はれてゐるのであらう。

井手守の支配した田三町三反の歸趨は井手守株の其の後の異動・分裂と密接な關係を有してゐる。卽ち三十三反の田は明治の地租改正を期として十六人各個の個人名義の所有地となり、奥畑・口畑・登大路の三ヶ村のみは「井手の田」として今尙井手守の手中に在るが、他村に於ては旣に自由に處分し去られて居り、井手守の所有ではない。上述の如き特殊な意義を有した田が井手守の手から喪失せられた事は中世以來の傳統の破壞であり、かゝる現實的な報酬によつて一層其の井手守たるの意識を强め、又權威をも保證せられてゐた井手守株が之を契機として容易に異動する傾向を生じた事は否定し難く、之が現在の瓶原鄉井手守株の解體とは云ひ得ない迄も、弱體化の有力な一因をなしてゐるのである。

報酬としての用水自體の用益權及び田地の事例に次いで、同じく秩祿及び給米に關して述べる。

滿濃池守矢原氏の池守給五十石は池敷地差上の代償としての意義と、池守給としての意義との二重的性格を有するものであり、而もその五十石は現米ではなく、知行としての土地の形で與へられてゐた。之は再言する迄もなく、中世以來の矢原氏の土豪的地位の名殘と見るべく、單なる池守給としてのみは認め難いものである。然し寛永十二年以後の矢原家の家職はその古い因由は兎もあれ、表面的には一に滿濃池守であつたから、瓶原の井手守の身分が百姓であつたから其の報酬が「田」であつたのに對して、武士的身分を有した矢原家のそれが五十石の知行地であつたものとも解し得べく、「田」と「知行地」との差異は兩者の身分の差から生じたもので、管理に對する報酬其物としては同じ性格のものと考へ得るであらう。

用水の管理者として中世に起源を有つ點に於ては前述の諸例に近いが、美濃國根尾川筋席田井組の井頭は其の最初から、報酬として領主からの給米を得てゐた。井頭の中で最古の起源をもつ佛生寺村の小右衛門(3)は次の如く記してゐる。

古は定而不被下時々御褒美として被下候由申傳候　先松平丹波守樣御代より爾今至迄少給被下候

地侍とは云へ守護大名土岐氏に屬し井奉行職に補された堀部氏のことであるから、近世以前には定つた報酬もなく、不定期の褒美としてゞあり、加納城主松平丹波守の領となつた後は定期的に少額ながら給米を受ける事となつた事情を示し、玆にも中世末と近世初期とに於ける井頭の性格の變化を明かに物語つてゐる。又寛永頃以後堀部小右衛門家

と並んで井頭に就任した同じ佛生寺村の鵜飼又四郎、鵜飼淸右衞門及び三橋村の翠又藏は

又四郎『先丹波守様より少々被下候』

淸右衞門『始ハ小四郎（堀部與左衞門の孫）と一つに先丹波守様より被下候　後に小右衞門同様に被下候』

又藏『小右衞門同様に先丹波守様より被下候』

とある。卽ち又四郎以下は就任の新しかつたゞけに、近世初頭以降は略〻上掲の小右衞門同様であつたと見てよい。

江戸期に設置せられた管理者は、此の席田井組の井頭と同様に、領主（藩）から給米を與へられてゐたものが相當に多い。尾張藩德川氏の領下に於ける宮田用水の圦守給は其の一例である。卽ち慶長十四年に造られた葉栗郡大野元圦の圦守兩名は、伊奈忠次他三名の連署を以て、檢地高十五石を附與せられて居り、寛永五年及び十九年に伏せられた宮田元圦に在つては、士格の圦守が置かれて切米五石一人扶持が給せられてゐる。大野元圦の檢地高十五石と謂ひ、宮田元圦の切米五石一人扶持と謂ひ、其の報酬が比較的多い理由は、兩者共に他に職を有するものではなく、大規模な營造物たる元圦を支配する重い位置に在るものとして此の報酬を受けたのであり、一般百姓よりも重視せられたことを物語つてゐる。

幕府の直接經營に懸る武藏國見沼代用水路の管理者たる見守役・圦樋番・堰枠番も亦之に似た給米の受領者であつた。見守役長谷川重兵衞及び其の子孫は五石四斗五升の給米を郡代から受け、圦樋番飯塚太兵衞及び其の子孫も同じく郡代から給米二石四斗五升を、堰枠番たる三名の百姓も三斗五升入の米三拾俵を「堰枠番給米」として得てゐる。

尾張藩の大野・宮田の兩元圦の場合と等しく、廣地域に關係する特に重要な施設であつた爲に、特に重視して士格の管理者を置き、之に相應した給米を下付してゐたのであらう。

管理すべき施設の規模が甚だ大であり、其の職務の重かつた事を論ずれば河內國狹山池の池守及び樋役の地位も是等に劣らないものがあつた。然し池守として唯一戸であつた田中氏の役米は、(4)之を水下から徵するものであり、上述の給米とは稍〻異つたものである。卽ち水懸り高百石に付米四升宛を徵するもので、假りに水下を三萬石とすれば十二石となり、大野・宮田の元圦の圦守給と其の額は略〻近いが、直接領主から與へられず、水下から徵集する點が異つてゐる。察するに大野・宮田元圦の圦守は尾張藩一領の下に於ける存在であり、見沼代用水路の管理者も其の用水路の灌漑地域が殆んど天領若しくは准幕領であつた。從つてその用水施設の完成者であり支配者であつた尾張藩或は幕府の郡代から検地高・切米・給米の形で付與したのであらうが、狹山池に在つては當初は其の水下中に含まれた天領も多く、而も亦重要な用水施設であつたから、所謂「公儀御普請」を以て工事が行はれたのであつたが、見沼代用水路或は大野・宮田の元圦の場合とは其の關係區域の政治的構造が異つてゐた爲に、其の後に於ける池懸り區域の所領關係の變化の影響を受けないで濟む水懸り石高當りの役米の徵集權を以て給米或は扶持米に代へたのであらう。

然し池守を助ける爲に置かれた三十七人の樋守の場合は、池守とは又異つた形のものであり、諸役免許屋敷の下付及び米二石宛の引料と言ふ報酬である。上納すべき貢租の或る部分が差引かれてそれが給米に代つてゐるのであつて、恐らくは樋守としての勤務以外に、他に本業を有する土着者たる樋守に對する、或る限度內での免稅權の付與とも見るべき性格のものである。

越中庄川筋に於ける現地の用水管理者たる井肝煎(5)、下才許人、江廻りの者等も切米及び給銀の下付並に小遣としての家役の免除が其の報酬であつた。先づ井肝煎に就いては、最も就任期が古く、寛永十三年以來の井肝煎であつた岩屋村の十右衛門は、就任後慶安三年迄は給銀もなく、一種の名譽職的な存在であつたが、以後は給銀十五匁並に家役一軒の免除が報酬となり、寺村の市兵衛は萬治四年以來の就任で十右衛門と同様の報酬（十右衛門・市兵衛の二人が岩屋口八千二十五石餘の區域を擔當する）野尻口九千五百七十六石餘を支配する苗加村清左衛門・野尻村義右衛門は切米二石七斗、小遣としての家役壹軒の免除であつて、用水筋を異にするに従つて多少の差異はあつたが、同じ水路筋内の井肝煎は就任の前後を問はず略ゝ同様の待遇であつた。

井肝煎の手足ともなつて之を助ける下才許人は江戸中期以後の任命に懸るものが多く、其の役料も當初の裡は決定してゐなかつたが、後には切米二石四斗であつた。又江廻りの者(6)は常傭の人夫で定數があり、切米一石四斗、喰鹽四升が春の總出から二百十日迄の勤務期間の手當であり、期間外の春總出の前の使用は一日の雇給六十文宛、春の江浚中は一日十二文の宿料を受け、二百十日以後の場合は一日二升五合の給與であつた。尚上記の他道具料・持籠代・足半草鞋代・酒肴料・乗船給等の手當があつた。

前述した美濃國席田井組の井頭は、中世から續いて其の地位に在つた者も、近世初期に新に加はつた者も、共に等しく領主からの給米を得、之が井頭の報酬としては第一義的なものであつたが、軈て井頭の管理する井組の村々から、井頭の働に報ゆるものとの意義をもつ「井料麥」の供與をも受ける事となり、これは領主から命ぜられた井頭役として、中世以來の莊官的な性格を多分に有してゐたものが、關係村落から用水統制を委任せられたものとしての新なる

性格をも併せ兼ねるものに變質する過程を示してゐる。淸右衞門・又四郎の受けてゐた井料麥の額は左の如くである。(7)

又四郎　計四石四斗五升

芝原（壹石四斗）・春近（三斗二升）・小西鄕（二斗五升）・北野（二斗七升五合）・郡符（壹石二斗）・石原（壹石）・福田地（壹斗）

淸右衞門　計壹石二斗

三ッ橋（九斗）・福田地（四斗）・西改田（五斗）・兩加茂（米三斗麥ノ代）

井頭の報酬としての給米及び井料麥のもつ意義は、一人の强力な井奉行の獨裁統制から、數人の井頭による年番制への變化の契機を說明し、近世期の井頭の權威の根源が、中世來の莊官的なものと、村人中から推された近世の村役人的なものとの二つの性格を一身に具有したことに因るものである事情を暗示する點に在らう。

然し斯る報酬を受ける反面に於て、井頭の家には其の傳統として『先祖より代々七色物不作覺』(8)の如き禁忌さへもあり、享祿五年の席田方と眞桑方との水論に際し、土岐家の岐阜屋形に於て、堀部氏の祖刑部丞と眞桑方の代表者が「鐵火取」を行つた際に、刑部丞が以後右の七色の作物を栽培しない事を神に盟つて勝利を得たと云ふ由來をもつ七色の畑作物、黍・荏・胡麻・辛子・紅花・太唐米・筑後麻がこれであつて、鵜飼又四郎の家も共々一類子々孫々に至る迄堅く之を栽培しない掟である。井頭の家が累代誠愼し、井組の秩序の維持を冀願した責務の念を窺ひ得るであらう。

管理機構が領主の制定に懸る官制的なものであつても、其の報酬は水下の醵出であり、換言すれば用水統制の業務は領主が支配的に掌握するが、其の爲に要する費用は水下をして負擔せしむると云ふ、領主としては最も巧妙な管理方式を實施してゐる事例も尠からず存する。土佐國野市堰、甲州淺尾・穗坂堰の場合の如きである。野市堰に在つては鄕侍から出た二人の井役人に對しては壹人六石宛、每年拾貳石の米が水下から出されて居り、其の下の井役下代も同じく井下の村々から井料米を受けてゐた。又淺尾・穗坂堰では既述の如く春季から二百十日頃迄を勤務期間とし、江戶から現地に出張して用水の統制・分配に任ずる普請役があり、「水配役人」の名をも有して地元から出た「水役」及び「樋口番」を指揮してゐた。而して此の「水役」に對しては、其の任務が用水の引取期間中は連日其の任に服し、相當の負擔となるものであつたから、水役給の定があり、宮久保村の例によれば役引九反步、給米四俵であつた。然し「水役」は村役人のみが交替でこれに當つてゐた爲に小前中から抗議が出、文化五年以降は「水役」は村役人中から壹人、小前中から壹人出る事となり、從つて水役給も役引九反步の內、村役人方で三反六畝步、小前方で五反四畝步となり、給米は二俵宛となつた如き變化があつた。尙淺尾新田では甲金貳兩が水役給であつた。樋口番は村內の堰筋に分水樋口の數の多い場合に、之を監視する爲に給銀を受けて特定の人が其の勤に當るものであり、天明四年の淺尾新田の樋口番給は甲銀七十二匁であつた。

樋口番は扨置き水役給の額は其の勤務上の負擔に比しては少額であり、其の爲に村役人中に於ては水役を引請ける事を肯んじなかつた事例もある（寬政五年宮久保村の長百姓留右衞門の場合）。

井鄕の管理に於て最も自治的な組織を有してゐた備中國高梁川十二ヶ鄕の管理擔當者の場合を窺ふに、樋守の報酬は給米であり、十二ヶ鄕中から之を支出し、年額十四石五斗に達してゐた。各鄕の負擔分は更に村別に割當てられ、村によつては其の領主の役場から其の給米の負擔分を支給せられた所もあつたが、村々から支出すると云ふ性格は同一であつた。十二ヶ郷の樋守は其の位置の重大性に應じて給米の額も多く、此の點では尾張藩宮田元圦の圦守給にも匹敵し得るものである。

(1) 「農業水利及土地調査書」犬上郡・阪田郡の卷　大正十一年滋賀縣内務部編の五一四頁
(2) 本書後篇　三「南山城瓶原の大井手に於ける井手守株の研究」參照
(3) 井頭仲間引繼文書　元祿七年三月「莚田井水井井頭之譯覺書」
(4) 「狹山池改修誌」後編
(5) 「二萬石用水史料」四頁
(6) 「牛ヶ首用水沿革誌」十・十一
(7) 本書後篇　四「美濃國本巣郡席田井組に於ける井頭の研究」參照
(8) (3) に同じ

第七章　用水の分配と用水權

第一節　用水組織相互間の用水分配

1　堰の構造による分配

一河川の流域に沿ひ、上流・下流に引水施設たる井堰が無數に在り、上流の井堰から順次に必要とする水量を直接に引用する時は、下流井堰は上流井堰の吸引した餘剰水を以て其の水源となすの他なき狀態に置かれるのは當然であり、若し流水量が豐富で、絕えず上流の堰を超えて流下する水量がある時には別段の問題を生じないが、斯る事例は甚だ稀であり、殊に用水分配問題の尖銳化する渇水時に於ては、上流井堰による堅固な堰止の施行は下流への流水を殆んど皆無ならしめ、其の水田農業を危殆に陷らしめる事は必定である。玆に上・下流の井堰を廻る用水組織相互間の用水分配の一形式として、慣行による上流堰の構造に對する一定の制限・規定の存在が必要となつて來る。

斯る用水分配の一樣式としての、上流堰の構造に對する制限、反對に下流堰側の立場から言へば、上流堰に完全堰止を行はしめず、下流井堰の水源として、その堰の構造に一定の材料による制限を設け、或は堰止に不完全な個處を開け置き、常に一定の水量を漏水として流下せしむるもの丶事例は甚だ多い。近江國犬上川一ノ井郷の改修（昭和）以前の井堰は、制限ある構造をもつ井堰の一の事例である。[1]即ち同堰は春季八十八夜前後に栗石を以て長さ四十間、幅四間、高さ約三尺の井堰を設けて河中を立切るものであるが、一旦堰止めた水の中の若干を下流に流下せしむべく、四十間の井堰の中央部に幅四間の「除川」を設け、「除川」の個處のみは栗石を用ひず土・砂の俵を以てする事になつてゐる。栗石を以て堰止めるのは其の間隙を大ならしめて自然の漏水を行はしめる事を前提とした規定であり、除川は常に一定の高さを超えた水量を此の口から下流に流すと共に、洪水に際しては井堰の崩壊に備へての施設である。

此の一ノ井郷と下流の二ノ井郷との間の水論は、江戸期以來明治・大正に至る迄、屢〻繰返された處であり、近江國內に於ても最も激烈なもの丶一であつたと共に、其の用水論の原因は、前述した二ノ井郷用水の水源たるべき一ノ井堰よりの漏水量の多寡を中心としたものであつた。一ノ井郷對二ノ井郷の水論記錄の最古のものは、寶曆八年であつて、此の時の二ノ井郷側の歎願書によれば、當年の日照に二ノ井郷側は困難を極め、既に割田をも生じてゐた程であるが、數日前から二ノ井の堰枠へ一滴も流水の乘らぬ事に不審を抱き、一ノ井堰を見分した處、元來栗石の儘であるべき堰表へ砂を夥しく掻き寄せ、一滴も洩れ水を生じない樣にしてあつた。よつて二ノ井郷から彥根藩の川方奉行に檢使役の派遣を乞ひ、下役の檢分が行はれた。而して其の結果は一ノ井郷から人足を壹人差出して一旦掻寄せた砂を取除き、之で濟せる樣との挨拶であつたが、何卒今後も常に漏水のある樣、一ノ井郷側へ申付けられたいとの口上である。一ノ井々堰の構造とその漏水に依存する二ノ井との關係を端的に示すものであらう。然るに其の後も一ノ井鄕と二ノ井鄕の爭は續き、安政三年には二ノ井鄕側による一ノ井々堰の切落しが頻繁に記錄せられてゐる。二ノ井側は一ノ井堰の堰留めが堅固に過ぎ、其の上堰表に砂を搔寄せる事が先規に反する新規の振舞であると主張し、一ノ井側は之を反駁して水懸け論を續ける裡、二ノ井側の手によつて井落しが繰返されたのであつて、井落しを決行するだけに二ノ井鄕側の困窮の度がより强く、旣に漏水のみでは井鄕を養ひ得ざる程度に達してゐた事情が推知せられる。明治に入つてからも同三年五月から五年七月に及ぶ繼續的な紛擾を初め、兩者の爭は迹を絕たず寧ろ半永久化せんとする傾向さへあり、遂に大正二年の犬上川の河川調査を機に、以後一ノ井・二ノ井以下の井鄕を灌漑區域に包含する合併井堰の設置へと計畫は發展し、其の爲に河の上流に貯水の用に供する大ダムを設け、其の貯溜水は一ノ井々堰の上流位置に、新に造られた分水堰によつて下流井鄕の全般に配水せられるに至り、舊一ノ井々鄕の井堰は遂に廢棄せらるゝ運命に立到つたのであつた。

尙二ノ井鄕との水論を惹起した原因としての一ノ井々堰の構造に就いては、春季の定期普請後、それが流失した場合の臨時應急措置たる「當難除」工事が上述の諸點に次いで問題となる。卽ち「當難除」普請の材料は栗石に限らず、俵・土砂・柴草・杭等、堰止に必要な總ゆる材料を以てするのであり、而も更に「當難除」の流失する際は、全部流失の場合は六十日、半分流失の場合は三十日を隔てて修理する例であり、又本來の堰の位置に設けられるものとは限らず、附近に都合のよい場所を求めて堰止めるものであつたから、出水の爲に用水路の破壞せられた如き場合には、一ノ井鄕側は「當難除」の自由工作權に基く構築によつて、却つて引水上の利便を得る結果ともなり、彥根藩が一ノ井々鄕に與へた强力な保護の事實を示すと共に、二ノ井鄕以下にとつては其の立場を一層困難ならしむる處のあるものであり、是亦用水論の一焦點を形成してゐる。

上述した舊犬上川一ノ井々堰の構造に見出す如く、堰止材料の制限による下流への一種の分水仕法の存在と共に、堰に一定量の餘水を流下せしむる裝置を設け、之によつて用水の分配を行つてゐる事例は他にも幾つか在る。同じく近江國犬上郡芹川の赤田井々堰には「銚子口」とて、堰の一部分を下流の高宮の爲に常に開放して置く慣例があるのも犬上川一ノ井堰の「除川」に類似する。

野中兼山の創設した土佐國物部川筋山田堰に於ける「水越」も亦同樣の分水施設である。山田堰は物部川を稍ゝ斜に橫斷して築造した延長百八十間、幅六間、高さ五尺の堰であるが、此の堰の下流には「野市堰」を初とする數個の用水堰があり、從つて用水不足時に於ける山田堰の完全堰止は下流堰の死活問題となる。此の矛盾を解決せんが爲の、下流への分水施設が「水越」である。山田堰の完成した當初頃は未だ「水越」の設はなかつたが、元祿年間に下流野市堰の請願により、山田井堰の略ゝ中央部に、幅二間の「水越」を許すに至つたのが其の濫觴である。然し元祿十三年に至つて山田井下が旱損を被つたのを機會に、再び「水越」は藩によつて差しとめられた。

斯くて之より九年後の寶永六年、野市堰表には通水がなく、遂に呑水にも困るに至つた野市堰側は、其の井役人から山田堰の井役人に對して通水の交渉を爲し、藩の普請方の援助をも得、其の結果普請方から山田の井役人に對して左の嚴命が下り、再び正德元年に「定水越」の復活となつたのである。

只今山田井下は水餘り捨り申由にい　野市井は呑水等も無之樣之事に候得者、時節柄火之用心水等の爲め故早速水通し可被成處彼是と申出てられ詮議無之段沙汰の限り千萬に存候　則野市井役人……御立會に而四五日間御明被

成野市用水不足無之樣御首尾可被成候(2)

かくして復活した「定水越」は幅壹間半、其の後寛政四年、野市村の水不足を理由に更に幅壹間の擴張が行はれ、都合貳間半となつた。其の後も文化十二年、明治十二年、大正十二年と水越の腐朽・改築・洪水による模樣替り等を直接の契機として、山田・野市兩堰懸りの紛争は繰返されたが、下流への分水を目的とする「水越」の存在には以後變化なく現在に續いてゐる。

上述の如く上流の井堰は下流の救濟の爲に、堰止めた水の總べてを獨占使用せず、其の幾分を下流に流すのが一般の現象であるが、例外として完全堰止を行ひ、下流への分水を顧慮してゐない備中高梁川十二ヶ郷井堰の如きものもある。十二ヶ郷湛井堰の堰の構造に就いては、既に第四章第二節に於て述べたから此處では省略する。

2　一定の樣式による上流堰の一時的破却(切落)による分配

此の分水法は前述した堰の構造による下流への分水に比して一段と非合理的な樣に考へられるが、下流への分與が常時許されてゐるものではなく、非常の時期に限り、一定の形式によつて、度數・時間を制限して行はれる特別の用水分配形式である此の方法は、封建時代に於ける政治的・武力的な權威を背景とする下流井堰の上流への移動設置の結果として、又或は上・下流の井堰を支配する封建勢力の政治的妥協の結果として、慣行として異例的に承認せられ、それが其の儘現在に傳はるものである。

先づ事例として近江國伊香郡高時川筋の所謂「餅の井落し」から檢討を試みよう。

高時川の井堰には現在主要なものとしては上流から餅の井（左岸、又一名八ヶ井或は丁野《ようの》井）並に大井・下井（右岸）が在るが、此の大井・下井は河水が缺乏し用水に不足を告げるに至れば最上流の餅の井に對して分水を要求し、其の方法として一時的に餅の井々堰を切落し、之を大井・下井に引水する慣習を有してゐる。一般の場合に在つては、下流井堰は上流井堰に對し、暴力による上流堰の一時的切落しを行ふの他、正式に用水の分與を請求するを得ないものであるが、大井・下井が斯る暴力の使用を當然の權利とし、上流餅の井側に於ても之を怪しまず、慣行として認容してゐる處に、「餅の井落し」の特別な意義が存する。扨「餅の井落し」實施の狀況(3)は左の如くである。

午後四時伊香郡大井の上六組と稱し、井口・持寺・雨森・柏原・渡岸寺・保延寺の百姓三百餘人、白裝束白鉢卷に六尺許りの樫の棒を肩に横たへ陣笠を被れる各大字一人宛の惣代先頭に立ち、隊伍肅々として高時川原に集り餅の井下に至り休憩す。之より先寺々の警鐘を聞き、餅の井組にても當番の百姓裸體にて對岸に詰かけ、兩岸堤は數千の見物にて人垣を作る。先づ大井組惣代より餅の井組惣代に井落しの挨拶あり、此の挨拶終ると共に鬨の聲を擧げ、堰の中央幅三間の部分を切落す。此作業は雙方無手にて單に手のみを以て大なる杭を引拔き粗朶を取る。其の間餅の井方より堰上に溜りたる水中に多數の裸漢入りて水を以て作業を妨害す。之に應じて大井方も亦水中に入りて防戰し水合戰をなす樣奇觀なり。約四・五十分にして豫定の幅を切落し、續いて直下なる高野井堰を切落す。此切口も約三間にて切落時間二・三十分を要す。斯くして切落したる後大井方は隊を組みて歸る。其の姿の見えざるに至れば直に餅の井方は復舊工事に着手す。復舊時間約三時間とす。

と云ふ有樣である。「井落し」を行ふ時刻には「朝落し」「晝落し」「暮落し」等があるが、愈〻旱魃の甚だしい時には「時落し」と唱へ、日に六回落す事さへもあるが、是は實際は回數に比して一時的に獲得し得る水量が尠く效果が乏しい。

斯る奇異な「井落し」を慣行として關係地域に是認せしめてゐるのは、一に餅の井と大井・下井との堰止位置の上・下に關する移轉の由來であつて、所謂『懸越し』の事實に基くものである。

中世末戰國期に於ける江北の有力者淺井久政は、其の武威を以て對岸の伊香郡富永庄井口在城の井口越前守を壓倒し去り、其の餘威を以て井口氏支配の大井・下井の堰止を超越し、淺井郡側（南岸）に取入口を持つ餅の井を下流から最上流に移轉せしめたのであつたが、其の代償として大井・下井に對して、愈〻渇水の甚だしい時には「餅の井落し」を行ふことを分水慣行として許可したのに端を發すると云ふ。天文十一年五月六日及び同年五月十五日の日付のある、淺井久政から、餅の井の懸越が井口越前守の許諾を得た事を水下百姓に告げる一札、並に大井懸りの百姓に對し、非常の渇水に當つては餅の井の切落しを暗に承諾する旨を記した一札は、大井・下井關係村々の至寶として深く藏する處であり、殊に江戸期に於ても「餅の井落し」の慣行が斯る複雜な關係に由來する爲に、餅の井と大井・下井との間には、「井落し」を廻つて屢〻論爭を生じ、法廷にも持ち出された事が少くなく、其の爲に論爭の相手方の武器とする上述の折紙の類も、何時しか對岸相手方村々の模寫僞造(4)する所となり、左右兩岸上・下の兩井組村々共に略〻同樣の僞文書、殊に相手方に與へられたものたる事の明かな內容の書狀を、逆に自村の珍寶として保藏してゐるが如き事態さへも見出し得るのであるが、「井落し」は爾來幾回となく繰返され、江戸期に於ては大井組は井落しの實施に

先立つて、大津代官所へ次の如く屆け出るのを例とした。(5)

大井組井堰より川上に餅の井と申淺井郡之内八ヶ村（八ヶ井の名の起り）立候井堰御座候此井堰之儀者往古より先格ニ而ヶ樣之旱魃渴水之節者右十二ヶ村立會又者一村限ニ而も參井堰を落し水下げ申候

と舊慣を述べてゐる。猶玆に餅の井の上流への移動を傍證する他の事實が在る。高時川南岸（但し同じく伊香郡）の馬上《まけ》村は餅の井八ヶ村中に當然含まるべき位置に在るに關らず八ヶ村の外であり、而も其の用水の引用に當つては、餅の井八ヶ村が日割で引水してゐる時にも、常に「夜の水」と稱して、毎日午後四時から午前四時迄は、餅の井に取り入れた全水量を其の一村のみで使用してゐる。斯る馬上村の特殊地位を生じた所以は、馬上村が餅の井の移轉前から其の村の專用引水路を有して居た爲に、餅の井が上流へ移轉して後も、依然として專用水路の傳統を「夜の水」の引水權として持ち傳へてゐるのが是である。

封建領主間の社會的關係に基く政治的妥協の結果として生れ、形式は上述の「餅の井落し」の上流堰の切落しに似てゐるが、其の發生の由來に於て、又切落しの制限內容に於て、前者と異つてゐるものに、同じく近江國阪田郡大原庄と鄉里庄との間の、「出雲井落し」を中心とする所謂『三度水』(6)の慣行がある。

此の兩庄間の分水關係の根源を爲す出雲井は、姉川が山峽を出た伊吹村の地內に在り、鎌倉期大原庄の地頭佐々木氏の築く處であるといふ。而して大原庄が下流の鄉里庄との間に三度水の慣行を生じたのは、大原判官佐々木持時と鄉里庄西上坂村の雄族上坂信濃守との緣組に初まる。三度水とは旱魃激甚の際、一定の形式を整へて下流鄉里庄から大原庄に乞水を爲せば、六月以降に三度・日數三日を限り、其の間七日を隔てゝ一日一夜の間出雲井々堰を切放し、郷里庄側へ特別の融通を行ふ慣行である。

扨上述の縁組の後、文明頃の大旱魃に上坂氏の西上坂の居館は堀の水迄も渇水し、人馬共に難澁を極めた末上坂方から大原側への依頼があり、大原方では評定の末、出雲井營築者の後裔であり井水の奉行を家職とする出雲喜兵衛に命じて前後三回に亙つて一日一夜宛の水を提供し、以後之が格式となつて大原氏の沒落後も、郷里庄の上坂八右衛門及び堀部氏（堀部村の地侍、同じく近江源氏佐々木氏の一族たる豪族）の署名のある狀通が大原庄に到來すれば、先例を以て三度迄は用水を特別に分與する事となつて現在に至つてゐるのである。尙文明年間初めて三度水の下つた際、上坂氏が禮物として大原庄へ酒肴を持參してから是又以後の慣例となり、酒樽壹荷、肴兩種（さば・まきは）を乞水の度毎に大原惣郷へ進物として持參し、其の時々の大原鄕の世話宿で寄合の上披露することゝなつてゐた。郷里庄からの狀通の樣式は次の如くである。

就此方彌々渇水如先規出雲井明後何日落可給候　就中兩種小樽壹荷送進候　恐惶謹言

月　日

上坂八右衛門尉
正信　書判

堀部
書判

大原政所殿
參御宿所

上述した處は大原庄側に傳へる三度水の由來の大要であるが、鄕里庄側の所傳は稍〻之とは異るものがある。卽ち上坂八右衞門の覺書(7)に記す所は、文明の頃西上坂に居住せる京極氏の老臣上坂治部大輔の一族上坂伊賀守は鄕里の庄を支配し、庄內の井水の支配をも其の手に收め、至極旱損の土地柄故番水を行つて配水に努めたが、旱魃の激しい年は稔を得なかつた。玆に上坂治部大輔は京極氏に言上して其の許を得、渴水甚だしく水不足の時は年內に三度出雲井を切落し、以て鄕里の庄を潤す事となり、上坂伊賀守が之を支配したと。

三度水の發端を文明頃とする所傳は雙方一致してゐるが、大原庄側が領主・地頭の婚姻關係による分水施與を傳へ、鄕里庄側が此の點の記載を缺いてゐるのは興味のある點である。

抑〻三度水の如き分水慣行の發生は、强力な下流勢力の擡頭の結果としてか、或は逆に上流側の恩惠的な融通によつてのみ行はれ得るものである事に思ひ到れば雙方の所傳內容の相違は一段と興味を魅く。大原判官の家系は佐々木氏の嫡男の系統であるが、其の弟たる京極氏の祖が宗家を相續した家柄である。而も三度水の濫觴を傳へる文明年間當時には、京極氏が江南の六角氏と覇を競ふ大勢力であつたのに比して、大原氏は大原庄のみを領有する小名的存在にすぎず、而して上坂氏は京極家の老臣であつた。大原氏の勢力が應仁の大亂頃を境として急速に衰運に向つた事實と、此の三度水と呼ぶ特別な分水慣行の發生との間に何等かの因果關係を求め得ないであらうか。上坂八右衞門の覺書には『文明より天正迄之間ハ混亂して留帳不委也』とあり、三度水流下の記錄は天正三年に初まり、寬政九年に至る二百二十二年間、其の間に三度水の下つた事は前後四十三回、其の中三度水とは名のみで一回を以て止んだ事が二十二度、二回は十度、三回は十一度と云ふ數字で、大略五年に一回の割合で出雲井乞水たる三度水が行はれた事情が知られる。

尙封建領主間の緣組關係による特別の分水慣行の發生を傳へる事例としては、近江國犬上郡芹川筋の久德村を潤す赤田井が、下流たる高宮の爲に、堰の一部を「銚子口」(8)と名付けて常に開放しておく慣行がある。これは中世に於ける久德城主と高宮城主との婚姻關係の成立による「化粧水」の名目によるものであると傳へ、其他佐渡國長江川の流域に於ける人工水路たる上江の開鑿による、長江川の水の吉井鄕への分與が、吉井の地頭藍原大和守の嫡男と、長江川を押へる位置に在る長江の地頭名古屋氏の長女との婚姻(9)によつて生じ、吉井鄕の住民が、長江村の背後を占める金北山麓の山林に對しても、「山子」として薪炭採取を目的とする入會權を獲得したこと丶共に、何れも名古屋氏の好意によつて齎されたものであると傳へられる如く、他にも幾つかの事情をもつ、封建時代に於ける血の關係による社會關係の處理として、時代的な香を強く印象付ける事柄である。

堰の一時的な破壞による下流への非常配水と云ふ事自體は、頗る非合理的なすべては中世的政治關係の產物であるかに考へられ易い事實ではあるが、縱ひ現象形態は同樣であつても、其の分水慣行の發祥が近世に在り、上・下の兩井鄕が幾度か角逐の末、遂に當時の法廷の裁許を受け、その解決の方法として、年々度數を定めて、下流堰組による上流井堰の破壞によつて用水の一時的な融通法が講ぜられてゐる場合もある。

近江國野洲川の一ノ井組と、下流の中ノ井・今井との關係は其の好例であつて、元祿十一年の春から、下流の中ノ井・今井は一ノ井の取入口を「荒井」と唱へ、其の井堰を破壞する事數度に及び、遂に裁許を受ける迄に事情の發展を見たのであつたが、一ノ井の堰止の由緒は關係者の承認する處となり、中ノ井・今井の言分は斥けられた。然し中ノ井・今井の困窮を救ふ爲に、左に示すが如き裁決が與へられたのであつた。

前々旱魃之節者一ヶ年ニ五、六度程今井組のもの共一ノ井堰を切明け水落當分の旱魃を救來尤其節者早速九ヶ村（一ノ井組）より闕留候由、雙方之申分無紛相聞候十三ヶ村（今井組）は石高も多く流末にて涸水之時者別而可及旱損候條自今以後旱魃之節者九ヶ村江令相對一ヶ年内今井組へ三日三夜中ノ井江一晝夜何れも日を隔て一之井堰を九ヶ村より切開け用水可遣之候(10)

今井組が年に五・六回は一ノ井の堰を破つて用水を獲得してゐた特例が玆に公に承認せられ、今井・中ノ井は其の窮狀に同情せられて、前者は年に三晝夜、後者は一晝夜、一ノ井の井堰に湛へられた水を下流へ吸引灌漑する事を許されたのである。而して其の堰止の切明けは、前述の餅の井や出雲井の場合の如く下流井組の手で行はれるのではなく、一ノ井組九ヶ村自らの手によつて行はるべきものとせられた點が、元祿十一年と云ふ年代に、中央的な裁決者の判定を經て制定せられた分水慣行としての意義を示してゐる。其の後更に今井組への分水日數は增加して六日六夜となり、天保四年には今井組が新に伏樋を設けた爲に二日二夜に減じたが、今井組・中ノ井組が一ノ井堰の一定期間の開放によつて分水を得てゐる事實は現在も尙繼續してゐる慣行である。

3 番水制の採用

番水制こそは異つた井組間の、或は同一井組内村々の間の分水法として、一應合理的と考へられる方法・手段として汎く行はれるものであり、從つて其の事例も頗る夥しい數に上るものであるが、先づ此處では異つた井組間の分水法としての番水制に就いて、其の發生の契機、制度化に至る過程の經緯、制度内容の詳細等を究め得て、典型的と見做し得るものに就いての考察を試みる。

抑〻番水制度の發生は中世若しくはそれ以前に遡り得ることは既に諸家の研究(11)によつて明かであるが、此處では現行の番水制の起源を其の發生當初の環境に遡及して闡明し得ると共に、兩井組間の用水分配に基因する幾度かの紛爭の解決策として採用せられた事情の明かなものに就いて述べる事とする。斯る事例としては美濃國根尾川筋の席田・眞桑兩井組間の番水(12)を先づ最初に採りあげる。

美濃の西北境根尾谷から流れ出る根尾川は、其の平地に出て後の水路を、享祿年中迄は現在の糸貫の川筋にとつてゐたが、享祿三庚寅年六月三日の大洪水により、流路を一變して以前の大藪を打ち貫き、此處に新水路を造つて河身の位置に大異動を起し、根尾川を中心とする分水關係にも一大變化を來すに至つた。席田・眞桑の兩井鄉は此の元の根尾川筋を享け、夫々の井鄉を潤し來つたのであつたが、前述の洪水を機として取入口に變化が起り、兩井鄉の分水關係は玆に新な發足を見ることゝなつた。

席田井組方は元來「山口一ノ井」と稱し、根尾川が山間から平地に移る山口の地で、最上流に取入口を持つものであつたが、流路の變化の結果既往の關係の一應解消したのを機會に、「二ノ井」に當る眞桑井側から其の水を取り度き旨の訴願が、領主たる美濃の守護大名土岐氏に申出でられ、以後百十年間に亙つて根尾川の水を廻る兩井組間の爭となり、遂に寛永十八年、兩者の間に確然たる番水制の成立を見る迄紛爭は繰返し繼續せられたのである。

土岐氏時代に於ける兩井組の井水論に對する領主の態度は、一に既得權を有する席田側の地位の保證・確認によつて分水秩序を保たんとすることに在つたものゝ如く、享祿四年五月、馬場孫六景茂の名を以て席田十一ヶ郷の名主・百姓に宛てた折紙を初とする數通の書狀は、何れも『席田井水之事可爲如先規』との主旨を敷衍したもので、席田側の優先的取入を裏付けるものゝみである。

然るに戰國期も過ぎ、江戸時代となつても兩井組間の紛爭は續くが、其の形式は前代のそれとは稍ゝ異るものがあり、單に地頭・領主へ出訴するに止らず、駿府或は江戸に迄も持ち出し、幕府の手による裁決を得んとするに至つた。慶長十二年、席田井鄕が加納の城主松平攝津守の領であつた時から、此の爭論は地元を離れて駿府に移されたのであり、時代の安定に伴ふ中央的な、用水問題の最高統制者の出現と、此の傾向に對應する水下農民の立場の變遷を示してゐる。

寛永年間に入つてからは爭論は一層頻繁の度を加へ、其の二年の大日旱には眞桑側は其の地の名産であり、江戸の將軍家へも獻上する爲の瓜畑に灌漑する事を口實に分水を申込み來つたので、席田の領主松平攝津守は家臣河村善兵衞に井頭兩名を差加へ、江戸へ下してゐる。兩井組間の水論が近世領主間の對立となり、領主のみならず地元農民の利益代表者たる井頭をも之に參加せしむるに至つた事は新しい傾向である。

寛永九年・同十四年と兩者の角逐の續く裡に幕府に在つても兩井組間の關係の根本的調整を決意し、市橋下總守・高木藤兵衞・高木治郎兵衞三人の檢使役を山口分水所へ派遣し、現地で兩井組の對決があり、更に七月には江戸評定所へ迄も其の對決を延長してゐる。此の際の席田側の領主、加納城主大久保加賀守の態度は極めて強硬であり、郡奉行二人を江戸に下すと共に、左の如き決意を表明してゐる。

加納城主代々飛驒守代迄代々此井水を往古之通リ被申所ヲ加賀代ニ罷成岡田將監支配ニ而新法可仕由申掛候　此上ハ加賀守身代ニかへても不被成と被仰候(13)

是は席田方の記載によるものではあるが、席田方が從來優越を保ち得た所以が、「一ノ井」たる位置上の有利と共に、累代の領主の絶大な保護に負ふものであつた事を示すと共に、眞桑方の領主であり、且亦幕府の當路者であつた岡田將監の並々ならぬ盡力が此の頃から頓に增大しつゝあつた事を察し得るのである。

斯くて兩井組の關係も遂に最後的歸結を迎へるに至つた。寛永十六年、加納の城主に轉封があり、大久保加賀守に代る松平丹波守の入部を見、之を機會に岡田將監の斡旋を以て老中加判の奉書が大垣城主戸田左門・加納城主松平丹波守の二人に宛てゝ達せられ『以相談落着可被申付』と、老中の權威による調停の强制命令である。

よつて松平丹波守は席田井下の井頭・庄屋に對して廻文を發し、岡田將監の大垣への來着と共に、左門・丹波守・將監三人の評議が行はれ、玆に『御奉書到來故』とて、「もり水四分」を眞桑方に讓る六分・四分の分水が決せられ、翌寛永十七年には高木三人衆及び岡田將監の山口への出張の結果、十八時・十二時の六分・四分の時分け分水の規矩が成立し、翌十八年から愈々番水が實施せられるに至つた。此の交渉の間、もり水四分から時分け四分へ變化した處に、眞桑方一段の攻勢が想見せられる。而して番水の覺書は

席田方
眞桑方　番水之覺(14)

一　席田方より只今迄堰候一之井口より貳拾間餘下ニ而新溝掘　渇水之時ハ席田方眞桑方番水ニ可仕候　一日一夜

眞桑方二夜一日席田方此分ニ而十二時十八時之積四分六分相定申候　此番水ニ仕候年ハ大水ニ而一之堰損シ候ハヾ席田井方も眞桑井方も立合　一之井堰可仕候　番水ニ不仕候年者眞桑井方のものかまい無之事

巳八月廿四日

岡田將監
高木治郎兵衛
高木權右衛門
高木藤兵衛

席田方眞桑方村々在判

面書之通御請申候

席田方の既得權としての優越を凌ぎ、よく番水制を出現せしめた契機は蓋し次の諸點に存するであらう。卽ち眞桑井方が『上様江上り申御瓜畑』へ灌ぐ爲の水であることを表面の理由とする分水の要求をなし、之が幕府の要路への關係付けたる點に於て極めて有力であつたこと、又席田側の領主たる加納城主に度々の轉封があり、席田井を保護する立場に在つた領主の關心の稀薄化した事と共に、斯る轉封の上にも現はれた幕府の大名領に對する統制權が、轉封の度每に强化せられたこと、岡田將監の如き積極的であり、更に眞桑方の領主である用水奉行の出現したこと、更には「一ノ井」たるの既得權を楯とする席田方の獨占が、幕府の統制下に漸く合理的見地によつて是正せられんとする氣運に立到つた事等である。寛永十三年に席田方が分水反對の陳訴をなし、今迄の狀態で引水を行つてゐてさへも、席田方の水路の延長は三里餘にも達し、壹ヶ所の井口で三萬餘石の地を養ふべく、餘りに用水量は不足であり、旱年には壹萬石餘の地が日損を受けて迷惑してゐる事を述べたのに對しても、眞桑方の困窮に比すれば物の數でないとして上述の分水の決定を見たのであつて、中世來の用水秩序の非合理性を兎も角も變更し、幕府の手によつて新しい分水秩序を再編せんとする意圖が、此の番水問題の處理の上にも現はれたものと見做し得る。

兩井組間の番水は寛永十八年以後實施せられる事となつたが、其の後も更に幾多の技術的難點の解決を要してゐる。即ち慶安三年の洪水による井口の破壞に當り、其の再興の普請は兩者の紛糾によつて決せず、同五年の裁決に從つて枠・新堤が出來、井口を二十三間と決定し、更に寛文四年にも番水口に就いて眞桑方から江戸へ訴訟が行はれ、其の結果分水口に六本の胴木を据ゑ、井溝底の高低から生ずる不平等を打破し、『席田方貳尺餘埋ル』と云ふ處置を加へて、席田方の從來の有利性を減殺してゐる。かくして以後は兩井組の關係も靜穩に歸し『其以後猶山口井堰論無之候』との狀態を得たのである。

席田・眞桑の兩井組間に見られる、百年に餘る長年月に亙り、度々の角逐交渉の末、遂に寛永末年に整然たる番水法の施行を見るに至つたのとは異り、越中常願寺川筋の各井組間の配水は、一圓領有の加賀金澤藩の支配下に於て行はれたものであり、而も藩の統制力の充實した後である元祿年間に其の制度が定められたものであるから、其の成立當初の關係は頗る對蹠的で、前者がその複雜な過程の示す如き難産であつたのに對し、此の場合は甚だ平穩裡に行はれた樣である。

常願寺川筋の用水分配は樹枝狀に系統立てられた用水路の形態と相俟ち、近世前期の延寶三年には既に整然たる方式が定まり、各用水路は上流から順次に、各〻の水當りの石高に比例する用水量を取入れ得る事となつて居た。上流から秋ヶ嶋用水・釜ヶ淵用水・仁右衞門用水・高野三千俵用水・利田用水・岩操用水・太田用水・淸水又用水・筏川用水・横内用水の所謂上江口十用水、石高三萬七千六百餘石への分水の後、殘る水量が下江口たる廣田針原用水二萬七千六百餘石の地域に下げられる。

而も常願寺川筋の番水支配の特質は、上江口の關係者の手を藉らず、下江口たる廣田針原用水四人の江肝煎によつて行はれた事であつて、上江組と下江組との間に元祿十三年以後行はれた番水も下江側の支配する處であつた。扨番水施行の手續に就いて述べる順序であるが、次節に述べる一井組内の番水の場合に比して他井組間に亙るものであるだけに、其の手續並びに番水法の種類も稍〻複雜である。

先づ席田・眞桑兩井組間の番水手續を窺ふに、(15)

イ　番水開始の用意　旱天が續き番水分水を必要とする時期は當然山口の元水個處で察知出來るから、席田の井頭は山口に人を派して其の狀況を連絡通報せしめ、其の準備として大堰の筵張りの所を改めると共に、村々へ割符を廻し、村毎に慣習的に定められた筵數と人足の數とを通達する。然し人足に關しては、格別に水量が少く、井下の人足を寄集める程の必要もない時には、山口村で人足を傭つて濟ませる事が多かつた。

ロ　番水の開始と解除　番水の開始は眞桑方からの申込によつて開始せられる。眞桑方から「暮六ッ明限」に申込んで來た時は小遣・人足を山口へ急派し、山口の雇人足を以て卽刻大堰を塗留め、かくして最初は席田方に、次いで其の日の夕落から眞桑方へ取つて番水が開始せられる。尤も番水の申込は席田井組の井元たる佛生寺村に對して行はれる先例で、佛生寺の井頭から他村の同役へこの旨が通達せられ、又切配符で村々に觸れ知らされる。又この番水が領主の斡旋によつて初まつたからであらうが、番水の申込まれた夜、井頭から、支配奉行に對して翌日の出張が願ひ出でられる。

斯くして番水は降雨がなく、旱天の續く限り、夕落・朝落と繰返して行はれ、特に長く續く場合には能鄕の白山權現に、又更に伊勢へも雨乞の祈願が懸けられた。番水中の堰口には番人が付けられ、時計り役が置かれ、鐘を打ち、拍子木を鳴らせて時間每に番水の切替が行はれる。此の切替は六回迄は席田井役高村々の手によるが、七回目からは曾井中島・長屋・文珠・見延の四ヶ村へ「助落し」が依賴せられる。然しこれは夕落しのみ三回に限られ、朝落しは總て下流の井役高村々によつて行はれる。

番水の解除は降雨があつて水嵩が增し、最早番水の必要なきに至つて行はれる。解除の要求も亦眞桑方によつて行はれる處である。開始の時と同樣に井頭から井組村々へ通知があり、番水は止められ、大堰のもれ水を六分・四分となる如くに分つ所謂『もれ水分水』となる順序である。

十八時・十二時の時間單位による交互の引水は最後的な番水分水法であるが、尙この番水に先立つて過渡的に行はれる配水法がある。

1　平均水　渴水の徵が見え水不足が感ぜられ乍ら、而も未だ根尾川の水の涸れないうちは此の平均水と呼ばれる方法が行はれ、兩井組は眞桑方の要求により、山口分水所で目分量によつて六分・四分の氣持で眞桑方に分水せられる。これが平均水と呼ぶもので兩井組間の番水に先行する段階に在る分水法である。然し山口分水所での分水法が所謂「平均水」であつても、其の水が席田・眞桑の井組の中へ導かれた時には既に自由分水ではなく、夫々の組内に於ては時間配水が行はれる。

2　通水　平均水によつて得た水を井組内で時間配水するのを、席田井組では通水と呼んで居り、又の名「通し水」である。通水を行ふのは井頭の權限に屬し、若し組の内に特別に用水不足の個處があれば、其の申出により、井頭は實地を檢分の上、其の狀況に應じて配水時間表を作り組の内に觸流し、重點的に救濟の手段を執る。

斯の如く通水分水を繰返すうちに、根尾川の水量は愈〻減少し、軈て眞桑方の要求があつて山口に於ても全面的な番水に移行するが、此の際には井頭から改めて組内に「番水時割」が配布せられて直に實施を見る。唯通水と番水刻割との相違は、通水が特別不足地域への重點的配水を主眼とするに對し、後者は各井溝沿ひの村別水田の石高を標準とし、時間を石高に按分してあり、且つ組内で最初に配水を受ける上保村には、石高に對する割當時間の他、山口の分水所から上保の水田へ用水の達するに要する「水足」の三時間が特別に加へられてゐる。「水足」は曾つては「壹時」であつた。

越中常願寺川筋の番水にも、根尾川筋のそれと類似する、或は更に複雜な番水仕法の順序がある。其の一は「內分水」と唱へ、江肝煎によつて下江組の村々の間に行はれ、江下村々の過不足に從つて相互間に適當な配水を行ひ、三日間續けられ、尙以て不足の時には第二の「表向分水」又「本分水」に移る。此の本分水では上江組を含む全流域の番水が、廣田針原組の江肝煎の指揮により、施行期間に制限なく、水不足の間は下江組の心の儘に幾日間と雖も行はれるものである。第三は「皆落し」であるが、この場合は下江組の願出によつて上江組にこのことを通達し、「皆落水」とて初日晝間の全水量を下江組へ、次いで短夜の水を全量上江組に注ぐ方法で、夏季は晝間が長いからこの方法は著しく下江組に有利である。席田・眞桑兩井組間の所謂番水が、常願寺川筋では「皆落し」の名を以て呼ばれてゐることを知るのであり、番水制の典型的なものと爲し得る。第四は「内輪江狩」であるがこれは殆んど「皆落し」に近い。唯「皆落し」は上江組に不利であるから、此の法が長く繼續せられるに於ては上江組の困難は彌〻增す結果となるから、上江組の申入れにより、晝・夜の交替を廢して、一日一夜代りの配水となし、之を「内輪江狩」と稱して上・下組の不均等を是正せんとするものである。

4　分水施設による分水率の採用

分水率を定める爲の施設としては、水路の幅を規定する分水石或は枠の裝置を行ふものと、水門又は目盛木（分木）の高さによつて規定するものとの二がある。先づ水路の幅を規定する施設から述べると、甲州の御坂山中に發して笛吹川に注ぐ金川流域の[16]、上流から數へて車堰・宮堰・金川堰の三井組は、其の分水率の初めて規定せられた年代は明かにし得ないが、何れも金川の全水量を、車堰對宮堰及び金川堰、宮堰對金川堰の間に共通の分水率たる六分・四分を以て分水が行はれてゐた。

上述せる如く記錄の明證を缺いてゐるから斯る分水率の採用せられた年代は臆測するの他ないが、中世以來一領主の下に統一せられ、戰國期には信玄の出現によつて他國以上に民政上の留意の行屆いてゐた土地柄であり、江戸期を通じても、絕えず統一的な領主政權の支配下に在つたゞけに、用水分配に於ける整然たる方式の現はれたのも比較的早かつたのではなかつたかと考へられる。現地に殘る用水關係史料は、車堰と下流堰の宮・金川兩堰との關係を示す最古のものが承應三年であり、宮・金川の兩堰關係は寛永元年のものを最古としてゐる。是等は共に其の時に起つた用水論の一面を傳へるものに過ぎないが、宮・金川兩堰關係の寛永元年の文書の示す處に從へば、前代以來懸案の分水量の問題が此の時の水論の根本原因であつたと見え、奉行日向半兵衛の手代二人が實地に檢分を行ひ、宮堰六分、金川堰四分の率が此の時以後明確に定められた事が知られるから、江戸期以前は兎もあれ、江戸期に入つて後は此の寛永元年の決定が金川筋では分水率の基礎を置いたものとなし得るであらう。承應三年の車堰對宮・金川兩堰の水論文書にも、寛永年間に日向半兵衛の支配によつて分水量の定つてゐたのを、車堰側が破約を敢てした爲に生じたものである事を記し、車堰六分、宮・金川兩堰の下流分四分と裁決のあつた旨を載せてゐる。車堰と下流二堰との間にも、宮・金川兩堰の間にも、其後繰返し幾度か水論が行はれてゐるが、何れも分水率の確守如何を中心とするもので、水論の度毎に分水場の仕立方を堅固且完全ならしめて落着してゐる。分水裝置は是亦明かではないが寶暦八年宮・金川兩堰の分水場の構造に就いての爭論の善後措置として、分水中石の三間上に平均木を据ゑてゐることも見出されるから、分水石(水量石)を据ゑ、其の幅によつて水量の分割の行はれてゐた事を知り得るのである。

扨車堰は所謂「金川一之口」であり、宮・金川堰の分水取入口よりも十五・六町の上流に堰を有し、尾山村を堰元とする金川左岸の八ヶ村、高千七百餘石の井組であり、宮堰は鹽田村を堰元とする右岸の十一ヶ村三千四百餘石、金川堰は川の兩岸に跨り、右岸の國分村を堰元とする十二ヶ村五千七百餘石の井組で、灌漑區域は四分の引水率に定つた下流井組程大であり、殊に車堰對下流二堰の場合の如きは、前者の千七百石餘に對し、後者の合計は九千三百餘石であるにも關らず、其の吸引し得る水量は四分に過ぎず、分水量と石高との關係は正に逆である。斯る一見不合理な分水率が何故に永く規矩となつたかの原因の一は、金川が本瀨へ流れる場合は傾斜が大で水勢が強く、脇枝川で流水の停滯し易い用水路よりは事實上遙に水量が多く、單に率の上の數字のみを以て決し難い內面事情の在つた事と、上流堰からの漏水量をも見込んでかく定められたのであらうが、是等の理由のみでは未だ充分に此の分水率の有する意義は解き得ないのである。

水の高さ（深さ）を以てする分水量規定の爲の施設の事例としては、近江國東淺井郡七尾村相撲庭の姉川北岸に取入口をもつ「大井」の井口に打つ「分木」を掲げ得る。「大井」に就いては既に第六章第一節に於て、其の管理者としての相撲庭村の宮川氏の存在を說くに當つて少しく觸れたが、對岸下流の横井を用水とする鄉里庄が大原庄の出雲井を切落し、「三度水」を引き取る場合に於ても、此の大井のみは鄉里庄も手を觸れ得ず、出雲井と横井の取入口との間にある他の一切の井堰は三度水の下るに當つてはすべて切拂はれ、流下する水を疏通せしむる例となつてゐたにも關らず、「大井」のみは鄉里庄側によつて其の堰止を破られず、唯姉川表に自然に流れてゐて大井表に引水してゐた水量と、出雲井切落しの結果として增水した分との限界を明瞭にし、而して三度水の下る間に於ても、大井が姉川表を自然に流れてゐた水、所謂「下水」の引水を繼續する爲の水量木が所謂「分木」である。

「分木」を打つべき位置に關しては、鄉里庄と相撲庭との間に、天文二十二年の大旱魃を機として雙方の間に爭論のあつた事が知られるが、鄉里庄側の「內井タモト」說は斥けられ、相撲庭の「河原表井口」の主張が勝を制し、以後永く慣例となつた。分木立の法式(17)は左の如くである。

一、相撲庭横井（大井を指す　筆者註）出雲井落ス前晩宵ヨリ右三人（郷里庄側の水分け役人三人　筆者註）相撲庭村へ行キ役人同道ニテ右ノ横井口へ行キ横井川ノ水古川（元の姉川水路の跡で後には古川と唱へる用水路となる　筆者註）ノ上ノ三ノ堤ヨリ百三十間斗下ニテ分木ヲ立テ水ノ深サヲ定メ其ノ澪木ヲ二ツニ割相撲庭村へ半分此方（郷里庄側　筆者註）へ半分持チ翌朝出雲井水來ル時件ノ澪木ヲ持寄リ、宵ノ水深サ程下水横井川へ遣シ餘ル水ハ古川筋へ水連下ルナリ出雲井ノ水ハ一滴モ不遣ナリ

方法並に其の目的はこれで明かである。然し「分木」を打たんとするも既に河原表に流水のない場合には、分木の代りに井口表に土俵を並べおき、それにも關らず土俵を越して大井へ流入する水は大井側の取得する例となつてゐる。

（1）拙著「近江經濟史論攷」所收「彊大井組としての湖東犬上川一ノ井郷の特質」參照
（2）山田堰普通水利組合所藏寫本
（3）滋賀縣内務部編「農業水利及土地調査書」高島・伊香・東淺井の卷
（4）中村直勝博士著「莊園の研究」七六二頁
（5）（3）に同じ
（6）（1）の「姉川筋の用水分配」參照
（7）東淺井郡七尾村相撲庭　宮川宗作氏所藏寫本「出雲井乞水由來」。寶月圭吾氏「中世灌漑史の研究」中にも上坂文書による同樣の記述がある、同書三六二頁
（8）（1）の三二九頁
（9）佐渡吉井村長江　神藏源治氏文書「長江邑神藏源兵衛家門興隆因由之記」——寶暦五年の作——

(10) 滋賀縣栗太郡葉山村手原　里内勝治郎氏保藏文書
(11) 例へば中村吉治敎授の「中世社會の研究」に收載せられた用水分配に關する諸論稿、或は寶月圭吾助敎授の「中世灌漑史の研究」
(12) 本書後編　九「美濃國根尾川筋席田・眞桑兩井組間の番水制」參照
(13)(14) 岐阜縣本巣郡席田村佛生寺　井頭仲間引繼文書
(15) 同「井水記」中の「番水覺」による。
(16) 本書後篇　二十「甲州金川流域の水利と農業」參照
(17) 上坂八右衞門覺書　宮川宗作氏保藏寫本

第二節　用水組織内部に於ける用水分配

1　番水法の具體的樣相と其の合理性並に非合理性

番水法は用水不足を感ずるに至つて實施せられる特別の配水法であるが、元來用水源の充分でない事の多かつた吾國に於ては、此の非常配水法としての番水法は汎く全國的に普及してゐる慣行或は制度であり、勿論用水不足の程度の差異により、地域的に番水制其物の內容にも寬嚴の相違はあるが、何等かの程度・形式による番水法の行はれてゐない地域は蓋し稀であらう。井堰としての條件に勝れ、水量の多い高梁川十二ヶ鄕に於ても、用水量の多い時は「掛流し」であるが不足に及んで番水制に移る事實によつても其の普及度を察し得る。殊に異つた井組間に於ける番水制は、中世に於ては一領主の政治的統制力の及び得る範圍が狹小であり、之に反して斯る番水制は廣い地域を包含し、幾つかの井組の分水關係を統制支配する事によつてのみ期待し得る方法である爲に、番水制の成立自體が比較的困難であり、中世以來の大名領主の同一地域支配の永く繼續し來つた特殊の地域か、或は近世に入つてから、政治的支配圈の大きい封建政權、卽ち一つの纒つた政治的領域としての天領及び大大名の領國內に於てのみ初めて出現し得たものが多かつた事實は既に前節に論述した處であつた。然るに比較的範圍の狹い一井組內の村落相互間の用水分配に於ては、其の關係地域が纒り易かつたことや、同一の井組としての協同體的性格を發見することも容易な環境に在つたことから、一の井組を組織する村々の間の用水分配法としての番水制は遙に實施され易く、用水不足に臨んで其の少い水を最も效率的に利用せんとする番水法が、一井組內の分水法として採用せられてゐる場合が甚だ多いのである。

番水法には分水時間を單位として行ふものと、施設によつて行ふものとの二種がある事は今更贅言する迄もない事實であるが、此處では是等番水法の典型的な事例を示して其の具體的な內容を明かにすると共に、其の合理性及び非合理性の諸點を檢討したい。

備中高梁川の八ヶ鄕は時間單位の番水制の行はれる一例である。卽ち其の番水の實施は每年夏至一週間前、(1)六月十五日前後を以て開始せられ、其の前五日乃至七日頃から井鄕內に所謂「掛流し」が開始せられる。「掛流し」とは番水の日割によらずして送水を行ふものであり、番水川の下流をうける澤所組では、此の掛流し水を得て夫々の水田の間の溝渠に貯へて床水を作り、次いで番水の開始と共に植付を初める爲の、先立つての準備送水たるの意義を有するものである。

番水は番水川の全水量を、其の持番の多少を基準として定められた番割時間表に從つて取入れる方法であり、其の番割の組織及び順位は次の如くである。

番水川一本の水路は子位庄村に至つて三本に分れ、山根川・中川・三番川（南川）となる。山根川から配水せられる村々は、子位庄の一部及び東阿知（西坂・生坂）一番半・三田一番・二子半番・松島一番の計四番であり、中川の配水區域は子位庄の一部・西庄の内平田半番・中之庄一番・鳥羽半番・德芳半番の計三番半、三番川別名南川は、其の名の通り子位庄の一部・西庄の内大島の二分五厘・福島二分五厘・二日市半番・五日市半番・中帶江半番・早島一番の計三番である。

前述した一番とは、番水の引取に際して番水川の全水量を一晝夜引用し得る權利を指すもので、『尤も壹番と申すは壹晝夜の事に御座候[2]』とあるによつて明かである。以上村々の番の合計は十番半、從つて番水の一巡には拾晝夜半を要する。尙番水は二巡・三巡して行はれるが、第一巡目の番水順位を左に示す。

1 松島 2 德芳	自植付開始の第一日午前六時至第三日の午前六時	四八時間
3 中庄 4 鳥羽	自第三日午前六時至第五日午前六時	四八時間

5	三田	自第五日午前六時至第七日午前六時	四八時間
6	二子		
7	西坂	自第七日午前六時至第八日午後六時	三六時間
8	生坂		
9	子位庄	自第八日午後六時至第九日午前六時	一二時間
10	平田	自第九日午前六時至第十一日午後六時	六〇時間
11	大島		
12	福島		
13	五日市	自第十一日午後六時至第十二日午後六時	二四時間
14	二日市	自第十二日午後六時至第十三日午後六時	二四時間
15	中帶江	自第十三日午後六時至第十四日午前六時	一二時間
16	早島	自第十四日午前六時至第十五日午後六時	三六時間

元來十晝夜半であつた番水が現在では十四日半に延長せられてゐる事を知る。

扨第一回の番割順位に從へば、溼所區域に屬する八ヶ鄕內の東端長遠地から初つて早島を終番とし、其の間二週間を要するが、第二回目は初回とは逆の順序であり、早島を初番とする。而して第三回以後は上述した一回・二回の交替方式を踏襲する。然し近時は第一回の番水のみを行ひ、以後は「掛流し」を採用し、又必要に應じて番水に移る事もある。繰返される番水の中、その第一回は植付の根付水である事からも察せられる如く、最も意義が重大であり、其の終番に當る帶江・早島の植付期の遲延によつて被る不利益は僅少ではない。殊に近時の如く番水が一回のみで以後は掛流しに移る樣な場合には一層不利である。とは云へ早島・帶江は其の位置が兒嶋灣に近い爲、その滿潮に際しての「突上げ水」を使用し、植付水の不足を補ふに至つてゐる事は注目すべきである。

上述した高梁川八ヶ鄕番水川筋の番水は、その灌漑地域が宇喜多氏以後の開墾に懸る新田地域であり、江戸期に於ても天領としての倉敷代官所の支配地、及び備前岡山領が大部分を占め、從つて倉敷代官或は備前藩の斡旋により、他地方に於て既に先例として實在した番水法の諸事例を參照し、以て時間による番水法の典型的な形態を完成したものであらうが、伊豫國國領川の最上流井堰である洪水堰懸りの番水、或は同じ國領川の堤外から湧出する泉を水源とする高柳泉組の番水の如きも、共に近世初期の支配者の慫慂によつて成立した制度である事が明かである。

洪水堰は國領川筋五個の井堰中の最上流であり、從つて水量も豐富であつたに關らず、其の番水制は近世的統治組織の完成後間もなく制度化せられた。卽ち一柳氏が領主として西條に在つて此の地域に臨んでゐた寛文五年六月十八日、藩の地方役人の名によつて水下の金子・新居濱に與へられた一札が殘つてゐる。

一筆申入候　然者新居郡洪水之水之義角之村兩方上泉川村兩方中村金子村新居濱浦兩方番水之義五月節ニ入中五日前ヨリ右五ヶ村番水ニ申付候

其外自然急ニ水入申村々於在之ニ者此方江早々可申斷候　隨其見合用水可申付候　ケ樣ニ相定遣候上者以來少モ互ニ出入仕間敷候爲後日如此候(3)

此の墨付の示す處は、五ヶ村の間に用水分配に關しての爭があり、其の解決策として藩主一柳家の役人が、番水開始の時期を定めると共に、尙上述の規定があつても急に用水の必要な村のある時には、役人が檢分を行つて時宜に從ひ處置すべきことを付言してゐるのであつて、未だ充分に制度化した番水法とも云ひ難いものであるが、それより三十九年後の寶永元年七月の、五ヶ村の取替し連判一札は、番水規定を更に詳細に、より確固たるものとし、後世の規範を作りあげたものとしての意義がある。

規定の內容は番水の開始期は先規の通り五月の中五日前よりとし、中村・新居濱・上泉川・兩角野の五ヶ村は一日一夜宛、金子村のみは二日二夜とすること、但し上流三ヶ村は旱田の土地柄であるから、植付の際は樣子により檢分の上で多少の增減を行ふべきこと、及び新井手は一切設けず、井手筋を擴げざること等を誓約したものである。寶永元年は一柳氏に代つて松平氏が西條に入部して後のことであり、以後江戶末期迄續いた松平氏によつて、番水の開始期のみならず、番水時間の割當も明確になつたのである。

洪水堰組に近く位置する高柳泉組に於ける番水制の創始期は明かでないが、正保五年に開始せられた新間竿（六尺三寸間）による新檢地事業と關係があるとせられてゐる點は興味がある。

右檢地改リ村々田畑畝數相譯リ候ニ付而用水も村々田畝之大小ニ隨ひ分量出來ル也(4)

とあつて新檢地事業により、田畑の面積が正確に測り出された事が、用水をも田畑の面積を基準として、計量的に分配せらるゝに至つた原因であるとする說であつて、高柳泉組に於ける番水制の開始が、慶安年間以後に在ることを暗示してゐる。而して泉組三ヶ村の中、下泉川一日一夜、庄內二日二夜、新須賀一日一夜の日割番水が行はれるに至つたのであつたが、流末の難澁の爲に日割番水を改め、用水路の分岐點に於ける分量割の配水に變更せられ、下泉川二分五厘、庄内五分、新須賀二分五厘の分水率となつた。

一般に分つべき用水量が極度に乏しい時には僅かな水量を更に各溝筋に分割配水する分量割よりも、各溝筋に、一定時間内の全水量を注流する日割、若しくは時間割の番水制に移行する場合が多いのであるが、此の高柳泉組では逆に日割分水から分量割に轉じてゐる。時間割・日割の番水法では、番水切替へ時の水の處置に關する特別の規定のない限り、下流村は實質的には割當時數よりも少い受水時間に甘んじなければならぬ事が多く、其の逆に上流村に利益を齎す事の多い事情は更に後に詳述するが、斯る下流の不滿も絕對水量の不足の前には力なく、分量割よりもより事態に適ふものとして、時間割の事例が多い一般の傾向に逆行して分量割に變つたのである。惟ふに高柳泉が比較的水量が豐富な上に、季節による湧出水量の增減も少いと云ふ好條件に惠まれ、分量割を採用しても尙且流末迄も不斷に供給し得るだけの水量に惠まれてゐた事に基因するであらう。

然し此の分量割と雖も未だ完全な形に於て行はれたのではなく、分水個處たる「大叉」で下泉川二分五厘、庄内・新須賀の合計七分五厘とに分水し、庄内・新須賀は其の水量を再び二日二夜と一日一夜に分割する方法であつたから、流末の新須賀は水路延長の大なる爲に、引水時には特別に多くの番人を要し、而も庄内への引水中には一水もなく、呑水にも不足し、逆に新須賀への引水時には水量が多きに過ぎる樣な實狀であつたので、茲に別井手築造の要求を出し、庄内村の内心の不同意も、西條藩主の援助によつて新に分水路「野津小叉」の完成となり、分水石を設置し、寛文五年五月からは、新須賀は庄内分の半分として、茲に分量割の分水法は確立した。高柳泉組の番水法の變遷に關して、冗漫に過ぎる程の長々しい敍述を行つたのは、其の經過の中に番水制の個々の方法のもつ利害得失を導き出さんが爲である。

近江國阪田郡郷里庄横井懸りの番水は、分水率の決定に於て、溝幅の廣狹による分配法と、時間による分配法とを併用してゐる。横井懸りの番水は既述の如く中世末から行はれ、是又典型的事例たるを失はないが、其の番水法には普通番水と大番水との二つがある。

普通番水とは俗稱「樽番」と呼ばれるもので、約一斗入の樽の底に小孔を穿ち、中に充滿した水の漏出し了ること二杯分、約一時間を單位とし、各分水路が交替で交互に引水する方法であり、樽は水路の分岐點の橋上に置かれてゐる。樽番の起源は其の計時法の原始的な事から想像せられるよりも遙に新しく『明暦二年申に樽の水始り申候』(5)とある如く、明かに江戸期以後の創始に懸る。尚横井懸り各用水路及び村の分水率（溝幅の定）を左に示す。

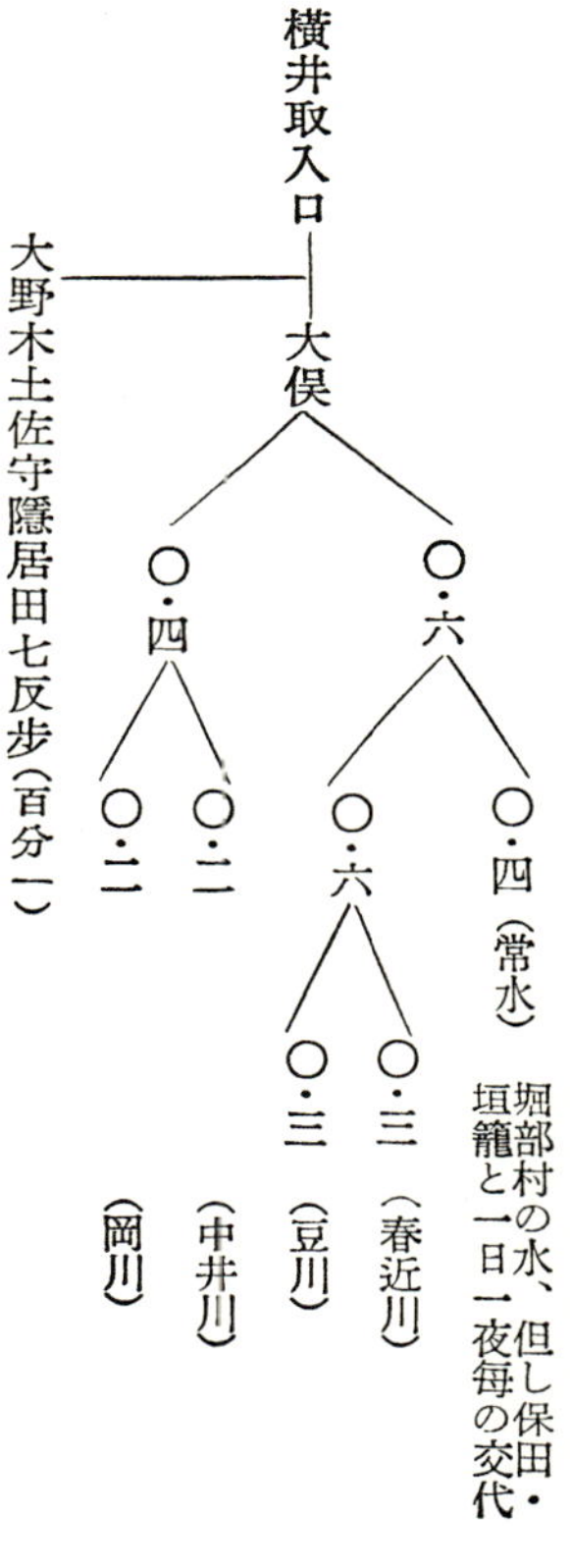

大俣で六分・四分に分たれた水は、夫々第二の分水點に至り、樽の水二杯分の漏出し了る時間を單位とし、春近川と豆川、中井川と岡川に夫々交代して番水となる。卽ち春近川の引水時には中井川が、豆川に當る時は岡川も引水番であると言ふ順序である。唯堀部川のみは樽の水の埒外に在り、「常水」として六分の水の内の四分、卽ち全取入水量の二分四厘を常に得てゐる。春近川と豆川は六分水の六分、卽ち三分六厘の水を等分するから一分八厘宛、中井川と岡川は共に二分宛の譯である。

樽の水の他に「かけ落し」と呼ぶ分水法もある。これは明暦二年の樽番の開始以前に於ては、番水の法として專らに行はれてゐたもので、其の法は『かけ落しといふは銘々俣に勝手に俣口へ參り堰止申候而凡之時刻宜敷と見計ひ又堰止の川の方より落しに參り互に前後の列は無之かけたり落したり仕候事』との説明の如く、樽番に先立つ一層原始的な段階に在る方法であり、現在に於ては未だ渇水の程度が弱く、樽番に至らぬ迄の間に行はれるに過ぎない。

大番水は出雲井の切落しに伴ふ所謂「三度水」の時に行はれる番水法で、其の番割は次の如く定められてゐる。

初日	晝	中井川（西上坂） 春近川（春　近）
	夜	中井川 春近川（東上坂）
次日	晝	岡　川 豆　川（西上坂）
	夜	岡　川 豆　川（東上坂）

三日　晝　中井川（東上坂）
　　　　　春近川
　　　夜　中井川（西上坂）
　　　　　春近川（春　近）
四日　晝　岡　川（東上坂）
　　　　　豆　川
　　　夜　岡　川（西上坂）
　　　　　豆　川

四日間で一巡し終れば又繰返す。

溜池の番水配水には滿濃・狹山の極めて大規模なものゝ事例があり、殊に河川懸りとは異つて、利用し得る貯水量に最初から一定の限界があり、更に溜池灌漑地域は一般に降雨量が少く、より用水不足地域である事が多く、而も其の貯溜水其物も水下關係地域の努力によつて獲られたものである關係から、河川懸り以上に番水制の採用せらるべき基礎條件を備へてゐる事情は明白であるが、其の詳細に就いては後述に讓る。

扨上述の番水制の合理性如何を檢討すべき順序となるが、先づ番水に於ける時間水と灌漑反別との關係を考察する。

近江國犬上川一ノ井鄕の幹線水路の一である下ノ鄕川(6)の場合に就いて見るに、番水に於ける配水の順位、村名、時間數（時）、灌漑面積、一町歩當の時數、其の率を表示すれば左の如くである。（率は金屋を一〇〇とす）

（1）八　目　荒川（一）　（六五石餘）

1	石　畑	三	三〇・五町	〇・〇九八	八九
1	四十九院	五	五八・八	〇・〇八五	七七
1	八　町	六	七九・九	〇・〇七五	六八
4	下ノ郷	一〇	一一七・九	〇・〇八五	七七
5	雨降野	一	一五・〇	〇・〇六六	六〇
6	法養寺	一	一〇・〇	〇・一〇〇	九一
7	在　士	一	九・二	〇・一〇九	九九
8	尼　子	一	一〇・〇	〇・一〇〇	九一
9	横　關	一	一七・二	〇・〇五八	五二
10	金　屋	一	九・〇	〇・一一〇	一〇〇

番水の順位が、用水上最も困難を感ずる下流を最初に、順次上流に及ぶが如く定められてゐる事は合理的であり、其の爲に井元村で最上流位置の金屋が終番となつてゐるのであるが、横關村の例外を除いては、上流村程灌漑反別當りの時間數が多く、井元金屋村を超える村のない事は、一應合理的であるべき番水の決定に當つてさへ、村々の自然的位置と傳統に基く、數字を以て説明し難いもの丶存する事を知り得る。殊に横關の五二%の如きは著しい。

同樣の事情を同じく一ノ井の尼子川筋に就いて窺ふに(7)（同じく金屋村の率を一〇〇として算出す）

1	葛籠町	六	六四・二	〇・〇九三	四四

2	法士（犬方）	一	三・五	〇・二八〇	一二二
3	竹之内（吳竹）	三	一三・二	〇・二三〇	一〇〇
4	尼子	一三	一五五・二	〇・〇八四	三六
5	出町	一	五・〇	〇・二〇〇	八七
6	小河原	三	三八・八	〇・〇七七	三三
7	在士	三	三二・四	〇・〇九二	四〇
8	古川（横關ノ内）	一	一三・七	〇・〇七三	三一
9	北落	四	二六・〇	〇・一五四	六七
10	金屋	三	一三・〇	〇・二三〇	一〇〇

尼子川沿ひでは村落間の差異が下ノ郷川以上に甚だしく、古川・小河原・尼子の如く三〇%臺の村があり、法士の高率なのは灌漑面積が特に狭い事に基因する例外であるけれども、下ノ郷川の場合と等しく、流末程不利であると見做し得る。

野洲川一ノ井(8)に於ては（最上流の伊勢落を一〇〇とす）

伊勢落	七	二五・〇	〇・二八〇	一〇〇
林	三	一〇・〇	〇・三三〇	一一七
六地蔵	一二・五	六〇・〇	〇・二一〇	七五

小野	六	二八・五	〇・〇八八	三一
手原		三九・六		
大橋	六	四五・一	〇・一三〇	四六
高野	九	四三・〇	〇・二一〇	七五

林・伊勢落に最もよく、小野・手原に悪い。尤も伊勢落よりも林が高率となつてゐるのは、面積に比して多くの負擔を爲してゐる事によつて生じた特例である。最も不利な村の率が三〇%餘である事は、上掲犬上川一ノ井の尼子・下ノ郷兩川の例とも近似する數字であつて、井組の配水關係に於て、偶然の一致とは云ひ難い興味を魅く點である。

地域をかへて備中高梁川八ヶ郷[9]に於ける同じ關係を検討する。（率は初番の松島・德芳を一〇〇とす）

1	松島	四八	六六・六	〇・五二	一〇〇
	德芳		二五・六		
2	中庄	四八	一〇〇・八	〇・三九	七五
	鳥羽		二二・〇		
3	三田	四八	三三・九	〇・五一	九八
	二子		六〇・八		
4	西坂	三六	四六・五	〇・二六	五〇
	生坂		九一・一		

5	子位庄	一二	二七・二	〇・四四	八五
	平田		八一・六		
6	大島	六〇	二九・六	〇・三七	七一
	福島		四九・三		
7	五日市	二四	四一・二	〇・五七	一〇九
8	二日市	二四	三三・五	〇・七二	一三八
9	中帶江	一二	四五・三	〇・二六	五〇
10	早島	三六	一三四・一	〇・二七	五二

最も不利な場合でも五〇%に滿たぬ村はなく、而も初回の番水の順位の早い村は流末に近い位置に在り、上流程順位が遲い樣に番割が作成せられてゐるのであるから、單に灌漑反別の上から見た率だけでは番割の合理性如何は論じ盡し得ず、更に費用負擔との關係を見る必要のある事が判明する。

近江國野洲川筋の今井組では、番水の時水は總べて石高割であり、村毎に石高を基準として按分配水せられてゐる(10)から、石高が灌漑反別を正しく表示する限りに於ては、最も合理的な番水法と爲し得るであらう。尙配水時間の基準を求めるに當つて、石高割か反別割かは、古來其の衝に當つた當局者を屢ゝ惱ましめた問題である。上總國山武郡の東金町に近い沓掛谷の水を受ける、上流の臺方と下流の押堀・東金・川場・堀上の四ヶ村との寶曆七年から同十二年に亙る水論の解決に際し、分水率決定の規準として、幕府の代官は『五ヶ村田反別を以割候仕方一通り又田高を以割候仕方一通り右兩用致甲乙割此度證文申付右之內何れか一方へ相極事は於奉行所追而御下知可有之間可得其意事』と水下に申渡し、反別に比して高の多い村、又之と逆の關係にある村等夫々の場合に就いて精査し、遂に村々は協議の上、反別割の分水率を受諾してゐるのは、此の問題に就いての一の示唆を與へるものであらう。

次に池懸りの番水事例として、狹山池・滿濃池に就き、村別の配水時間と石高との關係を一瞥する。狹山池の水は二個處の樋から、東川・西川の兩水路に別れて流下し、水路別に番水を行つてゐるから、文化三年六月一日から實施せられた事例[11]に基き、東・西兩川筋の番水を併せ記す。

(1) **東川筋**（最上流の南野田の率を一〇〇とす）

村名	石高	時	百石當りの時	同率
南野田	三一四石	三・五	一・一一八	一〇〇
北野田	五〇〇	五・五	一・一〇	九八
田井	五六六	一〇・五	一・八五	一六五
阿彌	三八〇	六・〇	一・五七八	一四一
菅生	一〇〇	二・五	二・五〇	二二四
黑山	六〇八	九・五	一・五六二	一四〇
平尾	七〇〇	九・〇	一・二八五	一一五
小平尾	三〇〇	七・〇	二・三三三	二〇九

多治井	六九五	一一・五	一・六五四	一四八
郡戸	四五〇	一〇・五	二・三三三	二〇九
大保	二三八	六・〇	二・五二	二二五
眞福寺	二六四	四・五	一・七四	一五五
大塚	二八七	六・〇	二・〇〇九	一七九
丹上	六〇〇	八・〇	一・三三三	一一九
別所	四三三	七・五	一・七三二	一五五
丹南	六七五	一〇・〇	一・三二四	一一八
夙	二六四	一〇・五	三・九七七	三五五
野	四六〇	九・〇	一・九五六	一七五
樫山	二六〇	三・五	一・三四六	一二〇
新堂	七〇九	一二・五	一・七六三	一五一
岡	四二〇	六・〇	一・四二八	一二八
立部	三八一	六・五	一・七〇六	一六一
植田	七四一	一三・〇	一・七五四	一五七
西川	二六七	六・五	二・四三四	二一八

(2)　**西川筋**　(最上流の丈六の率を一〇〇とす)

丈六	二六二	三・五	一・三三五	一〇〇
高松	二五〇	三・〇	一・二〇	八九
原寺	七四六	五・〇	〇・六七	五〇
北	三五五	三・五	〇・九八五	七四
西	八〇四・三	七・〇	〇・八七	六五
大饗	一二〇〇	一〇・〇	〇・八三	六二
野尻	三七七・五	五・〇	一・三二四	九九
南余部	三〇八	四・〇	一・二九八	九七
北余部	五六七	五・〇	〇・八八一	六六
金田	二九〇六・四	二五・〇	〇・八六	六三
中	一一三八	一一・〇	〇・九六六	七二
小寺	一一二二	九・〇	〇・八〇二	六〇
今井	三一六	四・〇	一・二六五	九四
船堂	九一二	九・〇	〇・九八六	七四
野遠	四六三	一〇・〇(砂引を含む)	一・九四三	一四五

河合	五二一	八・五	一・四三九	一〇八
北河合	六六四・二	五・〇	〇・七五二	五六
高見	二七〇	四・〇	一・四八一	一一一
田井城	四七二	八・五	一・四八三	一一一
東代	二三三・九	五・〇	一・〇六九	八〇
更池	一九五・八	四・〇	一・二七六	九五
清水	三三九	五・〇	一・四七五	一一〇
向井	四九六・四	六・五	一・三一	九七
我堂	八七四・七	一〇・五	一・二〇	九〇
川邊	五八九	四・〇	〇・六七九	五一
堀	五三五・五	五・五	一・〇二七	七七
高木	四一一・九	六・〇	一・四五六	一〇九
庭井	三〇五・三	六・〇	一・六三八	一二三
池内	八〇〇・六	一〇・五	一・一二四	八四
砂	八九六・二	一四・〇	一・二三七	九二
鷹合	八七九・三	九・〇	一・〇二三	七六

枯木	三九八	四・〇	一・〇〇五	七五
長曾根	二三七四	二一・〇	〇・八八四	六六

前表の示す所に從へば、西川筋に於ては石高當りの時間數の割合は、特殊の場合を除いて下流に不利である樣になつてゐるが、東川筋では中流或は下流に、率の上では最上流の兩野田村よりも有利になつてゐる所が少くない。然し狹山池懸りの番水は前表の表示事項以外に、種々複雜な慣行の規定があり、其等の內容を檢討すれば數字の上の見せかけの有利は、決して絕對的なものでない事情が明かとなるであらう。其の詳細は本節第三項「同一用水組織內に於ける引水權の相違」の論述に讓る。

滿濃池に就いては是亦同じ第三項に詳述するが、其の典型的な番水は那珂郡の上郷と稱へる十五ヶ村が、池の樋櫓の上下五個連つてゐるもの丶內、下部の二個以下の底部の水を特權的に番水配水とする場合に見出される。江戸時代以來の(12)舊慣行に基き、昭和九年八月十五日、舊村別（現在の大字）の舊灌漑反別に時間を割付けて作成した八晝夜一巡配水の表は次の如くである。江戸時代に在つては反別に代る石高に時間を割付けたものと察せられる。

村名	灌漑反別	配水時間
吉野	九二・二〇町	一九時・〇八分
眞野	四二・二七	八・四六
岸上	三五・七〇	七・二四
吉野下	六一・五〇	一二・四六

五條	五五・〇八	一一・二六
琴井	二八・七六	五・五八
四條	七五・〇五	一五・三四
榎井	六八・八六	一三・五二
苗田	九三・一〇	一九・一九
上櫛梨	四〇・〇〇	八・一八
下櫛梨	四〇・〇〇	八・一八
東高篠	六七・三〇	一三・五八
西高篠	二六・八〇	五・三四
公文	四九・五七	一〇・一七
垂水	一五一・一四	三一・二二
合計	九二五・三三	一九二・〇〇

此の滿濃の番水割は狭山と異り、灌漑反別當りの配水時間の割合が十五ヶ村全く均等であり、合理化せられてゐる反面には又單純であるとも稱し得る。

觀點を變へて更に番水時數と經費負擔率との關係を見る。即ち用水費は灌漑反別に應じて負擔すべく、又其の負擔に應じて配水時間を割當てらるべきものではあるが、既に明かにし得た様に、時數と面積との關係は必ずしも村毎に均等な率ではなく、村々に割當てられた時數の有つ意義を理解するには、更に經費との關係を追究し、時間・反別・負擔の三要素を綜合考究して初めて番水制のもつ複雜な關係、番水の番水たる所以を解し得るのである。近江國野洲川一ノ井の例[13]は左の如くなつてゐる。（最上流村伊勢落の率を一〇〇とす）

村名	鄕割（負擔率）	時	鄕割に對する時の割合
伊勢落	〇・五	七・〇	一〇〇
林	〇・五	三・〇	四三
六地藏	一・一	一二・五	八一
小野 手原	一・〇二	六・〇	四二
大橋	一・〇	六・〇	四三
高野	一・〇	九・〇	六四

時間數と灌漑面積との關係の場合とは稍〻異つた結果が現はれ、伊勢落の有利は此の點でも變らないが、林村は面積に比すれば與へられる時數が長かつたが、其の反面極めて過重な負擔に甘んじてゐる內情が明かとなり、小野・手原は面積に比して時數が少なかつたと共に、其の費用負擔率の上から見ても是亦甚だしい不利であり、大橋も之に近い。反別並に負擔率の雙方を綜合した此の井組村々の灌漑時間を、有利なものからの順序に擧げれば、伊勢落・六地

藏・林・高野・大橋・小野及び手原であらうか。

同様の關係を備中國高梁川の八ヶ郷[14]に就いて見る。（率は松島及び德芳を一〇〇とす）

村名	費用負擔率	時間數	費用負擔に對する時間率
松島	一・〇	四八	一〇〇
德芳	〇・五		
中庄	一・〇	四八	一〇〇
鳥羽	〇・五		
三田	一・〇	四八	一〇〇
二子	〇・五		
西坂	〇・五	三六	一一三
生坂	〇・五		
子位庄	一・〇	一二	三七
平田	〇・五	六〇	一八七
大島	〇・二五		
福島	〇・二五		
五日市	〇・七五	二四	一〇〇

二日市	〇・七五	二四	一〇〇
中帶江	〇・五	一二	七五
早　島	一・〇	三六	一一三

一定時間番水川の全水量を引水し得る權利たる「番」が、元來費用の負擔率に基いて決定せられたものであるにも關らず、上掲數字の示す如く著しい不同があり、灌漑面積に比して比較的引水量（時數）の多い子位庄を例外としても、中帶江の七五から平田・大島・福島の一八七迄の開きがあり、一見極めて合理的に組織せられた此の番割に在つてさへも、用水關係の複雜性から來る此の率の内容の意味する所は未だ闡明し盡し難い諸點を包含してゐる事情が明かとなつた。池の場合の狹山は、費用負擔率は石高割であるから、費用負擔と配水時數との關係は、石高と配水時間との關係を其の儘に用ひる事が出來、又滿濃の場合も、費用負擔は反別割によるから、反別と配水時間の關係數字が、直に費用負擔と配水時間との關係を示してゐる。

灌漑反別及び費用負擔の二つの觀點からの不合理の他、自由配水から番水への移行過程並に番水の繰返しに關する規定の不備による不合理があり、之が又外見上は整然たる如き番水制の運用上に、屢〻問題を起すのであるが、此の事情は後に用水爭論の章に於て詳述する事とする。

番水制の具體的敍述に當り尙最後に逸すべからざるは、元水の個處から長い水路を經て、夫々の村の引水個處に到達するに要する時間の爲に起る初番の村の不利（割當時間の中の相當部分が喰込まれ、事實上灌水し得る時間が減少する）を除かんが爲に、特に設けられてゐる增加時間、及び番水順位の切替へに際して次番の村に注流せられる迄に要する時間を見越して設けた切替時間の問題である。

初番の村に特別の時間を與へ之に「水足」の名を用ひてゐるのは、美濃國根尾川筋席田井組内の「山口乙井組」の場合であつて、初番の上保村に於ては、其の石高に對する割當時間以外に、曾つては「壹時」(15)であつたが現在では三時間となり、一時延長せられた「水足」時間を得てゐる。

近江國犬上川一ノ井の下ノ郷川懸りに在つては、席田乙井組の「水足」に相當するものが「荒川」(16)の名で記されてゐる。「荒川」は壹時であつて、是亦番水の初番に當る村に、本來の割當時間に加へて與へられる。卽ち下ノ郷川の初番を鬮で爭ふ權利を有する石畑・四十九院・八町の三ヶ村中の何れかの、其の年の初番の村に附せられるのである。

池懸りの番水の著例たる讃岐國滿濃池の、那珂郡上鄕と稱へる十五ヶ村の番水配水に於ては、村毎の配水時間の他に、其の切替に要する時間を一時間宛算入してある。(17)其の爲に十五ヶ村の配水は八晝夜一九二時間で一通り終る筈であるが、切替時間の合計一五時間三〇分が加はる結果、二〇七時間三〇分となつてゐる。十五ヶ村中の吉野下村のみが、切替時間を一時間三〇分に增されてゐるからである。

河内國狹山池では、初番に當る村への途中の水路で消費せられる時間、及び切替に際して、番水順位が必ずしも村村の自然的隣接位置に從つて定められてゐない事に起因する、切替に要する時間を共に同じく「砂引」と呼んでゐる。水路の砂中に用水が吸收せられる爲に生じた特別の時間との意であらう。但し滿濃池の場合とは異つて、「砂引」は各村毎に附加せられてゐるのではなく、東川筋・西川筋共に、初番の村及び特に村の位置と番水順位との關係から、切替時間を多く見積る必要のある二・三ヶ村に就いては砂引「壹時」、他の之よりも稍〻程度の輕い二・三ヶ村では砂引

「半時」で、何れにしても「砂引」の附けられてゐる村は、東・西の兩水路沿ひを通じて合計九ヶ村[18]に過ぎない。

2　施設による用水分配

これには水深を規定するもの、分水溝の幅によるもの、方形或は圓形の分水水口の斷面の大小によるもの等種々あり、分水點に於ける用水路底の傾斜の如何も一つの問題を提供する。

先づ水深を規定する裝置を有するものには、甲州の淺尾・穗坂兩堰の境にある水標石、土佐國山田堰から引水する三本の水路の取入口の水門の高さ（從つて水深）を規定する「地福木」をあげ得る。

穗坂堰の水路は正保元年に開鑿された淺尾堰水路の末流を受け、享保三年に掘り繼がれたものであり、同じ堰水から用水を得るものであつたが、淺尾堰關係村を上郷、穗坂堰の關係村を下郷と稱して、事毎に對立的な立場に在つたから、穗坂堰組への一定量の用水の供給を確保せんとすれば、上郷側の無制限な消費を制限して、穗坂堰組を潤す必要があり、下郷救濟の目的を以て文化十三年に設置せられたのが「御崎林石標」[19]である。御崎林は上手村の永井地内に在り、此の地點に於て淺尾堰水路から穗坂堰筋に分水するから、「穗坂堰元水」と呼ばれた處であり、從來から穗坂堰組の手で設けてあつた定杭を、一段と强固な石標に改造したのが此の水標である。水盛杭の水丈は壹尺五寸を以て定水とすべき條件であり、これが穗坂堰組の需要量の最少限であつた。初は木杭であつたが天保十年から石標に改造せられ、殊に石標の指示する水丈を明瞭ならしめる爲に、石標の前後十間程の間は堰底に高下のない樣に浚へてあり、監視の爲に同じ天保十年から定小屋が建てられてゐる。後に冬季氷の張詰めた爲に石標の倒壞した時の如く、穗坂堰組は之を淺尾堰側の故意に基くものと見做し、二―三年の間紛擾を續けてゐるが如きは、「御崎林水標」の有した意義を無言の裡に示すものである。

土佐國山田堰は、物部川を堰止めた一個の堰堤の貯水を、西岸の上井・中井・舟入の三水路、並に東岸の父養寺井に分ち導くものであり、土佐藩の名藩老野中兼山の計畫により、殆んど時を同じくして開かれたものであつたから、各用水路筋への灌漑面積に比例する分水量の制限は、專ら水路取入口の構造に依存してゐた。斯る機能を發揮すべく開閉せられる水門の、堰止の上端よりの高さを規定する規準が「地覆木」[20]である。地福木は堰の設けられた最初から存在してゐたであらうが、寛政四年の定では左の如くである。

一　船入川地福木より「水越」地福木　五寸上り
一　中井南の井流地福木より「水越」地福木　五寸一分上り
一　中井北の井流地福木より「水越」地福木　壹尺九寸壹分上り
一　上井神母谷口井流地福木より「水越」地福木　貳寸貳分下り

之を水越の高度を規準に書き直せば

(1)　上井の地福木は　水越よりも二寸二分高位置に
(2)　中井北側水路の地福木に　水越よりも一尺九寸一分低位置に
(3)　中井南側水路の地福木は　水越より五寸一分低位置に
(4)　船入川の地福木は　水越よりも五寸低位置に

と云ふ定になる。明治三十三年の春季の井堰普請に當り、地福木の高さを測定した處、中井川及び船入川の地福木の位置が舊規と異つてゐた事が判明し、堰下關係村落間の紛糾を生じ、修正復舊を主張するものと、在來の儘を主張するものとの間に對立を生じたが、遂に創り下げ或は打添を加へて異變を正し、事落着してゐる。地福木の高低が分水量を直接左右する處から起つた問題である。

次に水路の幅を規準とした分水の事例としては、佐渡國長江川筋の分水堰「間斷《けんだん》」及び信州夜間瀬川八ヶ郷の松崎揚水口に於ける分水裝置とを示し得る。

長江川筋の上江と下江を分つ「一の關」に於ける五分五分の分水は、長江川の自然の流れを一旦コンクリート造の間斷に上げ、其處で均等に兩分する方法が行はれて居り、上江の水を更に大江・中江・立野江に三分する「三ッ江」の個處に於ける分水率も、文政四年以來全く灌漑反別に比例する溝幅によつて定められ、其の割合[21]は左の如くである。

大　江	五六町餘	五尺六寸
中　江	一三町餘	一尺三寸
立野江	二九町餘	二尺九寸

斯る計量的な溝幅の規定は、江戸期でも餘程後期のものであり、近代的性格の濃厚なものと考へ得る。

夜間瀬川八ヶ郷の松崎に在る江戸期以來の舊揚水口は、夜間瀬の河中に於て先づ五ヶ郷分と四ヶ郷分とに二分し、それを更に大體の目安を以て六本（あら堰・中野堰・吉田堰・一本木堰・若宮堰・竹原堰）に分堰してゐたが、昭和九年新に堤外に分水池を設け、四邊形の分水池の三邊（他の一邊からは河水が流入してゐる）に前述六本の分水口を設け、分水率は二分を平均割、八分を費用負擔（大體灌漑面積に基準を置く）を基準として算出した水口の幅によつて分水を實施してゐる。然し現在では引水路の齎した土砂によつて、分水池の內部は既に殆んど充塡し盡され、唯分水口の幅に相當する、絕えず水の流れる一條の水路を河水の取入口から分水口に向つて放射狀に埋め殘してゐる實狀であつて、從前松崎堤外の河床中に於ての、六本の分水路の形式を再現した結果になつてゐるのは興味深いものがある。

池の場合であるが、泉州堺東郊の大仙陵池に在つても、樋下の水路中に舳松・中筋を初とする村々への分水の爲の分水口があり、其の率は『町步ニ應ジ』て幅が決められ、且又水分石の上を流れる水深に甲乙無からしむべく、水分石は高下なく水平に据ゑ付けたものであるが、何時しか水平面なるべき石に片下りを生じて高下の差を見、舳松側に低く中筋側に高く其の差は一寸にも達してゐた。斯る片下りを惹起した契機は、分水石を据ゑ付ける前晩、舳松の百姓が胴突にかけた爲に生じたものとも云ひ、又或は舳松分の中に湊への割分が包含せられてゐる故とも俗說(22)として傳へられてゐた。

寶曆十年の旱魃に當り既に池水も干上つた七月二十五日の朝、件の分水石の突き崩してあるのが舳松側によつて發見せられ、舳松の即時据直しの主張、中筋の反對を廻つて事件は水論へと發展したが、遂に一寸の高下の差を五分として据直す事によつて妥結を見てゐる。舳松の有利な立場の消滅し去らなかつた事實と共に、分水石の有する意義を側面から實證してゐる事件とも稱し得るであらう。

既に度々引例してゐる甲州淺尾・穗坂堰の水路から水田への分水灌漑に當つては、樋口分水の法が行はれ、施設による分水（特に分水溝幅による）としては最も徹底的なものゝ一たるを失はない。蓋し此の用水路の水量には限界がある爲に、下流の用水不足を救はんとして、各分水の水門樋口の規模を規定し、水門の樋口毎に所屬水田の反別を明確にし、新開田の濫立を制する必要から生れた方法である。樋口は箱樋口で其の斷面の縱・横を原簿に登錄し、時々樋口改を行つて不正を檢出する法が執られてゐた。長年月の間に用水路が徐々に延長せられ、それに伴つて水田開發の行はれた場合とは異り、此の堰筋では一定の計畫の下に、比較的短期間に上・下流を通じて、劃一的に分水水門が敷設せられた事に由來するものと思はれる。水門の位置・數・規模等は、穗坂堰筋が掘繼がれてから後約十年の、享保十五年頃迄には確定し、それ迄には樋口の付替或は增水等の、分水量の移動が屢〻行はれてゐた。箱樋口の他に補助的なものとしての竹樋口もあるが、之は數も少く、一旦配水量が決定せられて後に、增水願の容れられた結果として設けられたものである。

分水樋口の位置・規模・灌漑反別等を記載した記錄は、享保十五、文化十、天保十五の各年度のものが殘つてゐるが、假りに天保十五年のものに基き、淺尾六、淺尾新田一三、中込一、永井一二、正樂寺三、三ノ藏七、宮久保五、三つ澤一の各水門口を合計し、村別に水門樋口の斷面々積の合計、灌漑反別、灌漑反別一町歩當りの樋口斷面々積の關係を表示すれば左の如くである。

村名	水門樋口の斷面々積合計	灌漑反別	一町歩當り樋口斷面々積
淺尾	四〇・五平方寸	一三町、四三畝、〇九歩	三・一〇平方寸

淺尾新田	一七五・七五	三一、二一、〇四	五・六三
淺尾中込	八・七五	五、九〇、〇三	一・四七
永　井	一四六・八九	一七、九八、二二	八・一七
上鄕（淺尾堰組）小計	三七一・八九	六八、五三、〇八	五・四三
正樂寺	八・五	一、五九、〇〇	五・三五
三之藏	六〇・〇	六、二九、一六	九・五四
宮久保	八〇・〇	六、二四、二三	一二・八二
三つ澤	六六・〇	八、七四、二九	七・五四
下鄕（穗坂堰組）小計	二一四・五〇	二三、八八、〇八	九・三九
合　計	五八六・三九	九一、四一、一六	六・四一

水門樋口の斷面の面積が假りに同じ大きさであつても、用水路に水量が多く、水壓が強ければ引用し得る水量は多く、又逆に既に用水路を充分に滿して流れるだけの水量がなければ、如何に水門樋口の斷面が大であつても、その規模に相當する水量を引き得ない事は今更論ずる迄もないことであるから、上掲の關係數値が必ずしも適確に、引水量の多寡を示し得ないことは斷るにも及ばないが、上表に現はれた所を要約すれば次の如くであらう。

1 水門數並に其の規模、灌漑面積等から觀察すれば、上鄕の淺尾新田と永井の二村に特に重點的であり、下鄕の場合は寧ろ第二義的であつたこと、2 吸水量を決定する基礎條件をなす灌漑反別當りの樋口斷面の廣狹は、豫想に反して上郷よりも下郷に於てより大である。此の理由は下郷の水田面積の狹かつた事と共に、既に述べた如く、此の數値は單に施設としてのものに過ぎず、上郷側の壟斷的引水を放任するに於ては、水門の有無に關らず、下郷は吸引すべき水がなく困窮に陷らざるを得ない。茲に幕府役人の年々出張による用水の分配統制が必要であつた譯である。

和泉國堺東郊の大仙陵池の分水石を敍べた際に、其の据ゑ方の水平なりや否やが分水量に重大な影響を及すべきことに言及したが、更に微細な點を考慮すれば、分水點の下流の傾斜如何、從つて分水せられた水の流下速度の大小によつて、分水施設の中に吸引せられる單位時間に於ける水量に差異が生ずる。斯る問題が分水施設を設けるに當つて豫め考慮せられ、其の不均等を除去すべく措置せられた事例として、上總國山武郡東金の近傍を流れる小野川・瀧川の末をなす「地水」の分配に就いて、寶曆十年に採用せられた方法[23]がある。此の時の分水論の裁許は、既に前項にも觸れたが、分水の基礎を反別・石高何れの比率に求むべきかゞ檢討せられた事からも推知せられる程に、訴訟を擔當した幕府當局者の態度は頗る合理的で、上流の臺方と下流四ヶ村との分水點を中心とし、それより上流部の勾配が小さく下流部に大で、百間に二寸五分九厘の差があつたのを是正し、勾配が大であるだけ水引きが強く、其の分だけ餘分に下流を潤す結果となつてゐたのを改める爲、分水點の上・下流の勾配を等しくすべく、下流四ヶ村の分水堰の個處に堰板を架け、以て臺方對四ヶ村の分水堰の上下の傾斜を均し、灌漑反別に比例して樋口の幅から導かれる五　村の分水量が、愈々實質的に合理的である樣に水割を行つて落着したのである。

3　同一用水組織内に於ける用水分配樣式及び分配量(引水權)の相違

一つの用水源を中心に、村々が集團をなして、井組及び池懸りを組織し、外部或は他の組合に對抗する場合には、全然步調を一にした協同的動作を執るに拘らず、其の內部構造を詳に檢討すれば、一の組織の內部に更に二次的な差別的組織を有し、區域によつて用水分配の樣式に於て、又引水量に於て、將又費用・賦役の負擔に於て著しく異り、黨中更に黨を樹てるの形容を其の儘に再現してゐる場合が尠くない。本項に於ては其の實狀を明かにすると共に、斯る關係の由つて來る所以を考究し、用水分配の面から眺めた用水組織の一斑を檢討する。

河川懸りとしての一井組內に、用水分配の樣式を異にする二群の村落を包含する事例としては、既に屢〻引例した備中國高梁川八ヶ鄉の定水川區域と番水川區域がある。宇喜多氏以前の開墾地域と、以後の開墾地域との歷史的年代の相違が引水權の差となり、配水法の對照的差異となつてゐる事情は旣述した。此の八ヶ鄉に兩區域を生じた由來は、他地域の井組に於て定水・番水兩樣式の分配が並行的に行はれてゐる場合に、其の原因を追究・理解するに當つて頗る有力な手懸りを與へるものである。

常水配水が番水に比して有利である事は言ふ迄もなく、殊に渴水期に入つて番水が行はれる時には、當り番の時間內のみは配當時間に相當する用水が獲られるが、番水が切替へられて他村の番となり、順次村毎に一巡して次回の當り番となる迄には、大なる用水組織に在つては數日間乃至十數日間を經過する事が普通であり、旱魃には其の間に危機に瀕する場合が甚だ多い。用水施設の創築に特殊の貢獻のあつた人或は村が、又用水分配に格別の發言權を有した勢力者の居村や所領地であつた村が、其の特殊的な地位に相當する用水權としての定水を得、他の番水村々の外に特立してゐるのは、此の定水と番水との意義の差を最も適確に表明してゐるものでなければならぬ。

近江國阪田郡鄕里庄の横井懸りに於ても、大俣から分れて最南部を西流する一水路は「餘行水川」(24)或は「常水」と呼ばれてゐる。此の水路は堀部村を盟主とし保田・垣籠《かいごめ》をも含む八十町歩餘の水田に懸り、他の四本の分水路が既述した「樽の水」番水を行つてゐる間に在つて獨り常水引水を續け得るものであり、その取入水量は横井からの全取入水量の二四％である。此の餘行水川の特例の發生は、横井懸りたる鄕里庄の一圓が上坂氏の支配田であつたに拘らず、堀部村には大原庄の大原氏にも匹敵し得る舊名族、堀部氏の存在したことに歸し得るであらう。かの鄕里庄側から大原庄へ遣す三度水の際の狀通に、上坂八右衛門の名と並んで堀部氏の署名を慣例としてゐるのは、常水川支配の堀部の家の地位を表示するものと考へられる。

同じ井組の村々が上・下の二組に分れ、その間に引水期及び引水量を異にする事例としては、甲州金川筋宮堰組の上鄕と下鄕、美濃國席田井組の乙井組と餘流（下鄕）、近江國愛知川筋愛知井の上五番と下五番等がある。

金川筋宮堰の上鄕と下鄕(25)は、上鄕が晝間、下鄕が夜間に引水する事となつてゐた。上鄕・下鄕の分離した時期は明かにするを得ないが、下鄕側の說に從へば、寛永年中以來の事であると云ふ。上鄕とは市之藏・狐新居・門前・新卷、及び堰元であると共に分水に關しての爭論の焦點をなす鹽田が之に含まれ、下鄕は末流に當る一之宮・土塚・神澤・末木・北都塚・本都塚の六ヶ村から成り、上鄕四ヶ村、鹽田、及び下鄕六ヶ村の水田面積並に石高を表示すれば左の如くである。

	町、畝、歩	石
上郷四ヶ村	二三、〇一、二四	四三五・六三
鹽　田	一三、三四、二四	二六一・六〇
下郷六ヶ村	四三、三二、〇〇	七九四・七五

此の上郷・下郷間の分水關係を廻つて寛政四年には紛爭を生じてゐる。即ち鹽田村は元來上郷であつたのに近年下郷の水たる夜水を取る様になり、下郷の用水は不足を告げるに至つたと云ふのが下郷側の抗議であり、上郷は之を反駁して鹽田は下郷であると主張し、享保・延享兩度の郷鑑帳及び貞享二年の裁許書を證據として差出すと共に、更に說明を加へ、天和三年以後宮堰の內部で水割が行はれ、植付濟の後上郷は晝間の朝六ッ時から暮六ッ時迄の水を得、鹽田を加へた下郷七ヶ村は夜水となり、爾來百餘年間、此の配水法を踏襲し來つた處であると主張し、上郷の末流の新卷から下郷へ晝水を引取らせた事はないと、鹽田が下郷である事實を述べてゐるのである。

上掲の上・下郷の水田面積表から見れば、假りに鹽田を上郷に加へれば、尙下郷の比重が稍ゝ大であるとは云へ兩者は略ゝ相近いが、鹽田を下郷とすれば下郷側の不利は蔽ふべくもない結果となる。然し貞享二年の裁許請證文には

　甲斐國八代郡宮堰組合拾壹ヶ村用水之儀一の倉村より順々植下げ番水古例に不拘改一の倉村狐新居村門前村荒卷村四ヶ村明六ッより暮六ッ迄晝水相掛ヶ鹽田村土塚村神澤村末木村一の宮村北都塚村本都塚村七ヶ村者暮六ッより明六ッ迄夜水相掛け候樣被仰付承知奉畏候

とあつた結果、鹽田の夜水たるべきことは愈ゝ確定するに至つたのである。

美濃國の席田井組も明かに引水權の異る二つの區域を擁してゐる。其の一は既に番水制の説明に際して再三繰返し引用した、本來の席田井組とも見做すべき十九ヶ村壹萬千二百九十石餘の「山口乙井組」であり、其の二は茲に述べんとする「莚田井役除ヶ高村々」中の「下郷」又は「餘流」の區域である。

餘流の村々は木田村井頭の支配を受ける東改田・木田・上尻毛・下尻毛・又丸・川部・曾我屋・寺田・高屋・河渡・生津の十一ヶ村で、席田用水路の本流の配水に關係する事なく、從つて番水にも與らず、用水量が上流を潤して猶餘裕のある時に限つて配水を受け得るものであるから、席田井組の諸費用の負擔にも應じない特殊の區域である。

餘流區域を生じた原因は、元來位置的に流末で、充分に席田の井水に潤ひ得ない村々であつた事が第一で、必ずしも井組への參加の年代が遲かつたと云ふ理由によつて發生したものではない樣である。卽ち餘流十一ヶ村の中、東改田・尻毛・又丸等の村名は、天正年間のものと傳へる「莚田山口井水村數之覺」(26)に記す二十七ヶ村中にも含まれてゐる事からかく考へられるのである。

尙餘流の區域と雖も、上流に餘裕のある時は、番水期間中の配水をうけてゐたことは、享保十六年(27)の「番水中井口時分ヶ分量水日記」に從へば、又丸村は七月五日の明六ッから日中の六時を、東改田及び上尻毛は七月十日の四ッ時から暮六ッ時迄の四時を、更に又丸は再度七月十八日に暮六ッ時から夜中を與へられたと云ふ事實の記載からも確め得るのである。

近江國愛知川筋愛知井の上五番區域と下五番區域との關係は、兩者間の引水權の相違のみならず、斯る上・下の區域構成にも移動のあつた事實を示して居り、一井組が二區域に分離して組織せられて行く過程の研究に一の示唆を與へる點で興味がある。

上五番と下五番との引水權の差異は、旱魃に際して、上五番は愛知井の上流井組で同じ右岸に位置する鯰江井の末流から引水し得るのに對して、下五番には鯰江井から引水し得る權利がなく、上五番には用水が潤澤であつても、下五番は旱損を免れ難いと言つた點である。尙愛知井と鯰江井との關係に就いては次の如く記されてゐる。(28)

鯰江井は往古新鄕井と稱し愛知井の上に位し其の川尾を愛知井に連絡しありて所謂愛知井の補助川なり。總ての經費は愛知川堰止め、幷に川浚に要する人夫全部及臨時修繕費用之内過半等大體は愛知井之を負擔す……愛知川流水を本川へ引込むは愛知井鄕上五番(往古は北淸水・淸水中を除き上四番)より之を爲す。

鯰江井の流末を愛知井に引き込む事は何時頃から初つたか明かでないが、延寶九年に新鄕井(鯰江井)の五ヶ村から彥根の筋奉行へ差出した手形には、新鄕井の餘り水は、愛知井鄕が水不足で困窮し、禮物の酒樽持參の上水貰ひに來る時は、新鄕井五ヶ村の村役人が相談の上、先例通り水を與ふること、然し新鄕井の五ヶ村に水不足の時は與へず、又五ヶ村へ挨拶なく井立を行つた時には、水を與へないとの旨が記されてゐるから、新鄕井と愛知井上鄕との關係は延寶九年よりも餘程以前からのものである事が知られる。

上五番と下五番との區別は必ずしも最初から現在の形で續いて來たものではなかつた。上五番は曾つて四番であり、弘化から安政にかけての十三年間に亙る對岸の吉田井との水論の際の費用は、總て上四番で負擔して居り、北淸水が安政年間に下から上に移り、其の後淸水中も之に次いで上の鄕に移つて上四番は上五番となつたのであり、北淸水が上へ移り得たのは、此の時の水論に北淸水の保有してゐた古記錄が愛知井側を勝利に導くに有力な作用をなした事の報償としてゞあり、北清水に接する清水中も、之に從つての上郷への移動であつた。

愛知井の上五番と鯰江井との關係の發端は單に推察の域に止り、何等積極的な根據を有するものではないが、小田苅村を湯頭とする上四番の區域が最初は鯰江井に屬し、それが獨立して愛知井を設け、下六番の村々を誘つて玆に愛知井十五ヶ村の組織が出來、曾つての關係から鯰江井の餘水を上四番に取り入れることゝなつたか、或は上四番と鯰江井組とは元來全く別個の組織であり、上四番は獨自の愛知井を建てゝゐたが、後に鯰江井に交渉して既述の如く、鯰江井の井立に就いての負擔の大部分を引受け、其の代償として餘水の引入れをなす權利を得、下六番は上四番よりも後に、新に愛知井郷に參加したものであるかの二者の中の何れかと考へられるのである。

池懸りに於ては、河川懸り以上に、水下村々の引水權の强弱に起因する配水樣式の差異があり、一つの池懸りが二重・三重の配水區域に分たれてゐる場合が多い。

狹山池下は既述の如く番水制によつて配水せられること、元和の修築から現在に迄續いてゐるが、其の間を通じて配水法の具體的内容には相當の變化があり、配水上特權的地位を持つ區域の發生が次第に具體的な姿を以て現はれて來てゐる。江戸末期から昭和初年の改修迄に起つた特殊區域には次の如きものがある。

（イ）直乘《ちきのり》（又は直法）　番水に加入せず、從つて池の東・西の樋から出た水を、量水堰を經ずして用水路から直接耕地に送水を受け、用水期間中は旱損を受けない程度に灌漑せられる權利をもつ區域で、池水の配水擔當者たる「水役」の手により、特別の直乘灌漑日程に基き晝間に配水せられる。西川筋の北野田・丈六・高松・狹山池浦地（池尻）並に狹山池の子池たる太間池の支配地たる南野田・北野田・阿彌の諸村が之に屬する。

然し是等の村は元祿九年以降安政三年迄の數度の番水割賦帳に現はれた處では、未だ斯の如き直乘の待遇を受けて居らず、單に番水順位中の初番に配水を受けてゐるに過ぎないのであつて、現在では既に番水割の中には入らず、別扱を受けてゐるのとは著しく相違してゐる。恐らく斯る地域は、池懸りの中で池に最も近接してゐる村の幾つかゞ、時代と共に次第に其の引水權を强化して他の村を壓し、番水割の中でも特殊な待遇を受ける素地を釀成し、昭和六年改修工事の完成に伴ふ配水組織の再編に當つて、直乘として明文化せられる區域となつたものであらう。

（ロ）准直乘　西川筋の原寺・北・南・北兩余部及び東川筋の阿彌・北余部・南余部の中、松池・女房ヶ池の灌漑區域が之であつて、正規の番水割當の他に、「先取」「中取」「跡取」と稱し、配當せられた番水時間の範圍内で、他村に先んじ、自らの必要とする適當な時期に、番水時間割の實施中に、先・中・跡に引水し得る權利を有する地域である。准直乘區域の發生も亦直乘區域の場合と同樣の經過によるものと考へ得るであらう。

昭和の大改修の結果として、曾つての狹山池の約二倍に近い貯水量が獲られ、水下千五百町步の用水としては餘裕の生じたのを機會に、江戶後半期以後に池懸りから脫し、「准區域」と呼ばれてゐた地域を池懸りに再加入せしめ、(29)狹山池下は二千五百町步に擴張せられた。此の區域に對する配水法は、池の歷史性を參酌し、次の二重の配水組織となつてゐる。

狹山池の貯水量の中、昭和の改修前の溜水量を「舊水」、其の後の增加分を「新水」となし、第一回の番水配水は舊水の使用權をもつ舊番水區域に對して行ひ、第二回は「新番水」と稱し、昭和の新加入地域の全部及び舊番水區域村落中の若干村を加へて新に編成した區域に對して行はれる。かくて池水に餘裕のある限り、舊一回・新一回・舊二回・新二回の順序で番水が繰返される。昭和十七年の實例によれば、「舊水一番割」は東・西兩川共に七月廿八日正午から開始、東川筋は八月三日午後十時二十分に一巡終了、西川筋は八月六日午後五時に一巡終了、而して之に續き「新水一番割」は東川筋は八月九日午前九時三十分、西川筋は同日午前十一時から開始せられてゐる。舊水區域の有利性、特に渇水甚だしい時に於てのそれは今更指摘する迄もない。

滿濃池の水下も引水權を異にする上郷と下郷から成つてゐる。挿秧期の用水供給を目的とする、夏至三日前（現在は陽曆六月廿日）から開始せられる定期配水、植付完了後に必要地域の請求によつて行はれる臨時配水、此の二つの池水分配に於ける水下の引水權は、引灌の順序に先後の別ある他格別の差異は存しないが、引續き連日樋拔きを繰返す裡、池水は愈〻減じて五個ある樋櫓の上から三個迄は姿を顯はし、殘る水量が下部の樋櫓二個分となれば、此の底水を利用し得る區域と然らざる區域との別を生じ、池懸りは二區域に截然と分たれる。寛永十八年十月八日の日付のある、池懸り水下の大庄屋連判、老中以下幕府役人裏判の、水懸りの諸關係を規定した「覺」[30]にも、此の點に關して次の如き條項がある。

一、仲郡上分は水干にて御座候に付苗代水詰り申候節御斷申上候へば先年より苗代水被遣候　仲郡下分は出水三つにて御座候に付外の郡よりは例年先に水被遣候　滿濃池二番一番の矢倉は仲郡上之郷に留り申候事

上之郷十五ヶ村の北限は垂水・公文・下櫛梨の一線で、以南池尻村迄の村々が之に屬し、池水が二番櫓迄も減少するのは勿論旱魃の時であるから、十五ヶ村の石高に割付けて番水配水と爲し、四條村の「吉井また」以下公文村の「大分木」迄の間に在る二十九個處の分水股には、關係村から出役した股守を配して監視に當らしめて配水の正確を

期し、又村役人の連署を以て、池の支配管理者たる池御料三ヶ村の庄屋に對して、配水規約を遵奉する旨の誓書を配水毎に差出すを例としたから、後に證文搖《ゆる》(樋穴の放水裝置を搖《ゆる》と稱す)の名を生じた。其の證文(享保年間のもの)は左の如き形式のものである。

滿濃水二番櫓水落申に付書物之事

一 又守村々請所之所少も無懈怠付置可申候 若懈怠之村へは水不被下候共少も申分無御座候 隨分油斷仕間敷候事。

一 村々寄合割符申請水之儀に御座候間割符の外少も水盜申間敷候 尙又村へ請込申水大切に仕、其村之役人、村方見合之上痛申より次第に無甲乙引水に可仕候事。

一 每日に組頭一人づつ池下迄罷越、又守共に堅く申付油斷仕間敷候事。

右之通相背申間敷候 若相背者有之村へは水一日一夜取申間敷候 尤水有之候所は御見分の上水取申間敷候 徒成義仕、水不被下候而田燒申候共少も申分無御座候爲其書物如件

公文村大政所

高篠・四條・岸上・吉野下・吉野上・眞野各村政所連印

池料所三ヶ村政所宛(31)

寛永年間滿濃池の復活後、如何なる契機によつて池懸りの中に斯る二つの區域を生じたかは俄に明かにはし難いが、池懸り區域の地圖を一見しても、那珂郡の下之鄕には溜池の分布が甚だ濃密で、上之鄕が之に反してゐるのは注目す

べき一個の事實である。池の再興した最初から配水制度の上で、上述の如き區域別による引水權の差異を生じた爲に、下之郷に於て特に小溜池の築造に努めた事情も考へ得られ、下之郷での大池である買田池・增池等の築造が、大部分寛永以後であると言ふ事實も此の考を助ける様にも思はれるが、或は下之郷には早くから小溜池が多數分布して居り、是等の池による用水補給の方途がある爲に、斯る不利な配水規定にも甘んじたのかとも考へられる。然しより強く働いたものは村の池に對する地理的位置であると思惟され、他の池懸り、例へば那珂郡與北村の買田池に於ても、底樋の上の水は池に最も近い村の獨占利用する處であり、之を番水による配水としない例も存するから、滿濃の場合も位置の優越及び之に基因する池の管理勞務に對する勞力負擔の多い關係等が、二區域の別を生んだ有力な理由と察せられる。或は又寛永年間の池の再興に當つての負擔の差が根本理由かとも考へられるが、是亦積極的な證跡を缺く。小溜池の分布問題とも關聯するが、上郷と下郷との土質の差異が（上郷は砂質多し）考慮せられた事も有力な一因と爲し得るであらう。(32)

4　用水の特別融通

一時的・臨時的なる特別融通

番水制の如き整然たる配水法の行はれてゐる場合でも、區域内の格別の旱損個處を一時的に救濟せんが爲に、配水法に臨時の權宜の許されてゐる事は、美濃國席田井郷の井頭に、其の權能の範圍內での重點的配水權が與へられてゐる事實によつても窺ひ得る處であるが、以下これと略〻類似の意義を有する特別融通水の二・三の事例を述べる。

勘辨水　近江國高時川大井組の下六組の中である磯野・東柳野の兩村は、末流の下六組中でも最末流であり、而も地形の關係から、旱魃に際して最も早く用水の不足を訴へる土地であるから、大井組全體の井頭である井ノ口村の庄屋は、此の二箇村からの依賴であれば、井組の村々と協議の上で時間割を定め、二村の爲に規定外の水を與へる事があり、之を勘辨水と稱してゐる。

鍬止め水　之も上述の勘辨水と同一性質のもので、近江國愛知郡の愛知井組に於て、流末村々の田面が渴水し、危險に瀕する時は其の村の請願により、井頭村である小田苅の自由裁量によつて、井組の全水量を一時的に其の村に融通し、他の村々の田は「鍬止め」と稱して引水を差控へしめる慣行がある。此の特別の融通水が鍬止め水である。

賣水及び買水　此の事例は全國的にも頗る多く大正六年農商務省の刊行に懸る「農業水利慣行調査」の中にも、「用水を得る爲に對價を提供する例」として集錄せられてゐる幾多の實例の報告は、之を廣義に解すれば何れも此の賣水・買水の範疇に含まれるものと考へ得るであらう。用水の供給を得る爲に受益村側が齎す禮物は、買水の代價の一變形とも見做し得るからである。

斯る隱微の間の買水は暫く問はずとしても、「水代」の名を表面に冠し、買水たる事を表明してゐるものとして、近江國野洲郡野洲川筋の中の井及び今井から、上流の一の井に對價を提供して用水を得てゐる場合がある。中の井及び今井は元祿十一年に一の井との間に用水分配の事から水論を生じ、幕府による裁許の結果、旱魃の甚だしい時には特別の分與を得、其の代償として水料（水代）として一晝夜分米五斗の割合で、一の井組に差出す事に定つたが、元祿十四年には從來の一年間に三日三夜の定の水量が更に增加せられ、六日六夜となつた爲に水料も之に伴つて增額となり、一晝夜二斗五升の增、卽ち一晝夜に七斗五升となり、中の井組は元通り一晝夜五斗の儘であつた。中の井組から一の井に差出した水請證文を次に示す。

御定之水六月二十四日之暮六ッより翌二十五日之暮六ッ迄一晝夜之分慥に請取申候然る上者此水は年暮に米五斗邊井殿江急度相渡シ可申爲其一札如件

寶永六年丑六月二十五日　　中の井組庄屋

一の井組御役人中(33)

今井組も亦同樣式の證文を出すを例とした。斯る水料の支拂の行はれる理由は、一の井組が費用と勞力とを投じて獲得した、此の地方の慣用語を以て表現すれば所謂「盡力水」であるから、其の入精に對する報酬、或は對價としての意味であらう。然し素より一の井組も好んで中の井組・今井組に水下げを行つてゐるのではなく、寧ろ其の水代の不當に安價である事を難じ、又今井組が後に野洲河原に伏樋を設け、一の井が川床を掘浚へて獲た水を、今井が伏樋によつて容易に獲得せんとするのを默止出來ず、伏樋の設置に對して敢然抗議を集中すると共に、斯くなる上は今井に對して最早規定による水下げをも行ひ難いとの意志を述べてゐる。

上述の事例は異つた井組間の賣水であるが、同一の用水組織の内部に於ける賣水は、溜池の場合に數多く見出され、池の貯溜水を番水によつて配水し、幾巡かの後に至つて池水も殘り少くなり、其の殘量を以て一巡の番水量を賄ひ得ない程度に達すれば、殘水＝底水＝を池懸り村々の入札賣水によつて處分し去るものが溜池灌漑の卓越地域では屢々見出され、和泉國堺市東郊の大仙陵池、河内の狹山池等に其の典型的なものが存する。

狹山池の殘水の入札による賣却は既に元祿十三年に初例があり、斯る殘水の處分法が用水分配の一制度として早くから確立し來つてゐる事實は注目すべきである。此の年の殘水の買主たる水下黑山村の役人から、池の水下惣代に宛てて入れてゐる一札には、『今度狹山池に少々餘り水御座候を水下割符にも懸り不申故[34]』と先づ冒頭に入札賣水の行はれるに至つた原因を明記し、其の銀高が壹貫五百目であること、日數は五日切、代銀は樋拔出しの二日目に池守に支拂ふべきこと、井筋の村々は此の買水を盜取らない定である事等を列記してゐる。

其の後此の池では斯る賣水が單に臨時的な處置とは云ひ得ない程迄に制度化し、屢〻行はれたものと見え、現に明治六年の「賣水定法書」及び其の後に作られた「入札者心得[35]」が殘つてゐて、入札法、保證金納付、流量、送水に要する時間の措置、引水費の負擔者、買水引用中に降雨のあつた時の處置等に亙つて詳細に規定して居り、現在も尙賣水は依然として實施せられ、大正三年三月の「狹山池配水方法」にも之に關する一項があり、

……此ノ場合ニ於テハ遠近ニ拘ラズ西川筋・東川筋共各二時間ノ砂引ヲ付スルモノトス但シ組合外ノ者ニ賣却スルコトヲ得ズ

とある。尙昭和三年規定の「狹山池賣水規程」もあつて、賣水に關する具體的な諸問題を記す事愈〻詳密である。

入札の價格は年々の模樣によつて異るが、幅八尺深さ四寸五分の流水一時間約七・八十圓[36]が相場であつた。唯入札に當つて流末の村々は價格の如何を問はず買水の希望を有してはゐるが、折角の買水が途中に於て他村の爲に不法引水せられる虞の濃厚な事と、又引水中は水路に多數の人夫を配置する必要があり、其の莫大な支出に苦しんで敢へて

入札を避け常に上流村の爲に安價で壟斷買取せられる事が多いと言ふ實狀である事は、賣水に關する裏面事情として一顧に値する。

狹山池の北西數里、而も其の環境に於て大都市たる大阪に近接してゐた爲に、近郊農村としての色彩の濃厚であつた堺市の東郊大仙陵池の賣水は、大體米作を基本としてゐる狹山池下の場合以上に、賣水を廻る諸關係に一層興味の深いものがある。

大仙陵池懸りの賣水も早く江戸中期から行はれてゐる事が知られるが、狹山池よりも多少年代的には新しい樣である。抑〻大仙陵池は其の起源に於て、狹山池等の本來の溜池とは異り、後述する如く池水の貯溜には餘程の苦心を重ね、費用を要したであらうが、池床其物の築造には、仁德帝陵として既存の外濠を利用した迄の事であるから、池水の性格としては、一般の池水の場合とは稍〻異つた意義を有するものと考へらるべきであらう。池水賣却の事實も大阪府下一圓にかけて數多い事例の一つであるに過ぎないとしても、恐らくは狹山に於ける殘水の賣却が先例となり、大仙陵池に於ても同じ處分法の實施を見るに至つたのではあるまいか。以下大仙陵池水賣水の事例の二・三を記すと共に、其の特殊的性格の究明を試みる。

明和八年の類稀な旱魃に際して、大仙陵池は僅少の貯水を有するに過ぎなかつた爲に、池懸りでは稻作の植付水にも池水を濫に用ふることを誡め、井戸水の汲上げを以て之を補ひ、池水は井戸水と併せ用ふる者に限つて與へることとし、田植の水代は反に付銀十匁、木綿作への灌水は反三百文と賣水の定が成立してゐる。(37) 又嘉永七年の大旱にも賣水が行はれたが、此の時の定書が殘つてゐるから左に示す。

定

一　大仙陵池溜り悪不殘植付相成不申村役人頭百姓一同立會談之上取極候條々左之通

一　今朔日より三日迄相見合大雨降候ハヽ、水上ヨリ順々入渡一圓ニ植付可申候事

一　右三日之間ニ自然雨降不申者先例之振合ニ准ジ賣水之積り　但壹反歩ニ付代銀拾匁宛先納可致候

一　稲植付候翌日大雨有之つゆ畦出來候程ニ候ハヽ、拾匁之處五匁可相納候翌々日にたとへ大雨有之候共前取極通拾匁可納候事

一　賣水拔出し中大雨有之つゆ畦出來候程之儀に候ハヽ、賣水相止メ水上より毛付水入渡可申事

一　賣水望有之者ハ來ル三日九ッ時迄村方へ印形持参ニ而可申出尤同日延引相成候ハヽ、取用相成不申候事

右之條々相守自儘之儀決而致間舗事

嘉永七年寅六月朔日

舳松村
中筋村

先例の振合との語句もあり、又賣水中に降雨を見た場合の極めて具體的な取極の行はれてゐる點から見れば、大仙陵池懸りの賣水も極めて頻繁に行はれてゐたことを察し得るのである。

既述の如く溜池として設計せられたものではなく、承水地域もなく、單に天水を貯へるのみの大仙陵池が、旱魃と云はれる樣な年柄には冬・春季の貯水も充分でなく、愈〻春耕の要水期に入つても池水が池懸りの全域を潤すに足ら

ない様な事が多かつたから、狭山池の如く番水として一巡・二巡せしむる餘裕もなく、配水の最初から特殊な希望者にのみ賣水せられるに至つたのであらうが、狭山の例に見る一村單位の買水の申込ではなく、個人單位の買水であつた事も大仙陵池賣水の一特質であらう。斯る賣水配水制が殆んど慣例として採用せられてゐた事には、大仙陵池懸りの農業經營上の特徴の強く反映してゐる事も否定し難いであらう。即ち池懸りの栽培作物が、自足の爲の食糧生産と謂はんよりは、大阪・堺に隣接して夙に換貨作物に重點が置かれ、田・畑の租率が二石二斗の高率であつた事情とも相俟つて、木棉作の普及が著しく、その需要期に於ける僅少量の灌水が、直に貨幣價値に換算し得る程の效果を與へ、用水の價値を貨幣に換へて計算し得るに最も容易な地域であつた事も有力な一因であらう。水田への灌水、木棉畑への灌水と、夫々の場合に應じた賣水値段の定つてゐたこと（前述明和八年の場合）は大仙陵池水の用途を端的に現はしてゐる。然し池懸りの農作物の實狀は斯の如くであつたとしても、池懸り地域を支配した幕府は、其の傳統の方針に從つて依然米作第一主義を堅持し、木棉を「勝手作」とさへ呼び、從つて養水の供給にも、米作との間に差等を付した程であつたから、年々旱損を繰返すに從つて追々木綿作は減少し、稲作の增加を見るに至つたのは文久年間の狀態である。然し嘉永・安政にかけて旱魃は愈〻頻繁になり、稲作の仕付を多からしめんとしても用水の不足は如何とも爲し難く、稲作の皆無作は百姓の相續にも影響する處であるからと、地主仲間が相談の上で、木棉作も稲作と同様に、水上から差別なく順次に入渡すべき申合をなし、定書を作成してゐるのは、木棉作畑耕作者の買水事實と對照して一層興味深いものがある。

又大仙陵池の溜水其物に在つても、天水に賴るのみならず、曾つて冬季狭山池の餘水の買入溜込に着目し、事實買水によつて溜め込んだ事も明和五年・同九年・文化十五年の實例の物語る處であるから、斯く多大の資力・人力を投じて獲得した池水其物が、既に貨幣的に考へられてゐた事情も、賣水配水をより一般化せしめた他の有力な一因をなすであらう。

半永久的なる特別融通

半永久的なる讓渡・融通は番水割の變更・改訂とも見做し得るが、讓渡せられた村は半永久的に、引續き其の讓渡分に相應する增加した水の配分を受けるけれども、一方讓渡した側に在つては、決して讓渡した分の引水權を永久に放棄した譯ではなく、依然引水權として之を留保し、番水割帳には其の名を留め、唯現實には讓渡した分に比例する用水費用の負擔から免れ、之を讓渡せられた村の上に課してゐるに過ぎず、引水權の永久的放棄とは見做し難い點が存するので、玆に之を特別融通として取扱ふのである。河川懸りの備中國高梁川八ヶ郷番水組内の「番水囉水《あつかひ》」、池懸りとしての狹山池下の「番水讓渡」が此の場合の著例である。

八ヶ郷番水組の番水制に就いては、既に本章第二節第一項の「番水法の具體的樣相」の敍述に於て稍〻詳細に述べたが、山根川・中川・三番川の三分流水路に沿ふ村々の番水持分たる「番」の數は合計十番半であるが、村々持の番數の内容は時代と共に多少の變化を示してゐる。之が上述の「番水囉水」の結果なのである。番割の變化は比較的新しく、文政五年以後の現象であつて、次にその讓渡村並に讓渡村並に其の移動した番割の數を示せば次の如くである。

中川筋　二子村の壹番中から半番を帶江に、鳥羽・德芳の合計壹番中から早島へ半番を。

八ヶ郷區域中の早島・帶江等の地は元來最も旱損を生じ易い土地であつた爲に、五日市・二日市・早島の村々は

「井組内曜水」の名目で特別の融通水を得、漸くに田地を相續し來つたのであつた。

然るに文政五年兒嶋灣岸興除新田の干拓完成に伴ひ、番水組の末流に續く澤所の餘水が興除の用水源として豫定せられた結果、番水組内での餘裕水の融通も以後は著しく困難となるべきことを慮り、同じ文政五年の六月、大内田村の庄屋及び倉敷大庄屋の斡旋により井組村々の同意を得て前述の番水讓渡が行はれ、兩者の間に所謂「曜水」(38)契約の締結を見た。曰く

一、帶江・早島は從來から用水不足の村で今回特別の賴により、鳥羽・徳芳・二子三村の用水中、根付番水のみは是迄通り三箇村へ引取るが、根付及本番割の水は殘らず帶江・早島へ讓渡する。若し讓渡後に用水不足を生じた時は下庄村の用水を以て充て、井鄕一體平均の心算で取計ふ。然し元水の減水が著しく、讓渡した村々が水車揚水を行ふ程にも至れば讓水は休止する。其の節には帶江・早島から異論なきは勿論、將來土地の模樣が替り、讓渡した三村側が差支を生ずるに至つた時は、雙方合議の上で讓水を休止することも有るべきこと。

一、三ヶ村の番水の入用割賦は本年から帶江・早島より出銀負擔のこと。

一、下庄村の餘剩水を鳥羽・徳芳へ掛引する爲の入用の見込額として、銀二百目宛を年々鳥羽・徳芳へ差出し下庄へ渡すべきこと。

讓渡せられた側が其の分の用水費の負擔をなすのは固より當然であり、讓水を行つた村の用水の不足分を補ふ爲、八ヶ鄕に隣接する澤所組の内である下庄村の餘水を引入れる條件は、此の度の讓水に當つての苦心の存する處である。然し此の銀二百目宛の支拂は、其の後下庄の辭退によつて中止せられ、帶江は二子と同領の故を以て間もなく上述の

契約の履行を止め、唯早島のみは明治四十年雙方の合意によつて契約の解除に至る迄、上述の條件を履行した。

斯る番水割の讓渡の如き事項は、村落間の對立的意識が、現在以上に濃厚であつた封建治下に在つては甚だ實現の困難な問題であり、斯る合理的な相互融通へと村落關係を誘導するには、其處に幾多の障碍のあつた事が想像せられる。此の新しい分水關係の成立し得た根本には、文政と云ふ年代の、封建割據の形勢の漸次弱まりつゝあつた時代的傾向と共に、斡旋者として卓越した支配權の保持者であつた倉敷代官所の存在を强調せざるを得ない。此の點に就いては更に詳論を次節に讓ることゝする。

狹山池懸りに於ける番水權の讓渡は、池が江戶後半期以後に至つて修築普請が行屆かず、漸次貯水量の減少した結果として、流末村々の中には池懸りに加入し、費用を負擔してゐるにも拘らず、充分な用水の供給を期待し得ざる狀態に立到り、殊に享和・文化・文政の頃に至つて此の傾向は特に著しく、池懸りを脫する村が相次いだ。かく脫退し除水せられた村の水割高も、それが全然消滅し去つたのではなくて、舊の儘池懸りとして殘つてゐる村々が其の水割高を引請け、その分の費用を負擔すると共に、脫退村の番水時間を自村の分に加へるに至つた。これが番水水割高の讓渡である。

文化年間を中心に、水下區域の移動・縮小が激しさを加へると共に、水割高の讓渡は「預り」及び「貰ひ」の二つの形式を執るに至る。「預り」は字義通り一時的なもので、暫くの間の權利及び義務の代行であり、「貰ひ」は永久的な水割高の讓渡・移轉を意味する。例へば文化三年の「西樋筋水割賦帳」(39)に徵しても、北村は其の本來の高三百五十五石分の他、參百九十八石の「枯木村貰高」並に百六十九石五斗餘の「長曾根村貰高」が加つて居り、又東川筋の阿彌村は、文化三年から郡戸村の高四百五十石、「十時半分」の水を當分預つてゐるが如きである。就中西川筋の最流末長曾根村の二千三百七十四石分二十一時は、同じ西川筋十二ヶ村が貰ひ受け、各村の時割の中に割込んでゐる。

然し一度「預入」及び「讓渡」を行つた村は、假令一旦區域から脫しても、池懸りたるの自然的形勢が具つてゐる上に、池との歷史的な繫りも深い處から「准區域」と稱し、冬季狹山池餘水の開放せられたものを時々貰ひ請け、其の村域內の溜池に貯溜し來り等してゐたが、昭和の大改修の後は是等准區域の全部が再び灌漑區域に加へられる事となり、其の多くは新番水區域となつてゐる。阿保・新堂・立部・岡・上田・西大塚・別所・一津屋・池內・我堂・芝・油上・堀・高木・梅・百濟・高田・土師・石原・中・南花田・大保・野・樫山・河原城・長曾根等が之である。

高梁川八ヶ鄕の番水株の讓渡は、比較的用水に餘裕のある村の持分を、不足する村に與へた眞の特別融通水であつたが、狹山池下の此の場合は、用水を求めても得られない爲の、止む得ざる結果としての持分權の放棄とも見做すべきものであり、之が傳統を重んずる分水慣行の上で、名目上「貰ひ」「預り」の名稱を以て呼ばれ、又池に近い位置の村の中には、それを放棄した流末村の場合であれば、到底其の耕地には達し難い筈の番水が、讓り受けた側の村の位置迄は漸くに達し得ると云ふ事實を看取して、水高割の讓渡を受け、己が村の時割に加へて用水不足を補はんとするものもあり、讓渡した村も准區域と呼ぶ融通性に富む名稱を與へられ、形式的には半永久的な、特別の融通水の範疇に含まれ得るものとして存したのである。

5　用水引灌期の規定と統制

本項に於て取扱ふ用水の引灌期には、溜池及び之に類似する機能を有する用水堀へ溜込のための引灌期と、田面への直接の引灌期との二つの問題を併せ含ましめる。

先づ溜池等の用水施設への溜込の爲の引灌期の場合から論ずるが、抑〻溜池や長大な用水堀へ非要水期の餘水を溜込むことを要する地域は、固より用水に惠まれず、自然の儘では決して水田農業を持續し得ない特殊地域であり、冬季から春季にかけての、上流他地域の餘水の引灌溜込によつてのみ克く水田の耕作を繼續し得るものである。從つて溜込は上流村の非要水期に行ふことを絶對條件とし、餘水を供給する地域の要水期の開始が、直に溜込の他動的な休止を意味する事となる。溜込むべき池・堀が小さく或は數が少く、容易に滿水し得る場合には問題が簡單であるが、廣い地域に跨り、多くの村に亙り、而も上・下流間の距離が大である時は、上流地域のみは年々確實に滿水し得ても、下流は常に未だ充分の貯溜水を得ない間に、早くも溜込を終るべき期限が訪れ、斯る流末地域は、河懸り・池懸りの用水組織の流末以上に、困苦を繰返さゞるを得ない結果となる。冬季に河水を引いて池への溜込を行ひ乍ら、各村々の個々の池の間に溜込期間の制限がなく、上流から順次滿水次第に下流へ引渡す爲、下流村の池は常に滿水を得ず、上流村との間に、溜込引渡の期限を中心に屢〻爭論を繰返してゐるものとして、讃岐國萱原掛井手を水源と仰ぐ、萱原・瀧宮・陶三箇村の關係をあげ得る。

既述の如く、此の掛井手が萱原村の主導によつて藩營事業として完成せられ、他の二箇村は井手の開鑿前後に於ける萱原に對する協力的態度の厚薄によつて、二番瀧宮、三番陶の引灌溜込順位が定つたのである。掛井手への引水の最終期限は五月節日三日前で、毎年七月中旬乃至十月中旬迄の間に、七・八日から十日間前後の日數をかけて三ヶ村は井手浚を行ひ、其の直後から愈〻引水が開始せられ、上述の順位に從つて次々の村に引渡される。寛政六年から文化十二年迄の二十二年間の配水記錄によれば、大略村々の取溜所要日數は次の如くである。

即ち引水の開始と共に、山田下村の松熊池が、其の地先を井手筋が通過してゐる事を理由に、特權的に優先溜込を行ひ、其の所要日數は平均十一日餘、次いで萱原村の諸池が平均六十五日、瀧宮村の山下池に七日、瀧宮村の池が平均五十日、最後の陶村は二十八日餘の日數となつてゐる。三ヶ村の取溜日數と灌漑面積との關係を見れば、最も面積の廣い陶が取溜日數に於て最も少い。初番の萱原の場合は、井手の手入も未だ充分でなく、掛井手の外に流逸する分量が、瀧宮・陶の引水時以上に多い事を考慮に入れても、取溜の順位が後番に當つてゐる村程不利な事情は否定し難い。

瀧宮・陶兩村の萱原の優越に對する不滿は、井手の完成後四十一年の延享五年に於ける、配水を日割に改むべしとの要求となり、萱原が特に長時日引灌する爲に、陶村は『近年瀧宮より相渡不申樣に罷成候』と言ふ狀態であると訴へてゐる。明和五年にも又略〻同樣の要求が出され、陶の困難な理由として、其の村の池は冬から春にかけて永く涸渇してゐる爲に堤に割れ目を生じ、取溜に當つて漏水を生ずること、又掛井手が春ともなれば漸く破損を生じて引水量の減少すること、苗代水の爲に水路の途中で上流村の爲に盜水せられる事等を列擧してゐるのは眞實性に富んでゐると考へられる。文化十五年には陶は更に瀧宮をも誘つて、用水引渡期の繰上げを申入れてゐるが、以上三回に亙る訴訟事件を通じて、水路開鑿の由來に基く萱原の優位は終始動かず、陶は徒に屈伏を繰返すことを餘儀なくせられたのであつた。

以上述べた萱原掛井手を中心とする三箇村、殊に萱原と陶との對照的な引水溜込權の優劣は、水路開鑿の經緯から來つたものであるだけに、歴史的な關係に於て絶對的な强みをもつ萱原を淩いでの陶の地位の向上は、遂に實現し難かつたのであり、現在としても亦同樣の關係が繼續してゐる。用水の合理的な配分には、引灌期の統制が極めて重要であるに關らず、史的關係の齎した現實的な作用に左右せられ、遂に統制に至るを得なかつた事例として、敢へて本項の最初に引例した所以である。

大規模な新開の干拓地であり、其の用水も直接河川から引用する便宜を有たない點に於て、備前國兒嶋灣岸の興除新田と、肥前國有明灣岸の低地とは、殆んど類型を等しくするものがあり、其の灌漑用水の源を、長大な用水堀の冬季間の溜込水に依存してゐる點に於ても一致してゐる。

興除新田の用水路として、干拓計畫の樹立に當つて豫定せられた東用水路・西用水路の二本の中、西用水路は完成後十數年を經て通水の困難から何時しか廢棄せられ、湛井十二ヶ鄉の流末水と澤所の餘水を仰ぐ東用水路のみが、今尙使用せられつゝある唯一の水源である事情は是亦既に若干觸れて來た處である。殊に興除新田の用水源として現實に有力な意義を有してゐるのは、澤所の名の儘に自然的に土地が低濕で、上流地域の餘水が停滯し、却つて水の多きに苦しむ澤所組庄村の餘剰水であり、之を庄村の水門を開放して興除の田圃の間の全面積二十町步に達する用水堀に貯溜し、而も用水堀には年々浚渫を加へて一定の深度を保たしめ、水量を確保し、用水堀に溜池の意義を發揮せしめてゐる。唯溜池とは異つて堀底が田面よりも低い爲に、貯水が漸次減じて來れば灌漑ポンプを据付けて揚水灌漑を實施し、其の爲に動力付ポンプの普及度に於て、全國第一位を占める結果ともなつてゐる。

庄村の餘水は一應潤澤であり、而も其の非要水期の放流水を貯溜する限りに於ては、興除の田用水は充分であるべき筈であるが、新田開發の時に當つての、庄村との交渉或は規約の締結に於て未だ充分ではなかつた爲に、餘剩水の放流量及びその時期の點に於ては全く庄村の自由意志に在り、旱魃に際しては庄村と特別に交渉の上で、昭和十三年の旱魃の時の如く、「非常用水」の名目によつて數度の放流を受けて危機を脱し、翌昭和十四年には遂にそれも及ばずして全面的な旱損に苦吟する等、玆にも引灌期に對する統制の缺如から、充分に存する水量の利用が全からず、人爲的に旱損を招く懼が充分にあり、之が興除村の庄村への、隱微の間に於ける政治的從屬關係にも變形してゐる譯で(40)ある。

肥前の有明海岸干拓地域の用水堀への引水溜込の一事例としては、矢部川の下流々域の場合をあげ得る。筑前・肥後・豐後三國の境に源を發するこの川は、平地に出でて星野川を併せ、二十間前後の河幅を擁しつゝ西流南轉して遂に有明海に注ぐ。此の流域の井組として、福岡縣八女郡福島町に近い花宗堰を取入口とする、福島町外十二ヶ町村土木組合を組織する井組の配水は、上流部の河川よりの直接引灌區域と、下流の大堀灌漑區域と稱する、冬季上流の餘水を所謂大堀に貯溜し、興除と同じく之を揚水して灌漑に當てる地域との二つに分れてゐる。

河川からの直接灌漑を行ふのは、十三ヶ町村から成る井組の中でも、主として八女郡に屬する地域で、下流の三潴郡は主として大堀灌漑である。八女側の引水は、通例八十八夜前後の苗代水の引入に初まるから、下流の三潴側の溜込は、四月から八十八夜迄の約一箇月間であり、其の間花宗堰によつて導かれた花宗川の本流を堰止め、之を其の大堀に貯へるものであるが、時としては大堀に滿水し得ない裡に八十八夜を迎へ、梅雨の降水を以て其の不足を補ひ、漸くにして堀の水を充し得た事も屢〻であつた。同じ井組に屬し乍ら、八女郡側が花宗堰によつて略〻必要水量を保證せられてゐるのに對し、三潴郡側が屢〻充分な貯水を得ない裡に八十八夜となり、溜込を中止せざるを得ない立場に立到る事は、配水法の相違に基く有利・不利とするの他はないが、前述した興除と庄村の關係とは異り、同じ井組であるだけに、下流三潴側の引水には大略乍ら時期の定があり、八女郡側の恣意によつて下流への送水期が決せられるのではなく、配水制度としての貯溜期に定のあつた事は、用水分配上興除の場合に比して一歩前進した段階に在るものとなし得るであらう。

河川懸りの直接引水地域に於ても、用水統制の最も徹底的な場合には、分配量の統制の他、引水期に就いての統制も亦强力に實施せられてゐた事例がある。近江國姉川筋の大原庄と鄕里庄との間に於ける「三度水」の特別融通が、六月以後に其の間七日を隔てゝの事と定つてゐたのは、既にこれも用水の引灌期統制の一例とも考へ得るが、これは三度水と呼ぶ特別の場合であり、引灌期の統制としては一特殊例である。

要水期の全期間を通じて引灌統制の行はれたものとしては、關東に於ける幕領の用水統制がある。著者のもつ武藏國見沼代用水路筋、甲州淺尾・穗坂堰筋、同甲州の金川筋宮・金川兩堰の場合等の事例は、何れも幕府が年々派遣した分水役人による、嚴重な用水統制の共通的仕法を示してゐる。

幕府の水配役人による用水の引灌統制は、水下の全地域に對する植付日割の規定によつて最も端的に表明せられてゐる。引水量を計り、上・下流を通じて計畫的に一定の日割に從つて田植を行はしめ、豫定の期間内に植付を終了し、田植の遲延によつて其の年の收穫に惡影響を被り、貢租に差支へを生ずるが如き村を無からしめる事が、植付期日統制の最終の目的であり、特に甲州の淺尾・穗坂堰では、上流地域の用水壟斷に基因する下流の植付期の遲延を防ぎ、下流の植付期の可及的早期完了によつて、秋冷の害より能ふ限り逃れしめんとするものであつた。上流地域に在つては、用水を自由に引灌し得れば、自らの選んだ適期に植付を行ひ、寧ろ成るべくは其の期日を遲れしめて苗の充分な成長を待ち、且麥作の收穫をも了へて後に田植を行ひたい意嚮であつたが、植付日割の規定其物が、元來上・下流の用水引用上の不均等を打破し、下鄕の困難を救濟することに在つたから、上流淺尾堰側の植付日割の決定に對する反對陳情の如きは到底採用せらるべき筈がなく、たとへば淺尾堰側の植付が早きにすぎては苗の成長が不充分であるとの主張に對しては、寒冷地であるからこそ別段と植付期を早める必要があると駁し、第二の麥作收穫期との競合に對しては、麥作は百姓の勝手作で、淺尾・穗坂兩堰の流域地方は、元々兩毛作の土地ではないとして斥け去つてゐる如く、植付日割の統制は、明かに下流の植付旬遲れによる收穫減を除き去らんとするに在つた事情は明かであり、其の爲に水下村々から、水配役人（御普請役）の指定した期日内に植付の完了した旨を記す植付證文(41)を徵する事さへも行つたのである。

斯る植付期日の統制は、下流が多年旬後れに困窮し、水配役人に於ても種々考究の末に決定せられた最終的な統制法であつて、其の實施の年代は餘程遲く、江戶末期の天保十二年に初つてゐる。その十數年間の實例に徵すれば、上鄕の四ヶ村は四日間乃至十五日間が、下鄕の三ヶ村では三日乃至十日間が植付の期間と規定せられてゐる。唯上鄕に在つては植付の開始日は定められず、終了日卽ち用水を下流へ引渡す期日のみが定められてゐる。尙植付期日の統制は、年々の特殊事情を考慮した上で決定せられるのを原則としたが、上・下鄕雙方の合議によつて、水配役人の定めた日取が多少變更せられた事もあつた。安政四年の如く苗の生立が惡かつたので、上・下の組合が相談を遂げ、水配役人に日延を願ひ出で、役人の規定した日よりも二日遲れて植付を了へてゐる樣な例もある。但し證文面のみは慣例を尊んで實際の植付日によらず、役人の定めた日割の儘に書上げて提出してゐる。斯る最も現實に即した統制であるべき植付日の決定でさへも、年を經ると共に次第に劃一主義化して行くことを物語つてゐる。尙尾張藩德川氏の宮田用水路筋に對する用水引灌期の統制も、上述した關東所在の幕領の統制方式に近いものがあつた。(42)

用水引灌の規定は、それが實狀に即したものである限りに於て、上・下流の摩擦を除き、且一定の收穫量を確保し得る基礎條件ともなり得るが、又他面に於ては、それが農耕技術や經營法の變化に應じ得ないことゝなり、却つて拘束の面のみが強く意識せられるに至る事も尠くない。嚮に淺尾・穗坂堰組の植付日の統制に關聯して、淺尾側の麥作に對する幕府役人の見解を紹介したが、「麥作は勝手作」との表現は、封建江戸期の當路者の態度を最も簡明に示したものであり、同樣類似の見解は「伊豫松山領代官執務要鑑」(43)の中にも明白に窺はれる。曰く

村により池に水を溜候得ば麥作に濕氣候故是を溜兼可申候　素り麥作迚も難捨候得共池水取溜候得者麥地に濕氣候故左樣之麥田は地組之節段安に致有之候事

麥田江者無用捨爲溜可申事

又曰く

少々之麥田をいたわり五月雨を宛に致池水を溜不申時は、若其年五月雨降り不申候得ば、池之水溜り不申候に付、少々之麥地をいたわり候而一村一同之大事に及候、植付難成候得ば、御上之御損米多有之候

と愈〻露骨に爲政者の立場に於ける水田第一主義と麥田の輕視を表明してゐるのである。

然るに江戸期以來の、斯る見地に立つて定められた番水制の規定、特に開始期の規定に現はれた用水の引灌開始期の統制が、新しい作付期を採用せんとする村にとつての重壓となり、其の爲に番水始の期日の繰上げが要求せられるに至つたものとして、東伊豫國領川筋洪水堰懸りの新居濱浦から提起せられた訴訟一件があり、(44)端なくも舊來の農業技術及び經營を基盤として規定せられた引灌期統制の不合理を暴露することゝなつてゐる。

金子・新居濱・中・上泉川・東西の兩角野の村々を灌漑區域とする洪水堰組に、番水制が明確に定められたのは寶永元年であり、以後二百年間近くも其の時の規定の儘に踏襲せられ來たが、明治九年、堰組の末流新居濱は、庶政一新の明治の新政を機に、番水開始期の繰上げを要求し、堰組の分水秩序に對して一つの問題を投げかけた。新居濱の要求は、堰組從來の慣行であつた番水開始期の五月中三日前が、太陽暦を採用した結果として、「夏至五日前」に改正せられたものを更に改めて、毎年五月十五日よりの開始となさんとするものである。

新居濱は堰組の最流末であり、堰口からの水路延長も壹里半に達して其の間に幾多の屈曲があり、其の水は多く上流村の吸引し盡す處となり、新居濱の川表に流水の見られるのは、唯番水の時のみに限られる有様である。從つて番水期を繰上げぬ限り、新居濱は如何に早くから用水を希望しても空しいから、規定通り夏至五日前の番水開始では遲きに過ぎ、田植も遲延せざるを得ないからとの主張が、此の度の要求の根據である。

猶新居濱浦の見解に從へば、往昔番水の開始が「五月の中三日前」と規定せられてゐたのは、當時の田植期が一般に遲かつた事に基因するものとなし、地租改正の準備としての地價取調の行はれたのを機會に、多年に亙る分水の不合理を打破し、舊慣の制約よりの解放を期待したのである。然し此の事件の結果は新居濱の要求も他の四ヶ村の容れる處とならず、空しく葬り去られた事と察せられる。其の結果から見れば、一旦慣行となつてゐる分水法を改正する事が、如何に困難であるかを一層痛感せしめるに止つた樣であるが、合理的な分水法の典型とも考へられ易い番水で、而も其の開始の時期迄も明確に定めた高度の統制も、時代と共に改變の必要を生ずべきことを示すものとして、又新なる意義を有するであらう。

溜池水の引灌に於ては、河川懸りの場合と異つて、貯水の總量、延いては灌漑能力が當初から豫め計量し得る處から、引灌期の統制に關する規定はより嚴重であるのが一般である。滿濃池の初揺《はつゆる》拔の期日たる夏至三日前の規定（現在は六月二十日）が永年に亙つて固定してゐた如き、或は狹山池の貯水は植付には一切使用せず、此の點では滿濃池下とは全く異つてゐて、播種・挿秧は自然の降雨に依賴して之を了へ、次いで各村所在の小溜池の水を必要に應じて放流し、其の貯水を蕩盡して後初めて親池たる狹山池の樋拔を行ふ爲に、狹山池水の放流は年によつて多少の變動があるが、大抵は新曆の七・八月の交[45]を中心とし來つてゐる等、何れも多年の經驗の集積の結果としての、池水の引灌期統制の具體的な表現と見做し得る。

是等に對して泉州堺市東郊の大仙陵池の場合は、池が小さく貯水量も充分でなく、而も尙近傍の農業に影響を及す程度の大なることは滿濃・狹山に比しても決して劣らないにも拘らず、補助水源としての井戸灌漑が重視せられた爲か、池水引灌期の規定がなく、池懸り中の有力村たる舳松・中筋兩村の、其の年々の意嚮によつて決せられる事が多く、兩村の合意の遂げ難い年には、引用期の遲速何れを撰ぶべきかの問題を中心に、兩村夫々の農業經營上の相違を根底として、兩者の紛爭を釀し出す事が屢〻であつた。

寶永三年、兩村は漸く二合程の水溜りにすぎない池水を引いて田植を行ふべき期日の協定に關して調和を得ず、應酬を繰返す裡、表面的には同形態と見做され易い堺近郊の兩村も、大作りと小作り、地主百姓と小前百姓の相違による對立が村落間の抗爭となつて露呈せられるに至つたのであるが、其の詳細は次章用水爭論に於て述べることゝする。

（1）「八ヶ鄕用水史」七四頁
（2）同書四一—四八頁所收文書　文政三年「古形調」
（3）新居濱市役所保藏文書
（4）「高柳根元實錄」
（5）宮川氏寫本
（6）（7）東甲良村金屋　上田善三氏保管文書より作成
（8）栗太郡葉山村手原　里內勝治郞氏所藏文書「一ノ井六鄕內譯」より作成
（9）「農業水利慣行調査」農商務省農務局大正六年發行の一二六—一二七頁の表より作成
（10）（8）と同じ里內氏藏の「今井鄕割覺」
（11）「狹山池改修誌」五一九—五二九頁の表より作成
（12）「農業水利慣行ニ關スル調査」溜池編（第一輯）昭和十一年香川縣耕地課發行の一〇〇—一〇一頁
（13）（8）に同じ
（14）（9）に同じ

(15) 席田井頭仲間引繼文書「享保十乙巳年七月十日　莚田乙井掛村々高石溝刻割分水帳」
(16) 犬上郡東甲良村金屋　上田善三氏保藏文書「一ノ井刻割并ニ川郷高揃帳」
(17) (12)に同じ
(18) 「狹山池改修誌」五三九頁　文政五年七月十九日「狹山池兩川筋水割賦帳」
(19) 本書後篇　十三「甲州朝穗堰に於ける高原地開拓用水問題の特殊性」參照
(20) 本書後篇　十四「藩營の用水施設土佐山田堰の研究」參照
(21) 佐渡吉井村立野　佐々木亘氏所藏文書
(22) 堺市立圖書館所藏寫本「老圃歷史」
(23) 「用水資料」一八一―一八七頁
(24) 「農業水利及土地調查書」犬上郡・阪田郡の卷　大正十一年滋賀縣內務部編の五一四頁
(25) 本書後篇　二十「甲州金川流域の水利と農業」參照
(26)(27) 佛生寺村井頭仲間引繼文書
(28) 滋賀縣愛知郡豐椋村小田苅區長保管文書「鯰江井と愛知井との關係」
(29) 狹山池普通水利組合事務所藏　昭和十七年の配水表による。
(30) 「農業水利慣行ニ關スル調查」溜池編（第一輯）昭和十一年香川縣耕地課發行の九三頁
(31) 同書　九七―九八頁
(32) 香川縣仲多度郡家村中三條　宮內廳之進氏藏「延寶年中以來增池新調留、附水論之事」
(33) 里內文書「元祿年間一ノ井、今井水論裁許書」

(34) 「狹山池改修誌」五七二頁
(35) 狹山池普通水利組合事務所藏
(36) (34) の六二頁
(37) 堺市立圖書館所藏寫本「明和八年凶作記」
(38) 「八ヶ郷用水史」七五―八二頁
(39) 「狹山池改修誌」五二三頁以下
(40) 本書後篇　十五「備前國兒嶋灣岸興除新田に於ける新開と用水問題の研究」參照
(41) 本書後篇　十三「甲州朝穗堰に於ける高原地開拓用水問題の特殊性」參照
(42) 「宮田用水史」上卷九四―九六頁
(43) 「近世地方經濟史料」卷一所收
(44) 新居濱市役所保管文書
(45) 本書後篇　十二「河内狹山池灌漑水利慣行の研究」參照

第三節　新開田への分水問題

1　古田重視主義と新開田の立場

本高を構成する基礎をなす所謂古田の重視と、其の對極としての新田の輕視＝各藩共に新田開發に努めて收納額の增加を期し、新田は事實上に於ては頗る重要な財源をなしてゐたが、制度上の取扱に於ては古田と新田とは著しく異るものがあつた＝とは、長く江戸時代を通じて爲政者の根本的な立場であり、假令新田を犧牲に供しても、古田の收穫を全からしめ貢租の確保を期し、用水分配に於ても此の爲政者的な傳統的思想及び立場は最も明瞭に具現せられてゐる。固より貢租の率は古田に高く新田に低いのが一般であり、而も古田は熟地であつて年々の收穫を期し得る事の略〻確實であるのに對して、新田は自然的條件に劣り破免・減免を要する事も屢〻であつたから、斯る財源としての價値の輕重觀が、上述の思想及び取扱上の相違を生んだ重要な原因であることが指摘せられるであらう。

斯る租税制度の上から見た古田重視・新田輕視の原因の他に、更に新田の開發者並に所有者の農民階層中に於ける地位如何の問題は、古田・新田の併存する地域に於ては引水上の强弱にも强く影響する。新田を多分に有する如き農民は勢ひ村内の富裕階級＝村役人層＝である事が多く、從つて其の所有に懸る古田に接する新開田への引水にも自ら强力であり、上述の爲政者の立場に反する結果を見る事が屢〻であつた。然るが故に幕府・各藩によつて代表せられる支配者側に在つては、用水の分配に於ても古田・新田の引水權の差異を制度化し、明文化し、以て敍上の方針の徹底に努める處があり、其の爲に新田は引水權の上にも著しい制約を被るに至つた。既に屢〻引用した「松山領代官執務要鑑」は、元々地方の民政・農政の直接の衝に當る代官に對する心得書であるだけに、此の點に就いての領主的立場を最も露はに記してゐるものであるが、既に第二章第二節でも其の內容を紹介したから此處では省略するが、要するに古田を專らにして其の優位を認め、古田に餘裕ある時に限つて新田を潤すべしとの趣意である。然らば新田の養

水は如何にして賄ふか。曰く

一、新田、御本田に引水致不申時に水を取溜置、植付を早く仕廻候時は、御本田さまたげに成不申事。但流候水を引せ置、御本田の植付之節は水引せ不申候事(1)

斯る封建領主的な見地によつて、事用水に關しても一入濃厚な保護を加へられた古田地域、特に古田のみが集中的に分布して一つの井組を形成するが如き場合に在つては、井組が其の引水量に影響を與ふる井組の内外の新田に對して與へる壓迫は頗る徹底的である。信州夜間瀬川の八ヶ郷では、井郷の地形が元來の扇狀地で、畑の占める比率が水田に比して餘程大であつた事、並に既述した如く、此の八ヶ郷が上州境に至る迄の廣大な水源地域を獨占的に支配してゐた事によつて、其の用水量は比較的豐富であつたにも關らず、井郷の村々は既開發の水田の維持に汲々とし、殊に用水難の度の著しい扇端部に當る西方下流地域では、松崎の揚水口に近い上流地域の新畑田成に對して頗る敏感で、新開田發見の度毎に、頻繁に其の取潰しを要求してゐる。例へば井郷中の下流村たる若宮村は、寛政十年に上流竹原村の新田成に對して『昨巳年又々竹原村之内荒川組新田組ニ而多分之新田成出來、其上居屋敷添等迄多分新田成出來致猶又猥りに居屋敷内江新堰等掘　用水我儘ニ進退之躰』であるとして訴狀を差出してゐる。若宮の要求によつて、竹原は一旦之を取毀したが、其の後『當年に相成又々過分之新田成致出來用水引入候』と若宮村の云ふ如く、上流竹原の新田成は年々の事であり、其の爲に下流の若宮は仕付荒の場所も多く、水番を付ける必要のある程であつた。若宮の要求は軈て容れられて竹原の新田成は悉く潰され、兩村の田畑の分布を明記した立會繪圖を作成し、互に之を交換して後日の檢證に備へると云ふ手段が採られてゐる。

斯る繪圖面作成の經緯に鑑みても、其の意圖が上流の新田成の禁止による下流の保護に在つた事は再言を要せざる處であり、從つて此の圖面は後々迄も甚だ重視せられ、紛失の場合には借り取つて寫し直しをさへ行ひ、以後屢々此の繪圖に照して畑田成の檢出が行はれ、現在迄も繪圖面は尙其の意義を保つてゐる。其の特殊地形に基く下流部の用水難が根本原因であつたとは云ひ乍ら、古田の新田に對する引水上の優位を示す一例である事は洵に明白である。

備中高梁川の湛井十二ヶ郷は、用水組合としても其の水量の點に於て豐富を誇る屈指のものであるが、此の井郷に於てさへ、寛延元年に最上流の井尻野村が、用水路から新井溝を引いて、多少の畑を水田に地目換した爲に下流の抗議を受け、新開田の大部分を取潰さゞるを得なかつたのも、是亦同じ井組内の引水權に於て、新開田の立場の極度に弱いことを示すものであらう。其の他甲州の淺尾・穗坂堰は、元々高原地に新に水田を開發する事を目標に敷設せられたものであつたが、堰の給水能力の限度内で水田が開き盡され、各分水堰口の分水量と、これに附屬する水田の面積とが決定せられて後は、下流の用水不足の原因を招來する上流部での新開田が極度に制限せられ、用水分配の監視者たる「堰見廻役」の任務が、分水上の不正と新開田の摘發取潰しを主としてゐたことも、此の地域の所謂「古田」が專ら江戸期以降の開發に懸るものであり、他地域の古田とは開發年代に於て大なる相違をもちながら、堰水路の經營管理組織の完成後に開發せられた新田に對しては、他地域の古田・新田の關係に等しい引水權上の差等のあつた事實を知り得るのである。

東部伊豫の國領川に沿ふ高柳泉組に於ては、用水量には餘裕があつたが、流末の新須賀村は上流村たる下泉川の新開田を制せんとして屢々紛爭を起してゐる。殊に此の高柳泉掛りの古田・新田の分水慣行に於て興味のあるのは、上述した如き、下流村側にも判然と新開田たる事の容易に辨別し得る如き新開田の場合を除き、嚴密な意味に於ては古田とは云ひ得ない迄も、新田中の古田であり、既存の水田たる事の汎く上・下流の村々から確認せられてゐる如き新田に對しての配水制度である。卽ち斯る種類の古田的新田は、湧泉懸りに於ては本來の泉懸りに非ざる意味を象徵する「川田」或は「天水田」の名を以て呼ばれ、庄内村の「天水田」(2)は番水の施行に際して、古田に二巡して後三回目に初めて配水關係者の決議を經て後に、灌水を受け得る地位を認められ、新須賀村の「川田」も之と略〻同樣で、番水の三回目に當つても必ずしも配水を受け得るとは限らず、非常の旱魃には水利會の決議によつては全然配水に與り得ないことにもなる規定がある。斯る古田的新田にして尙且然りであるから、上流の祕密手段による新開田が、盜水によるの他公然の配水に與り得ないのは洵に當然の成行と云はざるを得ない。

猶古田のみが本格的に配水を受け得る唯一の有資格田である一例として、佐渡國長江川流域吉井村下橫山(3)の番水株二十五株の個人に於ける所有の基礎が、下橫山に於て多少なりとも古田を所有する事を必要條件としてゐる場合をあげ得る。下橫山の番水も他地域の番水と等しく、用水量の豐かな時期に於ては行はれず、用水が不足して下橫山村内の全水田を潤すに足らない時期に至つて番水の開始となり、番水株が此處に初めて番水株たるの意義を發揮するに至る。卽ち個人の持分と化し去つてゐる番水株二十五株中の若干を所有する者でなければ番水の引水權はなく、此の場合一應所有水田面積及び經營面積の廣狹とは無關係に、番水株を所有する事によつてのみ其の番數に相當する番水の引水權を持つのである。

前述した如く番水株所有の資格制限としての、古田を多少とも所有すべしとする條件の起源は、番水株の口數「二十五」の決定が、近世初期下横山に於て、百姓一戸前としての資格を有つもの丶家數二十五に基いて定められたことに因るものであり、一戸前として充分に認定せらるべき田・畑・居屋敷、殊に古田の相當面積を所有する事が、下横山村の番水に充てられる全水量の二十五分の一を、自己の所有する水田に注ぎ得る權利を獲得せしむるに根本的な必要條件であつたことに起因する。番水株獲得の基礎條件としての、一戸前と數へ得る資格をもつ百姓株の設定は、當然に近世封建領主の確立せんとする租税制度と深い繋りを持つたものであり、一定の貢納額を保證する基本的地盤たる古田を有つ百姓が、水田耕作の基礎條件たる用水の分配に於ても、一戸前の本百姓たるに相應した引水權を與へられたものと理解し得るのである。斯る性格をもつ番水株である爲に、其の後此の株は土地に附隨せずして人に屬し、百姓相互間に於ける耕地の移動は、番水の水量に餘裕ある者と不足する者との開きを生じ、用水の最も效果的な利用の爲に、百姓の間に株の分割移動の現象を起し、一應水田と遊離した引水權としての意義を有するに至つた譯である。然し既述した如く、番水株の所有・買得及び株のもつ機能としての番水期に於ける引水權が、古田の所有を前提條件とし、此の制約が昭和初年に耕地整理事業の進行に伴ひ、番水株が耕地整理組合に買收せられるに至る迄存續した事は、引水權に於ける古田の位置を十二分に裏付ける事柄であらう。

分水慣行に於ける古田の優位は、一井組の內部に在つて啻に優先・及び獨占の確固たる地歩を占めるに止らず、井組外の地域、殊に井組の引水量に直接影響を及す上流地域の新開水田に對しても極度に其の優位を主張し、新田の禁止、それへの引水施設の破却をさへ要求し、而もそれを實現し來つてゐる事例が甚だ多い。既に第四章の「用水區域組織の發生と用水支配權の發展」に於ても觸れた如く、近江國犬上川の一ノ井郷が、上流山間部の地域に對して、江戸中期以後年々に實施し來つた所謂『開田廻り』はその典型的なものとも云ひ得る。文化十年に霜ヶ原村の貳反歩ばかりの新開田を、彦根の川方奉行へ訴訟の上で停止せしめ、文政七年には同じく霜ヶ原村中島の新田並に引水工事を元の姿に返さしめる等、上流地域の新開田の上に重壓を加へ、以後斯る上流村での新規の開田計畫を一切斷念せしむる端緒を開いてゐる。素より是等の現象は一ノ井郷の井組としての勢力の、上流水源地域への伸張の結果ではあるけれども、其の新開禁止の要求の根據が、古田地域たる一の井組の引水權を脅かすものとしての新田排除の主張であつた事は明白である。(4)

2　近世に於ける新田の開發と用水

江戸期に於ける新田開發と、其の用水問題解決の爲の諸方策に關する著名な事例を引用敍述し、新田の規模の大小による用水施設の如何、地理的地域差に基く特質、時代の前後より生じた用水對策の變化、新田所在地の自然的環境より來つた用水問題の性格的相違等、具體的實例の中から近世全般を通じての、新田開發と用水開發との關係の一般性を描出せんとするのが本項の目的である。

江戸前期に行はれた大規模な新田開發の典型的類型としては、肥前國、特に佐賀鍋島藩領の海岸地域の開發に際しての名臣成富兵庫の用水事業、土佐の海岸に近い荒蕪地の水田化を完成した野中兼山の水利開發とに指を屈し得るであらう。

成富兵庫と野中兼山は、其の出生・死歿の年代に多少の差があり、從つて成富が其の前半世を戰國驅馳の時代に捧げ、泰平時代に處する經世策として、水利の疏通による水田の開發、藩庫の充實に寛永十一年迄の彼の後半世を傾注した年代は、兼山が土佐藩主山内氏の血緣に連る重臣の家に、既に戰亂の收り去つた平和の時代の人として出現したよりも稍〻先んじてゐるけれども、兵庫・兼山共に豐臣家の討滅を期として斷行せられた近世的秩序の基礎たるべき諸侯の配置轉換も略〻完了し、戰陣の功による領土擴張の願望も斷たれ、年每に加重する領内人口の增加に基因する壓力と、累增する藩費補塡の解決を、領内の開發による殖產に求め、着手の第一步として、眼を國内の未開發荒野の水田化に向け、殖產興業の基礎對策としての水利事業の發展に、自ら以て其の衝に當つたのは洵に先見の明と稱すべきであつた。「成富家譜」(5)に言ふ『大阪一亂之後勝茂公へ茂安申上ケシハ家康公ノ御武威强キニ依テ天下ハ早一統仕候近年ニ中々弓矢ハ有御座間敷ト存候　御靜謐ノ世ニ罷成ツテハ彌金銀ノ御入目多ク御座アルベシ　然ラバ御領内ノ水損旱損所偖又山野海邊新地ニ可物立所見立候ヲ御爲ニ可相成樣ニ可致置ノ由申上ル、公御感被成尤之事也於然ハ領分之儀兵庫ニ相任ノ旨被仰出……』とあるのが之である。

兵庫の水利事業の遺跡と傳へる用水施設の數々は、佐賀市附近を中心に鍋島本領の各地に分布するけれども、就中佐賀の北郊一里に在る、川上川を堰止めて北村石門に用水を導く成富の知行地たる尼寺村から下流の海岸干拓地域に迄も疏通する多布施川の水路の如きは代表的なものたるを失はない。後世鍋島藩領内の著名な用水施設を、殆んど何れも成富一人の功に附會して傳へられる如き傾向の認められるのも、江戸初期で各藩の新田開發も未だ著しい效果を收め得たものが少く、肥後の加藤清正に比肩するものとして喧傳(6)せられた程に、其の當時に在つては、成富の着眼は流石に先驅的意義を失はないものであつた。

兼山の水利事蹟も亦佐賀の成富に匹敵し得るものがあり、物部川筋の山田堰、仁淀川筋の八田堰・鎌田堰等に其の迹を留め、荒野の開發と鄕士の招致・土着の效果は、洵に注目に値する。

成富の肥前國内に在つての新田開發の成果としての石高數は未だ明確にせられてはゐないが、其の大略は少くとも二十萬石内外を下らないと豫想せられ、比較的山が淺く水源に乏しく、之を自然の儘に放任する時は、廣大な干拓可能地の開發並に未耕低地の水田化も到底果し得ず、肥前平野の汎き水田化は到底企及し得べくもなかつた處であつた。成富の手による堰の設置、水路の疏通と並ぶ原野の水田化の事績として、亘勢野(7)の開墾・杵島郡三方潟の新田取立等の傳へられてゐるのは、現在では既に用水量に比して水田の面積が過大と考へられ、海岸地域では人工揚水灌漑の最も卓越する地域とさへ成つてゐる肥前平野も、成富の盡力による新田開發の結果が、佐賀の水田農業を一層高次の段階に押し進めしめ、其の結果上述の如き現況を呈するに至つたものとして理解し得るのである。成富の功を永く讚へる習俗として、佐賀市附近の農村に今尙『兵庫皿(8)』と唱へ、每年仲春、戸每に水神を祭り、藁を編んで盆となし、紙の旛を添へ、之に供物を盛る事が行はれてゐるが、これは水神を祀るとは云ひ條、成富兵庫を祀るものであり、斯る風習の今猶存するのは、既に傳說的偉人とさへならんとしてゐる成富兵庫を中心に、江戸初期佐賀藩領に劃期的な發展を見た用水施設の充實と、之に伴ふ新田開發事業の盛行を示す此の上なき紀念物であらう。

野中兼山も亦藩の執政として、三十年に餘る年月の間に成し遂げた偉大な水利土木事業の數々と、其の致仕後の末路の極めて悲慘であつた運命から、是亦其の事績の潤色せられんとする傾もあるが、成富兵庫に比して既により安定した時代・社會に活動した人であつたから、記錄の上で確かめ得る點に就いては成富を凌ぐものがある。彼の手によつて開發せられた新田は、大約十七萬石と註され、肥前以上に山地の多い土佐の自然的形勢から察するも、餘す所なき國内未開地の水田開發が、殆んど彼一代の間に成就せられた比類なき熱意と斷行の迹を推し得て、其の運命の末路も斯る積極策の反動であつた事情も少からず存した事と察せられる。然し土佐は雨量が多く、水量には惠れてゐたから、此の點に於ては肥前の成富とは異るものがあり、兼山の水利事業の意義は、先づ絶對量に於ては餘裕があり乍ら、之を用水と爲すの手段を缺いてゐた土佐の地に、幾多の施設を完備する事によつて、開拓し得る限りの水田に灌ぎ、封建領主經濟の根幹を爲す米作の劃期的發展を遂げしめ、土佐米作農業の基礎を三百年の古に確立した事に在らねばならぬ。而も亦第二に考へ得る點は、斯の物部川山田堰の構造にも窺はれる如く、一個の巨大な堰止から、右岸に三本、左岸に一本の用水路を導き、換言すれば四個の井組を合して一の堰堤を共有せしむると言ふ、他地域には類例の少い極めて能率的・合理的な施工を行ひ、假りに舞臺をかへて、他地域に於て類似の四個の井組を潤す用水施設の存する場合を豫想すれば、恐らくは上・下流兩岸に相對立し競ひ合ふ四個の堰組となつて現出したであらうものを、克く統一的に山田堰一個に纒め、冗費を節し無用の摩擦を避け、水量の合理的利用を爲さしめた事であらう。兼山以前には設立の年代を異にし、幾多の小地域を潤す井堰の濫立がなく、大規模な水利利用に關しては、謂はば處女地であつた物部川流域の現實の事情が、兼山を主動者とする一藩一國の統一的施策の遂行に恰好な地盤を提供した事も亦彼の事業を特色付けるものである。

成富兵庫・野中兼山の時代に亞ぐ寛永・元祿の間は、全國的に大觀しても、名君名臣と呼ばれる程の者の出でた處は、何れも水利開發と新田開拓は著しく進み、斯業に一時代を劃するのであるが、上述二例の他備前と謂ひ讚岐と謂ひ、人と事業との結び付きの特に緊密なものゝある事を痛感するのである。

寛永末年の計畫に屬し、正保元年に完成した山麓の高原淺尾原開墾の前提條件としての、甲州淺尾堰の開鑿は、年代的に見れば江戸前期ではあるが、戰國時代以來甲州の低地部は、信玄の名を以て呼ばれてゐる幾多の治水灌漑事業によつて、限なく開拓し盡されてゐたから、平地には既に水田化し得る荒野・原野の餘地もなく、勢ひ新なる水田開發は從來水利に惠まれず、畠地の儘に放任せられてゐた山麓臺地の開發に向はざるを得なかつた事情を示してゐる。水田適地としては自然條件に劣る山麓斜面に新水路を穿ち、遙かな上流から難路を經て用水を獲、而もその開發水田面積の絶對量は百町歩内外に過ぎず、水路の新設、畑田成の掛聲は洵に旺であつたが、其の結果は肥前・土佐は勿論、諸他の地域に比し得べくもない貧弱な數字である。斯る觀點から見れば、甲州の水田化は江戸初期迄に既に極點に近く達してゐたのであり、領主としての幕府の畑地水田化の欲求と、地元農民側に於ける水田と並んで飲用水を初め雜用水を獲得せんとする要求とが相合して、新田開發を名目に、長大な用水路を完成に導いたものとも見做し得べく、此の傾向は殊に後に掘繼がれた穗坂堰水路に於て濃厚であつた。新田開發の中心地であつた淺尾新田に於てさへ、水路疏通後の寶永二年には尙粟・稗・蕎麥・大豆・大麥・小麥等の畑作物が卓越し、水田化の成果たるべき其の產米は、其の量の少かつたと共に質もあしく、租米となし得ない程の不良米で、代金納を餘儀なくせられてゐた等の事情は、此の淺尾・穗坂堰の開鑿に伴ふ新田開發が、時代的には上述の諸例と略〻相近いものであり乍ら、其の內容に於ては著しく異る、特殊な範疇に屬すべき新田開發であつた事を示唆する。

東日本は西南日本に比し、江戸初期迄の水田開發の度は遙に劣つてゐたから、從つて此の時代の新田開發事業は、元來西南地方に比すれば相當豐富であつた用水を驅使して一般的に極めて旺盛であり、その水量は施設さへ行へば確保し得て、西南日本の場合に比すれば餘程容易であつたが、唯其の施設を營む技術並に經濟的背景の點に於て、東日本の全地域が必ずしも同じ歩調を採り得ない原因があつたのである。

廣大な尾張の低地が、名古屋藩德川氏の入部後、幕府の制に模した水利行政組織によつて、施設及び其の管理を强化し、宮田・木津・入鹿の諸用水路網の充實により、爾後江戸時代二百五十年間を通じての基礎を確立し、又越中・加賀の平地が、大藩前田氏治下の政治的安定を背景に、寛永年間を中心に、河川の整理・用水路の新設が相繼いで行はれ、用水組合の組織も完成を見て水田化の可能地は悉く美田となり、洵に前田氏統治の初世に於ける事績は、その發足に於ても結果に於ても、一圓領知の大々名領下たるに相應したものを示してゐる。

越後も亦寧ろ水量多きに過ぎて却つて困苦を經驗してゐた土地であり、河道の整理・附替及び沼澤地の埋立によつて獲られた用惡水の調整、新田獲得の效果は著しく、本邦隨一の水田地域たるの基礎は全く此の時代に置かれたものであつた。引水施設としての樋管の新設並に排水溝の掘鑿は、史料の關係上其の創始年代を明かにし難いものが多いが、鎧潟に近い馬堀村の馬堀用水路の、西川筋から新に取入れられたのが、正保元年の完成たる事を明かにしてゐる例から推せば、他の類似のもの丶完成が、多く寛永・正保を距ること餘り遠からざる時代のものであることを察し得るのである。此の馬堀用水の單獨經營者であつた馬堀の里正田邊小兵衞(9)は、諸藩領の錯雜混在から生じた複雜な政治的關係の爲に、用水路工事着手の許可を藩主に出願するも容易に容れられず、遂に意を決して自ら獨力掘鑿の上、他領より加へらるべき壓迫は之を自らの一身に負ふの前提の下に漸く工を遂げ、後幕府巡檢使の來つて此の新用水路に着目し、領主長岡藩の責を追及せんとするに當つて自盡し果てたのであつた。用水路の開發が水量問題よりも、寧ろ政治的關係によつて制せられてゐた、越後低地の水利問題の一斑を物語る事例として理解すべきである。

享保以後、江戸後期に屬する新田の開發は、愈〻取殘された唯一の空間としての遠淺海岸の大規模な干拓、或は特に從來の土木技術を以てしては成功し難かつたが爲に取殘されてゐた排水路工事による埋立地の新開田に向つてゐる。前者の例としては備前國兒嶋灣岸興除新田の干拓、周防國岩國川三角洲地先の埋立、肥前有明海岸の干拓等があり、後者の場合としては享保年間紀州流土木技術の開祖たる井澤彌惣兵衞によつて完成疏通せられた武藏の見沼代用水路、越後國の紫雲寺潟・福島潟の干拓等をあげ得るであらう。

興除新田は享保以後屢〻干拓の計畫はあり乍ら容易に實現しなかつたが、文政年間に至り、幕府の出先機關たる倉敷代官所の强力な斡旋と、大藩岡山藩の財力によつて完成したものであり、斯る環境の下に發足しながらも、其の用水問題に關しては猶幾多の辛苦を味つた。その詳細は本書に於ても夙に幾度か觸れた處であるから省略するが、其の用水補充策として高梁川上流の大井鄕たる八ヶ鄕との間に結ばれた、興除の用水堀へ引用貯溜する爲の「興除冬水契約書」を摘記し、以て興除新田用水問題の特質の説明に代へることゝする。

備前國兒島郡興除新田江備中國窪屋郡酒津村地内八ヶ鄕圦樋より子位庄村大島村福島村五日市村中帶江村早島村前潟村より冬水引入之儀及相談致熟談候に付水道樋橋其外申定

一　八ヶ鄕元樋より福島村地內ミヅカイ貳ツ樋迄樋大小二十七ヶ所橋大小二十六ヶ所ハ文政五壬午歲新開取立之節夫々明細議定御取極有之候

福島村地内字シズカイ北ノ分

一　水樋　一ヶ所　但内法高二尺五寸　幅三尺一寸

是は福島村より据來五日市中帶江早島へ用水路此度此樋より興除新田へ冬水流候事

此水筋（中略）

右者八ヶ郷番水南水道より新開用水去る辰年御取極筋違北の樋より五日市中帶江早島用水路夫より前潟村地內有來川筋を通し新開場冬田水引取之義熟談致候に付川筋處々樋橋御普請書面之通申究都て川筋之義は每年夏用水相濟冬水に取懸り候ては川浚藻引等之義地元へ相屆け新開場より致可申都て差支之義も有之候はゞ相互に實意に相談取計可申事

前書之通り此度一同立會取極候上者已後雙方共違失爲無之相互に繪圖面相添へ爲取替議定印形致置候處如件

文政八乙酉歲六月

村々庄屋連判(10)

享保十三年に完成した見沼代用水路の開鑿は、享保期に於ける用水路の開發・沼澤地の干拓事業として典型的事例たるのみならず、江戸初期以來幕府の治水技術の主流をなした伊奈家の關東流に代り、井澤彌惣兵衛を代表者とする紀州流或は上方流によつて成し遂げられた土木事業としても、極めて大規模なもの丶一であつた。

德川氏の江戸入府後、其の膝下の地たる關東低地の治水並に新田の開發は頗る活潑であり、主要街道沿ひに開發の歩が進められ、未開の荒野は次第に狹められ、幾多の用水路の新設を見たのであつたが、其の施設は積極的な新田の開發よりも寧ろ既存の耕地の洪水の暴威からの防禦に重點があり、享保年代の積極的な開發策には必ずしも合致しない點もあり、玆に井澤彌惣兵衛の登場と共に劃期的な展回を見るに至つたのである。

見沼代用水路の開鑿は、單に千三百町歩の見沼の干拓による新田の獲得に止らず、利根の本流から二本の圦樋によつて豐富な水量を引き、見沼を中心に、其の上流及び下流地域の用水源を充實し、流域一萬二千六百町歩に亙る廣大な用水組織を完成することに在つた。其の四周から堆積する泥砂の爲に沼底が淺く、「八丁堤」を設けて貯水しても、下流七萬餘石の地域の水源として充分でなかつた見沼を干上げて水田と爲し、之に代る新水源を利根川に求めた事は、流石に廣潤な武藏國にして初めて成し得る事業であり、幕府の權威を背景とし、加ふるに時代が吉宗を戴く享保である事によつて、一層成功を容易ならしめたのであらうが、大河に惠まれてゐて、之を導けば斯る大規模の新田開發をも成就し得た處に、尾張低地とも類似しながら、更に一層規模の大なる關東低地の地域的特質を指摘し得て、前述の西南日本の場合とは著しく異る、新田開發の環境及び時代の差異を痛感せざるを得ないのである。

江戸時代の前・後期を通じて强力に推し進められた新田開發は、それが未開原野の新開であれ、海岸の干拓であれ、將又低濕沼澤地の埋立であつても、是等が舊來の用水の需給關係のバランスの外に新に起された水田である點に於ては共通な基盤の上に立つものであり、其の爲には古來の用水組織との妥協によつて用水供給の方途を見出し、或は新なる水源を開く等樣々の苦心を重ね、江戸初期に約千八百萬石の全國の石高が、末期には三千萬石を數へ得るに至つた新田の增加は、專ら斯る水利開發との結合・妥協の成果を物語るものであつた。然し用水不足は一旦之を解決し得たとしても、限りない新田增加の欲求の前には、軈て再び用水の不足は眼前の問題となり、限りある水量を廻つて、著しく膨脹した水田が再度水論を繰返さゞるを得ぬ破目に陥る事は屢〻見出される現象である。かの讃岐國萱原掛井手に添ふ流末村の陶が、掛井手の水を引用し溜池に貯溜し得る事によつて著しく田用水の充實を見たが、軈て此の新水源に依頼して新に開かれた水田増加の勢も亦大なるものがあり、程經ずして復々用水の不足を告げ、上流の萱原に對して引溜期間の早期繰上による分水量の増加を要求し、之が動機となつて再三に及ぶ用水論を惹起してゐるのはその一例(11)である。

新田の増加は水論の再發を齎すと共に、又中世以來の自足的な農村とは著しく形態の異つた、米穀の生産のみを目指す工場的な性格をもつ幾つかの村落を發生せしめ、斯る村落に於ては自給肥料を齎すべき山林原野を缺き、從つて早くから金肥(12)に依存することを餘儀なくせしめ、市場の爲の米作を專一とすべき運命を擔ふ農村を多數に出現せしめたのである。大阪に近い攝津國の川口新田・鴻池新田の如く、又備前國の興除新田の如く、古い時代の開拓に懸る周邊部の農村とは著しく異つた、所謂「新田者」的な農民意識に生きる農村を現出せしめた事も、農村發生史上無視すべからざる事象であらう。

(1)「近世地方經濟史料」巻一所收の同じ「松山領代官執務要鑑」の中

(2) 新居濱市役所保管記錄　明治年間の「庄内村配水規定」

(3) 本書後篇　二十二「佐渡國長江川流域に於ける耕地と分離せる用水權香水株の研究」參照

(4) 拙著「近江經濟史論攷」

(5) 佐賀市鍋島家内庫所藏「成富家譜」下

(6) 眞田二松氏著「偉人成富兵庫」の「成富兵庫の治水」の項による。
(7) (5) に同じ
(8) 北村石閘紀念碑文　久米邦武博士撰文
(9) 「馬堀用水路開鑿之偉人　田邊小兵衞氏小傳」
(10) 「八ヶ鄕用水史」一二〇―一二三頁
(11) 本書後篇　十一「讃岐國萱原掛井手を廻る溜池への用水引用權の硏究」參照
(12) 戸谷敏之氏著「德川時代農業經營の諸類型」一九頁

第四節　近世封建領主權の用水分配組織に對する影響

近世大名領制の出現は、小單位の莊園經濟に分立し錯綜し、各個別の生活を營んでゐた地方の經濟を、一應より大なる領域に統一せしめ、一圓領知下に於ける經濟的施策を可能ならしむる如き經濟圈の樹立を促進した事は著しい變化であつたが、封建領主が自領內の農業生產を以てその據つて立つ基礎となし、土地に固着せしめた農民を以て其の領有の主たる對象物と見做す時、彼等の據つて立つ經濟圈に大小の差等はあれ、事用水に關しては自領中心主義の傾向の濃厚さは前代に比して變るべくもなく、更に其の上位支配者としての幕府の權威は、前代に比すれば遙かに強く地方に滲透し得たけれども、幕府權力の直接的に影響し得るのは天領數百萬石の地域に限り、他は地方各領間の用水紛争が、幕府を最高の審判者として其の處斷を求め來る時にのみ、幕府の方針を、地方統治に關しては一應委任した形式になつてゐた各藩領主の上に反映せしめ、幕府の抱懷する方策の方向に處理し得たに止らざるを得なかつたのである。

更に上述の一藩領一國の封建的機構からのみならず、幕府が全國統治上の術策として採用した各藩領の錯綜せる配置は、戰國以來の故地に其の儘定着し得た若干數の國主大名的なものゝ場合を除き、他の大部分は中世の小領域・小單位に分立する形勢は幾分是正されたとは言ひ乍ら、依然小邦割據の形勢に變りはなく、用水問題も亦斯る政治的地盤の影響を受け、問題の紛糾に其の解決に、近世領主權の著しい干渉・支配の迹を見出し得るのである。

美濃國根尾川の席田・眞桑兩井組間に於ける、江戸初期の寛永年間に確立した番水制の出現は、室町期には守護大名として一圓土岐氏の治下にあつた此の地域が、戰國の動亂を經て近世的大名配置の完成する迄の約百年の間に、幾多の領主に分領統治せられ、土岐氏時代には舊慣に基く根尾川の優越的支配權を護り得た席田井組も、斯る兩井組地域の分割領有の形勢を利用した眞桑方の攻勢に抗し得ず、兩井組の對立が領主の對立となり、終に幕府の裁決によつて六分・四分の時間割番水制の樹立に至る興味深い過程であり、近世封建領主權の干渉・保護が、用水分配制を規定する有力な一契機であつた事を示すものであつた。

元來古い水田地域に於ける用水分配の制は、近世的な領主配置の形勢の定まる遙か以前に、用水組織の範圍或は配水法の大綱が形成確立せられてゐるのが一般で、備中の湛井十二ヶ郷の如く、井郷の近世諸領主による分割領有も、井郷の組織内容に對しては、殆んど之を指摘し得る程の影響を與へ得なかつた場合もある。然し井堰の築造、井組織の擴張完成が比較的遲れ、近世以降に持越された場合に在つては、領主間の割據が最も露骨な形で井組の對立抗爭となつて顯れる。其の一例としては筑後國矢部川の水を中心とする、舊立花領柳川の用水組合たる松原堰を「元堰」とする山門部柳川町外十ヶ町村組合の區域と、上流の有馬領久留米藩の用水組合たる花宗堰を「元堰」とする八女郡福島町外十二ヶ町村組合區域との對抗をあげ得る。

久留米側は元々所領が柳川側の上流部を占めた爲に、自然引水上優位に置かれ、福島町に近い上妻村地内に元堰たる花宗堰を設置して、其處から引水する幹線水路を花宗川と稱し、八女・三瀦二郡に亙る區域を潤し、柳河側は花宗堰の下流位置たる松原堰を元堰とするが、矢部川の水は花宗堰によつて吸收し盡される部分が多く、松原堰に乘り來る水量の乏しい爲に多大の苦心を拂はざるを得ない立場に在る。

抑〻柳河領は關ヶ原以前に在つては山門・三瀦の二郡を併せ領してゐたが、關ヶ原の役後一時除封の運命に遭遇し、後再び柳河に復活するに際して三瀦郡の一部を有馬領に割讓し、其の代地として上妻郡（八女郡）の一部を獲得し、此處に矢部川南岸を確保して久留米側との間に、堰の位置の上流部への移轉爭ひとしての所謂『一丁越し』を行ひ得る礎地を築き得たのである。

柳河側の對抗策は花宗堰の上流たる其の所領地内に新堰を構築して花宗堰を超越し、其の吸引すべき水量を奪取するに在り、先づ唐ノ瀨堰を設けて其の吸引した水は左岸に回水路を設けて花宗堰の直下松原堰の上に落す方法を採るに至つた。久留米側は之に屈せず更に唐ノ瀨堰の上流に惣川内堰を作り、右岸に回水路を設けて唐ノ瀨堰下に落すこと柳河側の手法に同じく、斯くして兩領の二組合は交互に順次上流に遡り、終に久留米側の花巡堰を最上流に、次位柳河側の三ヶ名堰、三位久留米側の馬渡堰、四位も同じく久留米側の黑木堰、五位柳河側の辷野堰、次いで前述の惣川內堰（久）、唐ノ瀨堰（柳）、花宗堰（久）、松原堰（柳）の順位を占めた。久留米側の黑木堰は正德四年の完成を傳へてゐるから、兩藩領の領域の確定した直後から『一丁越し』の爭は開始せられ、恐らく江戸中期に成つた花巡・三ヶ名の兩堰を最後に、斯る上流位置への爭奪戰は、地形上の制約と藩領伸張圈の制約の爲に、自ら終止符を打つに至つたものである。

尙自領側の堰によつて取入れた水量は、假令一滴と雖も他領側に流失しない爲の施設として、囘水路の他に、囘水路と矢部川本流との間には「助水路」が設けられてゐる。卽ち花巡助水路、三ヶ名助水路、唐ノ瀨助水路の如くであつて、囘水路から受けて灌漑した自領田地の餘剩水又は滴り水が、再び矢部川に落ちて他領側の堰に吸收せられるのを防ぐべく、之を囘收する爲の水路であり、一丁越しに對手方の堰を超えて作られた堰の機能を、一層完全ならしめるものである事は言ふ迄もない。柳河側の囘水路が矢部川の南岸を縫ひ、久留米側のものが北岸を通つてゐるのは、前述した矢部川を距てゝ南北兩岸に相對する兩藩領の分布關係に因るものである。

東伊豫の新居濱に近い、國領川右岸の海岸寄り、所謂川東四ヶ村と呼ばれた鄕・宇高・垣生・松神子の地は、元來著しい旱魃地で、田圃の側に掘つた極めて小規模な掘井戸の水を、刎釣瓶によつて汲上げて水田に注ぎ、井戸の數は各村數百を數へる程の人工灌漑地域であつた。此の困窮に深い關心を寄せた領主の西條藩一柳氏も、川を距てた左岸に高柳泉組の豐富な水量を望みつゝ、之を如何とも爲し得なかつた爲に、遂に明曆二年藩營事業として、四ヶ村救濟の池田池の築造に取懸り、當地方の用水關係に重大な變化を與へるに至つた。

池の豫定敷地として着目された船木村は、國領川の右岸で四ヶ村と同じ側に位置するが、四ヶ村と船木との間には小丘陵を距て、而も船木の比高は餘程高く、土地柄も荒原・畑地が多くて溜池には洵に好適地であつたので、地元船木村の利用に委せず、只管川東四ヶ村救濟の爲のみの池田大池の築造となつたのである。後寛文九年の洪水で堤が切れた時には、翌十年に直に復舊の普請(1)が行はれ、西條藩主は此の時一柳氏に代つて紀州家の支藩松平氏であつたが、宗藩からは土木の巧者加納覺兵衞が來つて工事を督してゐる。松平氏も亦一柳氏と同じく川東四ヶ村の用水問題を重視した事實を察し得るのである。

池田池の水を四ヶ村に導くべき水路は、右岸は國領川の侵蝕を受けて平地がなく、水路の敷地と爲すべき便宜が無かつたから、一旦國領川を横斷して左岸に出で、河に沿ひ下り、再び川を右に横切つて四ヶ村に達すると云ふ複雜な通路を辿り、又池其物も地元の船木村にとつては四ヶ村と同領ではあるが、洪水時の堤防決潰の危險こそあれ、何等の恩澤を與へるものでなかつた關係から、船木村は終始池の「除けロ」を深くして貯水量を最少限に止めしむべく努め、四ヶ村側に立つてゐる藩當局をして『右者四ヶ村自分用水に無之　全御田地御年貢相育候爲之用水に候』とさへ言はしめ、池の貯水機能を奪はんとする船木の態度に對して戎飭が加へられてゐる。斯の如き西條藩の川東四ヶ村の爲の用水施設の充實と水源の附與とは、近世封建領主による用水分配秩序の創始としての有力な一例證たり得るであらう。

上述の如き近世領主の用水問題に於ける自領第一主義は、其の領主の大小又は格式の如何によつて、實際上問題の處理に當つて及し得る影響力には差があるが、各藩領の村々が一井組の中で割據する場合に在つては、强力な藩を背景とする村は用水分配に當つても發言權が強く、舊來の分水秩序に相當程度の改變を加へる事の可能であつた事例が少くない。

先づ幕府を背後に倚む天領村々の有利は、全國的に何處にあつても最も普遍的な現象であつた。然し烱眼な田中丘隅の指摘(2)する如く、元祿頃に至つては將軍の寵臣にして其の所領を江戸近傍に受ける者が漸く多く、其の領下は領主の權威を笠に、却つて本來の幕領を壓し、水利訴訟に於ても有利な地位を占める場合が多く、關西地方に於て天領が他の私領の上に君臨し得たとは全く逆の趣のあることを述べてゐるのに該當する實例も間々ある。武藏國見沼代用水路の流末、淵江領と唱へられた一區域に於ける東叡山領伊興村の如きは此の一典型である。伊興村(3)は東叡山領たる事を誇り、其の引水路を「神領堀」と稱し、下流に下るべき用水を中途で堰止めて自由に揚水灌漑する橫暴があり、天明六年、淵江領の村々の間に番水制が施行せられるに際しても、特に增刻限を得てゐる程に其の特權的位置は甚だしいものがあつた。

天領一般の優位の事例は枚擧に遑のない程であるが、備中國高梁川の八ヶ鄕區域に遲れて加入した倉敷が、天領であり而も代官所の膝元である事の故に、其の地の開拓の年代から云へば、當然宇喜多氏以後の開墾地であるから、番水川區域に編入せらるべきものであるにも拘らず、水量が豐富で餘裕に富む定水川區域に加入し得たのは一の著例である。泉州堺東郊の舳松・中筋等の村々の貯水池となつてゐた大仙陵池への冬期間の貯水に當り、數里を距てた河内國狹山池の餘水を溜込まんとし、この四ヶ村が天領で堺奉行所の支配下に在つた關係から、天領・私領を交へる引水路沿ひの村々の說得に奉行所の斡旋を得、遂に數度の引水溜込に成功し得たのも、全く天領であつた故に得られた便宜であつたとなし得るであらう。

同じ私領でも大藩の領は小藩の領に對して尠からず優位に立つ。近江國阪田郡の大原庄と鄕里庄との間の分水慣行たる「三度水」の施行に際して、正保三年の旱魃に當り、時期が未だ五月中で、三度水を下すべき時に立到つてゐなかつたにも關らず、大原庄の出雲井組十四ヶ村中の十ヶ村、及び鄕里庄の横井懸りの中、東・西兩上坂村並に堀部村等、其の關係村落の過半を領有した彥根藩は、大原庄出雲井掛り組中の他領四ヶ村の舊慣を楯にしての反對を押切り、彥根領分十ヶ村へ懸る分の水のみたることを條件に、鄕里庄に對して異例の「三度水」を落し與ふべきことを命じ（六月十八日の書付）、終に中世以來の分水慣行たる「三度水」に例外的な處置を强行せしめてゐる。『彥根御領分村々江懸り申候水之分』(4)と言つた表現に、近世領主の所領支配に對する觀念の程を推し得るのである。

自領他領の交錯する井組の用水支配に於てさへ斯る自領主義、極言すれば獨善主義を發揮する各藩は、用水分配問題の對立が、領々間の對抗となる場合には、容易に一藩の運命を賭しての抗爭にさへも突入する。既述の席田・眞桑兩井組の分水論に臨んでの席田側の領主たる加納の城主大久保加賀守の『此上は加賀守身代にかへても』との强硬な態度は、其の儘に他の總ての場合にも適用し得るものであらう。近江の彥根藩領には、斯の如き領主的立場を示す事例が幾つか殘つてゐるが、文化年間長濱の町に近い中島川の用水支配權を中心として、中島川の上流宮川村に陣屋をもつ小藩堀田氏との間の抗爭の如きは、實に徹底的な自領擁護を示してゐる。

中島川下流の彥根領平方村は、早くから中島川の「湯親」たる事を、彥根藩の川除奉行によつて保證せられ、川の堰止め並に川浚への權利をも承認せられてゐたが(5)、文化年間に堀田氏が其の陣屋の中へ中島川の枝流を引込み、平方村の中島川に對する支配權を犯した事から、十餘箇年間に亙る兩者の訴訟事件の發端を生じ、此の間に平方村は九千餘兩の訴訟費用を蕩盡したが、彥根藩は終始平方を助けて此の資金を融通し、犬上郡樽ヶ畑村の藩林を伐採して其の用に當て、平方村に後年年賦返還を行ひ得る途を與へる等の全面的な援助を與へ、遂に宮川藩を屈伏せしめて文政九年に事濟となり、宮川藩の陣屋前迄の中島川の水路は、彥根側の普請所たる事が確認せられたのである。現在の形勢から察すれば、訴訟事件の直接原因となつた宮川側の新設した北川（之を陣屋內に引込んでゐた）は、下流の平方村に致命的な打擊を與へる程のものとは考へ難いが、中島川の完全支配權に懸る彥根・宮川兩藩の對立が、事件を必要以上に擴大せしめ、其の解決を遷延せしめたのであらう。

元來一領の下に統治せられ、用水も同領一體の方針の下に處理せられ來つた場合に在つても、本藩から支藩が獨立して一領が兩領に別れ、或は所替へ・村替へ等の結果として領主に移動があり、新に別個の他領關係となる場合には、從來の平穩な水利關係を一朝對立關係に一變せしめる事が少くない。又更に甚だしい場合としては、戰國以來の舊領が封地として安堵せられ、從つて其の家臣團の構成にも知行取が多く、就中家格を誇る老臣たる大身の知行地は、其の知行地內に主藩とは別個の施政を行ひ、二重構造の政治體制をもつものがあり、德島・佐賀・仙臺等の外樣雄藩に其の好例を見出すが、斯る一領內の各知行地たる陪臣領の相互が、宛然小藩對立の形勢をなし、用水問題に於ける藩領間の他領的對立を縮小再現してゐる事さへも尠くないのである。

富山藩前田氏は宗藩たる金澤前田家の兩翼として大聖寺藩と共に、寛永十六年に分藩せられたものであつたから、越中に於ける富山領は本藩金澤領と相混じ、從つて常願寺川筋の本流から分派する諸用水路の系統を記した圖にも、

『御出合用水』の形容詞を冠したものも二三見出される。例へば「御出合岩操用水」、「御出合清水又用水」の如くであつて、「御出合」は卽ち金澤・富山の兩領に懸る用水路たることを示してゐる。斯く初めは金澤藩の一圓領地として、用水の統制及び分配には極めて好都合な地盤を成し、富山藩の分立後も暫くは一領同樣の圓滑な配水が行はれてゐたが、時代の降ると共に次第に別藩としての對立的な氣分を生じ、用水の差配に當つても富山領を指して『彼御領』の稱呼を用ひ、常願寺川の左岸、上流から第二位の位置に在り、富山領の九千百八十二石餘の田地のみに懸る太田用水が、過分の水量を取入れる事がない樣にとの注意が、常願寺川筋の上江・下江間の一種の番水制たる「內輪江狩」に當つて、用水差配に任ずる井肝煎の通達書の中にも發見せられるから、兩藩の緊密な關係も、年と共に次第に疎隔し行く過程に在つた事を知り得るのである。

越後國西蒲原郡の鎧潟に近く、此の潟に流入する飛落川に臨む三根山藩牧野伊豫守領たる潟頭と、長岡藩牧野備前守領川井村との間の、天明四年七月に起つた飛落川に設置した立會堰を廻る紛爭は、斯る本・支藩の分立によつて生じた用水分配上の角逐であつた。越後低地に於て上・下流二ヶ村の立會となつてゐる樣な堰場は、上流の餘剩惡水を溜め込んで田用水となすと共に、一旦洪水に際會しては、堰によつて必要量以上の水の自村の領域內への侵入を防止する作用を營むものであり、下流の利と上流の害（洪水に當つては堰場の爲に餘水を排除し得ず湛水を生ずる）とが相反する結果、其の利害を調節する爲に上・下流二ヶ村の立會とし、共同管理としてゐる所以である。此の紛爭に當つて、上流側の支藩三根山領潟頭村の庄屋が差出した訴狀によれば、相手の川井村は右の立會堰を指して、古來から川井の自由に支配し來つた處であると述べてゐるが、之は明かに堰を川井へ横領せんとの底意に出づるものである。

三根山藩は長岡藩の分知であつて、元來潟頭の田地も川井の田地と悉く入組に成つて居り、加ふるに隣村の事故、先代の庄屋迄は諸事一村同樣の間柄に在つた程である。然るに潟頭の庄屋が變つて現在の庄屋となつて後、川井は本家の長岡領たることを笠に着、潟頭の庄屋の不慣れに乘じて我儘を主張するに至つたのであると陳べてゐる。假りに其の主張の全部を容認し得ないにしても、從來の一領が本家領と分家領とに分割せられて他領の關係となり、玆に兩村角逐の契機の新に芽生えた事情は無視し難いものがある。潟頭の陳述の如く、潟頭が川井の壓迫に耐へ兼ねて訴訟を試みても、領主の本・分家の關係から採り上げられる迄に至らず、本家領たる川井の優越の下に常に潟頭が屈伏せざるを得ないとの事實は同樣類似の關係によつて生じた場合を理解する上に傾聽すべきものを含んでゐる。天明五年に行はれた此の紛爭の裁決は、本家長岡領たる下流の川井に勝利を齎し、堰は川井の支配たるべき事を認め、潟頭は堰が其の地籍內に在つた事から單に堰元たるの名のみを獲、江水は川井の開發用水として、川井の支配に屬する事が確定したのである。下流の川井が上流の潟頭を逆に統御し得た處に、此の問題に於ける背後關係が重要となり、藩領の勢力關係が用水秩序の上に及す微妙な作用の一端を窺ひ得る。

又同じく鎧潟に近い佐渡山・米納津・小島の三ヶ村對庚塚・櫻町二ヶ村の、寶永五年から同八年にかけての爭も、(6)下流が設置した用水堰を、上流村の惡水排除の爲に取拂はしめんとする訴訟事件であり、斯る紛議の原因も、佐渡山と庚塚が元は同領であつたものが、別領となつて以來の出來事であると述べてゐる佐渡山の口上にも、亦同じ意味で興味がある。

一藩內の家臣の知行地相互間に於ける用水分配の對立は、既に他の機會に述べたことのある、肥前に於ける成富兵庫の知行地たる尼寺・國分兩村と、同列の家臣の知行地で成富の引水計畫に協力しなかつた千布との間の、千布が渴水に當つて國分・尼寺へ分水を申込んだのに際して、成富の知行地側は、藏入地ならば格別ながら、千布へは水を與へないのが先規であると稱して容易に肯んじなかつたのが其の好例であり、陪臣中の大身領の用水に就いての獨立的な傾向も、亦佐賀藩領肥前國内の大配分地に屢〻見出される現象であつた。本藩の藏入地が大配分地の一團によつて兩分せられてゐる場合に、其の大配分地を通過して一本の用水路を開き、これによつて兩分せられてゐる藏入地の灌漑に當てる事は、藏入地と大配分地との關係が、恰も他領相互間の關係にも類似してゐた佐賀藩に於ける大配分地の性格から甚だ困難な事情に在つた。此の困難を救ふ爲に、本藩の藏入地は多く用水路に沿つて連續的に分布し、大配分地の中を藏入地が一定の幅を以て貫く樣に設定せられてゐる場合が多いのである。これは大配分地の特殊な地位を夙に承認し、斯る態勢に適應する樣に用水路が敷設せられ、これに沿つて藏入地が置かれた結果であると解せられる。

佐賀藩に於ける上述の如き知行取たる家臣の知行地支配權は、唯前代以來の遺制の殘存物に過ぎないものであり、到底完全な領主權とは云ひ得ないものでありながら、猶用水關係に於て、一領主の統合・統制を妨げる如き方向に働いたのであり、これがより完全な封建領主である場合に、其の割據が用水の分配組織に及す影響力の大きさは蓋し察するに餘りがある。

（1）　愛媛縣新居郡船木村　合田辨逸氏所藏文書

（2）　「民間省要」「日本經濟大典」第五卷所收

（3）　本書後篇　五「武藏國見沼代用水路の研究」參照

（4）　大原庄他領四ヶ村保藏文書
（5）　阪田郡長濱市平方區長保管文書
（6）　新潟縣立圖書館所藏文書

第五節　用水權の分割と歸屬

番水其の他の分配法により、用水懸りの村々に引灌せられた水は、それが村々への割當分であり、持分である關係から、自然村の共有する一種の財産權ともなり、其の爲に備中高梁川八ヶ郷に見られた「番水囉水」の如く、村々の持分としての番水引水權の一部を他村に讓渡し、之に對して年々一定額の對價を收授する事が行はれたのであつた。

而して村毎に分與せられた用水は、如何にして各一枚毎の水田に配水せられるであらうか。水量が比較的豐富な場合には、水田の耕作者自身が、夫々の水田に隨時必要水量を引灌する事が行はれ、水量の乏しい時には、專任の配水役員を置き引灌の一切を其の手に委ねて用水分配の公平を期する。一例として伊豫國國領川洪水堰懸りの金子村內に於ける用水分配の爲の役員の構成を見るに、此の村では全村の地主・作人が集つて「水利會」を組織し、其の選擧によつて先づ配水事務に當る「配水取締委員」二名及び同「副委員」二名が推されて最高の指揮者となる。其の下には金子の七部落から是亦選擧によつて選ばれた十名の「配水取締役」があり、上述の委員の指揮を受け、配水の實務に當る「中落」「水役」「叉守」等を監督すると共に番水の受渡を行ふ。中落・水役・叉守等の撰定は取締委員の行ふ處であり、配水の一切は是等の役員に一任し、耕作者は決して自らの耕地への引水を行はない。尙金子に近い高柳泉縣りの庄內村では、配水役員の構成は金子と略ゝ等しいが、配水の實務に當る「水入」(金子の水役に相當する)は庄內に住む一般の農民並に出作人の義務であり、其の出役日數の割合は耕作面積の多寡によつて分ち、一反步未滿から一町五反步以上に及ぶ六階級の夫々の出務割當が決つてゐるのは、一村に割當てられた用水が、田每に耕作面積の廣狹に比例して分配せられる事實を示すものである。卽ち用水は田地に附隨するものであり、村內の水田は新開地等の理由で引水權の特に薄弱なものを除いては、水田の位置の差異によつて生ずる有利・不利を考慮外におけば、略ゝ均等な引水權を有するものと爲し得るであらう。

各村別に割當てられた引水權は、當然村內の水田に屬したものとして、上述の如く田每に引灌せられる場合と共に、引水權が個人に分割利用せられ、耕作面積の廣狹に關係なく、一人一株として番水株一株の所有者は均等な引水權を有してゐることがある。村々への割當分が更に個人の持分に細分せられた場合に生ずる現象である。斯る引水法は各耕作者の經營面積の多少によつて、用水に餘裕ある者と不足する者との相違を生じ、餘裕ある者から不足する者へ一時的に引水權の或る部分を讓渡・賣買することが行はれると共に、遂には永久的に、土地を離れた引水權ともなつて賣買移轉の對象物となり、耕田の賣買には必ず引水權＝番水株＝の移轉をも併記する必要を生じ、然らざるに於ては單に水田のみを購入するも、自己の番水引水權に餘裕があり、之を新に買得した田地に注ぎ得る場合を除いては、用水不足に當つても引くべき水がなく、到底水田として持續し得ない事態が生じて來る。用水權の分割歸屬に見られる最も極端な場合である。

斯くて用水の引用權が特定の個人の手中に在り、他の一般耕作者は之に對して對價を支拂ふに非ざれば其の用水を利用し得ず、從つて水田耕作をも繼續し得ない譯であり、茲に用水使用料たる水年貢が、本來の小作料に附加して支拂はれることゝなる。水田と分離して用水施設、特に池床或は溜池からの引水權が、讓與・賣却・寄進・貸與等の對象となつてゐる事實は既に中世から認められて居り、斯る事實を生じた原因としては、莊園領主の私的經營によつて獲得せられた施設或は引水權である爲に、(1) 引水權が土地から離脱し獨立した一個の私權となり、經營者の意志によつて、必ずしも耕地に附隨せしむる必要のなかつた事が指摘せられて居り、又一方には水が莊園領主の獨占であつた場合には、庄民にとつては水は與へられたもの、土地に附着したものとして特別の價値あるものではないが、庄民の力の加はつて來ると共に、水は土地と共に一の財産となる。これが田地の賣買狀に水が現はれるに至る所以であり、乏しい水が用水路によつて配分せられ、それなくしては土地の特定の價値の維持が出來ないのであるが、水の乏しさは田地と離れて、水自體を財産たらしめてゐるのであるとの解釋(2)もあるが、是等は共に所謂楯の兩面をなすべきものであると考へられる。卽ち莊園領主が新しい水田を開發するに當り、從來の儘の乏しい水量では折角開き得た水田の維持の困難である事の爲に、莊園領主的な私的經營によつて用水施設を行ひ、賣買に當つては開き得た水田を完全な意味に於ける水田たらしむるの機能を持つ施設或は水を、田地と附隨せしめ、或は單獨で賣却をなすに至つたものであらう。自らの手で、特に勞力、經費を投じて造成した水であるから、領主に在つては之を自らの好む形態に於て賣却する權利があり、又買得せんとする側では、自己の必要度に應じて田地に水を添へて、或は田地のみを買得する事があつた譯である。勿論元來乏しかつた水であつた爲に、用水施設を行つたのであり、又施設の存續する限り永久に用水としての價値を發揮し得る特殊のものであつたから、施設の築造者が之を水田と別個の財産權として處分する事ともなつたのであらう。

近世に於ても、田地に附隨するのが一般である用水引用權の特殊例として、用水のみが單獨で價値を生じてゐる場合があり、先づ其の第一の事例としては淡路國三原郡の水田地域に見られる「田主《たず》」慣行(3)がある。「田主」は特定の用水源に潤される人工用水の引用權の所有者であり、又此の引水權者の組織する組合の謂でもある。元來寡雨地域で天然の降水のみでは水田經營を維持し難かつた當地方にも、江戸中期頃以後水田の增加するものが多く、斯る自然環境に對應すべく、新開發田の發起者・出資者たる當時の地主階級の主導の下に、地主の築造費用釀出、耕作者の勞力提供によつて溜池其の他の用水施設を創設し、以後之を永く灌漑用水源として利用し來り、此の設備によつて獲得した灌漑水を利用せしむる權利は地主が保持し、之を利用する耕作者は對價としての小作料を支拂ひ、此の用水引用權を毎年借り入れ來つてゐるのが所謂「田主」である。換言すれば用水施設の築造者による耕作者への賣水制度の一種であるとも爲し得るのである。

「田主」は新田開發に伴ふ水利施設の整備に伴つて、自ら當地方に於て慣行化し來つたものであるが、三原郡地方に於ては、明治中期以後に、此の權利を確實ならしむる爲に「田主」の組合を組織し、「水券」(4)と呼ぶ證券を發行して田主惣代の保管する「水券臺帳」に記載し、其の賣買に當つては裏書をなし、記名式株式證券と略ゝ同樣の形式を具へるものとなし、從來の口頭的契約による權利に過ぎなかつたものを明文化し、其の所有、用益の關係を一段と明確にしたのである。

扨田主は水源の別に從つて次の種類がある。曰く、溜池田主、暗渠田主、出湧掛田主、倚川掛田主、補水掛田主等も存するが、上述の水劵の發行の行はれてゐるのは前三者に就いてのみであり、比較的少數の出資者によつて築造せられた特定の水源の利用權が田主の主體である事はこれによつても明瞭である。

田主に對する小作料は反當平均四斗であり、水劵の小作料を含めての小作料は反平均一石二斗であるから、小作料中に占める田主年貢の意義の相當に重要である事を推察し得る。斯く水劵は水年貢を納める耕作者に對してのみ引水權を貸與するものであり、一應耕地其物と分離しても存續し得るものであるから、曾つての地主にして現在は水劵のみの所有者である者も存在し得る譯であり、水劵を入質して金融の途を講ずる事例も存した。然し現在では水劵のみの所持者は少く、四・五名に過ぎない。上述の如き水劵の性格にも拘らず、水劵は水田に附隨したものとの觀念が、尙廣く底流として存した事に因るものであらう。

一つの用水施設築造の出資者が集つて組織する組合としての「田主」は、概ね一名の「田主惣代」及び三・四名の「田主委員」によつて運營せられ、他の一般出資者は單に「田主員」と呼ばれてゐる。

其の選擧は一人一票主義であるが、中には耕作者が「田主委員」に擧げられてゐる場合もある。田主毎の分水若しくは配水の法は、持株數を基準として按分配水する場合と、其の「田主」の灌漑する區域の水田面積を基準に、假りに全區域を五町步とすれば一反步分は五十分の一の引水權を持ち、全區域を一巡するに五十時間を要する給水能力とすれば、一反步の水田は五十時間每に一時間の引水を爲し得る如く耕作面積を基礎とする時間配水を行ふ場合との二つがあるが、前者の持株數による按分配水に於ては、所要水量以上に餘裕の生ずる時は、其の分を賣水する事が行はれるから、株數は出資額に應じて規定せられたものである故に、此の配水法は一見合理的であるかに考へられ易いが、用水の最も效率的な利用と言ふ點から見れば、不合理を生ずべき契機を多分に含んでゐる。

水劵の賣買讓渡は從來とても行はれ、其の價格は七〇―一〇〇圓內外であつたが、水劵を附しての水田賣買價格は昭和十年當時の中田反當六〇〇―七〇〇圓であつたから、水劵價格は水田價格の一割內外に當り、次に述べんとする佐渡國吉井村下横山の番水株の價格に比しても、それ程高價とはなし難い。但し今次の農地制度改革に際して、耕地を解放すべき地主の中には、從來も田主が水田とは一應分離して賣買せられ來つた慣習を楯に、田主を田地の讓渡價格に比して破格の高値に處分せんとする者を生み、此の取扱に當つて一の問題を醸してゐる事は當面の問題として注目に値するであらう。

「田主」は用水施設の築造年代が比較的新しく、築造の際の出資者の子孫たる地主並に其の出資權の繼承者の手に、水年貢の收受權としての「田主」が保有せられ、「田主」權の所有者が一の用水利用團體たる組合を組織し、其の田主權に基いて水劵を發行して耕作者に與へ、以て水年貢納入の代償としての用水權を保證したのであつた。「田主」の賣買が行はれたとしても、それは灌漑組合の資本としての、出資高によつて得られた株式の移動とも見做し得るものであり、而も水劵が豫め所有者間に移轉の行はるべきことを察して、裏書の形式を定めてゐる事實からも、水劵の性格を推し得るものがあり、水年貢の收納は投資に對する配當とも考へ得る形態のものであつた。然し對象が個有特定の水田に注がれた時にのみ其の意義を充分に發揮し得る用水であり、それが無制限に耕田と關係のない田主の手中に陷るに於ては、其の儘に放任看過すべからざるものであつた。斯る田主に對して、渇水時に際しての引水權としての佐渡國長江川筋下横山の番水株は既に早く江戸初期に定められ、其の後の農家戸數の增加にも拘らず、一村内の番水株數は此の制度の創始期以來固定して居たものである。而して其の用水施設其物も特定の個人の出資によつて築造せられたものとも爲し難く、番水株の設定せられた以前からの築造整備に懸るものと考へられる。然るに此の番水株は賣買移轉の對象ともなり、耕地と同じく兼併集積の現象をも生じてゐて、田主と一見近似するが如くであり乍ら、其の發生に田主とは全く異つた、その終末に於ては最も個人的な性格をもつてゐた番水株でありながら、發生當初は寧ろ終末の形態から推察せられるのとは逆の村内百姓の各個人に等しい引水權を與へたことに起源をもつ當時の村落生活の協同體的性格に由來したものとして、前述の田主と比較對照せらるべきものがある。

下横山村は長江川上江筋大江の流を受け、上横山の流末に位して居り、用水不足に際しては上・下兩横山の間に番水を實施し、上横山二十四時間下横山十二時間で交互に引水する。而して下横山十二時間の水は更に之を午前・午後の二部に分ち、東十三株・西十二株の二組によつて交替配水せられる。卽ち下横山の番水引水權は二十五に分割せられ、此の分割せられた持分＝株＝を所有する者でなければ番水の引灌に與り得ない。

二十五の數は番水株の創始以來變化なく下横山に持傳へられ來つたものであるが、此の數は何を基準として決定せられたものであらうか。當時の農家戸數並に水田面積が先づ考慮に上る。先づ番水株の定められた慶長の古檢當時の農家戸數を基準としたものではないかと考へられるが、慶長年間の古檢地帳を殘してゐない爲に正確には推斷し得ないが、下横山の戸數は昭和初年に二十六戸、其の後三十戸にもなつた事があるが、現在は二十七戸であり、「二十五」に近似してゐる。又水田面積を確めると、慶長古檢の時代のものは不明であるが、現存する元祿七年の檢地帳によれば、十九町餘歩であり、明治十年には二十六町餘、現在は三十八町餘と漸增してゐるが、慶長年間には十九町餘歩よりも更に少かつた事が、同じ番水株制の行はれてゐる上横山の、元祿七年と慶長の古地子帳との間に見られる開きから推察せられるのであり、從つて古檢の水田面積一町當り一株に定められたものでもない事情が判明する。

翻つて再び元祿七年の下横山村檢地帳の內容を檢討するに、地持百姓の總數は三十九、其の內田・畑・屋敷の三者を完全に所有する者二十三、屋敷を所有する者二十六と云ふ數字で、安定した一戸前と數へ得る農家戸數の二十三、或は二十六は「二十五」に頗る近似し、二十五の株數が慶長古檢當時の農家戸數、而も檢地帳面に於て、本百姓たり得る如き有資格の農家數を基準として設定せられたものではないかとの推定が有力になつて來る。然し持地に廣狹の差のある耕作農家の各〻に、均等な番水引水權を附與する事は、今日の眼を以てすれば、所謂公平の不公平を招來するものではないかとの疑問を生ずる。斯る問題に答へるには慶長頃に在つては一戸前百姓の各〻の持分地が略〻相近く、後世に見る如き耕地所有の集中分化が見られず、一戸每に番水權の一株宛を與へ、各戸の所有經營面積の上に適宜引灌せしむる事がより合理的であつた事情に關して說く所がなければならぬ。

幸に慶長と元祿の檢地帳を保存する隣村上横山の場合を檢討して下横山を類推するの手懸りたらしめたい。慶長の「古地子帳」は各人別の貢納額のみを記載してゐるが、百姓四十六戸の貢納額別人員數は次の如くである。

六石以上	六	五石以上	二
四石以上	一八	三石以上	九
二石以上	六	一石以上	四

（一石未満は一戸但寺院）

即ち四石以上の十八名を中心に、土地所有は比較的均等であり、元祿七年の檢地帳に現はれた田・畑・屋敷三者の完全所有者五十一戸、三者の中何れかを缺く不完全所有者は三十八戸、一町七反歩の地持百姓を最大に、一町歩以上の所有者は十四戸、五反歩以下の所有者五十一戸となつて耕地所有の分化が相當進んでゐるのに比べると、慶長の古檢當時は戸數を基準に番水株を分割しても、今日考へられるよりは遙かに合理的と思惟された樣な村落構成であつた事を察し得て、番水株の定數「二十五」の決定の基準が、農家戸數を單位としたものとの推測の裏付けを得るのである。

尚上江から分れた立野江に沿ふ隣村立野の番水配水は、分水堰に於て水田面積十六町九反餘、即ち十七町歩を基礎とした「十七」に分割せられ、各水田に平等に引水せられてゐる。從つて立野の番水引水權は田地に附隨して移轉し、後に見る下横山の如く耕地と分離獨立する現象を生じてゐない。これは一に「十七」の番水權分割の基準が、耕地面積を基準としたからであり、斯くして用水權の分割に當つての基準たるべき數の性格如何が、分割せられた其の後の用水權の性格を決定する根本的契機たる事を確め得た譯である。

上述下横山の番水に當てらるべき全用水の二十五分の一の引水權はこれを「一番」と稱し、四番で一組、最後の一組のみを五番とする合計六組の組織となし、「水落番定書」(5)を作成して、番水株の名の下に其の株の所有者名を記し、毎年横帳に製して番水株仲間の回覽に供する定となつてゐる。殊に番水株の名が地名（小字名）と共に、人名を冠するものが略〻相半し、「惣右衞門水」「仁左衞門水」の如き名は、元祿七年の檢地帳中にも同名の百姓を檢出し得るものであつて、慶長年間に定められた番水株としての「番」が、百姓個人に與へられ其の後假令番の持主を換へても、最初の持主の名を永く傳へたものである事を示してゐる。

番水株は各農家に屬するものであるから、愈〻番水開始となつて後は、番水引用の爲に要する經費の負擔たる「江番米」は、當然「番」の所有者のみの負擔であり、他地域で耕地所有者が反別に應じて負擔するものとは明かに異つてゐる。又引水に當つても、番の所有者は夫々分水個處たる江口に登つて水を引下し、各自の責任に於て其の所有田に灌漑するものである。この事は一番の水を自己の耕作支配する水田中の、最も適當と信ずる所に、重點的に配水し得るのが番水株である事を最も端的に示すものであらう。

時代の經過に伴ふ戸數の增加、固定した株の數、耕地の移動の結果としての一戸當りの耕作面積の廣狹より來る水の過不足の現象は、軈て番水に餘裕ある者と不足する者との間に番水株の分割移動を生じ、分割の結果は半分を片番と呼び、それ以下には表面上は分割し得ない筈であつたが、事實上は〇・七五、又〇・二五等の株も存在してゐる。但し愈〻番水の引用を開始するに當つては、其の初番落し（最初の引用權の行使）をなし得る者は、一番持のみであつて、端數株の所有者は二番落以下に組込まれる。これは番水株による分水制度の開始せられた當時の基本的形態を傳へてゐるものと考へられる。

番水株設定の基準並に其の環境としての農村の構成が上述の如くであれば、番水株の設置當初から賣買移轉を起すべき契機は充分に在つた筈であり、事實今に殘存する記錄も、既に寶曆十年から番水株の質入・賣買の行はれたことを物語つてゐる。而も賣買と共に分割も行はれ、田地の賣買には番水の讓渡を表す水證文を添へる事が慣例となり、又當時に在つては番水株を登記するの手段も無かつたから、其の賣買には村役人が連印で移轉の事實を保證する方法が執られてゐた。是は番水の賣買が田地の賣買にも比し得る社會的事實として公認せられてゐた事を意味する。然し田地の賣却に當つては必ずしも番水を附する必要はなく、唯賣却に當つて、其の水田に必要な水量を自己のもつ番水の中から分與する事を記した所謂「振水證文」を添へる事も行はれてゐた。但し此の場合は番水株をも併せ買得した場合とは異つて、振水を受けてゐた水下が、其の土地を第三者に賣却せんとする時には、其の旨を番水株の持主たる「水元」に斷る必要があり、若し此の手續を缺けば水元に於て配水を拒むことがある。番水株所有者の權威を示すものとして理解し得るであらう。

明治年間に入つてからも番水株賣買の形式は同樣であり、江戸期の村役人に代つて戶長・惣代の奧書が行はれたが、明治三十一年以後は奧書は穩當ならずとして廢止せられ、賣買當事者の印のみとなつた。殊に明治十乃至二十年代を中心とする土地所有の大變動を機とし、田地のみを求むるもの及び番水株のみを求むる者を生じ、番水株は愈〻土地を離れて單獨で評價せられんとする傾向を馴致した。但し番水賣買の條件として、買得者が假令僅少でも村內に於て古田を所有する事が買得の資格條件となつて居り、然らざる場合には水のみを買ひ取つても事實上は引水し得ない掟であることは既に「新田の開發と灌漑問題」の節に於ても觸れた通りであり、此處にも亦番水株の設定當時、慶長の檢地帳に記載された古田を所有する百姓が、番水株を受ける資格を有したことの片鱗を留めてゐると考へられる。又田地或は番水株の賣却過程に於て、既に水田を全部手離し、番水株のみを賣り殘してゐる事もあり得る譯であるが、之も古田を所有して初めて番水株の權利を有效に行使し得ると云ふ原則から云へば異例であり、到底永く存續し得る形ではないが、地主若しくは自作農の沒落過程に於ては、特殊の存在として暫くは例外的に見られることもある。

昭和五・六年頃に於ける番水株の分布狀態は次の如くであつた。

二番半	壹人	合計 二・五株
二番	四人	八・〇株
一番半	二人	三・〇株
一番	八人	八・〇株
片番	六人	三・〇株
二分五厘	二人	〇・五株
合計	二三人	二五株

尙番水株の所有數と耕地所有面積との關係を見るに兩者の關係は必ずしも並行的ではなく、極端な場合には二町三反餘步を所有しながら片番の番水株をさへ持たない者もある。一般的に云へば耕地面積に比して番數を多く持つ者は、其の財產所有に於て往時よりも下降の趨勢に在り、過去の餘映としての傾向が濃厚であり、耕地面積に比して番の少いものは上昇の過程に在るものと爲し得るであらう。一番の番水の支配する灌漑區域は、狹きは二・三反步から廣きは一町二反に及ぶ迄の差異があり、番水株一番の支配し得る水量が略〻一定である限り、支配面積の少い程番水株一番の價値は大であり、此の意味に於て田地は他人に賣却しても番水株のみは永く自己の手中に留めんとする事の意義を理解し得るのである。番水株の所有者二十二人の他、耕地を有しながら番を持たない者は八人であつた。

番水株は賣買に當つて必ずしも等價ではなく、價格の差があり、同じ昭和五・六年頃で四反步を潤す一番は六〇〇圓、七反歩懸り四〇〇圓、一町歩懸り三〇〇圓で、當時水田は一反歩當り上六〇〇圓、中五〇〇圓、下三〇〇圓位であつたから、彼我對照して番水株の有つ價格の意義を察し得る。番水株に價格の差異を來す原因は、上流・下流の地理的位置の差による事が先づ第一であり、同一面積の灌漑に、上流部では片番で充分であるのに引換へ、下流部では一番の水を注いでも猶不足と云つた程の差がある。第二は掛り水田面積の多少であり、これに就いては前述の通りである。番水株が斯く高値を呼ぶのは、番水株の所有者であれば自分の持つ古田の地續きに新に開田引水するも默認せられる特點があり、殊に旱魃に際しても被害が少く、溜池の新設費に比すれば遙に安價な事等が數へられる。

下横山の用水量は後年に至る程次第に不足を告げるに至つた。其の理由としては新開田の增加と、金北山の水源の涸渇との二つを擧げ得るであらう。茲に下横山に耕地整理を斷行して用水分配を合理化する必要を生じ、昭和六―十年に亙る此の事業の完成に伴ひ、番水株は耕地整理組合に一株四三〇圓で買收せられ、異色ある存在として、三百餘年間繼續した番水株も此處に消滅したのである。買收價格の一株四三〇圓は當時の呼値の五〇〇―一〇〇〇圓に比すれば安値であつたが、これは一に組合員中の番水株を所有せざる者の負擔を輕減せんが爲であつたとせられてゐる。而して耕地整理完成後の用水源としては、從來の番水に當てられてゐた水に新溜池を築造して之に加へ、「水配係」を常置して區域内への配水一切を其の手に委ねる事となつた。個人の分割所有する番水權に基いての引水が、番の所有者自らの手による自己の耕作する水田への灌漑を必要としたのに對して、組合の共有に懸る引水權による配水が組合の役員としての「水配係」によつて分配せらるゝに至つた譯である。

上述の如く下横山の番水株は、耕地整理事業の完成を機に消滅して既に過去の事實と化し、隣接する上横山村にのみ略ゝ類似の制度の殘存を見るにすぎない實狀である。番水株の功罪を一言に盡せば、耕地に對して配水量の上での不公平を生じた事は最大の缺點であつたと共に、渇水時には株の所有者をして、任意に重點配水を可能ならしめ、用水の能率を最大限に發揮せしめ得た事は利であつたであらう。

佐渡長江川筋下横山の番水株の内容の檢討に當り、之と比較すべきものとして山城國乙訓郡向日町大字上植野の番水株(6)がある。

上植野は農家戸數約百三十戸、水田面積九十二町歩の村であり、用水源としては桂川（大堰川）から堰によつて導かれた小畑川から分派した和井川・小井川がある。小畑川の水量は過去に於ては相當豊富であつたが現在では著しく減じ、夏季の灌漑期には河表に殆んど全く流水を見ず、川底に伏越樋を設け、伏流水・滲透水を集めてゐるのが、上植野の番水の對象となる主要水源である。小畑川に水量の豊富な時には上植野の全體を潤すに充分であり、番水の必要もないが、上述の如く河表に流水を缺く時期に至つては、當然番水による配水を實施せざるを得ない事は他地域の場合と同樣である。

上植野の番水制の特色は、番割が水田の反別に基準を置かず、同村内に現に居住する農家戸數を基として割當てられてゐる點であり、番が個人に割當てられてゐる事は下横山に等しいが、株となつて其の基本數の固定した番水株ではなく、時々は變化する事のあるべき現住の農家戸數が基準であるから、戸數の增減に伴つて番水割にも變化のある點が、著しく上・下横山の場合と異つてゐるのである。

上植野の番水割は全村が三組半に分れ、各組は更に小さく四組になり、三番半の各一番組が一晝夜宛の引水を爲し得る權利をもつ。但し四番組は半組であるから、小組は二つであり、且三番半と端數を設けた理由は、かくする事によつて各組に晝夜交代に引水し得る便宜を與へんが爲の方法である。合計三番半をなす各〻の番組内の小組は、各八戸乃至十戸の農家を屬せしめてゐる。而して各農家の組への配屬は古くから慣習的に定つてゐて、組の改正・所屬替等の事は行はれてゐない。

上述の如く番水割は農家戸數に割當てたものであり、耕作面積は一應考慮外に置かれてゐるから、各番組各番の所屬水田面積には廣狹があり、狹きは四町數反歩より、廣きは七町數反歩迄の開きがある。尙番水割は村內に居住する不耕作地主にも割當てられてゐるが、斯る地主は其の割當分を小作人に與へてゐる。

斯の如く番水割は水田に附屬せずして、上植野に居住し、水田を所有し或は耕作に從事する者全體の共有に懸り、而もこれが各戸均等に割當てられるから、田地の賣買と共に之を伴つて移轉する事はなく、又新に此の村に移住して耕作者となり、或は分家した場合には新に番水割に加入するを得、逆に村外に移れば番水割を受け得る權利は消滅する。新加入の希望者は區長に申込をなし、區長は之を各組の中、戸數の最も尠い組に編入する。各組は之を拒むを得ず、又新加入金徵收の事も行はない。

番水の引用法は各農家の經營する耕地が必ずしも一個處・一用水懸りに集中してゐるとは限らず、分散し、而も番水は各用水路毎に各組の戸數に割つて均分配水を行ふ必要があるから、此處に多少の問題を生む。卽ち上植野地區內の全水田を潤し得る用水路和井川の場合には何等の問題をも生じないが、或る一定區域のみを灌漑し得る水源に就いては、其の水路に沿ふ田地を所有しない者は引水權を放棄せざるを得ず、其の分の水は各組の引水し得る戸數の間に、其の戸數に應じて均分配水せられる。又假りに或る用水路に沿ふ水田面積が狹小で割當てられた水量に餘裕があつても、之を他の組の者に融通し引用せしむるを許さない。但し同じ組内の者相互の間に於ての融通は自由であるから、前述の事情から來る用水量の局部的過不足は、或程度迄是正せられる結果となつてゐる。番水の配水には專任の水番人を置く事もなく、耕作者各〻が自己の耕作する水田に注ぎ、愈〻渴水の場合には重點的配水を行ふ事を可能ならしめてゐる。其の爲に從來は自作兼小作農の場合に在つては、用水不足に臨んでは專ら自作田にのみ注ぎ、小作田を犧牲に供する事が屢〻見られた。水田に附隨する用水には水配人が在ること伊豫國領川の洪水堰懸り金子村の如くであるが、前述佐渡國下横山村の番水と謂ひ、此の上植野の番水といひ、個人に屬する用水に在つては、引水權の所有者自身が自らの耕田に直接引水せざるを得ないのであり、これは引水權の歸屬の上から觀ても當然の結果と見做し得るであらう。

上植野に於ける番水制に關しては古記錄の徵すべきものがなく、其の發生の由來を確かめる根據を缺いてゐるが、用水量の絕對的不足を最大の原因とし、又上植野地區内の水田面積が農家戸數に比して少い爲に、他村への耕地の流出を防止し、又入作による村内耕地の實質的減少を防がんが爲であること、及び用水量の制約によつて耕地の兼併を防がんとする事等が第二の原因として數へられてゐるが、嚴密に言へば、斯る觀點は抑〻番水引用權を現住の農家戸數に割當てた當初からの目的として意識せられてゐたものであるか、或は上述の番水割の效果として、計らずも齎らされた結果であるかは今遽に斷言し難いものがある。

上植野の番水割は人に屬するとは云ひ條、割の數に固定したものがなく增減し得ると共に同村内に現住する事を番水引用權取得の基礎條件としてゐる關係から此の場合の番水權は村外に移動し、個人に兼併せられることもなく、從つて特に耕地と分離して單獨に賣買の對象となることも生じ得なかつたのである。然し番水割をこれをのみ別個に採りあげ、非常の用水不足時に際しての番水引水權として觀察する時には、水田に對する支配力・拘束力の强さに於て、上植野のそれは下横山の番水株に比して一段と低度に在るものとなし得るのである。耕地に附屬せずして人に附屬する用水權は、用水權の發生を論ずるに際しての觀念的な系列の上に於ては、土地及び人と相並び相對して考慮に上る概念であり、格別異例の存在とは爲し難いであらうが、現實の事例としては甚だ異數であり、番水制成立の歷史に於ける基礎條件としての根本的特質と、其の合理性如何の問題に貴重な材料を與へるものであらう。

（1）寶月圭吾氏著「中世灌漑史の研究」五一—五四頁
（2）古島敏雄氏著「家族形態と農業の發達」七八頁
（3）京都農地事務局編　參考資料　大槻正芳氏調査報告「淡路の『田主』慣行」
（4）水券の一例を左に示す。

第貳九號

字五味淵暗渠用水劵狀

兵庫縣三原郡市村の內市村小井組

持主　氏　名

一　暗渠用水權壹時間

右記名人ハ六拾時間內ニ於テ壹時間ノ用水ヲ灌漑スルノ權利ヲ有スル事相違ナキ證據トシテ此劵狀ヲ交付スルモノナリ

収入印紙

市村小井組字五味淵田主之印

田主惣代　氏名印

田主委員　氏名印

田主委員　氏名印

田主委員　氏名印

明治三十七年參月拾七日

裏面

第一條　此ノ水劵ヲ賣買讓渡セント欲スル時ハ劵狀ノ裏面ニ各署名捺印シテ田主惣代ノ承認ヲ受クベシ若シ此手續ヲ經ザル時ハ無效トス

第二條　田主惣代ハ水劵臺帳ヲ保管シ第一條ノ場合ニハ先ニ臺帳ノ切替ニ着手シ後チ水劵ノ訂正ニ懸ルモノトス此際一枚ニ付金拾錢手數料ヲ惣代ヘ納ムベシ

第三條　田主中每年拾壹月參拾日ニ集會シ田主惣代ヲ互選スルコトアルベシ

（5）　下横山　神藏勝次郎氏所藏記錄

（6）　「農業水利慣行ニ關スル調査」第一輯　昭和九年十月農林省農務局刊の八一―九五頁

第八章　用水争論

第一節　用水論の原因と其の形態

1　水論の對象としての施設及び工事

イ　堰の構造と漏水及び放水

自然の河川を水源と仰ぐ用水施設は、全國的に大觀しても其の有する意義が最も大であり、占める位置の重大なだけに用水論の對象となる事も最も頻繁である。堰の構造は材料・様式の各細部に亙つて、堰を異にする毎に特殊の慣行があり、上流井堰に於て其の取込水量を增さんが爲に、一朝下流側の目して新規異例となす堰止法を行ふに於ては、兩者の間に激烈な水論を惹起する事が最も多い。

堰止法の大要は旣に本書第三章第一節に略〻述べた如く、其の材料としては基礎工作として河床に木杭を立て並べ、其の間に土俵・栗石・粗朶の類を詰め或は立てかけて水を溜め、之を堰の一方の側に設けた引水溝に導くのが一般である。斯る粗雑な材料を以てする堰の築造は、從來完全堰止を行ひ得る如き材料を缺いてゐた舊時の築造法の傳統であり、當時に在つては止むを得ざる措置であつたと共に、自然と堰よりの漏水を必至ならしめ、一種の自然的な分水法ともなつて下流を潤してゐた事情に就いては嚮に觸れた處であつた。然し上流堰も渇水の度の加はると共に、其の引水の一定量を確保せんとして、栗石・粗朶の間隙に河床の砂を搔寄せて充塡し、或は表面に筵を懸け、甚だしきは粘土を塗り詰めて極力漏水を防止せんとし、之が下流側に發見せられゝば違法として論難の的となる。

三和土・セメントの使用は明治以降に現出した處であり、明治年間の近江國犬上川の一の井郷と下流の二の井郷との水論の一因は、一の井川が密にセメントを使用した事に端を發してゐる事によつても、完全堰止が下流にとつて致命的である事を示してゐる。備中國高梁川筋湛井十二ヶ郷の堰が、明治以後百二十間に餘る堰の延長の過半をコンクリートの基礎に變へ得たのは、特に强力な同井郷の、平安末以降と唱へる堰止權に基く異例であり、土佐國の山田堰が大正十二年以後數回に分つて、從來の松材及び大石に代へて、同じくコンクリートの基礎工事をなし得たのは、對抗すべき下流堰側が小井組で微力であり、山田堰一個の堰止が、上井・中井・舟入川と三本の用水路に沿ふ近郷隨一の大用水組合に懸ると云ふ、同堰組の强力な存在に負ふものであつたと解し得るのである。

次に堰の構造様式に關する諸論點を述べる。井堰の構造様式は之を大別して「横堰」及び「登り堰」の二となし得る。發達の順序から云へば登り堰が横堰に先行するものであらう。卽ち「登り堰」は河流の方向に沿ひ長く數町の間に亙つて堰止を施し、何時しか河身の中心部を用水路の取入口に導き入れるものであり、長い堰止の間からの漏水量を少量に防除し得るならば、引水量に於ては次に述べんとする横堰に勝る事數等であり、更に水論の對手たる他の井懸りが、一旦暴力を以てその堰を破壊せんと企てても、其の長さの故に長時間を要し、而も假りに破壊し去り得たとしても、堰によつて貯溜せられてゐる水量も少く、對手方にとつては破壊の効果の比較的乏しい事は其の築造法の有利な點である。然し堰の延長の大なる爲に、築造には多くの勞力と資力を要し、且短距離の横堰の如く諸材料を用ひて堅固に築造し得ないから、洪水の如き一時的出水には堰の大部分を流失し去る處のあるのは其の缺點であらう。

「登り堰」にも其の河身に對する角度の深淺には種々の程度があり、登り堰と呼ぶべきか横堰と呼ぶべきか、兩者の利害を折衷して、河身に斜に河幅を堰止めること備中國高梁川十二ヶ郷の井堰の例もあるが、「登り堰」の典型的な事例としては、近江國愛知川筋南側の高井堰がある。高井堰組の水論對手たる川北側村々の陳述[1]に從へば、高井堰は元横堰であつて、川下へ流下する水量も相當に多く、旱魃に際しては右の堰を切落せば二・三日間は相應の水量が得られ、川北側下流の田地を潤し得たが、寛政十年を遡る十三・四年以前から登り堰に模様替せられた。然し登り堰とは云ひ乍ら、極く簡易な構造であつた爲、川北側にとつては初のうちは格別障になる程の事も無かつたが、高井堰側は追々繼足しを加へ、當時では既に長さ二百間餘、馬踏三・四間、根堅めは十三・四間にも及ぶ規模となり、外側は石垣を以て固め、内土手は土で塗り固め、壁の如き姿となしたから、下流への漏水が少く田地相續の困難である旨を申述べてゐる。登り堰が理想的に築造せられゝば如何なる効果を生ずべきかは、此の願書の内容によつて洵に明かなものがある。

横堰は所謂「堰」の大部分が之に屬する様式であり、河身に略〻直角の方向に堰止を行ふもので、其の利害は登り堰とは全く逆の關係にある。登り堰から横堰への變化の原因は、一は前述の如く或程度下流への漏水のある如く堰を築く事が、重要な用水分配法の一として汎く認められてゐた爲に、特別の場合を除けば、橫堰の樣式が各時代の爲政者の立場から、勸奬と云ひ得ない迄も暗默裡に慫慂せられてゐた事を指摘し得るであらうし、二は築造費を節し得ること、三は一旦破壞せられ、或は又流失の災に逢ふもその復活が容易であり、殊に江戸期の事例を見れば如何に有力な井組の井堰と雖も、夏季以外の非要水期間には撤去せらるべきものであつた事は、旣述した高梁川湛井堰の場合に見る如くであるから、年々の築造撤去を前提條件とする時、築造の比較的容易な橫堰の樣式の多いことは首肯し得る。

尙堰の築造樣式には其の細部に種々の慣行としての制約がある。土佐國山田堰の下流への一定水量の放出の爲の施設たる「水越」、近江國犬上川一の井々堰の中央の、幅四間の「除け川」等は最初から下流への分水を考慮した構造であり、前者は明かに寶永六年に下流野市堰側からの藩當局への訴訟の結果として、二年後の正德元年に、幅壹間半を開放すべく、藩の普請方の嚴命によつて開かれたものであり、後者の創始年代は不分明ながら、彥根藩の一の井堰に對する保護干涉の强化せられた寬政頃には、旣に堰構造上の規矩として設けられてゐたものである。

尙堰の特殊例としては、低濕地域の河川や水路に築造せられたものがあり、例へば越後低地の「江丸水除土手」及び備中の低濕地澤所區域の堰等がある。越後低地を貫流する自然の河川及び人工用水路を橫斷して作られた「江丸水除土手」と呼ぶ堰は、或程度の傾斜を持ち砂礫に富む川床に設置せられた前述の樣式の井堰とは稍〻異り、泥土の地域であるから堰止の材料も大石・栗石等を用ひる事なく、所在の土を以て築止めた「土手」であり、其の中央部に開閉し得る閘門を備へて流下し來る水の堰止・放流に便ならしめてゐる。閘門を備へずして堰止を餘剩水の自然の儘に溢流するに任すものは、石造の所謂「洗堰」であり、是等は上述の橫堰・登り堰等に比し、其の分布地域は曾つては水流の自由蛇行に委せられてゐた沖積低地である事が多く、斯る低濕な大低地の水除工事の完成後に出現し得た新開田地域に限られてゐるから、この樣式の堰は發生・創始の年代が比較的遲く、中世末或は江戶初期以降のものと見做し得るであらう。

越後低地の堰は此の地域の水田開發の年代に應じて、多くは江戶期以來の築造に懸るものである事情は、既に西蒲原郡の鎧潟に近い馬堀村田邊小兵衞の開鑿した馬堀用水の疏通と關聯して述べた事があつた。越後の河川、殊に西川の沿岸には各村每各用水組合每に、上流から下流にかけて無數の斯る堰が設置せられ、上流から排除せられる餘水を貯へて其の引水溝に導き田用水と爲すと共に、出水時には閘門を開放して滯溜する水を速に下流に落して浸水を免れんとする機能を果し、上流の唱へる「金堰」(2)は、下流にとつては「野暮堰」であり、上・下流利害の不一致を此の一堰に集中し、堰の高度並に閘門の閉鎖開放を廻つて、當地方に於ける用水論發生原因の最重要部分を成す。一望無邊の大低地でありながら、事水利に關しては用水懸り每に一村一國の對立關係に在り、容易に全地域の統一的組織を成し得なかつたのは、主として斯る村每の對立關係の伏在に基くものである。

備中の庭瀨・撫川に近い低濕地域を用水組合の範圍とする澤所組の自然環境も亦越後の場合に近く、當地域を貫流する主要水路たる六間川に沿つて數多く設けられた堰水門は、用水瀦溜・惡水排除の兩機能を果してゐるものが多い。例へば六間川の東端、下撫川村地內の足守川との合流點に在る「關戶水門」は、六間川の水量の調節、撫川村への灌漑水の供給、足守川から遡上する潮水の防禦と三樣の意義を籠めて築造せられたものであるが、撫川村が澤所組の管理に屬する水門の支配權を犯さんとするに至つて、元祿三年・安永九年・嘉永六年と三回の水論を繰返してゐる。元祿年間の水論に當つての訴答文書に從へば、(3) 關戸水門は六間川の開鑿せられた直後には、尙幅七間の土堰であつて其の北脇に二個の吐樋を備へ、洪水時の放流に用ひてゐたが、寛文十二年に土堰を改めて幅三間の石水門に改造せられたものである。撫川は自村の耕地二百石を浸水から守る爲に關戸水門を開かしめず其の爲に澤所一萬餘石の地に滯水せしめた事が此の度の水論の原因であつた。又安永九年の場合は旱魃に惱む撫川が澤所の餘水を堰止めて利用すべく、澤所組の許可を俟たずして堰入れを斷行し、澤所の惡水排除を妨げた事に因るもので、前回とは兩者の關係は逆であるが、用惡水を廻る澤所對撫川の利害の不一致に起因する點では全く同樣である。

兩水路の分岐點に築造して、一方の水路への流量を堰の高さによつて限定確保すると共に、其の上に溢流する水量を他の一方の水路に導く「洗堰」は、武藏國見沼代用水路筋に典型的なものがあり、北埼玉郡田ヶ谷村の上崎地內、星川通の見沼代用水路に設置せられた「上崎洗堰」は其の一である。此の洗堰は元騎西領と呼ばれた四十四ヶ村の灌漑用水を導かんが爲に設けた堰幅十四間、水流六間の規模のもので、其の上に溢れた水が下流の見沼代用水路に通じてゐるのである。上崎洗堰は代用水路の疏通した享保年間以前から存在し、元騎西領と後に見沼代用水路沿ひとなつた村々との間に、此の洗堰を中心に屢〻水論を生じてゐる。

見沼代用水路出現以前の水論は、此の堰によつて導水する騎西領と、其の堰の存在の爲に湛水を生ずる上流村との紛爭であつて、上流側の訴狀によれば、先年來の「草堰」であつた右の堰が圦樋に改められて後、騎西領側は舊規に反して堰口・水門戸を狹め、堰臺を高くして排水を妨げたとなしてゐる。兩者內濟の結果は上流忍領と騎西領が立會の上、堰臺の高低を定める事となつて落着してゐる。

享保十二年に代用水路が星川へ引入れられた結果として、星川は頓に水量の増加を見、洗堰は一旦取拂はれたが、十五年後には堰下の川床の低下によつて星川筋の流量が増し、騎西領用水の引入量の減少を來したので、寛保三年に洗堰は復舊せられた。復活後の洗堰は猶も天明三年・文政七年と引續き上流及び下流と騎西領との水論の的となつたが、論點は常に騎西領側が堰を高くして引水量を増さんとし、上流に湛水を、下流見沼井筋には用水不足を生ぜしめた事が原因であり、定杭を打つて堰の高さの變化を一目瞭然たらしめる如き措置によつて納まつてゐる。洗堰の高さによつて支配せられる騎西領側の引水量と、下流への放水量との調和問題が水論を惹起せしめる根本原因であり、これが亦洗堰の設置せられた意義でもあつた譯である。

ロ　伏　樋

伏樋は河流が涸れ河で其の表に流水を見ない場合に、川床の低處を潜る水を引かんが爲の營造物であり、地表に現はれない爲に其の規模並に引水量を相手方に察知せられ惡い特色があり、其の爲に祕密の施設となり易く又見做され易い性格を具へてゐる。水論の對象となつた伏樋の事例としては、近江國阪田郡郷里庄の水源たる姉川の横井、同野洲川筋今井組の伏樋、同蒲生郡鏡山村山中が祖父川上流に設けて下流岡屋との間に紛爭を醸した伏樋、甲斐國金川筋の最上流堰たる車堰組の敷設した箱樋等の場合がある。

姉川筋の郷里庄は、上流に大原郷を灌漑する出雲井があり、渇水時には其の流水の大部分が既に出雲井の爲に吸收し去られる狀態で、其の爲に郷里庄五千餘石の地域の水源を得ることに腐心し、寶暦九年新に姉川の河床に設けんとしたのが埋樋卽ち伏樋であつた。郷里庄による埋樋の設置は當然に對岸の淺井郡側、佐野・三田・上野・大路の諸村を脅威し、直に是等諸村の抗議を受けて水論に迄發展するに至つた。淺井郡側の陳述に謂ふ、阪田郡相撲庭村の領域に屬する姉川筋柏子鼻に鄕里庄六ヶ村が申合はせ、當月五・六・七日の夜迄に新規に幅四・五間、深さ八尺、長さ百間ばかりを掘割り、川底に板・杭等を取込んで底樋同樣の設備を行つた。其の爲に底樋の下流四ヶ村は地表水は勿論釣井戸の水迄も殊の外減水を見たので、水汲みに從事してゐた者達が不審に感じて新堀の川底を吟味した處、上述の樣な設備が新に造られてゐる事を確め得たと述べてゐるのは、訴狀の事とて幾分割引の必要があるとしても、新しい埋樋の效果を十二分に說いてゐる。四ヶ村の抗議は容れられ、件の伏樋は『格外の仕方』(4)として撤回せられたが、其の後鄕里庄は再び伏樋を設置し、現在もそれが水源として利用せられてゐる。

同じ近江の野洲川も荒れ河で降雨直後以外は中流以下に流水を見ないのが通例である。從つて此の河を水源とする一ノ井・中ノ井・今井の諸井組も河表水のみに依存し得ず、殊に最下流の今井組は一層困却して、天保四年に一ノ井組區域內の林村地先を借り受けて新に伏樋を設置したのであつた。此の伏樋の爲に今井組は從來一ノ井組から特別に分水を受けてゐた一年に六日六夜の水を二日二夜に減ぜられてゐる。是亦伏樋の效果によるものであつた。斯くして伏樋の效果を痛感した一ノ井組も、上流石部宿の地內に新規の埋樋を敷設すべく交涉し、其の築造に懸るべき新しい埋樋が、石部宿に故障を與へた時には直に取拂ふべきこと、又對岸から故障が出て訴訟ともなるべき時には、一切一ノ井組に於て責任を負ふべきことを條件として、埋樋の新設を許されてゐる。猶上述今井組の設けた伏樋は野洲川流域一圓の井組に大衝動を與へたと見え、前述一ノ井組を初として中井組及び更に今井の下流村たる吉身・岡・野洲・立入の村々からも抗議を受けてゐる。河表に流水がなく、河床砂礫層中の滲透水のみが唯一の水源である場合に、上流地域に造られた一の伏樋が、關係地域に及す影響の重大さを示すであらう。

近江蒲生郡の鏡山村に屬する岡屋と山中は、共に祖父川に沿ふが、山中は水源地に近い山中に、岡屋は川が山中から平地部に流出した頸部に位置してゐる。祖父川の水源をなす山地は花崗岩地域で崩壞が甚だしく、河流の搬出した砂礫は谷を埋め盡して、俚稱「磧《かはら》」と呼ぶ堆積原を造つてゐる。從つて祖父川の水脈は沙底を潜行するに止つて河床には現はれず、岡屋は用水を獲る爲に上流部に遡つて河床を浚渫し、千九百餘石・百二十四町歩の水田の灌漑に當てゐた。山中村は開發の極めて新しい村であり、それだけに江戸前半期に於ける耕地の増加は著しく、慶長七年の石高二十二石六斗餘は寛永元年に六十八石六斗、寛文七年に百九十五石、寶永元年二百六十石餘、幕末には二百六十八石と目覺しい數字[5]を示してゐる。

岡屋は戸數の少なかつた山中地内の山中に、「永古請」と稱して年貢を支拂つて入會し、肥料・牛馬の飼料・薪等を獲得し來つたのであつたが、山中は其の發展に伴つて次第に岡屋の既得權たる入會を排除せんとし、享保十二年に至つては岡屋の支配してゐた水源を侵し[6]、竹の伏樋を河床に設置して山を越えた反對側の下田村へ新規に用水を送り與へ、遂に岡屋・山中の水論となつて裁許を受け、其の後も屢〻同樣類似の爭を繰返し、天保三年には兩村の水源利用に就いての協定を行つたが、明治年間に蒸し返し、遂に岡屋の河床掘鑿權の排除に成功するに至つた。岡屋による山口地内祖父川の河床浚渫は、其の機能の上から見れば殆んど伏樋の埋設に近いものであつたが、後に水源村であつた山中側が、自ら伏樋を設けて他村に用水を供給した事によつて兩村の水論となり、岡屋側は山中村が他村へ用水供給を行ふ事は阻止し得たが、山中自體の用水需要の増加の前には如何とも爲し難く、明治に入つてから山中村地内の河床の浚渫權を放棄することゝなつたのである。

甲州金川筋の車堰は金川に沿ふ最上流堰であり、江戸初期から下流堰たる宮・金川の兩堰との間に、幕府の奉行によつて車堰六分、下流側四分の分水率を定められ、此の率によつて用水を分つてゐたが、下流への分水率四分の他に、堰自體からの漏水が相當にあり、之が規定外の分水量となつて下流を潤してゐた形勢を默止し得ず、明和八年に堰の下流五・六町の所に長さ拾間の箱樋を伏せ込んだ。分水口からの漏水を全部再び自らの井組に引かんとの目的に出るものである。宮・金川兩堰組は之を難じて水論となり、裁決の結果は箱樋は新規の故を以て撤去と定り、朽次第と言ふ條件で落着してゐる。伏せた箱樋は規定外の不法の引水手段と認められたからである。

ハ　川浚へ

川浚へには積極的に水源を獲得せんとする目的に出づるものと、稍〻消極的に用水の疏通を良好ならしむる事と共に、用水路の管理權を確保せんとして年中行事的に實施する場合との二がある。第一の水源を獲得せんとして行ふ川浚への事例としては、前に近江國蒲生郡鏡山村岡屋が祖父川の河床を浚渫してゐたことを述べたが、同じ蒲生郡苗村を貫流する日野川中流の宮井・中津川の兩井組の行つてゐるものは、特に河川形態の變遷にも拘らず、數百年前に得た用水獲得の權利を保持せんとして舊慣の儘に行つてゐる點が興味を魅く。日野川も野洲川に似た涸れ河で、宮井と中津井はこの日野川の南岸に、上下約百米の距離をおいて存在し、共に「湯《ゆ》上《のぼ》り」と唱へて日野川の上流部に向つて川底を掘浚へ之を水源となしてゐる井組である。其の掘上りの長さは、宮井が六町三十間、幅二間分だけ掘上る例であるのに對して、中津井は單に川幅の分だけ斜に對岸迄掘るに止つてゐる。尤も宮井組も六町三十間とは表面上の事で、事實は例年二町程で止んでゐる。六町三十間も二町もこれによつて獲られる水量には大差がないからである。明治十年に兩井組は、中津井側の日野川本流の上流部への新規掘上りに端を發して水論を起してゐるが、これは上述の如く宮井が遙か上流部迄掘上り得るのに反して、中津井組は僅かに川幅のみを横斷掘鑿し得るに過ぎなかつたから、中津井組も宮井組の如く川上への掘上りを行はんとして、縣の許可の下、日野川筋兩井堰の略〻中央に當り、方二間の枠を伏せ込み、其處から高さ三尺幅四尺の吸込樋を新設した事に起因してゐる。現狀では洵に中津井組の考ふる如く、兩井組の掘上り權に甚だしい相違のある原因は不可解であり、又上・下流の二堰が相接して河岸の一方の側に在る時には、條件は下流側に不利であるのが一般例であるとしても、斯る川浚へを以て水源獲得の重要手段としてゐる兩井組が、僅か百米を距てゝ兩立してゐるのも、宮井は兎も角中津井の立場に一層の矛盾を感ぜざるを得ない。兩井組の「湯上り」は如何なる由來に基くものであらうか。

宮井及び中津井の創始年代は明かにし難いが、宮井組には永正八年の日付のある、川浚へに對する地頭の執達狀が殘つてゐる。卽ち恐らくは此の時他井組(中津井か)との間に水論を起し、其の解決の爲に與へられた地頭の執達狀と解すべく、宮井組は先規の如く市子若宮の馬場道を見通す所まで川を掘り用水を取るべしとの內容である。(7)これは中世末の永正年間から宮井組が引續いて川浚へを行ひ來つてゐる事實を示すと共に、現在は日野川本流の北側に在る小流に過ぎない「古川」が元の日野川の本流で、宮井は此の流に沿ひ市子若宮馬場見通しの線上迄の湯上りを、夙に內外から承認せられてゐた事を示すものである。

天正三年宮井と中津井とが水論を起した事件に對する織田信長の代官としての柴田勝家の裁許狀(8)の記す所では、宮井は日野川原を掘つて水が出たから、中津井側も綺川《かは》（現在の綺田川）を日野川の場合の如く掘り上り、水を得たならば其の分だけは中津井へ通ずべきこと、及び綺川の井掘りに當つては、日野川と綺田川筋を掘つた水路の落合附近十五間程の間は川を掘ることを止め、小溝を立てゝ兩川筋の湧水量を計り、若し日野川の水が此の小溝に落込む時は、其の落込む分量程を宮井から中津井へ分水し與ふべきことゝの二條件が記されてゐて、宮井の日野川筋掘上りに對して中津井は綺田川筋を掘上り、かくて綺田川の水と、宮井の下流部分たる日野川の水とを併せて中津井の水源とする事に決められたのである。

然るに其の後如何なる事情の變化に基いての事か、中津井組は綺田川を掘上る權利を喪失し、元の綺田川原であつた横山村の地先は「河原田」の名を持つた水田となつて、中津井の綺田川筋の水源は切斷せられ、元の綺田川が日野川に注入した水路の跡を辿つて、日野川の川幅の間だけを斜に掘り浚へるに止ることゝなつたのである。中津井の水量は著しく減じた事と察せられる。

正德五年に中津井組は宮井組を相手取つて又々水論を發してゐる。其の主張は綺田川・日野川の落合ふ地點に於て、宮井は中津井へ分水すべしとの舊規（天正三年の裁許狀を云ふか）に拘らず、宮井組は用水を獨占して中津井に與へないと稱するのであるが、その結末は宮井組の勝利に歸してゐる。然し此の水論の裁決に當つた時の老中も、中津井側の窮狀に深く同情し、綺田川の流が絕えて後尙七日七夜の間降水を見ない時は、宮井組が川浚へによつて湧出せしめた水の分だけ、一日一夜を中津井に與へよと命じてゐる。此の水論に當つての雙方の訴答文書によつて、宮井組は新しい日野川本流筋のみならず古川筋をも毎年掘浚へて舊來の權益の保持に努めてゐた事が知られるし、市子庄村の古川筋の堤普請に際しても、宮井組四ヶ村から人足を出して其の工事を助けてゐる事實もある。市子庄側が古川の使用權を持つ宮井組に對して、工事の援助を依賴したことに依るものである。宮井組の日野川筋の湯上り六町三十間は、古川筋に於ける市子若宮馬場見通し線迄の掘浚への距離を、新しい日野川の上に移したものである事が以上の經緯によつて判明する。

宮井組は今日も猶例年五月一日に古川筋の川浚へを實施し、市子若宮馬場の見通し線が古川の上に落ちた地點に在る所謂「井壺」迄浚へ上る。斯く「井壺」は宮井組の用水源を保證するものとして、明治十年地劵が發行せられた時にも、『井戸六歩、持主近江國蒲生郡岩井村・田中村・川守村・綾戸村』として特に地劵の交付を受けてゐる。

越後國西蒲原郡を流下する西川沿岸の村々が、其の上流村との間に天和三年・寶永八年・寶曆二年と、三度の水論を繰返して迄も強行せんとした西川筋の川浚へも、亦水源を強化し、用水の供給量を增さんが爲の企であつた。抑〻西川は大河津附近で信濃川の本流と分岐し、彌彥山麓に近く越後平野の北部を過ぎ、下流で再び信濃川に合流するものであるが、信濃川本流に比すれば河幅・水量に於て遙に劣り、且此の水路沿ひには無數の引水施設たる樋管が設置せられて愈〻水量が尠く、殊に信濃川河道の東遷せんとする形勢の影響もあつて、本流からの分岐點の附近は流速が小さく流沙の堆積があり、水源としては洵に信賴し得ざる狀態に在つた。

天和三年の水論(9)に西川右岸の三十ヶ村が、上流の村上領五ヶ村に對して、西川々筋の中に更に川掘を行はん事を要求した事に基因するものであり、五ヶ村側は斯る要求に對して『先例も無之』と答へつゝも、遂に下流側の要求を是認してゐる。但し笈が島・砂子塚・大武新田の三ヶ村は川掘りによつて河床の滲透水の全部を下流に奪はれない爲に、堀筋に堰を設けて必要水量を取り入れる權利を留保した。

寶永八年の再論は前回と同樣に、三十ヶ村側から上流八十九ヶ村を相手取り、二十年前に新設せられ、十一年前に復閉塞せられた西川の新川口筋を再開して、下流三十ヶ村に水源を與へよと要求し、此の時は幕府役人の實地檢分さへも行はれたが、水損を虞れる上流の强硬な反對によつて成功を見ず、用水不足の時には河床の砂浚へを爲すべく命ぜられて事止んだ。

寶曆二年の三論は信濃川東遷の度の加はるに從ひ、西川への水乘りが愈〻惡しく、二萬餘人の人足を入れて河原の深浚へを行つても效果の無いことを理由に、水乘の好い場處を撰んで新水門を伏入れ、常水を採り入れて田用水に充てると共に、水門の戶を調節して上流の湛水を妨ぐべしとの下流側の要求から起つたのである。寶曆三年の內熟によつて一應門樋が伏込まれたが、村上領二十五ヶ村は排水難を憂へて不滿をもち、寶曆十年に新門樋は再び破却せられる事となつた。上流側は砂浚へをさへ勵行すれば、下流の水源は充分であるのに、敢へて掘浚へを行はない爲の下流の旱損である、上流部の砂子塚村の如きは一村で、西川の渴水に際しては數百間の砂浚へを行つて殆んど旱損の經驗なく過し來つてゐると主張して下流側に答へ、又下流は砂浚へに要する年々の莫大な勞力に苦しんで、一時の簡易な施設によつて永く用水の獲得出來る水門の創設を希望し、此の衝突が上流の惡水排除と下流の用水源開拓との相剋と相結んで、水論を一層激化せしめたのである。

西川の長大な距離を浚へることは、用水量獲得の觀點から有效であり得ても、實施上に多くの難のあつた事が、下流側を窮地に陷らしめた原因であつたのである。

自村への用水の流下を快適ならしめ、併せて用水路の支配權を保持する爲に行はれる川浚へには甚だ事例が多い。甲州北巨摩郡淺尾・穗坂堰に於ける年々の定式普請と呼ばれるものは、此の川浚へを主とする水路の繕普請であつた。既に度々述べた處によつて明かである如く、此の堰水路は人工の粹を盡して開鑿せられたものであつたゞけに、水路の埋沒崩壞は激しく、年々大規模な修繕を加ふるに非ざれば堰水路の維持の困難であつた事情が、川浚へを主とする定式普請の制を生ぜしめたものと考へ得る。水路の長距離に亙ること、上流下流の利害が錯綜して村毎に區域を定めての普請では堰全體としての統一の得難く紛糾を生じ易かつたこと、地元村が斯る堰水路の普請に不慣れであつた事等の原因によつて、定式普請は「堰仕立惣代」(10)の名を持つ請負人に委任せられ、支障のない限り同一人に永く引續いて請負はしめる方法が採用せられてゐた。天保十四年の定式普請に對して、幕府の出先機關たる「普請役」から發せられた申渡條項を見れば、毎日の普請取懸り及び仕舞・休息の時間を定め、村役人の工事監督者としての勤務心得、材料の選擇並にその使用法、井路浚への深さ、崩壞個處の修理法等極めて細部に亙つて居り、其の費用の負擔の大部分が、幕府の支出に懸る所謂「御普請」であつたから、年々頗る嚴重に實施せられてゐたのである。然し斯る定式普請の法を行つたにも拘らず、普請の結果に對しては主として下流側の滿足を得る能はず、屢〻上鄕と下鄕の對立に基く紛爭を生じてゐた事は、普請仕入人の任免の上にもよく現はれてゐる事柄である。

美濃國席田井組の川浚へ(井溝浚へ)では村毎に擔當の區間が定められてゐたが、上流側の浚へ方の不充分から、下流との間に水論を生じた事が屢〻あり、明和八年の郡符村と石原・佛生寺兩村との水論は其の一例で、井頭の斡旋調停によつて漸く落着してゐる。

近江國に在つても、斯の如き川浚への諸樣式及び紛爭の事例は相當に豐富である。

姉川筋出雲井組の川浚へに就いては、延寶二年の河下五ヶ村（上夫馬（朝日）・池下・高番・本庄・下夫馬）の口上書に左の如く古來の慣例が述べられてゐる。(11)

出雲井さらへ來候儀ハ往古より毎年四月卯之日川末村々より野田川のわかれまでさらへ上り、野田川のわかれより伊吹村瀧之前迄ハ雙方村々へ先規より割付之場所御座候尤さらへ來候瀧より上井口迄は雙方惣がかりにさらへ來り申候

斯く浚ふべき區間及び擔當の村が定つてゐたに拘らず、延寶二年に上流側が下流の川浚へを妨害した事によつて水論が起つたのであり、同じ下流五ヶ村の口上に從へば『我等共川筋之高四千九百石餘江懸申候用水之川筋五町餘之所去ル子ノ年より新法に我儘申さらへさせ申間敷由申懸け何共迷惑仕候　先規之通被爲仰付被下候者難有奉存候』と述べてゐる。察するに下流によつて行はれる川浚へは、下流地域への流下量を增大せしむる反面に於て、上流の利用すべき水量の減少を來さしむる故の水論であらう。

彥根藩の川方奉行の裁きによつて、此の爭は川浚へに關する規約「一札之事」の取替しによつて落着し、『落川井、野田井埋り申時、近き村江使被越候者早々庄屋井口江可參候　若延引仕候者證文のことくに可被成候　爲其如此ニ御座候』と誓約してゐる。

犬上郡芹川筋の一の井は主として高宮の水田に懸る用水であるが、其の水路の沿線上流部分が一の井の多年の水論(12)對手たる久德村の地籍內を流れてゐる爲に、其の用水路たる十二町川の川浚へには、彥根藩の役人が立會ひ、久德・

高宮の直接的接觸を避けて、一の井懸りと關係のない、地藏・東沼波・西沼波・大橋等の村々から一村一人宛の浚へ人足を出し、合計二十人の他村人足によつて浚はれる慣行を有してゐる。近隣の、井水に直接關係のない村々が、久德・高宮の紛爭の監視・立會者となつてゐたことを示すものであり、明治十四年にも舊藩時代の儘の樣式で川浚へを行ふべく約してゐる事によつても、此の川浚への由來の深さと、川浚へが過去に於て、幾度か兩村水論の的であつた事を暗示する。

阪田郡中島川の流末平方村が彥根藩の保護によつて「湯水親鄉」たるの地位を認められ、中島川の支配權を握り、文化年間に上流宮川と劇烈な水論を生じた事は前章にも觸れたが、中島川の川浚へは當然に「湯水親鄉」たる平方の行ふ處で、寶永六年に高田村が勝手に川掘を行つて水論となつた時の高田村の詫一札には、當夏渇水の爲に、高田村が古法を犯して川掘を實施した事を承認してゐる。

二　新湧泉の掘鑿

荒れ河で平常河表に流水のない地域では、上述の川浚へと共に、伏流水の多量湧出する地點を撰んでの湧泉の掘鑿が重要な用水獲得法となる。然し湧泉の水源たる地下の滲透水は、河水の如くには其の分量を目測し得ないが、地下水と雖も其の水量には限度があり、一湧泉の近隣に新しい泉を掘り深度を一層大にし、或は强力な動力揚水の設備を行へば、直に新泉の掘鑿と同樣の影響を與へて水論を生ずることが多い。各湧泉或は井戶の間の距離を制限して濫設を防ぎ、揚水動力の馬力を協定して共倒れを防ぐ必要が玆に生じ、大和盆地、大阪平野等の井戶水灌漑地域、又伊豫國國領川沿岸の湧泉利用地域、近江愛知川筋の井戶灌漑地域等に此の好事例がある。

伊豫國國領川の河床及び堤外から出る湧泉三ヶ所を水源としてゐる高柳泉と、對岸下流の所謂川東四ヶ村との間の、四ヶ村側が高柳泉に近く新泉を發掘せんとする企を廻つての水論を、是等の事例の一として採り上げる。高柳泉は國領川が堆積した砂底を潜つた水脈が、再び中流部で地表に湧出してゐるものを利用して頗る水量に富み、寧ろ水源として國領川の河表水を凌ぐ程の重要性を有し、天保年間の編述に懸る「西條誌」にも次の如く記載せられてゐる。

高柳泉甚夕名泉也　此泉の内小名ありて中泉・横泉・本泉斯く三名に分る、然共中に少の松林あるのみにて脈絡貫通の一泉なれば、別に小名を立るは煩しきを覺ゆ

川東の四ヶ村は高柳泉組の水量の豊かなるを見て度々其の水の分與を乞ふも成功せず、寛保元年には遂に自ら高柳泉に倣つて新泉の掘鑿に着手した。四ヶ村の選んだ泉の候補地は「柳原」であり、高柳泉組はその位置の前述三ヶ所の泉から甚だ近い事を理由に反對の訴願を試みたが、領主たる西條藩の奉行所は、柳原と高柳泉とは其の間二百四十間餘も距つてゐるからとて、高柳泉組の主張を採りあげなかつた。然し泉懸り三ヶ村中の天領新須賀村のみは、背後の勢力をたのんで容易に應諾しなかつたが、遂に新須賀庄屋の斡旋で、川東四ヶ村と高柳泉組との間に、證文一札が取替され、四ヶ村の新泉が掘鑿せられて後、彌ゝ高柳側に支障を與ふるに於ては元の如く埋むべきこと、又以後今回の柳原泉と高柳泉との距離二百六十間以上に接近して新泉を計畫せざることを條件として妥協が成立した。此の二百六十間の距離の制限は、爾後高柳泉組にとつては有力な武器となり、其の後の川東側による度々の新泉の計畫も、常に此の條件を以て制せられる事となつた。

天明六年四月、四ヶ村は西條藩家老の援助によつて、高柳三泉中の一たる河原泉に接して新泉を試掘し、高柳泉組

の反對を無視し、西條領たる泉組中の下泉川・庄内の二箇村を説得して工事を進めた。然し此の計畫も天領新須賀村の不承諾によつて、西條藩と幕領川之江代官所との交渉となり、川東側は再び素志を放棄せざるを得ない破目となつてゐる。

大正元年に川東の郷・宇高・澤津諸村の新に計畫した吉岡泉の問題は、最も高柳泉組を震撼せしめた事件である。抑〻吉岡泉とは、高柳泉の上流數町の同側河岸に、從來から在つた小湧泉の敷地を、上記の川東村々に於て買收擴張し、その水量を大いに增加せしめて上述三ヶ村の新用水源と爲さんとする計畫で、此の計畫によつて新に下流位置に置かれる事となる高柳泉組の苦痛は頗る大であり、茲に高柳泉組の奮起となつて、前後二十年間に跨る用水論となつた譯である。

吉岡泉の敷地買收と掘鑿擴張に對する縣の許可は既に大正元年に下つて居り、江戸期以來の新泉掘鑿に關しての水論に臨んで、『古來高柳泉ハ八町四方ニ於テ新設泉ノ掘鑿ヲ許サヾル慣例』を確信してゐた高柳泉組にとつては洵に重大な危機であつた。此の間大正四年には知事の調停によつて、高柳泉組の補水設備の完了迄は吉岡泉の湧水の利用を止め、其の間に縣當局は和解の手段を講ずべく、高柳・吉岡兩泉の水量の測定に着手した。然るに大正十二年に至り、高柳泉の補水工事の完成前に、吉岡泉側が湧水の利用を開始したので、高柳側は吉岡泉の水路を堰き、その流水を高柳泉の水路に放流せしめたので紛爭は愈〻激化の途を辿つた。

大正十二年八月、縣知事の調停によつて吉岡泉は全水量の三割を高柳泉組に分水讓渡する條件を以て假分水を行ひ、更に昭和二年には分水率を高柳へ三一%、吉岡側へ六九%と正式に分水率の決定を見、茲に遂に多年に亙る水論も納つたのである。尙附言するならば其後吉岡泉側は新居濱市に操業する倉敷人絹工場との間に、川東三ヶ村の灌漑用水の保證を條件として湧水の一部を工場用水として渡したが、其後工場自身が工場の敷地內に設けた掘抜井戶の成功によつて、最早吉岡泉の湧水に依存する必要度も減じ、又川東の三ヶ村も動力ポンプの新設によつて舊時の如き困難から脫し得て、田用水に關する限りは、吉岡泉湧泉の一部の讓渡も、殆んど痛痒を感ぜざる狀態に立到り得たのである。

ホ　分木及び分水石

分木・分水石は分水量を最も正確に、一定の比率に從つて配分せんが爲の施設であるから、分木・分水石の設置によつて分水は公平且合理的となり、最早水論の發生の如きは夢想だにし得ざる、平和裡の用水分配關係に立到るべき筈である。然し從來久しき因襲の儘に繼續せられ來つた不合理な分水法が、關係地域の人々の腦裡に殘存する裡は、元々有利な配水を得てゐた側では、斯る分水器による配水を以て、自己の側に不利と考ふるものもあり、却つて之を呪詛し、一旦設けられた分木・分水石を暴力によつて破壞・損傷し、之が契機となつて兩者の間に水論を生ずる事があり、又設置の當初は豫期の如くに、正確に分水し得た分木・分水石が、其の後多年の風雨に曝され洪水に動き、後には自ら正確度を保ち得ざる狀態に至り、斯る不正確な分水器によつて利益を被る側は、成るべくは其の儘に之を存續せしめんと欲し、反對に不利を被る側に於ては速なる据替へを主張して兩者意見の齟齬を來し、其の爲に再び新なる水論を生ずる場合もある。又分木・分水石を用ひて分水するに當つても、其の設置權が下流或は上流の有力村の權能に屬して、相手方は單に其の据付に立會ひ、或は一方の設置したるを事後承諾するに止る如き舊慣が屢〻行はれてゐる。斯る場合に慣行的に弱勢な側が、强力な側の村に對等の立會權・敷設權を要求するに至れば、是亦水論となる事が尠くない。然し前章中の「分水施設による分水率の採用」の項に於て、既に斯る分水施設の大要に就いては述べたから、此處では重複を避けつゝ、專ら水論を生じた點に就いての說述を行ふことゝする。

分木とは分水の規準となるべき水深の尺度を示すものを言ふ。分木に關する紛爭の中で最も由緒が古く意義の深いのは、近江國阪田郡鄕里庄の出雲井乞水に當つて、對岸の淺井郡相撲庭村の大井の入口に打つものであらう。相撲庭村が其の用水取入口たる大井の入口に分木を打つ事は、少くも中世末の天文年間に初つてゐるが、其の分木とは要するに、鄕里庄が出雲井を切落して引水する所謂三度水に際して、大井が鄕里庄に對する優越權により、出雲井の水の流下するに際しても大井の堰止を切放つ事なく、三度水の來る直前に堰口の水深を調べ置き、翌早曉三度水の流れ下る時に、前夜の水深を示す分木を立て、それ以下の下水は出雲井堰の切落しによつて流れ下つたものではなく、本來姉川原を流れてゐた水であり、鄕里庄の横井に先んじて相撲庭村大井の引水權に屬するものである事を指示するものである。出雲井の乞水に當つて相撲庭が大井の入口に分木を立て、その高さより下の水を引用する事は、江戸中期に於ては既に確固たる慣行となつてゐたが、それ迄には分木の設置は相撲庭と鄕里庄との間に、永い間水論の原因を成してゐたものである。

分木に就いての紛爭の中、記錄に殘る最も古いものは、天文二十二年の大旱魃に際して行はれた出雲井乞水に當つてのものであり、此の時鄕里庄側では分木を「内井タモト」に打つべしと唱へ、相撲庭の百姓は「井口」に打つべしと主張して相爭ひ、相撲庭側の要求が容れられて「河原表井口」に打つことゝなつて納つた。此の天文二十二年の分木の爭は、大井の優越的地位の存廢に懸る重要事件であり、殊に當時の所領範圍の狹小であつた領主にとつては、時代が戰國であつたこと丶相俟ち、近世領主以上に所領內の土地・農民・用水の掌握及び安全の確保が重大事であつたから、水論の過程に於て、領主たる淺井氏及び其の側近者の關與すること甚だ多く、今日に之に關する數通の文書を殘してゐる。其の一として淺井久政からその幕下にして鄉里庄の支配者たる大野木・上坂の兩氏への達し書には

就出雲井下分木之立所相違ニ而相撲庭百姓罷出申候如何在之如前々可然候相紛候ニ於ては急度可被遂詮議候恐々謹言

淺井左兵衛尉
久政　在判

天文廿二
六月朔日

大野木土佐守殿
上坂八郎兵衛殿
御宿所

とある。前々の如く然るべき旨を命ずると共に、詮議を遂ぐべきを奬めてゐるのである。尙相撲庭には天文二十二年六月十三日の日付のある、分木の打ち處に就いての領主への答辯とも見るべき覺書があり、井口に打つ事が先規であり、其の證明として『此上八郡（鄉里）にも立相に遣はされ杭打たれ候仁今に居られ候間被召上御不審に於てハ御尋ねなさるべく候』[13]と結んでゐる。

分木を井口表に打ち立て、三度水に際しても下水を大井に吸收する慣行は江戶期となつても引續いて行はれ、相撲

庭村の大庄屋宮川氏の立會を以て勵行せられたので、出雲井落しに伴ふ分木分水は宮川氏の記錄にも前後三回現はれてゐる（寛政九年・同十一年・文政四年）。即ち愈〻出雲井落しの事の決するや、彦根の北筋奉行から其の旨の通達が關係各方面に送られ、出雲井落しの前夜分木打役人三人は各一人宛の人足を伴ひ、都合六人で宮川氏の宅に集合する。此の時宮川氏は分木打役人に對して相撲庭大井の來由一條を述べて後、

1 『下水は其儘此方へ取り候樣分木打候舊例ニ候得共川筋に水無之候得ハ此方役人相談之上表ニ土俵を並べ掘越水斗り取り候樣相談致置候か彌左樣御承知可有之由』

2 『大井切落し候儀ハ當村の人足を以て爲切落鄕里庄人足ニハ手指し爲致不申先例ニ而萬一切口せまく水の妨にも相成樣子に見へ候得ハ其よし其元より御申候へハ如何樣とも此方人足ニ申付可然切あけさせ申候へハ萬一鄕里庄人足參り是ハ切口せましと申手指し致し候ハ申分に相成候間爲其之其元方に候得ハとくと得御意置候』

と二箇の條件を提示して鄕里庄側の承諾を求めてゐる。これによつて縱ひ姉川表に流水が無くとも、出雲井の溜水が流れ下り、それが大井の前に並べた土俵を越えて來る分は相撲庭が吸收する特權を有した上に、出雲井の水の流下に備へての大井の切落しは、一切相撲庭側が自らの手で行ひ、決して鄕里庄側に手を觸れしむる事なく、大井は出雲井乞水にも切落す事なしとの特權を守り續けた事を知り得るのである。相撲庭が分木を打つて其の下水を吸收し、其の代りに自らの手で大井の堰止を切り破り、出雲井の水を鄕里庄に流下せしめるのに自らの意志に基いて生じた永年の慣行である事を物語つてゐる。

尙分木に類するものとしては甲州の淺尾・穗坂兩堰組の水路の境に設けた「水標木」がある。これは既述の如く下

郷たる穂坂堰組への一定限度の給水量を保證する爲に、穂坂堰組の水路口の水深を測る爲のものであり、下郷側の要求によつて建てられたものである。從つて水標木が自然に倒壞した際には、下郷側は上郷淺尾堰組の故意に出でたものではないかと疑ひ、天保十年の冬兩者間に紛糾を生じたのであつた。

分水石は水量を一定の率に分つ爲に溝幅を規定する量り石である。其の幅は灌漑區域の石高割・反別割或は其の他の條件を參酌した比率を正確に表現したものであるから、一旦分水石の設置せられた後に於ては、分水石を廻る用水論の如きは根絶せらる筈である。然し其の石の据付に傾斜があれば、その流量は最初に定められた比率とは異るべき道理であり、玆に水論の起る餘地がある。泉州堺東郊大仙陵池の分水石問題は斯る一例であり、舳松・中筋の兩村への分水を規定すべき石であつたが、何時しか分水石に片下りを生じて舳松側に低く利ありとせられてゐた。分水石に傾斜を來したのは『前々より俗說　往古分石据之時　大晦日夜八時舳松百姓胴突にかけ候故卑シト言傳ユ　一說ハ湊領割有共云』(14)との記述の如く確めるに由のないものであつたが、舳松・中筋にとつては此の片下りは頗る微妙な關係を含んでゐた。

寶曆十年七月二十五日の朝、旱魃の爲に池水も既に七月七日に干上つた後の此の日に、分水石の打崩してあるのが舳松側によつて發見せられ、堺代官所の和談内濟の旨達にも拘らず、水論へと發展したのである。舳松の惣代百姓二十七名の連判狀には次の如き誓約が見られる。

尤大切ナル分石之儀に御座候得者當村不勝手ニ茂相成候得者永々村方之難儀ニ而御座候間御上々何方樣江成共御願被下候樣賴上候此儀ニ付入用いケ程相懸り候共右池法反別に割懸り銘々より出銀可致候

以て舳松側の決意を察するに足る。即ち舳松が破壊直前の片下りの儘の狀態での即時据直しを主張するのに對して、中筋は『分石平均致古法之通ニ相守申度』と、片下りを是正しての据直しを主張してゐるのである。此の紛爭は北ノ庄村庄屋の取噯によつて、從來の片下りの差の一寸を半々とし、片下りを五分として据直して落着したが、中筋の庄屋であると共にその所有田地の過半が舳松の溝筋に在つた爲に、此の事件には關與しなかつた「老圃歴史」の筆者孫太夫は、次の如き短評を試みてゐる。

水分石ハ町歩ニ應シ無甲乙爲メ平均居ハ勿論也　然ルニ本文半々杯往古よりなき所之高下寸法ヲ記ス　當時出役後代迄恥辱にあらずや　時節有テ此證文反古と成事珍重也

と。これによつて覗へば、孫太夫は古法通りの平均据を望み、暗に舳松側の今回の態度の弱さに對して物足りなさを感じてゐたことが判明する。

2　番水制の不備

番水制は分水慣行としては最も合理的な、非常に際しての配水措置であるが、斯る番水制に於てさへも、猶其の細部の規定に不備な點があつて、水論の原因となつてゐることが屢〻ある。此の事情は番水が行はれる程の用水不足時である爲に、其の規定中の極く僅かな不備が關係者には一入亘大に感ぜられ、不備な點の解釋の上で、我田引水的な立場から雙方に意見の相違を來し、之が一層助長せられて水論勃發の契機となる譯である。關係用水區域の直接的利害より歸納した多年の經驗の集積、或は歴代の爲政者の度々の水論裁決に當つての知識の累積の結果が、斯る番水制を成立せしめた基礎條件であるにも拘らず、何故に番水制にも尙不備な點の數々が殘つてゐるのであらうか。これに就いては先づ次の二點が考へられる。一は番水制の制定當時、關係村々の勢力關係に、背後の政治的勢力の影響もあつて頗る複雜な均衡があり、其の爲に確然と細部に亙つて迄も規定するを得なかつたか。二は審判者の地位に在る各時代の支配者が、初から意識的に敢へて不備な點を設けておき、支配者の自由意志によつて宰領し得る融通の餘地を作り、これによつて領主の灌漑支配權を强化して、所領の統治權の完全な掌握に資すると云ふ政策的なものとして存在したものが今に殘つてゐるのであらうか。

以上の二點を夫々具體的な事例に基いて解明する事は到底困難ながら、先づ個々の場合に就いての特殊事情から見ることゝする。

イ　番水切替時の流水の處置

近江國鄕里庄橫井懸りの配水に於ける「破れ川」を廻る紛爭は此の場合の典型的な事例である。橫井懸りの配水法には渴水の程度の淺深に從つて、「かけ落し」「樽の水」「大番水」の三段階の在る事は旣に述べたが、是等の配水法には何れも兩水路への引水の切替時の若干時間たる「破れ川」と呼ぶ特別の時間が附隨してゐる。卽ち先づ「かけ落し」に於て、春近川と豆川、中井川と岡川が、交互に時間を見計ひ、雙方にかけたり落したりする間の切替時の「破れ川」と呼ぶ殘水は、東上坂が之を取り、又次の、樽に詰めた水の流出し終る時間を單位として、上述の四本の水路に交互引水する番水「樽の水」に於ても、一晝夜に五度ばかりある切替の度每の「破れ川」も東上坂の獲る所、更に大番水の時も、晝夜二度の「破れ川」をも東上坂が取ると云ふ樣に、東上坂は水路の分岐點に一番近かつたと云ふ位置の優位を利して、常に「破れ川」を引水したので、他の井組の村々は難澁の由を申立てゝ寛政年間に水論を生じ、彦根北筋奉行の取曖を受けてゐるが、北筋奉行も暫定的に後日の例とは爲さゞる旨の條件付きで仲裁をするに止り、敢へて決定的な裁決を下すことを回避し、東上坂を慰撫するのみであつた。

美濃國席田井郷上保村の引用する「後れ刻限水」も亦番水の切替に際しての所屬曖昧の水であり、同様に水論の對象となつてゐる。席田井組の番水は眞桑井組との間に六分と四分、即ち十八時《とき》と十二時《とき》との交互配水によつて行はれるが、番水の開始前に井郷内に用水不足の個處を生じた時には、井頭の權能によつて旱水場所救濟の爲の「通水」が行はれ、配水時間表に從つて配水せられる事は既に述べた處である。而して「通水」を先番に引水し得るのは、流末の村が多い事は、通水の重點的配水の內容からも容易に想到し得る事柄である。然るに上保村は上流位置で、用水の便宜に惠まれ、殆んど旱田を生ずる憂のない村であるから、他村と異つて「通水」を引く事は殆んど稀であり、而も通水が番水に變つた場合には、上流位置に當る處から、番水引用の最初の村に特別に付けられる「先水」並びに下流村々の通水割の時間が過ぎて後も、尙山口分水所から大川通にかけて湛へられ、流れ殘つてゐる水を引入れるを例としてゐた。これが所謂「後れ刻限水」である。

文化九年上保村は配水時間割の支配權を有する井頭に抗議を發し、通水の實施中に眞桑方から番水申込のあつた場合には、直に通水を中止し、通水刻限の終つた上で猶湛殘りの水のあつた時には、之を下流へ下げる事なく、上保の使用に任されたいとて、井頭の宰領による下流の救濟策を否認し、自村の上流位置に基く特權を強く主張してゐる。井頭は斯る上保村の要求に對して、湛殘りの水は元來上保村に割り當てられたものではなく、井組の中で未だ用水の行屆かない村の爲に手當として殘し置くものである。又番水初めの「走り水」も井組一同のもので、上保の私に引用するを得ない水である筈である。若し上保村に用水不行屆の個處を生じ、旱田のある時には、井頭へ其の旨の屆出次第に「後れ刻限水」を下流へ下す事を止め、上保村の引用を許すであらう。一旦乙井口に流れ込んだ水は假令それが湛殘りの水であらうと又湧水であらうと、等しく井組一同の水であり、井頭の差配すべき水であると答へてゐる。此の水論の應酬によつて「後れ刻限水」が、鄕里庄の「破れ川」と同性質のものであることを確め得たのである。

ロ　番水引用の順位と其の交替

一般に番水配水の行はるゝ如き時期に至つては、井組村々が用水不足に惱んでゐる事は共通的であり、特に下流程不足の度は強い筈であるから、番水の開始は下流村を先番として施行せられるのが合理的であり、備中國高梁川八ヶ鄕の番水川筋、近江國犬上川一ノ井鄕の諸水路の如きは此の式を採用し、八ヶ鄕に於ては、取入口から最も遠い東端の松島・德芳の兩村を初番に、近い早島を終番として一巡し、第二回目の配水は第一回と逆の順位として居り、又犬上川一ノ井鄕の尼子川・下ノ鄕川の各分水路沿ひの配水も、下流を先番とし最上流の井元村たる金屋を終番として順位が定つてゐるが、上述近江國姉川筋鄕里庄の大番水に於ては、配水の一回目と二回目の先番爭から寛政九年東上坂と西上坂との間に水論を起してゐる。

大番水の日割の規定には、四日目迄は晝夜別に引水すべき川筋と村名とを記し、其の最後に次の如き簡單な附記があるのみであり、其の解釋の相違から東上坂・西上坂の對立となつたのである。曰く

但し四日を一廻りといふ。壹廻り過候得者右之始之處へ戻り同樣順々なり(15)

即ち一番水に關しての先番が西上坂であることは、大番水の割にも明記せられてゐる處であつて、異議を加へる餘地は存しないが、二番水に當つては、西上坂が一番水と同様に番初めであることを主張するのに對して、東上坂側は二番水は一番水と打替り、東上坂が先番であると主張し、兩村の利害相反して水論となつたのである。前述した大番水順位の記載の但書の部分には、壹番水、貳番水の何れの場合とも書記してなく、又五日目からは『右之通り廻り可申』とあるのみであつて、此の點から云へば西上坂側の主張に理がある様にも考へられるが、鄕里庄の用水支配者たる上坂八右衛門家の寛文八戊申年以來の格式(16)と稱する覺書には、出雲井二番水の時には

大原より下り東上坂へ渡し、日の入を考へ西上坂村へ請取中井岡井榎木村大豆川加納村右兩村へ荒水一時遣す。檢使を遣し大方潤へ一時の積りにて西上坂村にて鐘撞く合圖に水切替るなり

とある。これによれば又逆に二番水は東上坂が初番を受け、次いで西上坂が請けて下流の榎木・加納をも潤した事が窺はれて、何れの主張を是とし非とするやを定め難い。然しこの寛政九年の水論には就中東上坂が强硬であつたと見え、翌々寛政十一年の出雲井落しの時迄も爭は持越されてゐるが、彦根の北筋奉行は東上坂を押へて『此度之處大勢罷出騷動有之候へバ還而其村爲方ニ不相成』と説いてゐる。

ハ　番水への移行過程に於ける分水時間割の切替

此の適例としては前項に「後れ刻限水」として述べた、文化九年に起つた美濃國席田井組の上流上保・北野・芝原・春近・石原・福田地・三ッ橋の諸村と、下流の利益を擁護せんとする井頭との對立がある。

即ち上流諸村の要求する處は、眞桑井組と席田井組との間の番水開始に及んでは、席田井組内の通水配水は直に之

を停止し、假令井組の內に未だ通水配水の行渡つてゐない村があつても、井組村々は一同平水に立戻り、通水中は眞桑井組との間に「平均水」の名によつて席田六分、眞桑四分の水が下つてゐたが、番水の開始と共に、十八時の間は席田組は根尾川の全水量を獲て、水量は殘りの四分通りをも增した筈であるから、其の四分の增水分は井組の惣村々で受ける樣に配水せよと申込んだのである。

井頭は之に反對して、通水の必要な所以を說き、若し上流村々の要求の如く處置せんか、上流のみは通水が濟み、下流は未だ行渡らざるに之を中止し、四分增の水を惣村々で承ける事となつては、又川上の村々で勝手に小川毎に堰止めて引水する結果となり、川下へは一切水は流下せず、殊に川下は早くから旱田を生じてゐるのに、通水の漸く來る頃になつて上流で留切られ、其の中に次の十二時を眞桑方に讓り、其の後に席田方へ落して川上から順次番水で配水するとなれば、下流は凡そ丸三日程も旱田の儘で捨置かれることゝなる。從つて假令眞桑方との間では番水となつても、未だ席田井組の內を通水の一巡しない間は、其の儘に續け、山口分水所で四分の增水となつた分は井頭の計ひにより、其の分だけ通水の時間を減刻すれば合理的である。上流側の主張の如くに處置するに於ては、下流の旱損は愈〻必至であると言ふのである。

斯る紛爭は今更述べる迄もなく、通水・番水の移行に就いての規定の缺如に由來する。形式的に解すれば、上鄕側の主張の生ずるのも一應の道理である。然し井組內の配水に關しての全責任者たる井頭は、上・下流の均等な配水を目指すものであるから上揭の反駁の如く、下流側の劣勢な地位の擁護に當るをより合理的と確信したのである。

3　對岸兩井堰間に於ける用水の爭奪

水源となるべき一河川を中に挾んで、兩岸に井組が相對立する時には、其の間に起る用水爭奪に二つの場合がある。一は互に取入口たる堰の位置を上流に移動し得る立場に在つて、對岸の井組よりも上流に自己の屬する組の堰を建設せんとしての爭であり、これには一方の側の上流河岸の地域が井組の村々と同領であり、或は井組村の地先であり、更には假令他領であつても、井料米其の他之に類する對價の支拂によつて、上流の河岸に堰を築造し得る權利を獲得する事が先決條件である。二は同じ一河川の兩岸夫々の上・下流に幾多の井組が併立してゐる關係から、一、の場合の如く、堰を上流に移動せしめんと試みても、直に上流井組の疆域に接することゝなつてそれ以上には遡り得ず、而も河流の中心線が對岸兩井組の政治的境界線を形成する爲に、其の堰の築造法に於ても、一方の岸から對岸に迄延長し得ないと云つた場合に於ける用水の爭奪である。

一、の事例としては近江國野洲川筋の南岸を區域とする「一の井」組と、北岸を占める三上村を中心とする「神の井」組との論爭(17)がある。此の南北兩岸に位置する井組の堰の位置は、最初何れが上流であつたかは明瞭でないが、爭論の初つた寛政十一年の一の井組側の記錄によれば、其の發端を敍して次の如く述べてゐる。

寛政十一未五月　一の井組は石部領二十町餘掘上り養水堰相建　神ノ井は龜が岩邊に堰相建雙方無難に植付仕侯處六月に至り次第に干水に相成候處三上村より申越候趣者其元堰切開け水下げ申候樣申來候へ共往古より右躰之例格一切無之儀……

であるとしてゐるから、元來一の井の取入口が神の井よりも上流に在つたと見るべきであらうか。然るに神の井側の一の井堰を開放すべしとの申越によつて、事態は急劇に惡化し來つた。神の井組は一の井組に對して

存寄も有之に付此方勝手に可仕旨言ひ捨いたし罷歸り翌日九ッ時大勢相催し來り一の井堰切落し神の井筋に水引取申候

とある如く、一方的な宣言の後に暴力を以て一の井堰を破却する態度に出でたのみならず、神の井懸りの永原村の役人が一の井側に對して述べた處では、先日來永々の日照で、永原御殿跡の堀水がきれ、竹原となつてゐる始末であるから、水を引取りたしとの口上であつた。卽ち神の井組は一の井組を牽制する爲に、江戸初期に當り將軍上洛に際しての休泊の用意の爲に建てられた邸館たる、永原御殿の「御堀御用水」の名目を用ひたのである。而も神の井組は此の口實を一層權威あらしむべく『御殿跡御用水と申御繪符を相建て夜に入つて高張りの灯燈等夥數多相建て嚴重の樣子に候』と云ふ樣な態度を示した。

一の井組は一時此の「御用水」の威力に壓倒せられ去り、一の井組の井堰は神の井々堰の下流に設くべきことを條件として、甚だ不利な和約を結ぶべく餘儀なくせられた。卽ち曰く

三上村領に有之候神の井義由緒も有之趣に三上村より申立候に付此後旱水之節は右神の井石垣より下ニ而六鄉字一の井井口相定め可申筈……

となつた。但し一の井側の都合をも考慮して、旱水の時には神の井の上の石垣から三十間の下流に一の井の井口を定め、且つ神の井は下流の一の井へ、せいぜい石垣下から潛り水のある樣に築くべきことを約してゐる。此の限に於て

は、一の井組の全面的屈伏と稱すべきであつた。

然るに斯る屈辱的和約に對して一の井側の百姓は治らず、代表者を派して永原村御殿跡の様子を見聞せしめた處、とても水を引くべき堀とは見えないのは勿論、水を引入れるべき水路もない始末で、全く今回の企は「永原御殿御堀水」の名目を利用する神の井側の作爲に出でた事情が明かとなつた。永原村は神の井組と馴合ひの上、神の井から岐王井へ引き、而して自村の田地に引灌したのである。

斯くて一の井と神の井は再論に及んだが、神の井組も其の井の由緒を説くと共に、一の井が石部領を越えて對岸北側の菩提寺堤の際迄も掘登つた事を論難し、神の井は元から野洲川の北側を上流へ掘登るのが例であると主張し、一の井側が三上村の田地が一の井組の田地よりも、一里餘も川下に在る事を理由に、一の井の取入口を神の井の上流に獲得せんとする底意のある事を指摘してゐるのは興味深い。

一の井側の主張は、野洲川とは甲賀・野洲兩郡の境たる龜ヶ岩より下流を謂ひ、上流は横田川である。然るに横田川をも野洲川と唱へ、古來野洲川を支配し來つたと傳へる神の井の名の根源たる、三上大明神の由緒を以て、野洲川ならざる横田川迄も神の井の支配下に在るが如く説くのは誤であると反駁して決する所を見なかつた。

文化二年に至つて兩堰は遂に妥協し、共に川瀬を見立てゝ都合のよい處に堰を設け、若し旱魃に際して神の井堰が川の南側に在り、一の井の掘登る妨となる時には、一の井は神の井の手先を掘登り、又一の井の堰が川の北岸に在つて、神の井の掘登る妨となるならば、神の井が一の井の手先を掘登り、互に堰の位置に上下なきことを原則として事納つた。然し斯る一見曖昧な條件は後に至つて更に改められ、一の井・神の井は上流位置を爭はず、野洲川を横斷する同一線上に取入口を持つ事となつて現在に及んでゐる。多年上流位置の爭奪を相競つた結論としての解決策である。

二、の場合の例としては越後低地西蒲原郡の西川右岸村々の用水獲得の苦心がある。一般に一河川の兩岸に、稍〻上下して取入口を持つ二つの井組の關係は、最も水論を生じ易いものであり、殊更に縷説を要しない程事例も豐富であるが、此の西川右岸の村々は上流部との間に、上流の惡水排除の困難の爲に、是等の村が水門を設置して引水量を增加せんとするの希望も容れられず、又對岸（左岸）は何れも天領の村々によつて占められ、本家・分家の關係にある長岡・三根山の兩牧野氏の領である右岸村々よりも遙に强勢で、引水の妨を受ける事が多かつたから、洵に用水に就いては、四周を强國に圍繞された孤立國の如き困難な地位に在つた。寶永八年に長岡・三根山兩領の三十ヶ村が上流の村を相手に、西川への分水量の增加を要求して敗れて後は、格別な用水量の增加策もなく、今は唯自らの內部に於ての分水に留意し、適切な措置を講ずるの他手段なきに至つた節、正德元年（寶永八年）七月、兩領間には次の樣な分水に關する證文(18)が取替されてゐる。

一　西川筋懸筒村方相談之上無堰に相極申候事

一　此後何程に渇水致候而茂少々ニ而茂堰申間敷候事

一　川西御料村々にて若堰仕候ハバ其向村より早速差留可申候　其上にも理不盡に堰仕候ハバ我々共支配地之內川半分はかたく爲致間敷候　向方川半分之儀茂隨分致斷はらはせ可申候樣可仕候　其上にも我儘申候ハヽ、假令御公儀沙汰ニ及候共各御一所成はらハせ申候樣に可仕候事

渇水に際して西川沿ひの村が、銘々勝手氣儘に川筋を堰止めて引水した事が、一層用水の不足を生じた原因である

事を認めて、之の撤廢を約すると共に、其の對岸を占める天領村々との關係に於ても、若し對岸から堰止を行つても此方から差留め、倘相手方が理不盡に之を强行せんとしても、河幅の中央部を境とし、殘る此方の岸側半分のみは絶對に堰を許さゞる旨を誓約したものである。

西川の沿岸は、其の兩岸の上・下流に無數の取入口を持つ堰の存在によつて、一定量の水を爭ふこと愈ゝ激しさを加へると共に、其の流域が幾多の藩領に分割せられ、これが一層水論を激化せしめた傾向が濃厚である。殊に一本の水路に沿ふ狹長な地域が一單位となり、一領主の支配下に屬する事の多かつた特殊事情が、斯る用水爭論に於て、地域的に利害を等しくすると共に一領としての結束を得るにも便利であり、倘更水論を激化せしめた事は否定し難いであらう。川幅半分以上には、對岸他領側の堰を延長せしめないと云ふのは、弱勢な右岸村々の最後的な自衞策であり、堰たる以上河幅を横斷せしめて築造しない限り、其の機能を發揮する事は不可能であるから、この決議は結局自らも堰止を行はないと共に、對岸の相手方にも亦行はしめない事を意味するものであつた。

4　農業形態の差異に基く引灌適期の不一致

溜池の如く用水の供給能力に或る限界があり、而も其の全水量を以てしても、倘稻作の全生育期間の需要量を充し得ない時には、如何なる時期に樋を拔放つて溜水を利用するかは頗る微妙困難な問題であり、池下村々の農業形態の差異も之に影響して、甲村は田植水の不足を池水を以て補ふべしと唱へ、乙村は田植は天水にて賄ひ、生育期間中の補水に池水を引用すべしと主張する等甲論乙駁、池水の引灌適期に對する兩村の見解の相違が水論を惹起することがあり、泉州堺東郊の大仙陵池水の樋拔の時期を廻る舳松・中筋の紛爭は此の好例をなす。

等しく貯水池であつても其の規模が大で、近隣地域の水田農業が其の用水に關しては全然其の溜池の水に依存してゐる如き場合に在つては、例へば讃岐國滿濃池の如く、初揺拔の日時も、恆例として多年定り來つてゐる掟があり、其の爲に引水期に就いての紛爭を生ずるが如き事もないが、大仙陵池の水は所詮耕作期間中の補助水に過ぎないものであり、天水との併用によつてのみ其の意義を發揮し得るに過ぎないから、其の少量の補助水を如何にして最も效果的ならしめるかに就いての對立が、舳松・中筋の水論の根本原因である。

寶永三年此の兩村は、植付期日の協定の不調によつて爭を生じたが、此の場合の舳松村の主張は次の如くである。

大仙陵池は外の池とは異つて水溜りが惡く昨年八月から當年四月迄に漸く二合程の溜りに過ぎなかつた。其の上百餘町步の池懸りを持つことでもあるから、右の池水の引用は池下村々に都合の好い樣、夫々勝手に引灌する如きことは到底不可能で、常に池水の節約を心懸け、當年の如きは荒苗代水は當然天水を以て賄ふの他なく、舳松から中筋へ右の旨を通達した處である。然るに中筋は右の申出に應ぜざるのみか、籾蒔の時期に就いても舳松との協定に應ぜず、一・二日の遲速を取上げて問題とし、遂には勝手に代官所へ訴訟して中筋の望の儘に籾蒔を濟ませた。若し中筋の言ふ如く籾蒔を數日も早める必要があるとすれば、中筋よりも多分の苗代を持つ舳松が、自村の不利を顧みずして中筋に對して籾蒔を遲らしむべく申込をする筈はない。抑〻池元村たる舳松が、大仙陵池の樋の開閉を掌るのは當然で、中筋が之に承服せざるは不當である。苗の植付の時期に就いても、舳松村の役人も夫々相當規模の手作りを持つてゐるから、時期の善惡に就いては充分考慮を拂ひ來つてゐる。元來大仙陵池の水が、前年來の溜り水五合以下の時には、植付には池の水を使用しない爲に夏至の雨を待ち、夏至にも尙降雨のない時は半夏生雨を期待し、兎も角も天水で植付けるのが多年の例となつてゐる。從つて植付期は夏至から半夏生迄を最中と考へ來つてゐる。植付に池水を蕩盡しては、惣百姓・下作人に至る迄、賴みなき事に思ふから、池水の節用が必要な所以である、と。

中筋側は反駁して次の如く述べてゐる。

今年の田植は五月十日から十三日迄を旬と考へ、其の爲に籾蒔を三月十一日にする豫定であつた所、舳松は十六日と主張した爲に、北庄村庄屋の噯を以て、兩村共十四日に籾蒔を行ふ事に定つた。然るに舳松は十四日に籾蒔を行はず、十五日に中筋とは別に大仙陵池の樋を拔き、十六日に籾蒔を濟ませた。舳松・中筋兩村の、大仙陵池懸りの水田石高の比は、五三に對する四七で、斯る點から考へても、中筋に池水節約の心懸けがないとは云ひ得ない。

又植付の旬後れが稔りに惡影響を及す事は昨年の例に徵するも明かであり、中筋は夏至前後を植旬と考へ、昔から近在村々と同時に植付を行ひ來つてゐる。舳松には壹人で拾町或は六・六町、五町・三町と大規模な手作の百姓があり、之に反して中筋には最大三町より小は二—三反の手作人を有するに過ぎない事は持高相應と云ふべく、是は止むを得ない次第である。舳松の大高持にとつては植付の旬が遲れ、其の爲に收穫の減少を來しても其の生計に影響する所は少いであらうが、中筋に多い小高持の百姓にとつては、植旬後れの惡影響の及ぶ處は甚大であるから、一層植付の旬には注意を拂ひ、假令植付後に池水が絕え、井水を汲んで養ふ必要が生じても、中筋の百姓は植旬をさへ失はぬ限りは耕作に出精するものである。

以上の如き兩村夫々の立場の開陳にも拘らず、事件は未だ解決を見ず、中筋は五月七日に追訴を提出し、中筋が舳松よりも早期の植付を希望する理由が明白にせられてゐる。

即ち若し十三日に樋を抜き植付が開始されゝば、水上の舳松から順次に植付け、中筋の流末迄植付仕舞となるのは、大抵十九日頃となり、流末は遅植を來す。今年は舳松は半夏生過迄降雨を待つて植付ける決心の如く、出作百姓へも天水を以て植付ける様に命じてゐる。池水は少いとは云ひ乍ら、昨年の植付時分に比すれば餘程多いから、植付に池水を費しても、尙生育中に二回程は全水田を潤し得る水量の在る事は確かである。當村內今池の懸り水田も水不足ながら、今明日から池水を以て夏至以前には植付ける豫定である。昨年・今年と遅植が續いては下作百姓も下作の分を地主へ返却せんとする形勢に在り、斯くては地主も多分の手作りを餘儀なくせられる事となるから是非今明日中にも大仙陵池の樋を抜いて植付に取懸りたい、と。

以上で寶永三年五月の樋抜の時期に關する爭論の訴答文書は盡きてゐるが、中筋村庄屋孫太夫家の農事暦たる「老圃歴史」は、此の事件の結末を左の如く記してゐる。

大仙陵池水　三月苗代時水　池尻より八尺八寸　五月十三日ヨリ十五日迄雨溜三尺六寸五分　合一丈二尺五寸
植付水樋抜不申仕舞申候

右によつて中筋の追訴の出された五月七日から一週間後に、三日間に亙る降雨があつて、植付は此の雨水を以てし樋抜に至らなかつたのは勿論、溜水も三尺六寸五分の增加を見たことが判明する。尙此の年の其の後の池水の利用狀況は、

樋抜六月二日より　七月晦日殘水二尺七寸

とあるから、幸にも池水を盡す迄に收穫を得て、舳松側の豫見した如き結果となつたのである。

此の寶永三年の、植付期に至るも猶池水の貯溜が不充分であつた事を直接の契機として起つた舳松・中筋兩村の紛爭は、如何なる原因の齎した處であらうか。

大仙陵の池水が、池下百拾七町步を養ふに甚だしく不足であつた事情が最大の條件である事は冗說する迄もなく、又舳松が池元と自稱して池の支配權を掌握してゐた事に對して、中筋の承服し得なかつた數々の事件が、兩村の感情的な對立に迄發展してゐた事も無視し難いであらう。

然し舳松・中筋兩村の土地所有、及び耕作の規模の大小の相違が其の主張の根據となり、大高持、大手作の多い舳松側は、出來得る限り池水を節約して植付に用ひず、池水は專ら生育期間中の養水に當て、旱天の永續する時には此の方法によつて全水田から幾分の收穫を收め得、全體として一應の稔りを確保するのを得策としたのに對して、中筋には小規模經營の農家が多く、一旦植付をさへ濟まし得れば、其の後の養水は井水利用の人力灌漑に依存してども、或程度の收穫を期待し得る事の可能性を根據とした主張とが、相反して論爭となつた事は重視しなければならぬ。

中筋の田地が舳松の流末に多く、舳松の主張する期日に植付を行へば、中筋の流末部は更に數日の遲延を見るのは必定であり、既に植付期の遲れてゐる上に、更に數日の遲延が收穫量に大なる影響を及すべきことを憂ふる中筋の立場にも留意する必要がある。一般に植付期が他地域に比して遲く、專ら夏期の高温によつて苗稻の成育を期待する和泉地方の事であるから、植付の一般的な遲延の上に、更に數日の遲延が、中筋にとつて甚だ重大であつた事も、中筋の主張を一層强硬ならしめた一因であらう。

（1）拙著「近江經濟史論攷」三一五頁
（2）岩田孝三氏稿「越後低濕地に於ける灌漑水利問題の研究」「地理教育」昭和十二年三月臨時增刊「鄕土の地理」第二輯所收
（3）「澤所沿革史」二〇七頁以下
（4）滋賀縣東淺井郡七尾村相撲庭　宮川宗作氏所藏文書
（5）「蒲生郡誌」第五卷三六頁
（6）滋賀縣蒲生郡鏡山村岡屋區長保管文書
（7）（8）蒲生郡苗村大字岩井保管文書　宮井に懸る古文書一束
（9）新潟縣西蒲原郡粟生津村　和田慶太郎氏所藏文書
（10）山梨縣北巨摩郡穗坂村三つ澤　三枝善衞氏蒐集文書
（11）滋賀縣阪田郡大原村の內他領四ヶ村保藏文書
（12）犬上郡高宮町役場保藏文書
（13）（4）に同じ
（14）「老圃歷史」堺市立圖書館所藏寫本　中筋村舊庄屋孫太夫家南治好氏文書の寫。「老圃歷史」は同家累代の當主の執筆に懸る同村及び同家に關する農事曆の覺書に附せられた名である。
（15）（16）（4）に同じ
（17）栗太郡葉山村手原　里內勝次郎氏所藏「一ノ井對神ノ井水論文書」
（18）西蒲原郡粟生津村　和田慶太郎氏所藏文書　正德元年七月「爲取替申證文之事」

第二節　近世用水論の特質と其の意義

近世のそれと對比せらるべき中世用水論の特質が何であるかは、今遽に明かにする事は甚だ困難である。然し中村吉治敎授の諸論稿、寶月圭吾助敎授の著作等(1)によつて其の輪廓の大體は窺ひ得る。卽ち小規模な莊園領主による用水施設の私的經營と云ふ事は中世灌漑の一特質であり、小領主の對立が用水論にも反映して、諸莊間の用水爭奪戰は相當に熾烈であつた。殊に莊園内に武家勢力が擡頭して從來の莊園領主の勢力を排除して後も、其の上に全國統一的な政權として君臨し、用水に關しても最高の統制者たるべき幕府の統制權の微弱であつた事は、斯る傾向に拍車を加へる結果となつた事は止むを得ない次第であつた。

莊園内で武家勢力が支配權を掌握し、而も其の武家も大が小を併せて大名領知制を形成して行く過程は、所謂戰國期に典型的に現はれる事柄であるが、中世末と見做し得る此の時代は、領主間の武力闘爭に伴つて用水の爭奪も最も活潑であり、用水の舊秩序を打破して、近世的或は更に現代に迄も生命を保つてゐる、新しい用水の規範の確立せられて行く時代であつた。又斯る支配層に於ける動搖の反面に於て、用水を直接に引灌利用する村落自體の内部に於ても、古い莊園制下の村落から、近世的な村落への變質に伴ふ村落相互間の爭が生じ、是等が一層用水論を激甚悽愴ならしめた事は否定し難いであらう。

用水爭論が武士の參加介入によつて大規模な暴力沙汰に及び、特筆すべき事件として當時の記錄に記されたものには、例へば近江一國を例にとつても、寛正五年の、相國寺鹿苑院領の愛知郡安孫子と押立との間の鬪爭、或は文明十一年の阪田郡上坂・三田兩庄間の戰死者六百餘人と云はれる爭の如く、又天正六年(2)の甲賀郡夏見村に於ける、吉永・三雲・柏木三村の水合戰、年代不詳ながら天文頃と考へられる、阪田郡姉川筋の相撲庭と上坂・堀部との爭鬪の如く實に枚擧に遑なき程である。

然し織田・豐臣兩氏の出現による近世的秩序の成立は、用水論の形式にも大なる變化を齎し、全國統一的な中央政權による、或は其の出先機關及び其の幕下たる大名による用水秩序の整備は、民政事業の一環として强力に遂行され、其の裁決によつて半永久的な用水の規矩が成り、江戸期以降の用水論は、斯く一應安定した地盤の上に生じた水論であり、暴力に代る又用水訴訟の手續の幕府による制度化と普及とは、愈〻中世に見た如き規模の暴力による戰鬪を減少せしめ、水論文書として現代に殘存する如き形の水論へと變質せしめたのであり、茲に近世用水論の一特質を把握し得るであらう。

勿論武力に訴へる直接の爭鬪は著しく減じたとは云へ、水論其物は、水田耕作が我國農業の主體をなし、而も用水の供給策に劃期的な進歩の見られない以上は、決して容易に終熄すべきものではなく、山問答と並んでの水問答は、農村の年中行事とも云ひ得る程に一般的な現象であり、水論の規模も、地方領主或は其の代官の裁決によつて短時日に收拾し得た程度のものから、他領を相手とする數萬石の區域に亙る用水組織の對立となり、江戸訴訟の十數年間も繼續する、中世のそれとは形を變へた大規模な水論も往々見出されるのである。然し近世に於ける水論の形式は、其の水論の發生地域の人情・氣質の如何が、激烈の度に影響した所もあらうが、各地域の農業事情、例へば、水田の開發が既に極點に達して元々水量に餘裕の乏しい地域であるか、或は其の逆に水量に比較的惠まれた新しい水田地域であるかによつて差異があるべく、又一毛作田地域で、專ら夏季の用水供給事情の如何が、住民の生活の全體を規定する場合と、水田作に並行して畑作が普及し、而も其の畑作が、換金作物を主としてゐて、幕府及び諸藩の共通の方針たる、米作第一主義が表面的には遵奉されながら、農民經濟の內實に於ては、寧ろ既に水田が從たる位置を占めてゐる場合の水論は、其の水論の頻發度に於て、又繼續の事情に於て、相應に複雜な問題の伏在する地域であつても、水論の背後に在る農民の、水論に與る心理に於ては、それ程切實な差迫つたものは存しなかつたであらう。例へば堰水路の疏通以來の二百餘年間を、殆んど上鄕の淺尾堰組と、下鄕の穗坂堰組との對立抗爭事件の繰返しの裡に過して來たとさへ思はれる甲州朝穗堰組の用水論に於ては、上流に在つて水量を專らにせんとする淺尾堰と、成るべく多量の水を穗坂堰の水路に迄引灌せんとする下流との對立は、既述した如く幕府の年々派遣する分水役人たる御普請役の取扱を廻つて、虛々實々の陰性的な術策の應酬を見出すのであるけれども、暴力による爭鬪事件の如きは、不思議に殆んど記錄に殘つてゐない。此の事は幕府の手による用水の分配が、兎も角も行はれて居り、其の用水統制力によつて、暴力による解決を求める迄の必要のなかつた事も重要な一因であらうが、用水流下量の增加に肝膽を碎いた穗坂堰組の村々も、其の根本は畑作村で水田作は從であり、寧ろ水田用水の確保以上に、飲料水其の他の日常用水に對する要求が強かつたのが內面の實情であつたから、その僅少な水田用水の爲に、生命を賭して迄の激烈な用水論へとは發展し難かつた事情も無視すべきではあるまい。

百拾七町步の水田の全生育期間中の用水を保證するに足る貯水量を有せず、其の分水に就いての極めて微妙な問題を爭つてゐた泉州堺郊外の大仙陵池懸り、舳松・中筋・北庄・湊四ヶ村の間の用水論も、訴訟の應酬文書の面にこそ委曲を盡した苦心の程が看取されるが、此處でも水論其物はそれ程激烈であつたとも窺はれ難いのである。棉作を主とする畑作が半を占め、米作のみに依存しないその農業の多角性が、著しい用水不足にも拘らず、水論の激甚化を防止するに幾分の作用を營んだからであらう。

以上の二例に反して、皆田地域であり、冬季の積雪のために米作の單作を餘儀なくせられる越後の低地では、和泉等には比し得べくもない用水量の豊富な地域であり乍ら、用水引灌の技術的方面に於ける缺陷、或は藩領交錯の影響による用水分配の不合理も重要な基底をなすであらうが、江戸期以降にも水論犧牲者の生じた事例を屢〻發見する。固より用水爭論は幕府・諸藩共に堅い法度であり、暴力の使用によつて犧牲者の生じた時には、其の責任者は極力追窮せられ、關係村々の耐へ難い迷惑の因ともなるから、水論が昂じ、口論が暴力沙汰へと發展して傷者・死者を生じた場合にも、其の内容は極力隱蔽(3)せられる事が多かつたから、事實は記錄に殘る以上に、水論の暴動化の事例は數多いのであらうが、死者を生じた事を明かに記す文書の今に殘存してゐる事自體は、他地域の水論に於ける隱微の間の犧牲者よりも、越後地方には斯る事件がより多く存した事を推察せしめるのである。即ち其の一例として嘉永元年(4)、西蒲原の鎧潟に近い櫻林村の堰を廻つて、櫻林と馬堀・中野・富岡・東津雲田四ヶ村との間に生じた堰止取拂一件の爭論に、櫻林村の百姓由右衛門は疵を受けて死亡し、組頭長左衛門は負傷を被つた事件を起し、四ヶ村側は愁傷金其の他として、合計金百兩を櫻林村に手交した請取一札が殘つてゐる。類似の事件の頻發したことを暗示するであらう。領主の上に立つ封建體制の最高中央權力者としての江戸幕府の存在があり、其の全國統制力が鎌倉・室町兩期のそれを凌いだ近世に於ては、領主自身が直接武力に訴へて爭ふと云ふ實力の爭鬪による用水爭論は起らなかつたけれども、領主間の交渉によつて解決の途を見出し得る如き用水論に於ても、或は幕府の裁決によつて合法的に平和裡の解決を得る場合にも、背後に在る藩としての領主勢力の强弱が、爭論の勝敗に與つて力あることは洵に著しいものがあり、一應合法的とは云ひ乍らも、直接的な實力に訴へない限りに於てのみ合法的で、其の裁決の歸趨には、領主間の實力鬪爭による結果と何等擇ぶ處のない樣な結末を見たことが甚だ多かつた。此の點はいみじくも「民間省要」の著者の道破した所に符節を合してゐる。例へば近江國湖東低地に於ける諸河川の配水問題に關して、彥根藩が如何に自領保護的な態度に終始し、中世以來多年の慣行となつてゐた分水の秩序をさへ變更せしめんとしたかは、阪田郡姉川筋大原庄の彥根領十ヶ村と他領四ヶ村との取扱に於ても明瞭に察知し得る處であり、越後國蒲原郡西川筋沿岸の用水論に於て天領の發言權が强く、長岡・三根山の兩小藩領を壓迫した事情も亦前節に詳述した處であつた。一般的に言つて、領主相互の關係に於ける領主としての壓力は、天領に於て最も强大である事は全國各地の實例から歸納して異論のない處であり、大藩であり、或は幕府と特別の親近關係に在るものゝ地位は之に次ぎ、又假令小藩であつても、領主が時の幕府の要職に在る當路者であり、又寵臣である場合には、大藩の威を凌ぐ事が屢〻であつた。信州梓川流域の上下・左右の河岸に並立する幾多の用水組合の中で、井堰の創設年代と其の井堰の自然的位置に於て、必ずしも最强井組たり得るの資格條件を具へてゐない和田堰組が、江戸期を通じて、其の灌漑區域が天領である事によつて地位を强化し、必要量以上に多量の用水を吸收し、明治以後も永く梓川流域の水利統一事業に難點をなし、江戸期二百數十年間に獲得した特權的地位の放棄を肯んじなかつたのも、又同じ信州夜間瀨川の八ヶ鄉が、夜間瀨上流水源地域の獨占的支配權を掌握して、用水引用權の强力を誇つたのも、何れも幕領としての背後の政治的勢力の强勢を用水支配の上に表現したものに他ならなかつた。斯る封建的秩序に於ける階層的構成の有形・無形の權威の優劣が、各井組及び井組內各村落の用水權の强弱を決定する重要な要素を成し、用水慣行に於ける封建的性格の釀成に寄與した事は決して僅少ではない。又幕府が地域的に相當の纏りを持つた大名領地を設定する事を避けて、所謂飛地の形式を持つ、分割した小地域の所領を交錯して配置せしめた處では、各大名領毎に組織單位を成して對立抗爭する水論の發生は之を防止し得ても、これは單に用水爭論の關係地域を小範圍に限定するに成功したに止り、一村毎の對立を恰も一國對一國の關係におき、中世に於ける小莊園相互の對立抗爭の現象を再現せしむることになつた場合も少くはない。

勿論用水關係は斯る政治的な分立を超越して、一個の用水に結ばれる地域を組織化し、領主の關係を無視して一體化せしめ、他の用水組織との爭論を惹起す事も尠くはないのであるが、上述の如き領有關係の影響が、より優位を示す場合が甚だ多いので、敢へて特筆を試みた譯である。

封建的秩序の下に支配せられ、其の間に幾多の不合理な陋習を生ぜしめた江戶期の水利慣行も、其の支配者たる領主が廣い地域を併せ領し、領內の水利開發と合理的利用に留意した處では、假令封建制下のものであるとは云ひ乍ら、可能な限りに於て近代的とも言ひ得べき用水統制が行はれ、現代に於ても著しい改更を加へる餘地のない迄に整備せられてゐた場合も尠くない。加賀藩の用水管理、尾張藩の領內水利の一元的統制等が之に屬する。然し一河川を水源とする一聯の井組を統一し、共通の取入口を設置して水量の合理的分配を行ひ、節水と共に流末の不安を除去し、且井組每に年々建設するに要する井堰普請の冗費を省き、配水に浪費する勞力を節する事業は封建制下に於ては未だ企て得べきものではなかつた。個々の井組の夫々に異る堰止權・引水權の存在が、其等井組をして、本來的な特權に基くものゝ如く誤信せしめ、斯る意識が平等的・合理的な配水法の樹立を拒み續け來つたからであつた。地下水源の大規模な開發、河川の上流地域に大堰堤を設置しての水源の充實、人工灌漑地域に於ける動力の導入等は、尙更現代に至つて漸く實行の緒に就き得た問題であるに過ぎない所以である。

(1) 本書第一章第二節の論述參照のこと
(2) 「滋賀縣史」卷三　四四八―四四九頁
(3) 「丹波寅天堰水論騷擾史」人見自治夫氏稿　京大農學部農林經濟學科に於ける昭和十一年度黑正巖敎授農史演習報告、氏の祖父が寅天堰の水論に橫死せるを記してゐる。
(4) 新潟縣西蒲原郡漆山村馬堀區有文書　嘉永元年申七月「熟談濟口證文之事」及び「請取申金子之事」

第九章　水利問題・水利慣行の地域的構造

用水の引用利用法の上に地域的個性の存する事實は、夙に江戸期の諸學者も認識し指摘してゐる處であり、本書に於ても既に第二章に概略の紹介を試みたことがあつた。かの「隄防溝洫志」「地方汎例錄」の記載に現はれた江州の井戸、筑後・肥前の用水堀と人工揚水、上方・中國筋の畑へ灌ぐ井戸、中國筋の揚水器具としての踏車等は、江戸中期に於て特殊的な灌漑手段であつたと共に、其の中には現代に迄も其の儘の様式を殘存せしめてゐるもの、或は水源の様式は舊來の儘であり乍ら、揚水法に多少の改良を經て前代の面影を偲ばしむるに足るもの等、江戸期の斯る著述も日本國內數個の特殊地域に於ける灌漑法の特色を示すと共に、勞力本位であつたと共に現在も尙さうである日本農業の特殊性を遺憾なく描き出してゐると考へられる。

今全國的に灌漑用水を水源の種類によつて大別すれば、資料は稍〻古いが（明治四十年農商務省農務局、田の灌漑排水狀況調査）次の數字を得る。

河川　六五・三二％（就中東北日本に多く、埼玉八一・九七％、新潟七四・六〇％、岩手七三・六一％等）

溜池　二〇・九〇％（西南日本に多い。香川六七・二八％、奈良五六・六五％、大阪四六・四七％等）

泉　五・三九％

井戸　　一・二八％
湖沼　　〇・九六％
其他　　六・一五％

河川・溜池・湧泉の三者の合計は九一・六一％にも達して殆んどを占め、他の井戸・湖沼等は其の特異性の故に目に觸れ易いが、全體的な意義は甚だ微弱である。而して水源別に各府縣の率を檢討すれば、河川を水源とするものは東北日本に壓倒的に多く、埼玉・新潟等の大河川及び其の支流に惠まれた地域に典型的に現はれ、逆に溜池は香川・大阪・奈良の西日本、瀨戸内を廻る寡雨地域に集中的に見られるのである。

東北日本の水田は江戸期以來の開發に懸るものが多いとせられる。例へば莊内平野に在り、最上川に水源を求めた當地方屈指の大井堰たる北楯大堰(1)は、慶長十七年、當地を知行せる最上義光の重臣北館大學助利長の開鑿に懸り、不毛の荒野の多かつた三千石の地域に注がんが爲の施設であり、水路疏通後の開拓の發達は洵に著しく、承應四年には既に二萬四千餘石の水懸り高を擁する程の變化を示してゐるが如きである。斯く開拓の完成後は其の水田化率の高さにも拘らず水源は豐かであり、越後低地の如く殆んど皆田地域と言ひ得べきものが生じても、その用水を廻る紛争は、絕對量の不足に基因するよりも、既述の如く低平な地形から來つた上流の惡水排除と下流の用水との利害の衝突に起因するものであつて、洵に釋淨因が秋日は水多けれども水廻しの法あしきによつて不足するなりと觀破したことの正當なるを痛感せしめられ、斯る狀態が東北日本の共通性として認識せられる。

尤も東北日本には江戸期以降の開發になる水田が多きを占めるとは云へ、會津風土記の記述を信賴すれば、會津耶麻郡の駒形堰の如く、所在の小地頭間の折衝によつて應永二年六月朔日に其の功の成つた事を傳へるものがあり、又用水分配の規約を定めてゐる年代の明白なものに、同じく會津河沼郡下金澤村の栗村堰の元龜元年三月、耶麻郡小田付組下柴村小松堰の下柴・平林兩村の場合は、慶長九年六月の、領主蒲生家によつて立てられた置目條々が見出されるから、東北日本と雖も、部分的には夫々の領主・地頭によつて疏通せしめられ、或は用水分配法の確立せられた事例の存したことは疑ひない。

越後低地の例は暫く措くとしても、加賀・越中は其の南境に在る高山地域の冬季の積雪量を、絕ゆる事なき春夏の貯水源となし、扇狀地々形の緩傾斜を利用して縱横に放射狀の水路網を形成し、耕地の水田化率は越後に匹敵する。

關東低地の開拓も江戶開府後に至つて面目を改める進捗を見たが、伊奈家累代の治水技術も未だ其の全地域を耕地化するの域には達せず、江戶中期に至つて尙利根に水源を求め、十七・八萬石の區域に跨る、西日本には類例を見ない大規模な灌漑區域を擁する見沼代用水路を開鑿せしむる餘地を殘してゐた。引水施設をさへ充實すれば、用水の供給には事缺かない大河川に近い低地部の水田化には、溜池築造の必要も少く、水門と用水路の營築とで事足りてゐた。此の地域に開鑿年代が古く、引水慣行に特色のある溜池の存しないのは、上述の事情に由來し、上總山武郡の雄蛇池の如きも、同じ關東低地の中に含ましめ得ないものではないにしても、其の關係地域が所謂關東低地の範疇に入らず、引灌すべき大河川が近くになく、平地の廣さに比して山が低く谷が淺く、水田化せられた平地部の稻作を保證するに足る水源を見出し得なかつた爲に、慶長年間に幕府の手によつて營まれたものであり、從來の見取場を定免地に收めんが爲の溜池築造で、上揭の地形的な制約によつて、河川に依賴し得ない結果として造られたものであり、同じ溜池とは云へ、溜池灌漑に水田耕作の總てを托して、到る處濃密な溜池の分布を見る西日本の溜池地域の場合とは稍ゝ異つた性格のものである。

中部日本、殊に中央高地に挾まれた諸低地の農業は、養蠶業の勃興以前たる江戸期から、其の扇狀地々形の水の制約によつて、畠作が水田作を凌ぐ位置を占める場合が尠からず、甲州金川・信州夜間瀬等の流域に其の好事例がある。然し斯る地形を有する地域では、自然條件の上からも、水田の開發を一定限度以上に進めしめない制約が強いが、貢租としての米作の發展を冀求する領主的立場からの奬勵保護と、又雜穀のみの畠作よりも、米作を希望する農民的立場からの要求とが玆に合致して、少面積ながらも水田を開き、之を維持せんとする努力は、信州夜間瀬川扇狀地上の用水問題、甲州淺尾・穗坂堰筋の用水と水田維持との關係等に窺ひ得て、日本農業に於ける水田の極度の重視が如何なる根據に基き、又如何なる手段を加へる事によつて推進せしめられ來つたかを察せしむるに足る。

右の如き事情から、江戸期を通じて扇狀地及び原野の水田化は急速に進捗し、水田と爲すには土質が火山灰土であり、最も自然條件の劣惡であつた王朝時代の甲州穗坂牧の故地であつた茅ヶ岳山麓の入會牧場地も、鹽川を堰止めて八里の上流から引水する用水路の開通と同時に、水路開鑿の發起者たる村役人及び關係村の寺社に對しては、夫々に水田化を條件に荒蕪地が無償で下付せられて開拓の促進が計られ、全體から見れば少面積であつても、淺尾・穗坂の堰筋にも遂に水田を見出し得るに至つたのである。とは言へ其の產出する米の質は不良であつて租米とは爲し得ないものであつた爲に、爲政者・農民共通の願望に背いて、貢租は代金納を餘儀なくせられた程の劣惡米の生產しか獲得し難かつたのである。漸く八里の堰筋を通じて開き得た水田の面積は八ヶ村分を總計して一〇〇町步に滿たず、僅少量の劣等米の生産の爲に注がれた努力に對しては、甚だ報はれざるものであつた事を示すのであるが、此の場合にはその結果よりも、其の過程に注入せられた努力に、用水問題に於ける其の意義の重要性を認識すべきであらう。

西日本は前述した東北・中央日本の場合に比して、用水の秩序・慣行の成立年代の一段と古いものが多い。是等の事實には西日本の開拓年代が東部よりは一應古いことに重要な根據があり、又近世的秩序の組織に與つて力のあつた封建領主の成長、或は村落の自治的傾向の確立した年代の古い事が有力に働いてゐる。美濃國席田井組の分水制の完成は、永正から寛永に亙る百餘年間に、中世から近世への胎動の波をより鋭敏に感受し、地域的には此處が西日本とは見做し難い地域であつても、其の用水秩序の形成に作用する政治的動搖は、尾張・近江等と等しく、中央的な變化の影響を逸早く被つてゐたもので、此の點から云へば、水利慣行の成立過程上の性格は西日本的とも稱すべきものであらう。美濃に隣接する尾張・近江も、信長・秀吉の如き中央的性格を持つた支配者の本據であつた故に、他地域に先んじてより早く、是等の支配者の制定した近世的用水秩序の確立が見られたのである。

西日本には二・三の特殊地域を除けば、東日本の如き廣濶な低平地は乏しく、而も其の狹小な低地も、既に大部分水田化せられて畠地は少く、而も此の矮小な單位に分立した水田地域を灌漑する用水の慣行は頗る錯雜し、歴史性に富む事に於ては遙に東日本の水田地域を凌ぐものがある。

西日本の畑作卓越地の二つの型を代表するものとして泉州堺の近郊地域と、四國の吉野川流域とをあげ得る。堺近郊の畑地は、上々畑の石盛が二石二斗にも達してゐて上々田のそれと等しく、田の斗代の高いこと以上に、其の畑の石盛の高率なことは、全國中他に之と比肩する地域を見ない程である。米作以上の收益を得た畑作物としての棉作の

普及と

往古者堺浦へ唐船入津仕堺町繁昌に付作物何によらず作出し德用茂御座候故ヶ樣之斗代高ニ相成候由(2)と現地の農民自らの謂へる如く、中世以來の堺の繁榮に伴ふ、近郊農村としての性格に由來するものであつた。然し高收益を得る棉作の爲に、畑地の多くの部分を之に向けると共に水田にも米作に代へて棉作を行ひ、棉作田・棉作畠へも、水田と同樣に池の水を拔いて灌漑し時には買水をも之に注ぐ等、江戸期に見られる本邦の畠作地域としては、特殊な集約性を現はしてゐる。

他の一の型たる四國の吉野川流域は、その中央部を貫流する水量の豐富な巨流吉野川を控へながら、古來此の地域に就いては著名な灌漑水利事業を聞く事もなく、又現に施設もなく、豐富な水量と沿岸低地の農業との遊離した結果としての畑作の卓越がある。然し江戸期の阿波平野は、全國的にも有名な特產の藍作が農業の大宗をなし、水田作は之に從たる關係に在つて、移入の米穀と甘藷を以て主食の不足を補ひ、國產藍の移出による貨幣收入を以て藩庫の均衡を保つてゐた國柄である。洵に嘉永三年に名東郡早淵村の里正後藤庄助の上申書に曰ふ(3)

北方筋（吉野川流域）ニ而ハ藍園專御產物藍玉多ク出來仕候而　御國益之儀ハ廣大之御儀ニ候得とも畠作勝ニ御座候ニ付　自然飯料米御不足ニ付　撫養表ハ格別　其餘御國端之義者　御隣領より米穀餘程入込不申候而ハ、行足リ不申候趣ニ相聞申候

と言ふ農業の實狀であつた。而も吉野川の利用は殆んど行はれず『大河乍相控　只下々通船便利而已ニ而强而御國益ニ相成不申』有樣であつた。之を隣國讃岐に比較するに、讃岐は石高十八萬千五百石であり、阿波吉野川流域地方は

土地の廣さは遙に之に勝りながら、石高は十二・三萬石に過ぎず、其の生産額は六・七步程に止つてゐたのである。

斯る米作の不振を是正し、藍作と稻作の並行計畫を樹立すべく、經濟的並に軍事的見地からの食糧自足と、藍商の繁榮に伴ふ商人的農民の續出を制して、本來的な姿の農村を維持する事の必要に目覺めたのが彼後藤庄助であり、水利を開き、かりに畠の半を水田に換へても四十二萬石の米を得、二十萬石を國內の食糧に消費しても、尙二十萬石の餘剩を得、これは藍玉の德用と飯料不足とを相殺して得た利益を遙に凌ぐことを主張の根據としてゐる。彼は尙述べてゐる。吉野川に匹敵し得る巨流で、水利開發の行屆いてゐるものには、木曾川・多摩川がある。尾張は木曾川から引いた二本の用水路によつて、如何なる旱魃にも水田作の用水は潤澤であり、多摩川も江戶から十三里上流の山口に堰を設け、田用水と江戶の呑水との兩用に供せられてゐる事例を引き、木曾川に劣らぬ大河である吉野川の、灌漑用水源としての價値の再認識の必要を說き、大規模な井堰の築造によつて、水田への灌水と共に、旱魃には藍園の灌漑にもあて、從來の野井戶・刎釣瓶を利用する人力灌漑に代らしめる、一石二鳥の策を立てんとするのが庄助の上申の內容である。

阿波平野に於ける水利事業の不振は、後藤庄助の上掲の上申のあつた幕末嘉永年間と、現在との間に著しい變化もなく、讃岐・伊豫の西日本型を代表する溜池其の他の零細な水源を利用した極度の集約的水田農業、或は土佐に於ける江戶初期の水利開發による大原野の水田化の數々の事例に接した目から見れば、藍作の滅亡後は桑作に、更に雜作畠に轉化を遂げた儘で、水田化に就いては著しい發展を見ない儘に過ぎ來つてゐる阿波は、封建制下の特色たる、軍事的見地から來た後藤庄助の食糧自足の主張に基く水利論の前には、全幅的な贊意は表し兼ねるとしても、水田化の可能性を放棄して畑地の狀態に止め、金肥を購入して商品的作物の栽培を專にした阿波は、用水問題からのみ觀察しても、寡雨寡水、而も都市的農業を營むに好適な環境を有した和泉・攝津とも異り、水田農業の支配的な本邦に於ては、一の特殊的例外地域たるの特色を具へてゐる。(4)

瀨戸內沿岸一帶の地域は、寡雨地帶であると共に、溜池灌漑の卓越による水田地域であり、寡雨と其の惡條件を克服する水田耕作との關係に、最も尖銳化した水との鬪ひ、人智を盡した用水利用法の慣行等が見出され、本書の主題たる水利慣行研究には重要な對象地域となる。

寡雨な點に於て又溜池の占める用水源としての重要性に於て、讚岐は瀨戸內沿岸の溜池灌漑農業の特質を最も集中的に表現してゐる。溜池國讚岐を代表する滿濃池下では、水田耕作に於て用水需要の最大量を示す植付作業の用水から、既に全く池水に依存し、收穫に至る迄池水の供給に全生育期間を委ねてゐる。大阪平野の狹山池下、或は大仙陵池の池下が、植付水は天水に、生育期間中の水を池水に仰いでゐる場合に比して、滿濃池は池懸りの面積の割合に、貯水量が豐富に豫定せられてゐると言ふ事情に基くことも考へ得るにしても、讚岐が和泉以上に寡雨地域で、水田農業の持續に、より多くの貯水設備を要する事情を裏書するものであらう。

溜池水の不足分を補ふものとしては、讚岐滿濃池下たる丸龜附近の水田地域では、土器川其の他の諸川の伏流水の湧出した泉たる「出水《でみづ》」の利用が重要性を持ち、攝・河・泉の地では、一枚の田毎・畑毎に掘られた井戸水の、刎釣瓶による揚水灌漑が危急を救ふものとしての意義を有し、大和の『隱《かく》し井戸』も亦同樣で、一戸當の水田經營面積の狹い事が、猶よく井戸水の人力灌漑によつて旱魃の危機を救ひ得るのであつて、此處でも主として人力に依存する限りは、水田作と零細經營との不可分の關係を示してゐる。既に述べた和泉國大仙陵池下の釉松と中筋の兩村が、大經營の多い釉松では池水を生育期間中の給水にのみ專ら使用せんとし、小經營の多い中筋では、池水を使つて植付を早く了へ、其の後の養水は井戸水によつても補給し得る事を、夫々の主張の根底として、池の樋抜の時期に就いて相爭つたのは、是亦上述の小規模經營者の井戸水利用の可能性を最も端的に表明したものと言ひ得るであらう。

大阪近郊の農村では、既に堺に近い大仙陵池下の場合に見た如く、寡雨地域であるにも拘らず、溜池・井戸による給水施設によつて水田作を行ふと共に、魚肥を中心とする金肥使用の普及、其の大都市に近い地理的地位を利用し得る等の諸條件により、夙に換金作物の栽培が行はれ、商業的農業の普及と共に、屢〻の旱損は富農による土地兼併の情勢を招來すると共に、町人資本の農業への進出も行はれ、堺に近い釉松村に於ては、大は六百數十石の高持百姓（庄屋階級或は商業者たるを表明する屋號をもつ地主）の存する反面に、全村百姓數の過半たる六〇％は、全く一片の耕地をさへ有しない小作百姓であつた事情は斯る現象の一の具體的な現れである。

池の築造の事は別としても、池水を貯溜する事自體に、既に多大の勞力・資本を投じた水であり、元來用水不足地であるから、危急期に於ける水田・棉作畠への、漸く一巡灌水し得るに過ぎない程の僅少の水量も、此處では絶大な價値があり、殊に作物の種類によつては、一巡灌水の效果をも直に貨幣的に計量し得るから、池の殘水が既に乏しく、池懸り一圓を一巡するに足らない時には、池下中の希望村に入札買水を行はしむることが廣く行はれ、江戸期から慣行的に存在してゐる事は、右の如き特殊な農業形態の地盤から生れた現象と解し得るであらう。

河川水源の不足は、溜池掘鑿の他、利用し得る限りの井戸・湧泉等を水源とする人工灌漑を出現せしめる。伊豫國國領川の流末右岸、海岸に程近い澤津村は、國領川が平素河水を見ない荒れ川で之を水源と爲し得ず、用水を得難い處から、井戸水を用ふることは大阪の近郊にも過ぎ、天保年間の著述である「西條誌」にも、檢地帳に記載せられた一村内の井戸數が二百數十、現實には更に多く四百數十個の井戸を有する事が記されてあり、夏季には村中の老若男女幼童に至る迄、晝夜を問はず井戸水を汲上げ、洵に雷雨の下る間のみを一睡の休息時間としてゐる情況が描寫せられて居り、其の水汲み歌の紹介せられてゐるのも、寧ろ悲慘と云ふべき情態である。澤津に近く條件の等しい數ヶ村を其の采地に含む西條藩主が、最初の一柳氏及び後に替つて入部した松平氏共に、斯る用水難の數ヶ村の救濟策に苦心を重ね、地元の反對を押切つて國領川上流部の船木村の内に池田池を設け、以て是等の用水不足に惱む村々に與へたのは、上述の村々を其の困苦より脱せしめ、米作を安定せしめんとの領主的な關心の現れであつた。

西條の西方數里、周桑郡の低地を貫流して燧灘に注ぐ中山川も亦荒れ川であり、其の中流部に當る周布村の附近では、堤外に湧泉が多く現はれ、河水に代つて用水源となり、江戸期以來「みづぐるま」「はねつるべ」を用ひての揚水灌漑を行つてゐる。而して斯る人工灌漑に要する勞力の特に著しく、旱魃年には耕作者の負擔を増す事が甚大であつたから、用水不足の年には秋の作德米の納入を廻つて、地主・作人の間に屢〻紛爭を生じた。天保年間に至り隣村庄屋の仲裁によつて、兩階級の間に、人工灌漑の勞力に對する地主側からの特別の援助の意味をもつ、人工灌漑の日數に對して一定の割合をもつ作德米の減免額を規定した、所謂「與《よ》荷《なひ》米」の協定が成り、昭和の初年迄、天水に依賴せず人工汲水によつて稻を育てた日數の長さに從ひ、荒田與荷、一番與荷、二番與荷と、反當一人役或は半人役の用捨を行ふ特殊の慣行が繼續してゐた。殊に此の與荷の中、「井手並與荷」と呼ばれる慣行の中心地たる北川大關の上流七ヶ所の泉懸りに於ては、昭和三年の大旱魃を期に、與荷米の授受を廻つて、地主・小作間に爭議を生じ、大正三年以來漸次採用せられて來た動力揚水施設が、小作人の手によつて行はれ、其の運轉費に多額の經費を要する事情が、小作側をして地主に對して費用の一部負擔を要請せしめ、事件は紛糾して幾多の曲折を經たが、昭和八年小作調停法の發動により、揚水ポンプを地主・小作の共同經營に移す事によつて落着し、多年の與荷慣行も遂に解消したのである。與荷慣行の發生は人工灌漑の集中的な存在と、早くから地主・作人の階級分化の行はれた事實が基盤となつたものであり、其の發生の經過を辿れば、人工揚水の辛苦の激しさが、早くから「飯料」の名によつて地主から作人に對する用捨米の制度として現はれ、之が度々の紛爭を經て、渇水度の强弱による人工汲水の日數を基準に、段階を設けた與荷米授受の協定の成立となつたのである。

西日本では藩政期から夙に極度の水田開發が行はれ、山林水源地方の荒廢の結果は、諸處に「涸れ河」を生ぜしめ、河表水に依賴し得ない爲に、河床を掘鑿して滲透水を汲みあげ、堤外の湧泉を利用し、上流部で未だ少量の流水のある所では堰を設け、是等の策の中の何れをも施し難い地域では溜池を穿ち、最後は無數の井戸を水田の畔に設けて灌水する等、河川以外の水源を求める方法にも種々の段階があるが、就中上述した國領川の沿岸では、方二—三里の小地域であり乍ら、上述の總ゆる灌漑の樣式が集中出現してゐて、西日本に於ける用水利用と水源開發の諸形態を一地域に模式的に現はしてゐる。

西日本の諸地方に於て、分水制度が組織化せられ完成してゐるもの丶多い事は、それだけ乏しい用水量の合理的利用が進み、水田化及び既存の水田の維持に於て、より高い段階に在ることを示すが、前代には見られなかつた新しい用水論の發生や、用水不足の現象は、作物の變化による用水需要量の増加が原因である事も屢〻ある。河内・和泉地方に於ける江戸期の棉作から明治初年以後の米作への轉換、又讃岐の甘蔗作から米作への變化が、滿濃池堤の嵩上げによつて增加した貯水量を以てしても、猶江戸期には見なかつた用水量の不足を體驗してゐる如き、更に讃岐の各池懸り水田の裏作としての麥の作付の增加が、池の貯水量の不充分を漸く感ぜしめる事となつて、村落間の用水分配に新しい問題を投ぜんとしてゐる如きは右の事例である。裏作としての麥作付面積の增大に伴ふ用水需要量の增加は別としても、棉花・甘蔗其の他の工藝作物から米作單一作化への傾向が、明治以後の用水需要を急增せしめたことは否定し難く、此の現象は江戸期以來の、換金作物栽培の卓越地域に特に著しかつたと考へられる。

明治以後と言はずとも、既に江戸期から、用水量の不足する極端な場合には、有毒水たる事を承知しながらも、これを田用水として利用せざるを得なかつた特殊な事例として、伊豫國別子銅山の排出する鑛毒水の流れ下る國領川の沿岸地域がある。鑛毒水による被害は「水口《みなくち》荒れ」として普く認められ、其の被害狀況も相當詳細に觀察せられて居り乍ら、猶其の川水を引用せざるを得なかつたのであり、其の被害を成るべく少くする爲に、原始的ながらも消毒法としての客土が考案せられてゐた。

西日本は東日本とは異り、江戸期以後に於ては、縱ひ大規模な引水施設を創設しても、之に伴ふ大規模な水田の開拓を行ふ餘裕に乏しく、唯海岸地域の干拓のみが殘された空間であつた事情に、既に第七章に於ても觸れた處であつたが、太平洋に面する土佐は、此の點では西日本の一例外をなし、阿波とも亦異つた、東北日本的とも云ひ得べき特色を具へてゐた。山内氏の入國後間もなく開始せられ、野中兼山を主班とする用水施設と、原野の水田化は、寛永から明暦に至る間に於て約十七萬石の新田を得たと稱せられ、農業生産の増加と、長曾我部時代以來の浪人群を、郷士として土着せしめる社會政策的な目的との、一石二鳥的な遂行を目指したものであつたが、約三十年間の短期間に、上述の成果を收め得た新田開發の成功と共に、江戸初期に於て猶も斯る荒野の殘存してゐた土佐の地域的特質に注目すべきであらう。

江戸中期以後に於ける西日本の新田開發は、海岸の埋立、干拓の事業として幾多の事績を殘してゐる。備前の興除新田、肥前・肥後の有明海沿岸の干拓の他、大河の注入する三角洲地先の淺海は、大抵干拓事業の對象となり、興除新田の如く幕府の出先機關たる倉敷代官所の斡旋、大藩としての備前岡山藩の主導によつて成功したもの、或は肥前・肥後・周防の海岸地域に於ける如く、夫々雄藩としての佐賀・熊本・萩の諸藩が、一藩の事業として强力に押し進めて功を遂げたものと別はあるが、是等の何れの場合に在つても、各藩の名宰臣として名のある爲政家が、新田干拓事業と形影相伴つてゐるのは留意すべきであり、更に又表面では藩營事業と稱し乍ら、其の內實の出資者、或は干拓完成後の田地の名請人によつて窺ひ得る如く、町人資本が此の方面にも相當程度の進出を遂げてゐた事實にも注意を拂はなければならない。海岸の干拓によつて獲得せられた新田地域は、吾國に於ては他に類例を見出し難い廣濶さと平坦、區劃整然たる地割に伴ふ直線的な水路と道路等に惠まれ、農家一戸當りの耕地面積も、古い開拓地である山手に近い地域よりも、遙に大である等の特質を有して、小規模ながらも機械力の利用し得べき、本邦では例外的とも稱し得る地盤を提供するものであるが、用水の點に關しては何れの干拓地も充分とは云ひ得ない。特別の深井戸或は掘拔井戸を設けて電力揚水を行ふものや、海岸に近い用水路に水門を設置して、潮汐の干滿に伴ふ「突上げ水」としての淡水を利用し得るもの〻他は、概して條件が惡しく、多くは冬季間に上流地域の餘水を引入れて田圃の間の用水堀に貯へ、之に溜池に似た機能を發揮せしめつ〻、機械力で揚水灌漑を行ふのが一般の狀況である。從つて興除新田の如く、米穀生產量の大を以て近隣に傑出し得ても、用水に就いては上流村への從屬を、無言の裡に强制せられた結果となつてゐる場合さへも、尠からず存するのである。最も新しい時代の開發に懸り、而も最も近代的な農耕法を採用しながら、用水問題に於ては最も封建的な慣行の制約を、他の水田地域以上に甘受すべく運命付けられてゐる事の皮肉さを痛感させられる。

（1）「北楯大堰誌」昭和十三年五月　山形縣東田川郡狩川町　北楯大堰普通水利組合發行
（2）堺市立圖書館所藏寫本「寛延年中御定免被仰付候節書付寫」
（3）「吉野川筋用水存寄申上書」昭和十七年七月　後藤捷一氏編並發行本
（4）戸谷敏之氏著「德川時代に於ける農業經營の諸類型」八一頁

第十章　日本農業に於ける灌漑水利慣行の基本的性格

一　政治的性格

既に屢〻繰返す如く、用水は水田農業を支配するものであり、農業が總ゆる生産の主體を爲してゐた封建時代に在つては、用水は實に經濟的活動の殆んど大部分を支配してゐたと言ひ得るであらう。從つて爲政者・統治者たる者は、用水の統制支配を常に重視し、考慮を拂はざるを得なかつた譯である。

政治的支配者の用水に對する關心の度合は、上古、王朝時代、中世、近世と、直接に農民を支配する政治組織の規模の大小によつて差はあつたが、夫々の政權の規模或は能力に應じて、水の支配・統制に重大な關心を注いで來たことは事實である。上代に於ける歴朝の治水事業は、今に其の名を留める多くの池となつて殘り、又王朝の興隆期には、水の支配に關する幾多の官符の發せられてゐるが如きが是であり、更に中世には、小規模ながらも莊園領主の積極的な關心が用水問題に對して注がれたのであつた。近世大名の場合に見られる用水施設の完備と統制法の制度化に就いては、後更に詳述せんとする處である。

封建時代に在つては、用水は領主の領有する土地と不可分のものとして、領主の統制下に置かれたのであり、領主側から言へば、領内生産の維持及び擴張の爲に用水の統制を強化したのであつた。領主の名による分水・配水の制の規定は、領主權の中に含まれた用水權を、農民に分割し用益せしむる爲の規定であり、太閤檢地以後の檢地帳に現はれた、一定の百姓數の維持と言ふ事と同様の意義を持つ事柄であり、一定の生産を確保する爲に、村を單位とする配水權の確立を見たのであつて、換言すれば村々への均等な用水の分配が、領主にとつて最も重要な課題をなしてゐた譯である。

最初は自然物として在つた水は、領主の營築し支配する施設を通る事によつて、領主の私有に懸る用水となり、軈て領下の農民から「井料」の名によつて、用水使用料とも云ふべきものゝ、貢納と相伴つての納付が初まる。而して此の用水使用料としての意義を持つ貢租的なものは、用水施設の工事に對する水下農民の臨時的な賦役から、加賀藩の「水下銀」、尾張藩の「堤銀」の如く恆常的なものへの變化を辿つた。

封建制度とは、謂はゞ一國家の内部に幾つかの分立國家を設けたことであり、斯る分立國家の君主たるべき封建領主間の對立闘係は、領主の相異る領域・領國間に用水の爭奪を惹起せしめる。近世以降に見られた此の最も著しい事例としては、筑後國矢部川の水を廻る、久留米・柳河兩領間の、最後は久留米側の花巡・柳河側の三ヶ名の兩堰によつて表はされた、井堰の上流位置の爭奪戰に生々しいものを見出し得る事は、既に第八章にも觸れた處である。而して斯る用水の爭奪は、分立する封建領主の上に立つ中央的統率者たる幕府の力の最も弱かつた戰國期に於て、最も激發してゐるのは當然であり、此の闘爭が信長・秀吉と云つた新しい統率者によつて一應の妥結點に導かれ、江戸期となつて軈て確立し、現代分水秩序の基礎的地盤を成熟せしめたのである。

又更に稍ゝ時代を遡つて莊園制の末期、武士が莊園内に興起すると共に、武器を持出し多數の死傷者を出すと云つた水論の激烈化は、愈ゝ其の度を增して來たのであつて、戰國期の用水爭論の激甚化は、其の後に傳はつた波濤の、一頂點を露はしたものとも理解し得るのである。

近世の平和時代となつては、各領主間の紛爭は、最高の統制者としての幕府を裁決者と仰ぎ、之によつて各領々單位の水論を收拾するの方向に進んでゐる。勿論十數年の長期に亙る水論もあり、永く領々及び村落間の對立を惹起する原因となつたものも多いが、前代に見る如き直接武力に訴へると言ふ傾向は餘程緩和せられたと見なければならぬ。然し江戸期の後半に至る迄も、五人組帳の前書、或は幕府の政令法令たる御觸書等に、用水論に際しての武器の携帶を禁止する條項が見出されるのは、前代以來の用水論の性格を猶止めてゐるものであらうか。

封建社會の構造から見ても、封建期に於ける開拓事業の中、比較的大規模なものは領主の力を俟つて初めて可能であり、假令町人請負新田などと呼ばれるものにしても、背後の封建勢力の保證の下に於て爲し得たものであつた。斯くして既存の水利施設の支配のみでなく、新開の耕地は愈ゝ領主の統制下に入らざるを得ない結果となる。文政年間の開拓に懸る備前の興除新田が、天領代官及び岡山藩の援助によつてのみ用水の分配に與り得たが如きであつて、此の興除新田も、封建領主の支配權に依賴し得る時代が、假りに文政以後も永く繼續し得たならば、此の新田の用水も、舊い他村に比肩し得る對等な引水權となり得たのであらうが、其の後暫くにして幕府及び舊藩體制は瓦壞し去り、興除新田の水利は極めて不安定な狀態の儘に放置せられた結果となり、現在に迄も其の餘習を止めてゐる。又かの土佐國物部川の山田堰の水によつて潤される鏡野の開拓も、入部早々の活力に滿ちた領主山内氏の統制下に實現して、後永く同藩の財源たり得たのである。

用水分配の形式として一應最も完備したものと云ひ得る番水規定の成立も、領主の干渉・統制によつて遂げられたものが甚だ多い。是は領主の用水統制力の强化せられたことの端的な一表現であり、美濃根尾川筋席田・眞桑兩井組間の番水、備中高梁川八ヶ鄕の番水等、何れも然りである。池の場合には河川の支配以上に領主の政治的統制力が强いが、その理由は池に在つては、或る限られた範圍の農民を對象として、領主の政治力・經濟力を驅使する事によつて池が築造せられ、之を水下に用役を許すと云ふ形を採ることが多かつたからである。殊に遠近に著名な程の大溜池の開鑿に當つては、領主としての政治力を結集し得る程度の如何が、實に池其物の成否をも左右してゐるのであつて、此の點では滿濃・狹山の大池の破壞の歴史と、其の再築に於ける領主の背景との關係を見れば、洵に明白な事柄である。而して此の樣な力によつて成就した池の水下農民が、領主によつて其の死活の鍵を握られたものとして、完全な統制下に入るべく餘儀なくせられるのも亦當然の歸結であらう。

近世初期に成立した多くの引水・分水に就いての規矩の中、現在に迄も生きてゐるものゝ甚だ多い事情は、中世に比して支配力の大なる、近世的大封建領主たる用水統制者の出現したことが、法制的な、又封建制下に於ては一先づ合理的とさへ考へ得る秩序を成立せしめ、それが更に上級の統制者たる幕府の存在によつて、各大名領間の衝突が回避せられ、三百年間の長年月を經て玆に固定化せしめられたからであると思惟せられる。封建制下に立てられた用水秩序が、今尙生命を保ち得る所以は、先づ第一には日本農業が歴史の初から、水田を主とする農業であつたと云ふ、基本的な條件の不變性に根ざすものであり、水田農業に及す自然的制約の不變性は、依然として用水の地位を不動のものとしてゐることが考へられる。第二の點は、革命の稱呼さへも使はれた明治の改革も、日本農業の內部構造に關する限りは、手を觸れるに至らずして單に表面的たるに止り、農村內部の封建的構造關係を不變の儘に放任し來つたことに在り、それが今日幾多の不合理を認められつゝも、未だに舊い用水の慣行が機能を有してゐる原因をなすであらう。

二　社會的性格

水を中心とする農村の共同體的性格と言つたことは夙に西歐・日本の多くの學者の指摘してゐる所であり、又廣く喧傳せられてゐる事柄でもあるが、所謂東洋學者の此の問題に就いての主張には、稍〻其の度を過してゐるのではないかとさへ考へられる點がある程である。然し現存する水利組織（組合）の稱呼に、六鄕・八ヶ鄕・十二ヶ鄕等と、「鄕」の名を冠するものゝ多い事は明かに認められ、これは水利組織が鄕の聯合體である事を意味するものであり、其の內部の結合の緊密性を察せしむるものがある。而して此の緊密性は、封建的統制の下に在り乍ら、鄕的と云ひ得る自治的組織を持續し來つたことを示してゐるであらうし、又井懸りが、一の政治的・社會的な團體であつた事を物語るものであらう。

斯る井懸りたる井鄕の自治的傾向は、井鄕の全區域が一領主の支配に屬せず、多數の領主に跨つてゐた場合に特に顯著であると考へられる。例へば備中國高梁川十二ヶ鄕の六十八ヶ村が、十一領主に分領せられてゐたが如きである。前節に指摘した如く、領主の政治力の影響の特に甚大であつた封建時代に於て、領主の統制力を超えて、如何にして斯る自治的組織が存續し得たのであらうか。即ち井郷の成立年代が近世領主制の出現する以前に在り、一定の水懸り區域を範圍として、政治性を除外した現實的な繫りの關係として起り、此の關係が近世封建割據の形勢よりも、上位に立ち續け得た事は一の重大な事實であらう。近江國姉川筋の出雲井懸りたる舊大原庄一圓を包含する十五ヶ村が、江戸期に入つて政治的な藩領關係の上からは、彥根領の十ヶ村と他領の五ヶ村とに分割せられ、彥根藩は寬文年間に、大原庄中の他領五ヶ村を井懸りから排除して、大原庄内の配水は勿論、姉川下流の、同じ彥根領の多い郷里庄への分水をも有利に導かんと試みて成らなかつた事實は、斯る井懸りの結束が、近世的な領主權の影響よりも強いものゝあつた事を示すであらう。

井懸り區域の結合には、猶又宗教的要素の參加することの尠からざるものがある。備中高梁川の湛井十二ヶ郷が、堰の位置する湛井の地に奉祀する井神社は、其の初めて設けられた時代を明かにし難いが、史料の殘る江戸初期には既に井郷全體の崇敬を受け、井懸りの全區域を氏子區域となし、年々水下村々から初穗料を徵集し、井堰・井郷の守護神たるの意義を果し、井郷の結束を示す一の象徵であつた。又近江國日野川筋の宮井組では、宮井の名に見られる如き、此の土地の祭神たる苗村神社が井組と特別に深い繫りを有し、殊に井組四ヶ村中の一村たる田中村は、神社に最も近く位置する處から、「木の葉落ち」と呼ばれ、四ヶ村中に於ても有力な位置を占める他、苗村神社の神官は現今も尙例年八月の宮井組役員の會合に於て、最高の坐席を占めて參列する慣例を殘してゐる。宮井の建設及び井組の統制の上に、苗村神社の有して來た關係の深さを暗示するものであらう。

既に第五章に述べた大和布留川筋に於ける田村の特權が、布留社石上神宮と田村に在る市川四姓、並びに神祭田二十八町の存在に傳統を引くのは、神社の井郷組織に及す影響力として最も著しいものである事は冗言を要しない。

　神社と異り寺院の例としては南山城瓶原郷の大井手の管理・統制に於ける海住山寺の位置は、前述した二例に比して尙遙かに緊密な關係を殘してゐる。尤もこれには瓶原が、一郷として極めて纒りのよい地理的環境に在つた事も無視し得ないが、此の大井手が鎌倉期に、海住山寺の住僧慈心の手によつて開鑿せられて以來、大井手の維持・管理は、寺の代官とも見做し得る、十六戶の世襲株を持つ井手守の百姓の手に委ねられ、中世的香氣の濃厚な、數々の大井手管理に關する行事を殘し、瓶原郷と大井手との間の精神的結合の紐帶たるの意義を、六百餘年後の現代に迄も殘し傳へてゐるのである。江戶期の瓶原郷は禁裏料と天領とに殆んど兩分せられてゐたが、海住山寺を精神的結合の中核とし、大井手から被る恩惠を現實的な結合の要素とする瓶原郷の共同體的性格には、一矢の弛みをも生じなかつた。

　上述の如き理由或は要素の作用によつて、政治的なものゝ外に立ちながらも、尙且斯る用水を中心とする共同體の存在した事は、洵に力强いことゝしなければならないが、一步井組の內部組織に立入つて細かに觀察すれば、その關係は平等性や合理性を有してゐるとは言ひ難く、卽ち村落相互間の用水利用權に差等があり、階級性の存してゐることは、井組の中に井元・井親等と呼ぶ特別の優越權を持つ村の在る事や、或は井組に含まれる十數ヶ村或は數十ヶ村の間に、用水利用權の上から二・三の階級別を附け得る事等が明かに示す處であり、斯る用水權の差等が、最初は一村のみの專用の用水施設であつたものを擴張して、後に他の村々を之に參加せしめたとか、又は或る村が封建領主の根據地に當つてゐたとか等の歷史的關係から生じ、又其の村が井懸りの最上流村であるとか、用水路の分岐點に位置するとか、井郷中の大村であるとか言ふ地理的要素に由來するものであるにしても、是等の關係は要するに、封建的な身分組織の形式が、水利組織の中にも現はれたものとして理解し得ないであらうか。

政治的な要素の數々と共に、社會秩序の緊張・弛緩は、水利關係事業の發展及び停滯を左右する事實は甚大なものがある。特に人工的な營造物であると云ふ性格のより强い溜池の場合には、一層この關係が明瞭に窺はれ、滿濃・狹山等の由緒の古い大池に於ける開鑿と、荒廢及び復興の歷史と、其の時代社會の秩序との間には、全く相關的な緊密性が發見せられるのである。

用水施設の營築や、維持の問題に關してのみではなく、用水分配の問題は更に著しく社會的である。一つの井組の內部で村落單位に分配する場合や、更に村落內部での分配にも著しく協同を必要とする事は今更論ずる迄もない。其の爲に專任の水配り役を置き、節水と共に順序のよい分配によつて、必要な分量と灌水の時期を誤らない事が庶幾せられてゐる。而して此の協同は、配水に對する統制が、上から加へられたものではなく、共同體たる組織の內部から生れた場合に、より一層圓滑となることは勿論である。之を共同體の手のみに委ね得ない時に、國家或は之に代る有力な政治的統制者の手によつて行はれる事を必要とするのであり、玆に政治的性格と社會的性格との關聯が見出されるる。農民の中から推擧せられ、而も領主の承認を經、其の用水統制權の代行者たる地位に在つた江戶期の美濃國席田井組の井頭の如きは、實に斯る二つの性格を具有する者であつた。守護大名たる土岐氏によつて永正年間に一名が任じられた此の井頭役は、軈て天正から寛永年間にかけて、彿生寺村居住の二名から更に三名に、そして隣村三橋村の一人を增して四名となり、其の後元祿・享保の頃迄に井組內に水論の起る度每に其の數を增し、遂には八名となり、領主の代官的なものから次第に村役人的なものへと變質し行く過程に關しては、既に第六章に詳述した處であつた。

越中國庄川筋の用水管理者たる江肝煎は、其の初は加賀藩の出先機關たる奉行所の任命に懸り、「長百姓並」の待遇を受ける事となつてゐたが、其の退役による後任者の決定は、村々の肝煎の推薦に俟つ事となつてゐたのも、前述した共同體の中から出た總意を成可く尊重し、井組の自治によつて運營せんとする藩の方針であつた事が看取出來るであらう。備中國湛井十二ヶ郷の十七人の出役惣代は、井郷村々の中から出役して、井郷の管理に當るものであつたが、其の單なる議員的な性格の故に、「出役惣代」の權限を代行し、井堰及び用水の直接の管理に任ずる專任の世襲的な樋守が置かれてゐた。これは餘程現代的な機構であつたと稱し得るであらう。

用水の合理的な利用は、關係する用水區域が大である程一段と能率的である。從つて用水區域の範圍は、小單位に分立してゐた莊園時代から、大名の成立する室町の後期封建時代へ、更に近世、現代と、社會的聯合又は協同の形態は愈〻進む傾向に在つた。而して其の時代時代の過渡期に激烈な水論の發生を見たのであつた。特に中世末は、近世的な村落の出現する胎動として、境界爭ひと共に水爭ひが一段と激しかつたことは既に觸れた。現在も尙水利の慣行は、封建的の名の下に一括せられ得る多くの特質を持つものではあるが、大規模且集權的な封建社會への發展の過程に於て、餘程改變せられ、合理化せられて今日に至つたものである事を知るのである。或は寧ろ逆に、此の水の社會的性格が、水田農業を主體とする限りに於て、小單位の地域毎に國內が分裂する事を阻止し、地域的な統一を促進する傾向がなかつたであらうか。

三　經濟的性格

一般的に言へば、水田耕作の卓越する日本に於ては、水の合理的利用こそ農業發展の根本條件であり、又一面に於ては、農業の發展は、水の利用・克服の成功の過程に表現せられてゐると言ひ得るであらう。最初は公共的な性格を有してゐた水は、用水施設を通じて私的用益に向けられ、遂に我田引水の標語を以て示されてゐる如き、自耕田への引用によつて其の機能を發揮する。用水の耕作者個人間に於ける、最も效率的な利用を目的とする場合には、用水權を農民個々に分割し、これを固定せしむる事すら行はれ、佐渡國長江川流域下横山村の番水株の如きものゝ出現する契機を與へる事となる。斯る夫々の時代によつて變化すべき經營面積に基準を置かず、個人を單位として平等に分割せられた引水權の結末は、耕作者間に用水の過剩と不足との差異を生ぜしめ、之が一方に於ては生産擴張に對する阻害條件として最も有力なものとなり、其の爲に玆に封建的な分水慣行を打破する事の必要が生れる譯である。前述した下横山の番水株が耕地整理事業の實施に伴つて整理組合に買收・解放せられた如く、耕地整理事業の一環としての、水利統制事業の重要性がある。

更に舊來の水利慣行が、生産を阻害する事實の具體的な表現として、次の場合を數へ得るであらう。第一は今日迄裏作の普及が、水利の制約によつて捗々しい發展を遂げ得なかつたことであり[1]、表作に對する用水の獲得が困難であつた爲に、止むを得ざる處置として裏作を廢し、冬期からの湛水を行ひ來つた事實が之である。江戸期以來水田の裏作に對しては、それが貢租として表作たる米の大半を取上げらるべき運命に在つた農民にとつては、百姓の夫喰となすべきもの、又耕作農民の作徳たるべきものと觀念せられてはゐたが、(2)裏作自體は特別の地域、例へば阿波藩領内の(3)如きもの以外では直接には貢租の對象とならず、從つて上述の意味に於ての裏作の重要性は認めながらも、之に對する封建領主の關心は、勢ひ第二義的ならざるを得なかつた。かくて表作に惡影響を及ぼさぬ限りに於てのみ裏作は是認せられ、裏作の普及の爲に水田の春耕に差支を生じ、人爲的な旱損を來すことを極度に警戒せられてゐたのである。又貢納の率が高く、租の大半を擔ふものであつた古田或は舊田は、同樣な領主的見地から特に重視せられ、新田への引水は後廻しと爲すべき旨の訓令が發せられた。上述の表作の生產量の確保の爲に、少々の麥田の爲に春水を溜め込まぬ事のない樣との訓令と共に、「松山領代官執務要鑑」(4)に見られる斯る主張は、封建領主的な裏作觀を最も端的に表示してゐる。麥作の爲に春耕に支障を來して、農民からは植付難を理由に、御救米の下付が出願せられ、又秋の貢租は減免を餘儀なくせられ、實に裏作は領主に對して二重の損失を與へるものであると言ふ大膽な表現こそは、用水と裏作と封建領主的立場との相矛盾する關係を、最も露骨に說明してゐるであらう。斯る用水對策・裏作對策によつて、數百年間の長年月を盲從せしめられ來つたことから生じた思想上の傾向は、今猶農村には濃厚に殘存するものがあり、斯る傳統に育まれた舊來の分水秩序の維持にのみ、農民をして唯無反省に驅り立たしめてゐる傾向は、隨處に發見し得る處である。

第二の生產阻害の事實は、河川の上・下流の分水を確實に一定の枠内に押しはめ、用水統制に便ならしめんとするの餘りに規定せられた田植期日の慣習的な決定であり、これが江戶期以後に進步した農業技術と相反する事は屢〻であり、例へば慣行的に定つてゐる田植日（八十八夜と云ふ規定の如き）(5)よりも早期に植付を行へば、收穫量の增加を見るべきことは洵に確かであるにも拘らず、是亦只管慣行的な田植暦日の固守に妨げられて、増産の目的を達成し得ないが如きこともあるのである。

用水は耕地に豊沃度を齎す一要因である。封建領主も此の事實を夙に知悉してゐたが故に、用水施設の敷地は除地(免租地)としてゐたことは、「地方汎例録」に現はれた江桁敷引(堤の土手敷引)、溜井敷引、井堰溝敷引等の名によつても明かである。狭山池が注入する河川の流出した土砂によつて、五町餘歩の埋沒個處を生じた時に、之を池内新開と呼んで開墾を加へ、水田化して高に結び、或は上總國山武郡の雄蛇池でも、同様の成因による開墾の可能な荒地の歸屬が、池下村々の間に爭奪の對象となつた事によつても知られる如く、斯る掌大の小面積の水田化し得る空間をも見遁さなかつた爲政者も、水利施設の完備が、土地の一般的な地力を昂めるに效があり、終局の利益たることを認識してゐた事に基くものと考へられる。(6)

用水施設には莫大な費用を必要とし、微々たる個人の力の到底爲し能はざる處である。從つて之には莫大な負擔に耐へ得る强力又大規模な組織及び統制者の積極的な關與を必要とする。是が水利事業の盛衰と、各時代の經濟力との間に、一種の相關關係の保たれてゐる所以でもある。封建政權と雖も、夫々の能力・程度に應じて水利施設の完備に努め來つたのであつた。然し施設に對する報償としての貢租額の増加を希望した事は當然の歸結であり、用水施設に費用を投ずるのは、其の報償に對する見込の確實な場合に限られてゐたとさへ言ひ得るであらう。玆に斯の如き租法又經濟組織の上に立つ封建政權が、用水施設に對して注ぎ得る力の限界が生ずる譯である。

甲州北巨摩郡の茅ヶ岳山麓を開拓する基礎條件として計畫せられた淺尾・穗坂堰は、天領甲州の地であつたから、幕府の直接經營の下に開鑿せられたが、就中穗坂堰筋の村々の希望は、水田開發と同じ重要さに於て、飲料水を獲得することにも向けられてゐたのであつたが、幕府の立場は飽く迄水田の開發、畑田成に在り、水路の疏通後にも穗坂堰懸りの村々は、幕府の斯る要求と、村々の實情との不一致に、屢〻深刻な矛盾を經驗してゐる。穗坂堰水路の流末たる三つ澤村以東の村々も、水路の延長掘鑿を望むことは、穗坂堰筋の村々と同樣若しくは其れ以上でさへあつたが、其の目的が單に飲料水を主とする雜用水に對する水源の獲得に在り、新畑田成の事を表面に押し立てなかつた爲に、遂に用水路は三つ澤村限りとなつて、より以上の延長工事は、關係村々による度々の歎願にも拘らず竟に省みられなかつた。領主側の要求を幾分でも滿し得る事が確實となつて後に、初めて用水施設の普請は着工せられたのである。諸侯の上に立ち、全日本の統制者たるの地位に在つた幕府に於てさへ、猶斯る領主的立場を揚棄し得なかつた事實に注目すべきである。

用水關係に在つて煩雜な引水權の存在する事實、並に引灌規定の制約、又一枚の水田の規模を規定する地形的制約等の爲に、水田耕作は大規模經營を不可能ならしめられ、人力を主とする極度の集約的經營たらざるを得なかつたのである。殊に集約的經營の一中心であつた堺近郊中筋村の庄屋南孫太夫家の如き場合に在つては、數百石の大高持百姓たるの地位に在りながら、其の手作經營の面積は、江戶期の前後を通じて常傭の農業勞働者男女二―四名を使ひ、一町五反步程度の耕作に終始してゐた實狀(7)であり、近隣には十四・五町步の經營者も稀にはあつたが、之は小作人の沒落離村による耕地返還の結果、眞に止むを得ざるの處置としての地主大手作りであり、最初から斯る形態を有利として採用したものではなかつたのである。而も此の表面上の大手作りも、極めて多くの雇傭勞力に依存し、全く小規模經營形式の幾つかを包含した綜合體として生じた見かけ上のもので、自作面積の集計の増したことが、外見的に大經營たるかの如き外觀を呈したに過ぎないものであつた。かくして耕地の大規模な集積は行はれても、其の集積者たる地主の直接的な統制の下に於ける大規模な耕作は現はれず、小作に出して地代を收得すると云ふ形態の耕地管理の方向に進ましめたのであつた。大地主の自營による大經營の少かつた事は、他にも種々の原因があるが、上述した用水による制約も、亦確かに有力な一因と思考せられるのである。

(1) 岩片磯雄氏稿「水利問題と水田裏作物」帝國農會報　昭和十五年十月　本書第一章第二節參照のこと
(2) 例へば「松山領代官執務要鑑」の內容に見よ。本書第七章第三節參照のこと
(3) 春季に麥年貢の徵集が行はれてゐた。
(4) 「近世地方經濟史料」卷一所收
(5) 「農業水利慣行調查」大正六年農商務省農務局編の一四六頁、此處では新潟縣中蒲原郡新津町附近に於ける事例が集錄せられてゐる。
(6) 「用水資料」志賀吾鄕氏編の一二頁所收文書
(7) 前揭「老圃歷史」による。

一九四七・三・三一　執筆開始
一九四七・一二・一三　稿　了

■岩波オンデマンドブックス■

日本灌漑水利慣行の史的研究 総論篇

1950年12月14日 第1刷発行
1996年10月9日 第5刷発行
2014年12月10日 オンデマンド版発行

著 者 喜多村俊夫《きたむらとしお》

発行者 岡本 厚

発行所 株式会社 岩波書店
〒101-8002 東京都千代田区一ツ橋 2-5-5
電話案内 03-5210-4000
http://www.iwanami.co.jp/

印刷／製本・法令印刷

ISBN 978-4-00-730153-7 Printed in Japan